U0738509

本书出版得到
国家水稻产业技术体系产业经济功能研究室
2014年度岗位专家研究经费资助（CARS-01-13B）
特此致谢

稻米产业经济发展研究

2015

杨万江 著

ZHEJIANG UNIVERSITY PRESS
浙江大学出版社

前　言

中国稻米产业经济正在发生重大变化，2014 年已经过去，总结、分析、研究正当时。本书就是这样的研究成果。本书定名为《稻米产业经济发展研究(2015)》，原因有二：一是因为这本书是在过去两本书的基础上的继续与发展，属于系列著作。二是按照出版社建议，以出书年份为准。

仍然按照 1999 年出书计划初期的研究思路和所拟定的著作内容原则，《稻米产业经济发展研究(2015)》为本研究领域读者提供世界和中国水稻产业经济方面最新的系统数据、及时的跟踪监测结果和过去一年多时间内水稻产业经济岗位科学家(农业部聘请并认定的一种职业岗位名称)亲历一线的调研成果。本书是水稻产业经济功能研究室计划推出的稻米产业经济发展研究系列著作的第 3 本，由两篇共 12 章组成，上篇为世界篇，包括世界稻米产业经济等 5 章，下篇为中国篇，包括中国稻米产业经济等 7 章。

上篇 5 章主要内容。第 1 章世界水稻产业发展状况，梳理了世界五大洲水稻生产历史，并作了回顾和总结，按照统一格式对 2014/15 年度全球水稻生产作了基本分析。第 2 章世界稻米市场价格变化，在系统分析国际市场稻米价格变化趋势的基础上，重点分析了近年国际市场大米价格变化，并按照动态监测方法对 2014 年月度价格变化进行比较分析。第 3 章世界稻米供求关系分析，通过对世界稻米供给、需求、供求关系，以及影响稻米供求关系的水稻单产水平、人口和人均食用量变化三个关键因素的分析，明确世界稻米供求规律和供求变化特征。第 4 章主要国家稻米供求关系，对当今世界重要谷物生产主要国家按照统一标准加以筛选，依稻米重要程度按照统一格式分别对印度、印度尼西亚、越南、泰国、菲律宾、巴西、日本、美国和埃及等 9 个重要国家稻米供求关系进行国别研究，明确这些水稻生产大国稻米供求特征和变化规律。第 5 章日本稻米产业发展状况，在分析日本农业经营特点的基础上，系统研究日本稻米产业发展轨迹和变化规律，通过对日本水稻家庭农场经营和农协(AJ)稻谷机械化干燥与贮藏社会化服务的实地考察分析，引发对中国家庭农场经营体系建设的深入思考。

下篇 7 章主要内容。本篇是中国稻米经济发展研究内容，也是作者在 2014 年较为系统、全面研究我国稻米经济发展的主要成果。

第 6 章中国水稻生产发展与产业政策。系统回顾我国水稻生产发展变化轨迹，量化研究了近 10 年来我国各地水稻生产变化对全国水稻生产的产量及面积的贡献率，对全国早稻生产区域变化作了深入分析，比较系统地分析了我国水稻产业发展所面临的改革背景及相关政策调整。在简单介绍 2014 年农业部水稻发展政策要点的基础上，深入分析了我国水稻收购最低价保护政策绩效与国家补贴政策在水稻产业经济发展中的应用及其效果。

第 7 章 2014 年中国稻谷生产者价格变化。对近年来全国稻谷生产者价格(农民销售价格)年度长期变化进行了分析,明确全国稻谷价格变化的轨迹与特点。通过对全国 2014 年度稻谷综合价格以及各类稻谷价格变化的比较分析,明确 2014 年稻谷价格变动方向与波动特性。通过对 2014 年度每日价格动态监测数据处理,跟踪并动态展示我国稻谷综合价格和 4 种类型稻谷价格,逐月报告稻谷生产者价格变化的动态监测结果。

第 8 章 2014 年水稻生产投入品数量与价格变化。根据监测数据编写我国农业主要投入品(水稻投入品)价格指数,并对 5 种投入品(包括原料)价格变化进行比较分析。重点分析全国水稻生产用种投入量价和化肥投入量价长期变化趋势。通过对 2014 年我国 5 种水稻生产投入品价格动态监测,逐月报告水稻投入品价格变化月度动态监测结果。

第 9 章 2014 年国内大米市场流通价格变化。以全国大米批发价格数据为基础,对全国大米市场流通价格长期变化趋势进行比较分析,明确大米市场价格变化规律。重点对 2014 年我国 4 种类型大米的市场流通价格进行动态监测,并作年度变化比较分析。通过对 2014 年我国 4 种类型大米每日市场流通价格的动态监测,逐月报告我国大米流通市场价格变化的月度监测结果。

第 10 章 2014 年中国稻米国际贸易变化。对我国稻米国际贸易长期变化进行分析,揭示我国大米净贸易、出口量和进口量变化的趋势特性和变化规律。重点对 2010 年以来我国大米贸易形势逆转变化过程进行比较分析,充分展示价格变化特征。通过对 2014 年我国大米进口变化月度动态监测,逐月报告我国稻米国际贸易变化的月度监测结果。

第 11 章 2014 年中国农户水稻经济调查。对全国 12 个水稻主产省(区)1358 个农户 2014 年水稻生产经营情况进行问卷调查,对农户家庭特征、农户生产状况、农户水稻生产总体情况、农户水稻生产要素投入、农户稻谷销售与使用、稻农技术获得与学习、稻农对水稻生产经营与管理的认知、稻农对水稻生产政策的认知和评价等稻农样本调查数据进行描述性分析,并得出一些有价值的调查成果。

第 12 章 2014 年中国水稻产业技术应用跟踪调查。汇集了 2014 年作者(包括团队成员和研究生调研人员)以水稻产业技术体系综合试验站和水稻产业经济固定调查点为基地在全国开展的 13 次专项调查而撰写的调研报告。主要包括 4 个方面内容:水稻体系 2014 年重点任务跟踪调查报告、水稻产业化发展状况调查报告、农户水稻生产形势调查报告和水稻实验经济固定调查点农户生产决策行为分析调查报告。这些报告均以第一手素材,及时反映我国当前水稻产业技术经济水平,并对现实问题和发展前景作了方向性探索和建设性思考。

当然,作为写在前面的话,还需要对本书涉及的有关方面情况作进一步的说明和解释。

第一,关于本书名称的内涵。本书是国家水稻产业经济岗位专家的第三本著作。至此,需要对书名所涉及的内容及含义作进一步的说明。农业部在 2007 年启动实施的"现代农业产业技术体系"(China Agricultural Research System,CARS),以及 2011 年农业部和财政部授予正式铭牌称谓的"国家水稻产业技术体系"(2011—2015 年),特别是农业部与体系岗位专家签订的"十二五"年度任务书,对产业经济岗位科学家要跟踪技术(指狭义技术)、研究市场和政策等有明确的任务规定。因此,作者从现代农业产业技术体系产业经济岗位科学家所承担的任务出发,将本岗位所涵盖的内容定义为"稻米"而不仅仅是"水稻";

对“技术”的理解不限于农户所用某项具体的技术工艺(Technique),而是投入与产出过程中的科技关系(Technology,Research),即农户生产经营决策;对“产业”的理解就不限于农业部只管“生产”的职能范围,而是科学意义上的整个“产业”。基于此,本岗位的水稻产业经济任务就十分宽泛,本岗位研究的就是稻米产业经济问题。因此,从一开始,作者就谨记,岗位任务决定了研究内容,也决定了以“稻米经济发展”为主体的这本著作应该包括的主要内容。同时,研究所涉及的对象,也不仅仅是中国水稻,还要包括世界水稻。所涉及的研究内容,不仅仅是水稻生产,也包括水稻产业链;不仅仅是水稻,也包括稻谷、大米和整个稻米产业。

第二,写作背景与内容的关系。撰写本书稿的初期,是在2013年下半年,正是党的十八大召开的时候。以习近平同志为总书记的新一代中央领导集体,一如既往地重视“三农”工作,中央政策将国家粮食安全和农民持续增收这两项国家重大任务提到了一个新的高度。同时以全面深化改革的历史新起点为契机,党和国家作出了重大战略部署并出台了一系列新政策。因此,从国内经济社会背景和政策层面上,本书正是集作者在国内和国际粮食安全背景发生重大变化时的所思、所作(工作)而成。从世界角度看,2012年国际市场粮食价格走低并且粮价大跌,中国大米进口量剧增2倍多,2013年国际市场粮食价格继续在低价位波动未见好转。同时,全球多地发生政局动荡和社会不稳定,加上世界性的极端气候天气频发,事关50亿人口生存与发展的世界粮食安全问题越来越受到重视,且对中国粮食安全有越来越多的联系和影响。因此,从粮食安全角度出发,必须要有世界视野,要有全球观点。本书在世界篇中重点跟踪研究世界水稻生产状况,国际市场(大米价格变化)和重要产稻国的稻米产业发展及其变化。当然,研究中国稻米产业经济发展是最重要的,必须以中国13亿多人口的粮食安全为着眼点,科学把握中国水稻生产大势与国家政策变化,对中国稻米产业经济状况开展实践调查和深入研究。

第三,写作形式与要求。为了更系统地研究稻米产业经济发展状况,作者积累多年收集的稻米产业数据并建立了水稻产业经济数据库,本书数据主要来自该数据库。但因为各个数据子库数据来源渠道不同、数据统计口径也会有所不同(包括时间口径、区域口径和计算方法等)。概括起来,这些数据主要包括:一是联合国粮农组织数据库的国家数据和国外有关国家的官方统计数据;二是中国有关数据,主要来自国家统计局、国家粮食局、国家农业部公开的数据;三是水稻产业经济研究室组织的水稻产业经济调查数据或独立开展的稻农专项调查数据。从书中也可以看到,本书不同章节尽管使用了同一名称或同一时间的数据,还是会存在一些差异,但我们都会在具体章节中对所使用的数据出处给出尽可能的说明和标注,一般不会影响该数据在本书中的具体使用。其他学者在利用本书的稻米产业经济数据进行分析和作学术研究,以及二次使用时,特别需要注意。

同时,本书旨在全面、系统阐述国内外水稻产业发展轨迹,以及2014年(近年)变化状况,更详细的月度动态监测数据因数据量很大,本书在使用这些数据时一般只作简单的描述,给出变化状况、变动轨迹和重要的数据特性,没有作深入分析和学理性研究。在数据轨迹图形或数据表中,给出了可以发现某些规律的比较分析;在一些图形中给出了简单的方程形式(包括模型参数),一般也是作为探索其变化规律和印证研究中的某些假想,不足以作为标准的学术研究中精确的模型方法。因此,读者在阅读过程中,不要拘泥于书中的模型形式、相关系数等内容,因为这些表达方式,对达成本书宗旨只是起一些辅助性作用。

第四,章节内容与岗位工作要求。本书是作者在2014年研究水稻产业经济发展方面的研究成果的集结和提升,部分内容已经在国家现代农业产业技术体系专家平台以工作日志的方式在体系内网站以月度研究报告形式发布。2014年,作者在体系平台以工作日志方式发布的月度研究报告和调研报告总量达到117期(篇),总字数达到40余万字。本书所涉及的工作日志报告,只是其中的很小一部分,作者对这些内容经过了再研究和统一编辑。本书所涉及的这些数据(不管是工作日志数据,还是书中大量数据),许多都已经以不同形式、不同渠道向社会公开。作者在此基础上进行了认真整理、精细分析、纠正错误等研究工作。因此,请体系内专家在阅读相关内容时,务请以此为准。

最后,作者深深感谢他们。首先感谢团队成员,他们在自己的本职岗位之余,以多种形式为水稻产业经济研究工作作出了贡献,也包括辛勤收集数据的科辅人员和在水稻产业经济研究室属下的多届研究生(包括几名本科生),他们的工作与数据的获取是等价的,没有他们不计个人得失,日复一日、年复一年的辛勤劳动,就不可能有丰富数据库的建设和本书的基础。感谢水稻产业体系多位专家对水稻产业经济研究的理解和对水稻产业经济研究室工作给予的大力支持,没有他们超越专业在科学研究工作中合作的睿智、理解和无私支持,作者是无法完成体系重点工作中的跟踪监测任务的,也不会有多次合作调查。特别需要感谢的是,水稻产业经济研究室依托体系内的综合试验站,不管是2010年以来合作建立水稻产业经济固定调查点,还是水稻产业化发展专题调查,或是2013年和2014年全国12个综合试验站所给予的理解和所开展的农户调查工作,没有他们的支持,也就不会有本书最后两章的内容。作者同样要感谢日本佐竹公司河野元信先生,以及为作者的日本之行提供帮助的多位人士,他们在我先后两次赴日开展日本水稻产业经济调查工作从多方面给予了大量的支持和帮助。

本书虽经作者努力,但问题和错误在所难免,请读者谅解。当然本书所涉及的所有责任概由作者负责。

国家水稻产业技术体系产业经济功能研究室(CARS)
浙江大学管理学院、中国农村发展研究院(CARD)
农业经济学教授　杨万江
2015年4月写于杭州

目　录

上篇　世界篇

下篇 中国篇

上篇　世界篇

第1章　世界水稻产业发展状况

进入21世纪以来，世界水稻生产获得长足发展，生产力水平显著提高。据联合国粮农组织(FAO)估计，2014年水稻生产形势比2013年稍差，但比前几年有一定增长。本章应用收集到比较系统的监测数据，旨在充分揭示世界水稻生产大势，展示各大洲水稻生产发展状况与变化特点，充分展现世界水稻生产趋势变化和全球格局。

1.1　世界水稻生产长期变化趋势

本节数据以FAO关于世界粮食主要国家监测数据为准，数据由2011年G20集团各国农业部建设的农业市场信息系统(Agricultural Market Information System，AMIS)数据库提供，虽然该数据与我国公布的数据有一定差异，但与其他数据库有关数据相比，该数据更加符合中国实际。

1.1.1　世界水稻生产总体发展轨迹

自进入21世纪以来，世界水稻生产总体上不断增长，从而满足了世界人口不断增长的需要。下面对2000年度以来到2014年度，世界稻谷产量、水稻收获面积和单位面积产量给出变化基本情况和简要分析。

(1)水稻产量显著增长。从2000年度到2014年度，世界水稻生产形势较好，水稻产量总体上保持增长态势，图1-1描绘了这一时期世界稻谷产量的变化轨迹。

从2000年度到2014年度，世界稻谷产量由59936万吨增加到74470万吨，增长幅度24.25%，年递增率1.56%。在这一时期，世界水稻产量经历了2001年度和2002年度的保持现状，2003年度下降，此后增长到2008年度，2009年度下降之后一直增长到2013年度，2014年度再次下降，但增长年份仍是主要的。

(2)水稻面积在波动中扩大。从2000年度到2014年度，世界水稻收获面积在波动中变化，世界水稻面积总体上保持着一个增长态势。图1-2描绘了这一时期世界水稻收获面积的变化轨迹。

从2000年到2014年度，世界水稻收获面积由15392万公顷增加到16315万公顷，增长

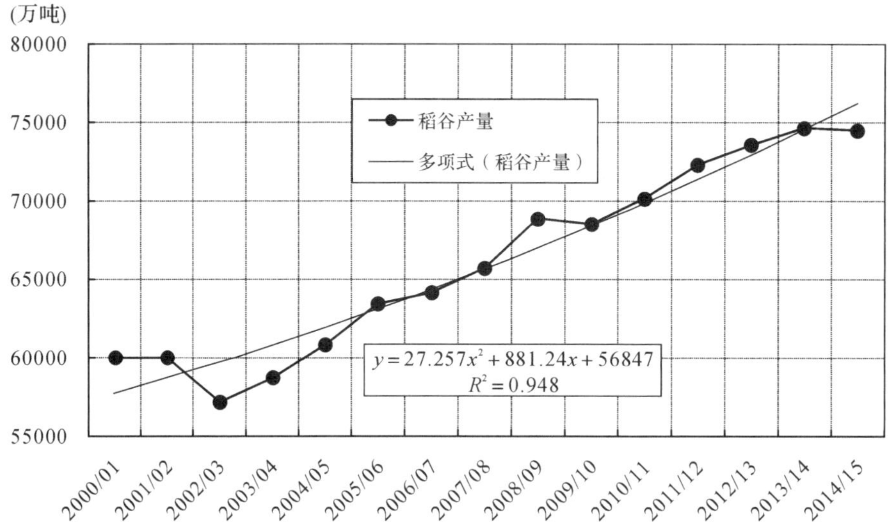

图 1-1 世界稻谷产量变化轨迹

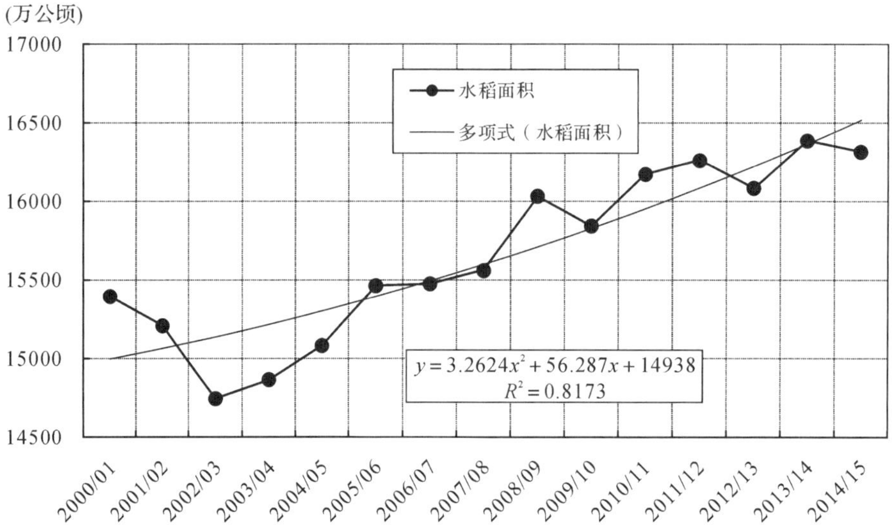

图 1-2 世界水稻收获面积变化轨迹

幅度 6.00%，年递增率 0.42%。在这一时期，世界水稻收获面积经历了 2001—2002 年度连续两年下降，2009 年度再度下降，2012 年度第 3 次下降，2014 年第 4 次下降，在 2013 年达到历史最高面积 16386 万公顷。从趋势来看，这一时期世界水稻收获面积以增长为主。

(3)单位面积产量水平迅速提高。从 2000 年度到 2014 年度，世界稻谷单位面积产量水平变化较大，世界水稻单位面积产量水平总体上保持了比较明显的增长态势，图 1-3 描绘了这一时期世界水稻收获面积产量水平的年度变化轨迹。

从 2000 年到 2014 年度，世界水稻收获面积产量水平由 3.89 吨/公顷提高到 4.56 吨/公顷，增长幅度 17.22%，年递增率 1.14%。在这一时期，世界水稻收获面积单位产水平经历了 2002 年度和 2013 年度两个下降时点，最低水平为 2002 年度的 3.88 吨/公顷，最高

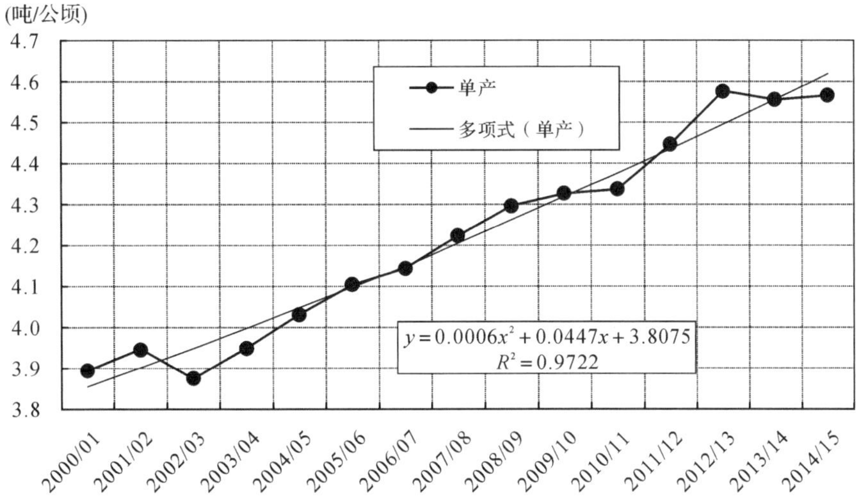

图 1-3　世界水稻收获面积产量水平变化轨迹

水平为 2012 年度的 4.57 吨/公顷。从趋势来看，这一时期世界水稻收获面积单位产量水平以逐年提高为主。

1.1.2　世界各洲水稻产量变化趋势

根据 AMIS 监测数据和最近 10 年每一期《稻米市场监测》(*Rice Market Monitor*)数据库有关数据，本节分别对各大洲水稻产量状况作简要分析。

(1)亚洲水稻产量长期高居世界首位。从 2000 年度到 2014 年度长期变化来看，亚洲水稻产量总体上保持增长的态势，并且长期高居世界水稻生产重要地位。图 1-4 描绘了这一时期亚洲稻谷产量的变化轨迹。

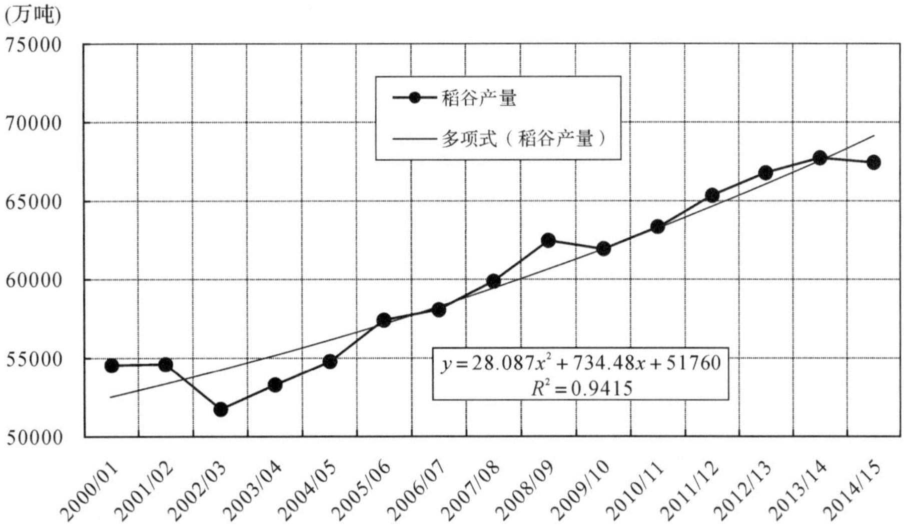

图 1-4　亚洲稻谷产量变化轨迹

从 2000 年度到 2014 年度，亚洲稻谷产量由 54555 万吨增加到 67440 万吨，增长幅度

23.62%,年递增率 1.53%。在这一时期,亚洲水稻产量经历了 2001—2002 年度下降、2009 年度下降和 2014 年度 3 次下降,但增长年份是主要的。

亚洲水稻增长,主要是由于水稻面积的变化和单位面积产量水平提高。从 2000 年度到 2014 年度,亚洲水稻收获面积由 13814.3 万公顷增加到 14763.8 万公顷,水稻收获面积增长 6.87%,年递增率 0.48%。期间,单位面积产量由 3.95 吨/公顷提高到 4.57 吨/公顷,增长幅度 15.67%,年递增率 1.05%。

(2)美洲水稻产量波动较大。从 2000 年度到 2014 年度长期变化来看,美洲水稻产量总体上保持增长的态势。图 1-5 描绘了这一时期美洲稻谷产量的变化轨迹。

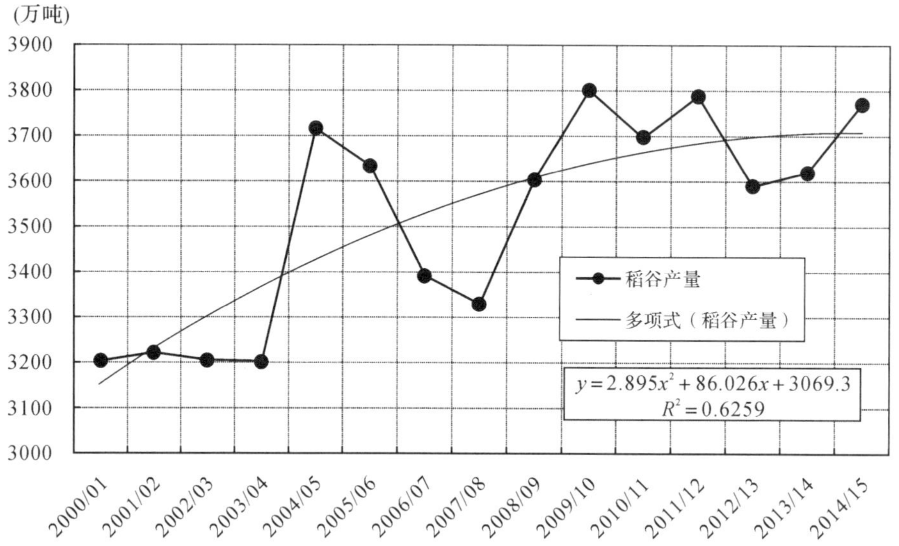

图 1-5　美洲稻谷产量变化轨迹

从 2000 年度到 2014 年度,美洲稻谷产量由 3203 万吨增加到 3770 万吨,增长幅度 17.69%,年递增率 1.17%,保持了世界第二大水稻生产地区的地位。在这一时期,美洲水稻产量经历了较大波动,从 2001 年度到 2003 年度缓慢下降,2004 年度迅速增长,2005 年度到 2007 年连续下降,经过 2007—2009 年度连续两年增长,最后几年小幅度波动,自 2012 年度后的 2013 年度和 2014 年度连续两年增长,变化轨迹仍然表明,这一时期增长趋势明显。

美洲水稻增长,主要是得益于水稻面积的变化和单位面积产量水平提高。从 2000 年度到 2014 年度,美洲水稻收获面积由 760.3 万公顷下降到 721.4 万公顷,水稻收获面积增长幅度-5.17%,年递增率-0.38%。期间,单位面积产量由 4.21 吨/公顷提高到 5.23 吨/公顷,增长幅度 24.11%,年递增率 1.55%。

(3)非洲水稻产量波动较大。从 2000 年度到 2014 年度长期变化来看,非洲水稻产量总体上保持增长的态势。图 1-6 描绘了这一时期非洲稻谷产量的变化轨迹。

非洲水稻生产在 2000 年度到 2014 年度间,总体上呈增长态势,但年度间波动较大。在 2001 年度下降后开始增长到 2006 年度,2007 年度下降后到 2008 年度增长,2009 年度下降,然后缓慢增长。

非洲水稻增长,主要是得益于水稻面积的变化和单位面积产量水平提高。从 2000 年度到 2014 年度,非洲水稻收获面积由 756.2 万公顷增加到 1152.1 万公顷,水稻收获面积增长

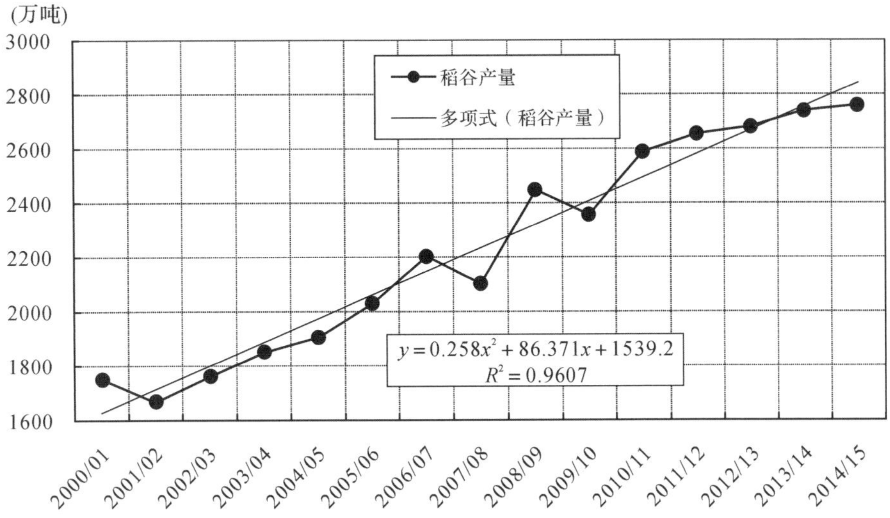

图 1-6　非洲稻谷产量变化轨迹

幅度 52.36%，年递增率 3.05%。期间，单位面积产量由 2.31 吨/公顷提高到 2.40 吨/公顷，增长幅度 3.65%，年递增率只有 0.26%。

(4)欧洲水稻产量波动较大。从 2000 年度到 2014 年度长期变化来看，欧洲水稻产量总体上保持增长的态势。图 1-7 描绘了这一时期欧洲稻谷产量的变化轨迹。

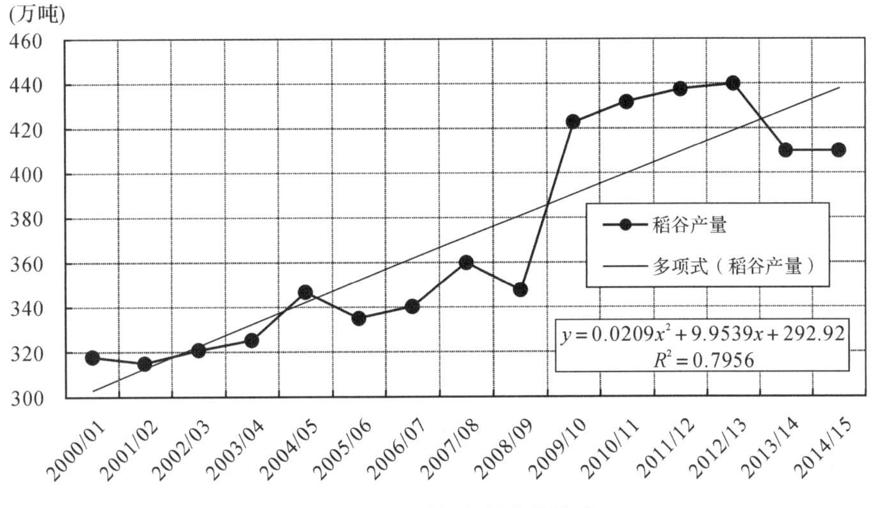

图 1-7　欧洲稻谷产量变化轨迹

从 2000 年度到 2014 年度，欧洲稻谷产量由 318 万吨增加到 410 万吨，增长幅度 28.89%，年递增率 1.86%，保持了强劲的增长势头。在这一时期，欧洲水稻产量经历了两个阶段性增长过程，2001 年度到 2008 年度的缓慢增长过程和 2009 年度以后的迅速增长过程，但在 2012 年度达到高点以后开始下降，最高时期的 2012 年度曾一度达到 440 万吨，2013 年度和 2014 年度都有所下降。

欧洲水稻增长，主要是得益于水稻面积的变化和单位面积产量水平提高。从 2000 年度到 2014 年度，欧洲水稻收获面积由 60.6 万公顷增加到 70.2 万公顷，水稻收获面积增长幅度 15.85%,年递增率 1.06%。期间,单位面积产量由 5.25 吨/公顷提高到 5.85 吨/公顷,增长幅度 11.26%,年递增率 0.77%。

(5)澳洲水稻产量波动较大。从 2000 年度到 2014 年度长期变化来看,澳洲水稻产量波动大,期间有所下降。图 1-8 描绘了这一时期澳洲稻谷产量的变化轨迹。

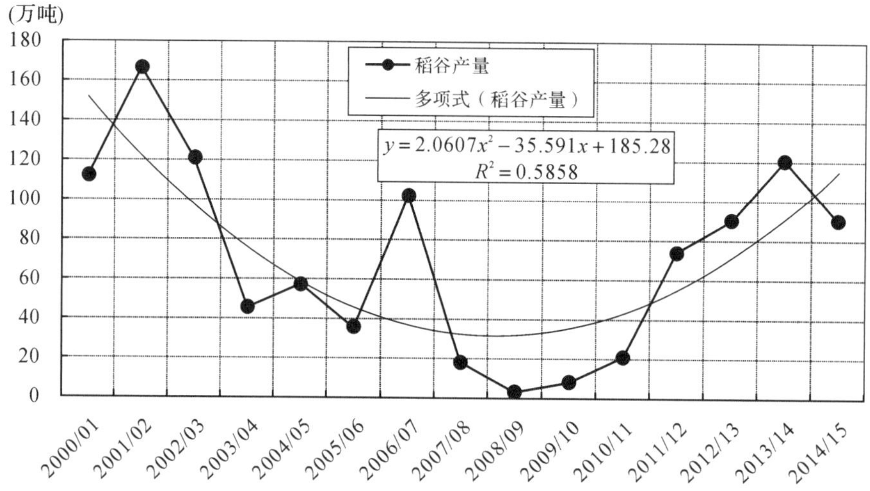

图 1-8 澳洲稻谷产量变化轨迹

从 2000 年度到 2014 年度,澳洲稻谷产量由 112 万吨下降到 90 万吨,增长幅度 −19.58%,年递增率 −1.54%,总体上呈下降趋势。在这一时期,澳洲水稻产量经历了两个阶段性变化过程,从 2001 年度的最高点下降到 2008 年度的最低点,2001 年度最高产量 166 万吨,2008 年度最低产量只有 3 万吨,自 2008 年以后产量增长较快,2013 年度上升到次高点,2014 年度下降到 90 万吨。

澳洲水稻产量变化,主要是得益于水稻面积的变化和单位面积产量水平提高。从 2000 年度到 2014 年度,澳洲水稻收获面积由 14.0 万公顷下降到 9.8 万公顷,水稻收获面积增长幅度 −29.96%,年递增率 −2.51%。期间,单位面积产量由 8.00 吨/公顷提高到 9.18 吨/公顷,增长幅度 14.81%,年递增率 0.99%。

1.2 2014 年全球稻米产业发展总体形势

2014 年,世界水稻产量总体上有所下降,标志着从 2009 年以来全球首次进入世界性的稻米产量紧缩时期,但水稻仍然是世界第二大农作物。水稻产量的下降,主要是由亚洲的产量下降引起,而亚洲的产量下降则是由于各地区在水稻生产季节或受到降雨推迟,或受到暴雨及洪灾的影响。在大洋洲,澳大利亚因降雨不足影响了水稻生产灌溉,而非洲、欧洲、拉丁美洲和加勒比海地区的稻谷产量预期会有上升,在北美,美国水稻增产最具代表性。

1.2.1　2014 年世界水稻减产 0.2%

总体来看，2014 年全球水稻可能减产 0.2%。将 FAO 最新报告与其 2014 年 10 月发布的报告相比，2014 年全球稻谷产量预计增加 25 万吨，主要在于中国、印度尼西亚、韩国、尼日利亚和越南水稻生产形势有所改善，另一些国家如印度、朝鲜和泰国因气候原因出现比较严重的减产，非洲埃博拉病毒使几内亚、利比里亚和塞拉利昂的稻谷减产。2014 年全球稻米产量比较数据详见表 1-1。

表 1-1　2014 年全球稻米产量总体状况

	2012/13（百万吨）	2013/14 估计（百万吨）	2014/15 预测（百万吨）	2014 比 2013 增长率（%）
产量	490.5	497.5	496.6	−0.2
供应量	690.7	712.5	718.6	0.9
使用量	477.4	491.2	500.5	1.9
食用	401.9	409.6	415.4	1.4
饲料	13.3	14.1	14.5	2.8
其他	62.3	67.5	70.6	4.6
贸易量	37.3	40.2	40.5	0.7
期末库存 /2	175.7	181.2	177.5	−2.0
库用比(%)	35.8	36.2	34.8	−3.9
主要国家	28.2	27.6	24.6	−10.9

数据来源：FAO，*Rice Market Monitor*，December 2014，VOLUME XV1I ISSUE No. 4.

FAO 预测，2014 年全球水稻产量可以达到 7.444 亿吨（折合大米 4.966 亿吨），与高产年份 2013 年相比，2014 年产量仍将下降 0.2%。2014 年水稻产量下降，主要是糟糕的天气因素使种植面积减少和单产降低所致。2014 年全球水稻收获面积估计会下降到 162.9 百万公顷，单产水平可能下降到 4.57 公顷/吨，2014 年水稻面积减少使产量下降 0.1%，单产水平下降使产量下降 0.1%。

2014 年，世界各个地区的稻谷产量变化很不相同。与往年同期相比，2014 年全球稻谷产量在亚洲反映出负面的预期，季节因素导致产量下降至少 0.5%，约 674.4 吨（折合大米 449.8 吨）。事实上，印度、印度尼西亚、尼泊尔、斯里兰卡和泰国等水稻主产国家均在水稻生产季节受到不利气候的影响，并导致其稻谷产量下降。目前来看，非洲稻谷产量增长比较平稳，该地区增长来源主要是非洲东部和南部的产量回涨，以及马达加斯加和坦桑尼亚的经济复苏。相比之下，北非水稻产量却有所下降，这是由埃及和非洲西部 2014 年内降雨量极少和埃博拉病毒爆发的双重作用导致的。在大洋洲，水量分配限制也导致了澳大利亚的稻谷产量迅速下降。与之相比，巴西、古巴、圭亚那和巴拉圭水稻丰收使稻谷产量在拉丁美洲和加勒比地区比去年增长 1%。在欧洲预计也有类似的增长，尽管欧盟产量有 3%的回落，但俄罗斯水稻生产形势良好，增产明显。同样的增长结果在北美也很有可能出现，其中主要是美国走上水稻产量复苏之路，预计增产 16%。

1.2.2 2014年全球稻米贸易量增价跌

2014年10月，FAO预测2014年国际稻米贸易增加50万吨，从而使贸易总量达到40.2百万吨，主要归因于孟加拉国和几内亚的预期进口增长，同时也基于吉布提、斯里兰卡、土耳其和津巴布韦的国际贸易量增加，进口预测的改变同时还受朝鲜和伊朗预计进口的降低，以及修正埃及进口数据因历史预测所引起缩水的影响。在出口方面，这些变化主要来源于泰国和越南的稻谷销售增长。2014年，巴西和巴基斯坦的稻米交付量也被修正。在最新预测的40.2百万吨的基础上，2014年世界稻米贸易量会在2013年的基础上再增长8%，并创新高。增长主要依赖远东的进口增长，在远东许多重要买家会面临收成不好以及当地高报价等问题。竞争激烈的世界稻米价格隐藏在稻米进口稳定增长的国家背后，例如非洲，同时也出现在拉丁美洲和加勒比地区、欧洲和北美。在出口国中，2014年是泰国稻米供应商复兴的一年。与往年相比，巴西、圭亚那、巴基斯坦、巴拉圭和乌拉圭将出口更多稻米。这些预期的增长将满足印度、澳大利亚、柬埔寨、中国、欧盟和美国的消费需求，而预计越南的出口量相对处于一个较低水平。

FAO预测在2015年国际稻米贸易量会达到40.5百万吨，暗示着与2014年的预测值相比增长了0.6%。在需求层面，这种增长反映了在非洲、拉丁美洲和加勒比地区进口的持续增长，同时也反映了粮食歉收与快速增长的消费需求产生矛盾的问题。与之相比较，北美和欧洲的交易量同比下跌，而亚洲则稳定在一个较高水平。再看供应商，泰国预期将主导市场，并且交易量将达到一个新的高度。柬埔寨、中国、圭亚那、缅甸、巴基斯坦、巴拉圭和美国将在竞争激烈的市场中增加出口量，而阿根廷、澳大利亚、巴西，特别是印度将会由于价格缺乏吸引力而使出口量有所削弱。

稻米价格变化。国际大米价格，从2014年9月以来一直在稳步下降，11月持续下降，尤其是香米需求量明显下降，主要是进口量减少和国内更容易供给所致。印度稻米价格受到很大压力，反映出进口需求疲软和市场上即将上市稻米价格的冲击。报价在很多地方都呈现下降趋势，尤其是印度、巴基斯坦和越南。同时泰国大米价格也有所下降，尽管如此，从2014年9月开始，泰国大米价格下降仍然低于其他一些竞争国家，这主要是由于泰国国家公共储存量缓慢释放，从而减缓了泰国出口大米价格下降的势头。

稻米利用与库存。目前预测2014/15年度世界稻米利用率会达到500.5百万吨(折合大米)，这比2014年10月的预测值低20万吨，但仍然比2013/14年度的预测值高1.9%。食用利用量对应的是食物摄入量，为415.4百万吨，约占使用量的83%，饲料利用量约为14.5百万吨，占总数的3%，剩下的70.6百万吨(约占14%)为工业用粮和废物量。在人均食用量方面，尽管与去年相比很多地区盛行高零售价格，但人均食物消费量仍将从2013/14年度的57.3公斤增长至2014/15年度的57.5公斤。

过去十年以来的第一次，2014/15年度全球稻米使用量预计可能会超过生产量，导致全球稻米库存减少3.8百万吨从而下降到177.5百万吨。库存量变化，主要会影响到出口大国(印度、缅甸和泰国)，但一些主要进口国的稻米库存量的最终影响可能较小，如印度尼西亚。尽管生产量下降，世界储存量仍然保持在较高水平，库存量在2014/15年度预期占34.8%，与一年前的36.2%相比稍有下降，但足以满足至少4个月的需求。

1.3　2014 年地区稻米生产形势与贸易政策变化

本节重点分析亚洲、非洲和美洲地区 2014 年稻米生产形势和贸易政策变化。FAO 给出的 2014 年度世界各地稻谷产量的预测数据、2014 年度预测产量较上年的变化及 2014 年度各地区稻谷预测产量占世界稻谷预测产量的比例见表 1-2。

表 1-2　2014 年世界各地稻谷产量预测

	稻谷产量(百万吨)				2014/13		占比(%)		
	2009—2011 平均	2012	2013 估计	2014 预测	增量	(%)	2012	2013	2014
世界	705.8	735.7	746.3	744.7	−1.6	−0.2	100.0	100.0	100.0
亚洲	638.5	667.7	677.4	674.4	−3.0	−0.4	90.76	90.77	90.56
非洲	25.3	26.80	27.5	27.6	0.1	0.4	3.64	3.68	3.71
北非	5.2	6.0	6.1	6.0	−0.1	−1.6	0.82	0.82	0.81
西非	11.9	12.7	13.8	13.6	−0.2	−1.4	1.73	1.85	1.83
中非	0.5	0.5	0.5	0.6	0.1	20.0	0.07	0.07	0.08
东非	2.6	2.4	2.6	2.7	0.1	3.8	0.33	0.35	0.36
南非	5.0	5.1	4.2	4.5	0.3	7.1	0.69	0.56	0.60
中美和加勒比	2.8	2.8	3.0	2.9	−0.1	−3.3	0.38	0.40	0.39
南美	24.6	24.0	24.6	24.8	0.2	0.8	3.26	3.30	3.33
北美	9.8	9.1	8.6	10.0	1.4	16.3	1.24	1.15	1.34
欧洲	4.4	4.4	4.1	4.1	0.0	0.0	0.60	0.55	0.55
澳洲	0.3	0.9	1.2	0.9	−0.3	−25.0	0.12	0.16	0.12

数据来源：FAO, *Rice Market Monitor*, December 2014, VOLUME XV1I ISSUE No. 4.

1.3.1　亚洲稻谷产量下降 0.4%

亚洲是世界水稻生产的最重要地区，2014 年度仍然如此。2014 年度亚洲主要产稻国家稻谷产量预测见表 1-3。

表 1-3　2014 年亚洲主要产稻国家稻谷产量预测

	稻谷产量(百万吨)				2014/13		占比(世界=100)	
	2009—2011 平均	2012	2013 估计	2014 预测	增　量	增　幅	2009—2011	2014
孟加拉国	49.7	50.8	51.5	52.4	0.9	1.7	7.04	7.04
柬埔寨	8.2	9.3	9.4	9.3	−0.1	−1.1	1.16	1.25

续表

	稻谷产量(百万吨)				2014/13		占比(世界=100)	
	2009—2011 平均	2012	2013 估计	2014 预测	增 量	增 幅	2009—2011	2014
中国	197.3	204.2	203.6	206.4	2.8	1.4	27.95	27.72
印度	145.2	157.9	159.8	155.5	−4.3	−2.7	20.57	20.88
印度尼西亚	65.5	69.1	71.3	70.6	−0.7	−1.0	9.28	9.48
伊朗	2.7	2.8	2.9	3.0	0.1	3.4	0.38	0.40
日本	10.6	10.7	10.8	10.6	−0.2	−1.9	1.50	1.42
韩国	6.0	5.4	5.6	5.6	0.0	0.0	0.85	0.75
老挝	3.1	3.5	3.4	3.3	−0.1	−2.9	0.44	0.44
马来西亚	2.5	2.6	2.6	2.6	0.0	0.0	0.35	0.35
缅甸	31.4	27.7	28.3	28.9	0.6	2.1	4.45	3.88
尼泊尔	4.5	4.5	5.0	4.6	−0.4	−8.0	0.64	0.62
巴基斯坦	8.9	8.3	10.2	10.1	−0.1	−1.0	1.26	1.36
菲律宾	16.4	18.1	18.8	18.8	0.0	0.0	2.32	2.52
斯里兰卡	3.9	3.8	4.6	3.6	−1.0	−21.7	0.55	0.48
泰国	35.5	38.0	38.1	37.0	−1.1	−2.9	5.03	4.97
越南	40.5	43.7	43.9	44.9	1.0	2.3	5.74	6.03

数据来源:FAO,*Rice Market Monitor*,December 2014, VOLUME XV1I ISSUE No.4.

据FAO估计,亚洲稻谷产量约674.4百万吨(折合大米449.8百万吨),与往年同期相比,稻谷产量反映出负面预期,预计将比2013年度减产约0.4%,其中印度、印度尼西亚、尼泊尔、斯里兰卡和泰国的稻谷产量下降尤为明显。

印度水稻产量下降,估计可能会低于2014年整个亚洲产量变化的平均水平。因为处在不利气候恢复时期,刚种下去的连作晚稻的产量情况还不明朗,但是FAO已经在预测中给出了一个较去年下降2.7%的估计。预测表明,尽管亚洲水稻种植面积有所增加,但由于反常的气候变化,使亚洲水稻单产反而有所下降。尤其在印度,由于雨季洪水和暴风雨侵袭,水稻产量受到较大影响,导致印度各地水稻产量普遍下降。在朝鲜、斯里兰卡和泰国,干旱使水稻产量在一定范围受损。尼泊尔、印度尼西亚、老挝和巴基斯坦,也同样面临恶劣天气导致的水稻产量下降。与之相反,在阿富汗、孟加拉国、中国、伊朗、韩国、马来西亚、缅甸、东帝汶和越南等国家,晚季稻产量则比较乐观。

在孟加拉国,尽管其年内最后一季水稻(Aman稻)的收割仍在进行,但鉴于其良好的市场前景和适宜的气候使水稻播种面积和亩产量都有所提高,FAO预测,孟加拉国水稻产量将从2013年的5150万吨(3440万吨,以碾米计)上升到5240万吨(3490万吨,以碾米计)。而事实也正是如此,在2014年8月受洪水损害的水稻重新补种之后,冬季稻产量呈现出良好的生长态势。对于正处于播种阶段的Boro季水稻,FAO也十分看好。因为在缺乏农业灌溉水的地区,可通过播种适应能力更强的新品种来提高水稻产量。而孟加拉国官方的估计则没有那么乐观,指出第三季水稻(水稻主产季)产量将大体保持稳定,这一季水稻产量接近 1900 万吨(碾米计)。

伴随着 2014 年粮食收获季的结束,在 2014 年 12 月,中国国家粮油信息中心将其对 2014 年中国水稻的产量预测提高了 140 万吨,这颠覆了之前天气原因导致产量下滑的预测。该中心表示,2014 年中国水稻产量将比 2013 年萧条时期的低水平提高约 40 万吨。基于中国大量的单季种植的籼稻和粳稻将达到 1.335 亿吨(0.928 亿吨,以碾米计),与 2013 年同期数字相比 2014 年可能增产 2%。因此,尽管 2014 年中国早稻产量有所下降,但是中国的水稻产量仍然可能达到历史最高的 2.064 亿吨(1.414 亿吨,以碾米计)的水平。这将以约 1.4%的增幅超过 2013 年的全国水稻产量,而这都是在种植面积 3030 万公顷不变的情况下估计的,在此种情况下,中国每公顷产量将达到 6.8 吨。

在印度,当降水量低于长期平均水平(LPA)57%时,会显著影响到秋收作物的农事生产活动。然而,7 月中旬降水量回升,9 月的降水量达到 LPA 的 108%,秋季的晚稻作物面积最终超过 2013 年度的平均水平,增加到 3803 万公顷。当然,不利天气也有发生,比如 9 月,在阿萨姆邦和比哈尔邦的部分地区,北方邦的东部,查谟和克什米尔等地,暴雨成灾,洪水泛滥,都影响到这些地区水稻的生产。10 月 12 日的特强气旋风暴(Hudhud)带来的暴雨和最高时速达 180 公里的飓风对已经达到分蘖初穗分化期水稻的生殖生长造成损害。据早期评估,将近 24 万公顷水稻受到影响,据此,FAO 在 10 月预测,2014 年印度水稻产量 1.555 亿吨(1.037 亿吨,以碾米计)。这个数字表明了 2014 年度印度水稻产量较 2013 年创纪录的高产将下降约 3%(430 万吨)。当然,大部分损失主要归因于季风来得偏晚,播种时间推迟。

印度尼西亚 2014 年度第二次(旱季)水稻收割极具特点。基于 11 月政府的评估,印度尼西亚预计收获稻谷 706 万吨(445 万吨,以碾米计),比之前报道的多出了 74 万吨,但是仍然比 2013 年的最高纪录要低 0.9%。政府致力于推进粮食自足,重视反常季节干旱对连作晚稻作物的影响及季节早期洪水造成的损失,针对 2014 年因灌溉设备不足造成的低产,预计对此将转入 100 万亿卢比(80 亿美元)的国家基金(这些钱来自 11 月上涨 31%~36%的燃油补贴费),用于农业基础设施及其他的发展。特别的,该计划将在 3 年内对 200 万公顷的灌溉设施加以修整,包括水管等基础设施的恢复,种子的分配,肥料及其他农业机械进一步推进的干预措施等。

在连续 6 年水稻产量增产之后,朝鲜却在 2014 年 10 月底结束的水稻秋收时节减产。在持续性的降水不足和缺少灌溉用水的限制条件下,据朝鲜官方报道,已收获的水稻总产量是 260 万吨(折合 170 万吨),这一数值同比 2013 年的收成有 9 个百分点的减产。这反映出非季节性的气候状况引起的朝鲜水稻种植面积和水稻产量的双降,据统计共已造成 72400 公顷的水稻田受破坏。

而在韩国,11 月的调查却得出了与之前预估的会出现生产收缩相反的结果。据政府统计,收获的水稻产量为 565 万吨(折合大米 424 万吨)。这一数值与 2013 年的收成水稻总产量 563 万吨(折合大米 423 万吨)基本相当。水稻总产量的稳定,主要归功于每公顷的产量达到了 6.9 吨,仅次于 2009 年的历史最高纪录,这是水稻生长处于关键阶段时当地适宜的天气状况促成的。而这些因素帮助抵消了水稻种植面积由于连续 12 年部分水稻田改种其他作物对总产量带来的负面影响。

尼泊尔为内陆国家,但水稻对其很重要。尼泊尔在 2013 年取得了水稻总产量的历史新高 505 万吨稻谷(折合大米 330 万吨)后,2014 年度产量却预计会因降雨不及时和不足而受到消极影响,而当地的洪水和山体滑坡则使情况进一步恶化。按 460 万吨的预测产量(折合大米 300 万吨)来算,其产量同比 2013 年将减产 9 个百分点,但仍与过去 5 年的平均水平持平。

在巴基斯坦,据统计,9 月的大陆性降雨及由此造成的杰纳布河和杰伦河严重洪灾已造成旁遮普省 17 个地区共计 11.7 万公顷稻田受到破坏,共造成约 22 万吨(碾米计)印度香稻损失。巴基斯坦官方估计在这个洪水频发的第四季度将产出水稻 1010 万吨(672 万吨,碾米计)。这一数值将超出联合国粮农组织之前的预测值 7.5 万吨,而比 2013 年的好收成低 1 个百分点。尽管产量预期下降,但在新收获的产量高于平均水平,以及部分巴基斯坦香米市场由于印度市场饱和而受损失的背景下,巴基斯坦香米价格反而呈持续下降趋势。因此,为补助面临价格走低的水稻生产者,巴基斯坦政府已决定直接向未在洪灾损失中获得特殊补助的香米种植小农户提供每公顷 5000 卢比(相当于 120 美元)的直接补偿金。

菲律宾是海岛国家,水稻生产波动较大。尽管菲律宾降水迟迟不至且雨水不足造成的情况不容乐观,但接下来的水稻收成,官方预计将产出水稻共计 1050 万吨(690 万吨,碾米计),仍比上年同期增长 1 个百分点,也比之前的预测值高出 33 万吨。这一增产反映出采用了经改良的种子(如杂交水稻)、虫害减少,以及在暴风雨造成损失后当地政府采取的一系列恢复措施等对水稻产量有积极影响。相比之下,将于 2015 年上半年收获的第二季水稻产量将会面临更大的挑战。菲律宾官方明确表示,本国农民将在 2015 年的第一季度将水稻种植面积减少 2 个百分点,这是由尽管本季度米价对种植户很有吸引力,但替代作物比稻米在市场上更受欢迎所致。此外,水稻种植户还担心正在发生的厄尔尼诺效应,以及已于 12 月 6 日登陆菲律宾的台风"黑格比"对水稻生产的极大打击。尽管种植户们在主要作物产量上的损失已经在暴风雨来临前的抢收中得到很大程度上的避免,早期的官方评估仍显示有约 5.6 万公顷水稻在处于营养生长期至生殖生长期时遭受破坏。由于上述原因,即使估计在季后收获时的产量高于季度平均水平,联合国粮农组织仍预测菲律宾在 2014 年 7 月至 2015 年 6 月种植的水稻总产量将达到 1880 万吨(1230 万吨,碾米计),同比 2013 年的数值减产 0.4 个百分点。

在斯里兰卡,从 10 月以来,对于 2014 年水稻产量估计只有较小的调整。由于降水短缺,官方将预计产量定为 360 万吨以下(七年平均水平)。然而始于 10 月的 Maha 作物季,雨季季风改善了土壤的湿度情况,并且为水库再度蓄水提供了机会。到 11 月中旬,据报道,作物的种植面积已达 24.3 万公顷,并且还在快速增长。在政策方面,官方重申了对水稻行业的支持,继续资助肥沃计划,对稻田种子方面的补贴使得农民们免于开销,也保证了水稻较高的价格。同时,官方将这一季度的目标定为将 Maha 季水稻的生产面积恢复到 82.2 万公顷。

根据预测,泰国水稻的生产情况欠佳。泰国的北方是水稻的主生产地,其 2014 年水库蓄水水平降到 15 年来的最低点,泰国官方在 12 月宣布农民将缩小第二季水稻种植。严重的水资源短缺,已经使水稻生产形势陷于悲观。政府提供了援助措施,包括扩大开发者的财政信用补贴,从而让他们买更多的稻田,财政信用补贴将一直持续到主季稻收割结束。由于水稻生产形势日趋严峻,泰国官方公布了一个覆盖 200 万吨稻田的支援农场计划。这项计划为泰国香米种植户约 14400 铢/吨、糯米种植户 11700 铢/吨的补贴,并将持续 4 个月，用补贴经费去弥补贮藏支出。水稻预计产量下降受到价格前景不佳与灌溉水源受限的复合影响，FAO预测泰国水稻产量为37万吨，比之前的预测少50万吨，并且连续每年下降约3%。

越南水稻生产增长较快。从10月以来，越南在2014年的产量预测较之前的预测提升了40万吨，政府预测则更为乐观，认为全国水稻产量应在4490万吨之上，如果该预计实现，则2014年将较上年增长100万吨水稻，增幅将创历史新高。官方上调预测数值，主要是考虑到将要收获的冬季稻产量将比2013年有所增加，达到960万吨，增长率为2%。越南政府计划在2020年前减少77万公顷的越南稻田，以支持玉米、大豆和园艺农作物种植，其中在2015年初，完成将11.2万公顷的湄公河三角洲稻田转种可替代的非水稻作物的计划。

1.3.2　美洲稻谷产量增长4.1%

2014年，美洲稻谷产量预计达到3770万吨，比2013年增产4.1%。其中中美洲和加勒比地区预计290万吨，比2013年减产3.3%；南美洲产量2480万吨，比2013年增产0.8%；北美产量将达到1000万吨，比2013年增长16.3%。2014年美洲地区及其主要产稻国家稻谷产量预测见表1-4。

表1-4　2014年美洲主要产稻国家稻谷产量预测

	稻谷产量（百万吨）				2014/13		占比（世界=100）	
	2009—2011平均	2012	2013估计	2014预测	增　量	增　幅	2009—2011	2014
中美和加勒比	2.8	2.8	3.0	2.9	−0.1	−3.3	0.40	0.39
古巴	0.5	0.6	0.7	0.7	0.0	0.0	0.07	0.09
多米尼加	0.9	0.8	0.8	0.8	0.0	0.0	0.13	0.11
南美	24.6	24.0	24.6	24.8	0.2	0.8	3.49	3.33
阿根廷	1.4	1.6	1.6	1.6	0.0	0.0	0.20	0.21
巴西	12.6	11.6	11.8	12.1	0.3	2.5	1.79	1.62
哥伦比亚	2.2	1.9	2.0	1.9	−0.1	−5.0	0.31	0.26
厄瓜多尔	1.6	1.6	1.5	1.5	0.0	0.0	0.23	0.20
秘鲁	2.8	3.0	3.1	3.0	−0.1	−3.2	0.40	0.40
乌拉圭	1.4	1.4	1.4	1.3	−0.1	−7.1	0.20	0.17
北美	9.8	9.1	8.6	10.0	1.4	16.3	1.39	1.34
美国	9.8	9.1	8.6	10.0	1.4	16.3	1.39	1.34

数据来源：FAO，*Rice Market Monitor*，December 2014，VOLUME XV1I ISSUE No. 4.

（1）中美洲和加勒比地区产量可能下降3.3%。据FAO最新预计，2014年大多数中美洲和加勒比地区国家的水稻产量将下降到290万吨（折合大米190万吨），最新预计比2013年修订版的预计产量下降约3.3%。该地区水稻减产的主要原因是水土流失和整个区域降水不足。

从国家层面看,海地水稻生产形势恶化尤为明显。据官方预测,海地 2014 年水稻产量将比 2013 年的 12.5 万吨(折合大米 8.3 万吨)下跌 26%,其主要原因是降雨不足、基础设施缺乏维护、成本投入高、国家奖励减少和预算支出延迟。由于降雨的延迟和降水不足,以及土壤水分条件和补充灌溉水不利等原因,尼加拉瓜水稻生产预计也将缩减 10%。在巴拿马,由于干旱造成产量和面积的损失,加之稻米预期价格较低,巴拿马的稻谷产量预测将下降 10%,2014 年其全国稻谷产量只有 26 万吨(折合大米 17 万吨)。萨尔瓦多和危地马拉 2014 年稻谷产量也预计将有不同程度的较大幅度下降。

在加勒比地区,另一方面情况也可能存在。哥斯达黎加水稻生产前景依然被看好,有望达到 23 万吨(折合大米 15 万吨),这将超过 2013 年修订版所预计的 22.5 万吨(折合大米 14.7 万吨)。哥斯达黎加北部和中部太平洋地区尽管长时间受到降雨不足的影响,但迄今为止,报告显示降水不足的影响仅局限在雨养地区这类相对有限的范围。对古巴的估计也一样乐观,古巴 2014 年水稻产量可望达到 70 万吨(折合大米 46.7 万吨),这意味着与 2013 年度相比,2014 年度古巴全国稻谷将增产 4%。多米尼加共和国 2014 年稻谷产量则预计将达到 82.4 万吨(折合大米 54.4 万吨),此水平可媲美 2013 年度水稻产量,产量预期由区域增益所致,部分农民通过信贷获得更多便利,政府管理则增加了用水的合理性,弥补降水量较少可能带来的损失。与此同时,考虑到农户对春夏季水稻生产的积极性提高及有利的天气,FAO 对 2014 年墨西哥稻谷产量预估提高到 20 万吨(折合大米 13.3 万吨)。墨西哥政府也宣布了一系列支持措施,包括帮助农民解决进口竞争日益激烈等营销困境,对水稻种植者给予每吨 200 比索(15 美元)的直接援助,并恢复原先存在的贸易协定之外的进口关税以减缓国内压力。

(2)南美地区预计 2014 年度增产 0.8%。2014 年,南美地区水稻生产总体上取得了较好的结果。虽然恶劣天气影响了水稻播种面积(合计 480 万公顷)的扩大,但平均单产增长了约 2%,从而使 2014 年水稻产量提高到 2480 万吨(折合大米 1660 万吨),比 2013 年同期增长 1.1%。在高价格激励下,水稻产量增长主要集中在巴西,但增产的关键仍是较高的单产水平。圭亚那和巴拉圭的水稻产量涨势也很强劲,均在生产主要季节刷新了产量纪录。阿根廷、智利和苏里南三国的水稻产量也很高,未受不利天气的影响。但不利天气影响了玻利维亚、哥伦比亚、厄瓜多尔、秘鲁、乌拉圭和委内瑞拉的水稻生产。

根据阿根廷官方预计,2014 年水稻产量将维持在 160 万吨(折合大米 110 万吨)的水平,比 2013 年增长 1.3%,这得益于种植面积增长抵消了单产的下降。巴西 2014 年度(2013/14 年度)的水稻生产完美收官,与 2014 年 10 月发布的预测报告数字只有微小的差别。根据巴西官方预计,2014 年巴西水稻产量将增长 3%,达到 1210 万吨(折合大米 812 万吨)。巴西国家商品供应公司(CONAB)2014 年 12 月发布了 2015 年度(2014/15 年度)报告,转向种植竞争性经济作物和受不良天气影响将导致水稻种植面积减少 1.3 万公顷,减少到 236 万公顷,但报告对水稻平均产量前景估计仍较乐观,预计为 5.2 吨/公顷,超过 2013 年度约 1%。这在很大程度上反映了巴西南里奥格兰德州(Rio Grande do Sul)粮食生产的利好预期。尽管超过平均降雨量的降雨持续到 11 月,导致巴西水稻种植大户和水稻主产区农民的下年度播种可能会有所推迟,但是 11 月下旬雨势的暂时缓解,使巴西南部各州能够迅速恢复水稻播种作业,并最终超过上年同期。巴西国家商品供应公司预计南里奥格兰德州在2015年度的水稻产量将高于2014年度2个百分点，达到830万吨(折合大米560万吨)。基于该机构的乐观预测，巴西官方预计2014年度水稻产量将比2013年度增长0.7%。

由于水稻水分含量高，哥伦比亚调低了在之前官方发布的稻谷产量预测。2013年度，哥伦比亚全国预计已收购稻谷205万吨(折合大米140万吨)，同比增长6%。针对即将结束的2014年度，FAO预计稻谷产量为192万吨(折合大米130万吨)，与2013年度同比却下降了6%。这主要是受种植面积减少、干旱问题突出以及低价预期等影响。厄瓜多尔2014年度的水稻生产已接近尾声，预计下降到145万吨(折合大米82.7万吨)，比糟糕的2013年度还低4%。这在很大程度上归因于播种期降水量不足以及后来的虫害影响，与此同时，信贷减少和高投入也对本年度水稻生产产生了负面影响。

相反，尽管受到洪水影响，巴拉圭官方预计2014年度水稻产量将破纪录，达到80.4万吨(折合大米56.3万吨)，超过FAO之前增加12.5万吨的预测。得益于种植面积的扩大，相比2013年度，该预测值增长30%。同时，巴拉圭早在8月就启动了2015年度水稻种植计划，水稻播种的提前是为了降低厄尔尼诺导致的降雨过多的影响。据业内预计，由于水稻种植面积的扩大，2014年度巴拉圭水稻产量将保持快速增长势头。然而，伊塔普阿(Itapua)和米西奥内斯(Misiones)水稻主产区的灌溉对特比卡伊河(Tebicuary)的过度依赖，导致人们对环境问题产生担忧。针对这些情况，业界呼吁要对已有30年历史的基础设施开展重建，从而可以让亚力图水库(Yacyretá)的蓄水能力能够满足5.5万公顷稻田的灌溉需求。

在2014年度，乌拉圭水稻种植受到生产成本高、天气条件差的影响，水稻种植部门业绩表现不佳，这样的不佳表现已持续3个年度，预计2014年度稻谷产量为130万吨(折合大米94.4万吨)。2014年度，委内瑞拉水稻产量预测维持在98万吨(折合大米6.86万吨)，这意味着受持续干旱、生产投入限制等影响，2014年度水稻产量将比2013年度的高产量减少约2%。

(3)北美地区估计增产16.3%。在北美地区，水稻主要产稻国家只有美国。根据美国农业部12月的预测，2014年度美国稻谷产量约1003万吨(折合大米710万吨)，超过了先前的预期，将比2013年度提高16%以上。美国每公顷稻谷产量预计8.5吨，其平均产量将仅次于2013年达到的最高纪录，尽管与过去年份同比均有所增加，但美国水稻产量的增加主要依赖于种植面积的扩大，除了遭受旱灾的加州以外，其他各个水稻生产州，稻田面积都有所扩大。另外，长粒米出口价格有所回升，出口量增加，提高了水稻农场增加水稻生产的积极性。

1.3.3 非洲稻谷产量增长3.78%

非洲是世界水稻生产的第3大地区。2014年，非洲水稻生产将超过上年，但不同国家水稻生产形势差异较大。2014年非洲主要产稻国家稻谷产量预测见表1-5。

表 1-5　2014 年非洲主要国家稻谷产量预测

	稻谷产量(百万吨)				2014/13		占比(世界=100)	
	2009—2011 平均	2012	2013 估计	2014 预测	增　量	增　幅	2009—2011	2014
埃及	5.2	5.9	6.1	6.0	−0.1	−1.6	0.74	0.81
西非	11.9	12.7	13.8	13.6	−0.2	−1.4	1.69	1.83
科特迪瓦	0.7	0.7	0.8	0.8	0.0	0.0	0.10	0.11
圭亚那	1.6	1.9	2.1	2.0	−0.1	−4.8	0.23	0.27
马里	2.0	1.9	2.2	2.3	0.1	4.5	0.28	0.31
尼日利亚	4.2	4.4	4.7	4.9	0.2	4.3	0.60	0.66
塞拉利昂	1.0	1.1	1.3	1.2	−0.1	−7.7	0.14	0.16
中非	0.5	0.5	0.5	0.6	0.1	20.0	0.07	0.08
东非	2.6	2.4	2.6	2.7	0.1	3.8	0.37	0.36
坦桑尼亚	2.1	1.8	2.0	2.1	0.1	5.0	0.30	0.28
南非	5.0	5.1	4.2	4.5	0.3	7.1	0.71	0.60
马达加斯加	4.5	4.6	3.6	4.0	0.4	11.1	0.64	0.54
莫桑比克	0.3	0.3	0.4	0.3	−0.1	−25.0	0.04	0.04

数据来源:FAO,*Rice Market Monitor*,December 2014, VOLUME XV1I ISSUE No. 4.

总的来看,非洲西部和北部的主要稻谷作物收割在 12 月已接近尾声,而非洲东部和南部地区已全部结束。根据最新的数据显示,2014 年非洲稻谷产量将达到 2760 万吨(1800 万吨,以碾米计),小幅超过 2013 年产量的 0.5%。相对于 10 月发布的预期,由于受恶劣天气影响,以及那些埃博拉疫情严重的国家农业活动减弱,非洲西部的产量将受到严重影响。由于埃及也预计减产,其损失超过非洲南部(特别是马达加斯加)增长的部分。坦桑尼亚的东部地区减产程度相对较轻。

(1)北非是非洲重要的稻作区,生产形势尚属平稳。在北非,2014 年埃及水稻产量预计下降 2%,降至 600 万吨(410 万吨,以碾米计),与 10 月公布的预测没有变化。在连续多年限制大米出口的背景下,埃及大米行业依旧面临供大于求、价格下跌和生产成本上升等问题。生产成本上升主要是由于当局分别在 2014 年 7 月和 10 月提高了能源和化肥价格,这意味着 2014 年相比于 2013 年将近 30%的增长主要来自水稻种植面积的扩大。在北非其他区域,FAO 预计摩洛哥在 2014 年稻谷产量为 48 万吨(31 万吨,以碾米计)。这意味着与 2013 年较差的产量相比还要下降 30%。在 2014 年早些时候,政府和部门的代表签署了一项协议,2020 年前,摩洛哥政府将投资 2.7 亿道提姆(MAD,约合 3300 万美元)用于水稻生产。该项协议旨在扭转水稻种植面积不断减少的趋势,争取 6 年内使水稻种植面积增长 11000 公顷,单位产量提高 14%,达到 8.0 吨/公顷。其他的干预措施还包括促进灌溉水及其他资源高效利用,以及改善稻谷储存和加工设施等。

(2)西非水稻生产下降。FAO预测西非2014年度水稻产量为1360万吨(860万吨，以碾米计)，同比下降约2%，同时修正了2013年的估计。埃博拉病毒爆发、降雨姗姗来迟且分布不均，共同造成了水稻生产面积的减少和产量的降低。纵观各个国家，2014年同比下降(按绝对值计算)最大的莫过于乍得，据官方预估，因恶劣的天气，国内水稻产量仅约20.8万吨(14.2万吨，以碾米计)，这意味着2014年比2013年的产量将下降45%。如此低的产量估计，还出现在冈比亚，在那里，尽管水稻种植面积增加，但官方预期产量仍较上年有57%的下降，只能收获稻谷30万吨(20万吨，以碾米计)，产量下降主要是受降雨延迟和分布不均的影响，导致稻田重新种植的种子无法及时发芽。在贝宁、几内亚比绍、塞内加尔和多哥，也同样因恶劣天气影响了2014年水稻的收成。在塞内加尔，FAO预计其将减产4%，达到420万吨(294万吨，以碾米计)，该国政府对粮食自给给予了支持，除了先前宣布的提供原料和机械等债务减免措施之外，政府还宣布对国内大米将减免增值税。

在几内亚、利比里亚和塞拉利昂，水稻生产前景有着相似的恶化状况。这3个国家受埃博拉疫情影响特别严重，尽管降雨量合适，但仍被劳动力和投入不足所困扰。在几内亚，官方初步评估表明，产量有可能会有4%的下降，降至197万吨(130万吨，以碾米计)。这个预测结果遵循了西非普遍减产的预期，几内亚福雷斯蒂耶区域是几内亚埃博拉疫情最严重的地区之一，所以产量损失集中于此不足为怪。然而该地区的产量通常占全国总产量的23%，因此对全国产量下降的影响较大。就既是主产区又是重疫区的利比亚而言，FAO预计其2014年水稻产量降幅大约12%，降至237万吨(154万吨，以碾米计)，减产的原因在于劳力短缺导致种植面积减少。由于劳力不足，感染地区在水稻种植、收获方面均难以为继，而劳动力的不足不仅仅是因为死亡和疾病，还由于人们对传染病的恐惧而迁出疫区，田地也随之荒废。据FAO称，各种因素导致2014年度水稻产量相比2013年度的高产量暴跌8%，下降到116万吨，而在隔离期进行的交通管制导致了销售不便，进一步恶化了受埃博拉袭击的国家水稻产量减少所产生的不利影响，并引发了财政赤字加剧和农产品批发商店减少。

基于当前的预测，布基纳法索、科特迪瓦、毛里塔尼亚、尼日利亚的产量增长将部分弥补西非其他国家产量下降的损失，其中尼日利亚贡献最大。事实上，尽管尼日利亚面临局部干旱和局部洪水的风险，但由于整体的利好天气和政府对农业转型的支持，2014年水稻产量仍将向好。FAO据此把对该国的产量预测提高了30万吨(以大米计)，即比2013年度增长4个百分点，达到有史以来的最高纪录。与早先的预测相反，FAO亦认为加纳水稻产量很可能增加到60.4万吨。在2013年，大片地区通过大幅度的商业运作重新得到了灌溉，减轻了降水不均的影响，产量预测随之修正到34.2万吨。而针对2014年度预测数据的修正很可能就是基于上年的水稻生产经验。FAO对马里的展望也甚为积极，预计水稻产量将增长2个百分点，可以达到225万吨(150万吨，以碾米计)，随着7月后期的降水正常化和淡季产量的增加，一些地区因持续缺乏降水引起的产量损失将由其他地区来弥补，政府也将以补贴形式提供支持。

(3)东非水稻生产将有所增长。FAO对东非在2014年度的水稻产量估算为270万吨，这意味着3%的同比增长。乌干达和坦桑尼亚维持增长明显，布隆迪、埃塞俄比亚和卢旺达也是如此。坦桑尼亚联合共和国地区的产量未受天气的不利影响，在坦桑尼亚同比4%的增长中,公私合营投资企业 SAGCOT 拉动地区投资贡献巨大,该投资项目于 2011 年推出,政府在 2013 年 1 月推出了该项目的农业部分,旨在将大规模水稻产业投资项目和甘蔗商业化产业投资项目扩大到 25 个以上,同时不断提高 78 个小规模水稻灌溉系统的运行管理水平,并执行跨度期三年的营销计划。苏丹的产量前景也显出利好,官方评估水稻产量将达到 29 万吨(20 万吨,以碾米计),这得益于日本的一个技术援助项目改善了土壤状况,将每公顷单产提高到 8.0 吨。

(4)南非水稻产量大幅度增长。自 10 月以来,FAO 预测小组只对南非生产数据作了小部分修改。马拉维、赞比亚,尤其是马达加斯加等部分区域,预计产量已经比 2013 年度提高了 9 个百分点,达到 454 万吨(折合大米 300 万吨)。马达加斯加官方预计,2014 年度产量在 398 万吨(270 万吨大米)基础上还将增加 6.4 万吨,超过了此前的预期,这主要是由于 10%的主产区自 2013 年后开始复苏。马达加斯加当局旨在促进水稻产业全面复苏,希望 2015 年仍然保持增产的势头,将目标产量定为 450 万吨(300 万吨,以大米计)。为了达到目标,政府将继续治蝗,恢复并扩建基础灌溉设施,想方设法降低获得生产投入品(尤其是杂交水稻种子)的难度。

1.3.4 欧洲和澳洲增减各异

2014 年度,除俄罗斯外,欧洲水稻生产总体上不景气。澳洲的水稻主产国是澳大利亚,但澳大利亚水稻受降水等气候因素的影响很大,导致产量很不稳定。FAO 对欧盟、俄罗斯和澳大利亚 2014 年稻谷产量预测数据见表 1-6。

表 1-6 2014 年欧盟、俄罗斯和澳大利亚稻谷产量预测

	稻谷产量(百万吨)				2014/13		占比(世界=100)	
	2009—2011 平均	2012	2013 估计	2014 预测	增量	增幅	2009—2011	2014
欧盟(EU)	3.2	3.1	2.9	2.8	−0.1	−3.4	0.45	0.38
俄罗斯	1.0	1.1	1.0	1.2	0.2	20.0	0.14	0.16
澳大利亚	0.3	0.9	1.2	0.8	−0.4	−33.3	0.04	0.11

数据来源:FAO,*Rice Market Monitor*,December 2014, VOLUME XV1I ISSUE No. 4.

(1)欧洲地区产量可能保持不变。在欧洲,欧盟生产前景恶化,2014 年度稻谷产量约 279.6 万吨(折合大米 170 万吨),这意味着与 2013 年同比减产约 3.2%,创近 6 年以来新低。欧盟主要产稻国家 2014 年水稻产量预测数据见表 1-7。

表 1-7 2014 年欧盟主要产稻国家稻谷产量预测

	面积			单产			产量		
	2013(千公顷)	2014(千公顷)	变化率(%)	2013(吨/公顷)	2014(吨/公顷)	变化率(%)	2013(千吨)	2014(千吨)	变化率(%)
欧盟	435	427	−1.9	6.6	6.6	−1.3	2888	2796	−3.2
意大利	216	220	1.6	6.6	6.3	−5.3	1427	1373	−3.8
西班牙	113	110	−2.8	7.5	7.8	4.1	852	861	1.1

续表

	面积			单产			产量		
	2013 （千公顷）	2014 （千公顷）	变化率 （%）	2013 （吨/公顷）	2014 （吨/公顷）	变化率 （%）	2013 （千吨）	2014 （千吨）	变化率 （%）
希腊	31	31	0.7	7.5	6.9	−8.6	229	211	−8.0
葡萄牙	30	29	−4.0	6.0	5.6	−6.4	180	162	−10.1
法国	21	15	−27.5	3.9	5.5	41.6	81	83	2.6
罗马尼亚	12	11	−2.6	4.7	4.8	1.7	55	54	−0.9
比利时	10	9	−14.7	5.5	5.0	−9.1	56	44	−22.5
匈牙利	3	3	0.0	3.3	3.3	0.0	9	9	0.0

数据来源：FAO，*Rice Market Monitor*，December 2014，VOLUME XV1I ISSUE No. 4.

与上次的预测产量相比，意大利的减产幅度最大，据估计 2014 年度可能减产 5.4 万吨到 137.3 万吨（折合大米 82.4 万吨）。减少预期产量的原因主要是考虑到 2014 年夏季天气凉爽潮湿，对害虫的滋生有利。据 FAO 估计，葡萄牙 2014 年度将缩减产量约 10%至 16.2 万吨（折合大米 9.7 万吨），主要原因是出现很不适宜水稻生长的低温情况，导致播种延迟，9 月又出现降雨的情况。希腊、保加利亚和罗马尼亚 2014 年度产量也预期将有所下降。在欧盟所有生产国家中，只有法国和西班牙预期水稻产量有所增加。法国的水稻预测产量为 8.3 万吨（折合大米 5 万吨），这一数值意味着其超过 2013 年较低的产量，恢复到了正常产量。另一方面，西班牙政府预计，西班牙的水稻种植面积可能减少 3%，但产量可能更高，相比 2013 年度产量将提高 1%，达到 86.1 万吨（折合大米 51.7 万吨）。在欧洲其他地区，俄罗斯水稻生产前景尤为乐观，达到创纪录的 120 万吨（折合大米 76.7 万吨），这将比 2013 年度产量提高 15%，主要得益于整体有利的气候和更低的虫害概率。

（2）澳洲地区产量将减产 28%。在大洋洲，官方估计 2014 年澳大利亚水稻产量将保持在 83.3 万吨（折合大米 55.6 万吨），较 2013 年下降 28%，主要是受到区域性削减水稻生产灌溉用水的影响。预计到 2015 年度之前，2014 年度水稻预测产量只有 68.4 万吨（折合大米 45.6 万吨），同比下降 18%。水稻产量减少，是由于预期水稻面积将减少到 7.1 万公顷，并且单产水平会回归到过去的平均水平。之所以预期前景不乐观，是因为穆雷河（Murray）和马兰比季河（Murrumbidgee）河谷用于水稻生产的水资源分配减少，加上水价较高，阻碍了水稻农场扩大生产，成本的增加也减低了种植水稻的吸引力。

1.4　展　望

2015 年度，世界水稻产量可能会增加到 7.498 亿吨。当北半球的一些国家还在收获 2014 年度的连作晚稻的时候，南半球的水稻农场已经开始 2015 年度首季水稻播种。根据 2015 年度初步预测情况，以及从已经初步掌握的一些国家水稻生产情况和比较明确的政策来看，前景可能喜忧参半。

南美的阿根廷生产成本高,降水过量;乌拉圭面临高生产成本等问题,这都将会抑制水稻生产,而玻利维亚、智利和巴拉圭的水稻面积预计会扩大。在亚洲,印度尼西亚政府最近宣布了稻谷产量目标为 7340 万吨(折合大米 4620 万吨),意味着要在 2014 年度水稻产量的基础上增长 4%。在斯里兰卡,由于降雨量回升,稻谷产量也将有所恢复。在非洲,马达加斯加和坦桑尼亚前景乐观,除非遇到重大的阻碍。另一方面,澳大利亚官方预测 2015 年度可能会缩减 18%的水稻产量,主要是由于水量分配再次被限制以及水价提高。

第 2 章　世界稻米市场价格变化

国际市场大米价格(本章大米价格均指大米出口国家主要出口口岸的 FOB 价格,即出口离岸价格),长期来看,由 2008 年粮食危机之后的高价位转为向下调整的过程,进入低价通道。在后来的价格下降过程中,2013 年表现为剧烈变化,2014 年价格波动较大,2014 年月度价格变化更为明显。本章通过长期价格变化、近年年度中期变化和 2014 年内月度短期价格变化分析,旨在充分揭示国际市场大米价格的变化规律和主要特征。

2.1　大米价格指数变化趋势

对 FAO 根据世界粮食监测数据生成的大米价格指数(简称 FAO 指数)分析表明,2004 年到 2014 年,世界大米综合指数和分为四类的大米价格分类指数都有很大变化。这种变化,揭示了世界大米市场的经济表现,其变化轨迹值得重视。

2.1.1　大米价格综合指数变化

FAO 大米价格综合指数基于世界 14 种主要大米种类的出口报价计算而得。从 2004 年到 2014 年,世界大米价格综合指数经历了缓慢上升、快速上升、快速下降和缓慢下降的变化过程,这个变化轨迹如图 2-1 所示。

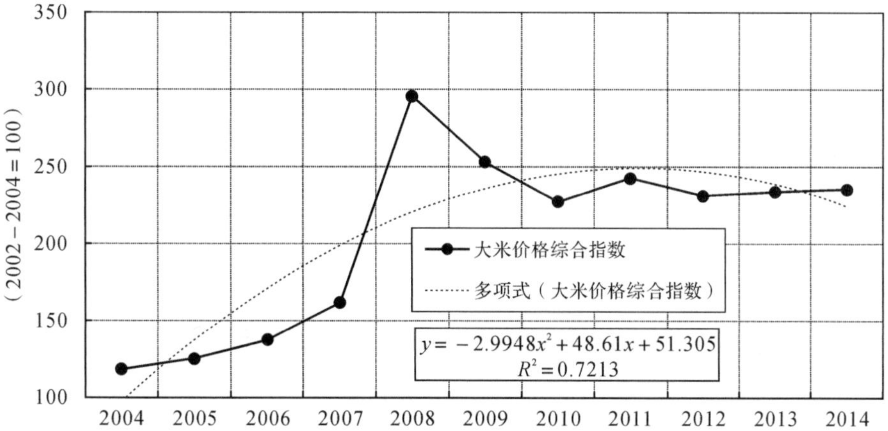

图 2-1　FAO 大米价格综合指数变化轨迹(2004—2014)

以2002—2004年国际市场大米价格3年平均计算的大米价格(即大米综合价格指数,2002—2004=100),由118点上升到235点,增长幅度99.2%,年递增率7.13%。具体来看,2004—2007年,大米价格上涨趋势明显,但上涨幅度不大,3年间由118点上升到161点,2008年暴涨到295点,达到11年间最高点,2007年到2010年经历了高涨和下降的过程,2011年上涨乏力,到2014年上涨到235点,形成了从2010年到2014年缓慢上涨的局面。

2.1.2 大米价格分类指数变化

据FAO大米分类标准,对大米"质量"的定义,是按照所含碎粒大米百分率所确定的。高质量大米是指含碎率低于20%的大米,而低质量大米则是指含大米碎率等于或高于20%的大米。香米价格指数是按照巴斯玛蒂大米(Basmati)和普通香米价格平均计算的结果。

(1)高质籼米价格指数。FAO高质籼米价格指数,从2004年到2014年,高质籼米价格指数由120点上升到207点,10年内增长幅度为72.4%,年平均递增率5.60%。FAO高质籼米价格指数变化轨迹详见图2-2。

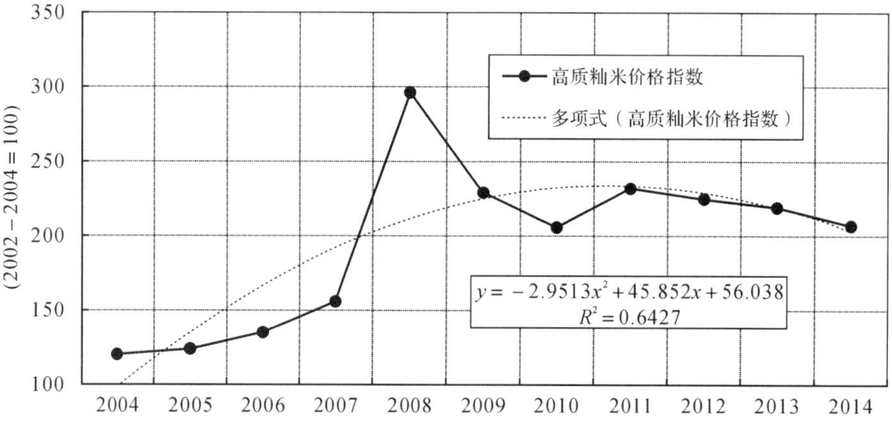

图2-2 FAO高质籼米价格指数变化轨迹(2004—2014)

具体来看,2004—2007年,高质籼米价格上涨趋势明显,但上涨幅度不大,3年间由120点上升到156点,2008年暴涨到296点,达到10年内的最高点,2007年到2010年经历了高涨和下降的过程,2011年上涨乏力,到2014年下降到207点,形成了从2011年到2014年缓慢下降的变化局面。

(2)低质籼米价格指数。FAO低质籼米价格指数,从2004年到2014年,低质籼米价格指数由120点上升到201点,10年内增长幅度为67.7%,年平均递增率5.31%,是各类大米价格中增长速度最低的一种类型。FAO低质籼米价格指数变化轨迹详见图2-3。

具体来看,2004—2007年,低质籼米价格缓慢上涨,但上涨幅度不大,3年间由120点上升到159点,2008年暴涨到289点,达到10年内的最高点,2007年到2010年经历了高涨和下降的过程,2010年和2011年上涨乏力,2014年下降到201点,形成了从2011年到2014年逐年下降的变化局面。

(3)粳米价格指数。FAO粳米价格指数,从2004年到2014年,粳米价格指数由117点上升到266点,10年内增长幅度为126.9%,年平均递增率8.54%,是各类大米价格中增长

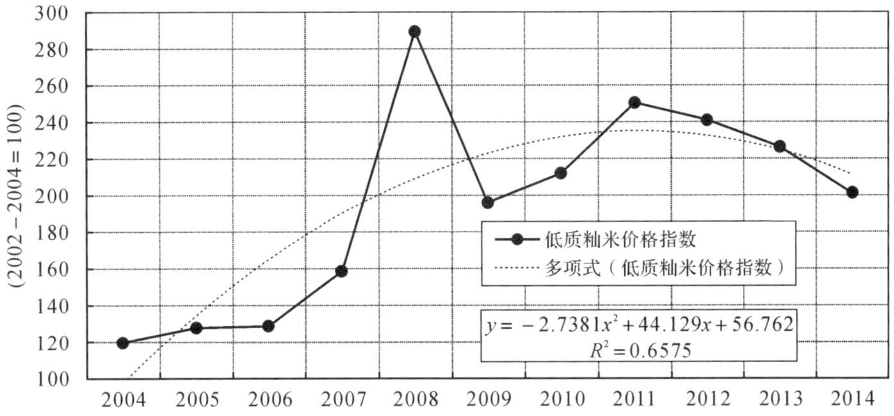

图 2-3　FAO 低质籼米价格指数变化轨迹(2004—2014)

速度较快的一种类型。FAO 粳米价格指数变化轨迹详见图 2-4。

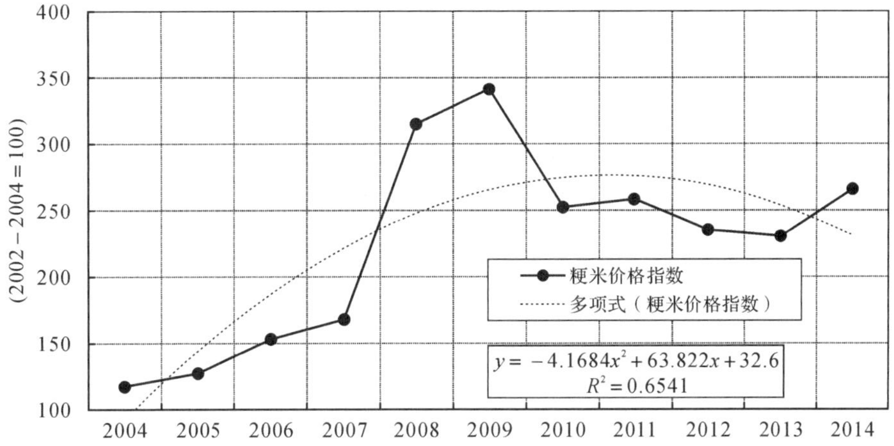

图 2-4　FAO 粳米价格指数变化轨迹(2004—2014)

具体来看，2004—2007 年，粳米价格缓慢上涨，但上涨幅度不大，由 117 点上升到 168 点，2008 年暴涨到 315 点，达到 10 年内的最高点，2007 年到 2010 年经历了高涨和下降的过程，2010 年和 2011 年上涨乏力，连续两年下降后于 2014 年恢复性增长到 266 点，形成了从 2011 年到 2014 年先下降后上升的变化局面。

(4)香米价格指数。FAO 香米价格指数，从 2004 年到 2014 年，由 110 点上升到 255 点，10 年内增长幅度为 131.7%，年平均递增率 8.76%，是各类大米价格中增长速度最快的一种类型。FAO 香米价格指数变化轨迹详见图 2-5。

具体来看，在 2004—2006 年，香米价格缓慢上涨，但上涨幅度不大，两年间由 117 点上升到 120 点，2007 年启动上升过程，2008 年暴涨到 251 点，达到 10 年内的次高点，2007 年到 2012 年经历了高涨和缓慢下降过程，2013 年上涨 20.8%，但 2014 年又下降到 255 点，使 2013 年成为这一时期新的高点。

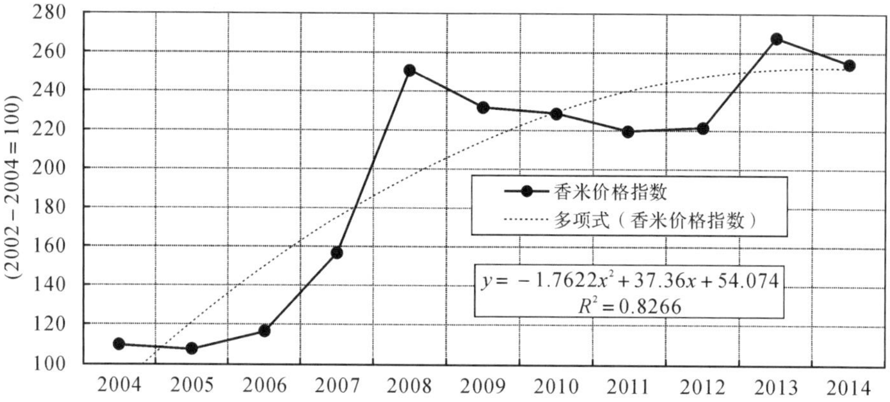

图 2-5　FAO 香米价格指数变化轨迹(2004—2014)

2.2　国际市场大米价格年度变化

自 2004 年以来，国际市场大米价格经历了 2007—2008 年的世界粮食危机(实际上是粮食价格危机)，世界大米价格变化都很大，但总体上是下降中逐步回升，到 2014 年仍未恢复到 2008 年前后的最高价格水平，2014 年仍然是低价位调整格局。

2.2.1　大米综合平均价格变化趋势

从 2004 年到 2014 年，国际大米市场综合平均价格由 306.6 美元/吨上升到 532.7 美元/吨，10 年内增长幅度为 73.7%，年平均递增率 5.68%。从全过程来看，经历了一个由升而降的变化过程，年度变动轨迹如图 2-6 所示。

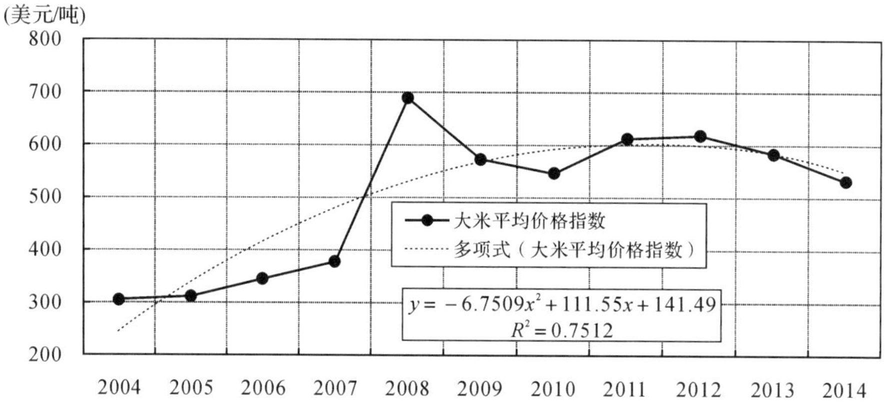

图 2-6　国际市场大米平均价格变化轨迹(2004—2014)

具体来看，2004—2007 年，国际市场大米价格缓慢上涨，但上涨幅度不大，3 年间由 306.6 美元/吨上升到 379.2 美元/吨，2008 年暴涨到 688.2 美元/吨，达到 10 年内的最高价格，2007 年到 2010 年经历了一个由高涨到下降的变化过程，2011 年和 2012 年上涨乏力，2014 年下降到 532.7 美元/吨，近期形成了从 2012 年之后连续 3 年下降的变化局面。

2.2.2　大米分类价格变化

(1)高价大米价格变化。世界大米市场的高价大米，主要包括 3 种，分别是美国加州中粒米、巴基斯坦巴斯玛蒂香米和泰国茉莉 A 级香米，计算 3 种大米价格平均数即为高价大米价格。2004 年到 2014 年，国际大米市场高价大米综合平均价格由 468.0 美元/吨上升到 974.8 美元/吨，10 年内增长幅度为 108.3%，年平均递增率 7.61%。从全过程来看，经历了一个由升而降的变化过程，年度变动轨迹如图 2-7 所示。

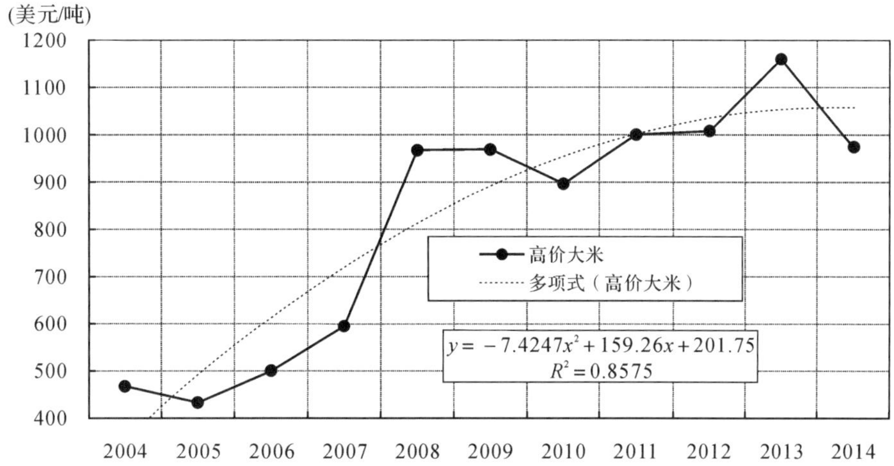

图 2-7　国际市场高价大米价格走势(2004—2014)

具体来看，2004—2007 年，国际市场高价大米价格在 2005 年下降后缓慢上涨，但上涨幅度不大，3 年间由 468.0 美元/吨上升到 594.7 美元/吨，2008 年暴涨到 968.2 美元/吨，达到 10 年内的次高价格，2007 年到 2010 年经历了一个由高涨到下降的变化过程，2011 年和 2012 年上涨乏力，2013 年再度上涨到 10 年间最高价格 1160.4 美元/吨，2014 年下降到 974.8 美元/吨，近期形成了上升中有所下降的变化局面。

(2)中价大米价格变化。世界大米市场的中价大米，主要包括 6 种，分别是泰国 B 级白米、泰国蒸谷米、美国长粒米 2 号 4%碎率大米、泰国 5%碎率大米、乌拉圭长粒 5%碎率大米和泰国 25%碎率大米，计算 6 种大米价格平均数即为中价大米价格。2004 年到 2014 年，国际大米市场中价大米综合平均价格由 265.4 美元/吨上升到 462.7 美元/吨，10 年内增长幅度 74.5%，年平均递增率 5.72%。从全过程来看，经历了一个由升而降的变化过程，年度变动轨迹如图 2-8 所示。

具体来看，2004—2007 年，国际市场中价大米价格一路缓慢上涨，但上涨幅度不大，3 年间由 265.2 美元/吨上升到 344.0 美元/吨，2008 年暴涨到 695.8 美元/吨，达到 10 年内的最高价格，2007 年到 2010 年经历了一个由高涨到下降的变化过程，2011 年和 2012 年上涨乏力，2013 年和 2014 年继续缓慢下降，2014 年跌到 462.7 美元/吨，近期形成了持续 3 年的下降局面。

(3)低价大米价格变化。世界大米市场的低价大米，主要包括 5 种，分别是越南 5%碎率大米、印度 25%碎率大米、巴基斯坦 25%碎率大米、越南 25%碎率大米和泰国 A1 白碎米，计算 5 种大米价格平均数即为低价大米价格。2004 年到 2014 年，国际大米市场低

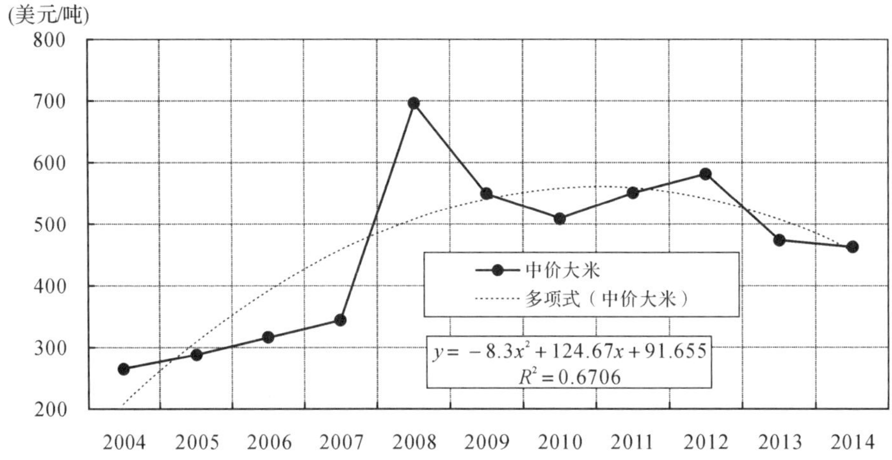

图 2-8 国际市场中价大米价格走势(2004—2014)

价大米综合平均价格由 214.3 美元/吨上升到 351.4 美元/吨,10 年内增长幅度 64.0%,年平均递增率 5.07%。从全过程来看,经历了一个由升而降的变化过程,年度变动轨迹如图 2-9 所示。

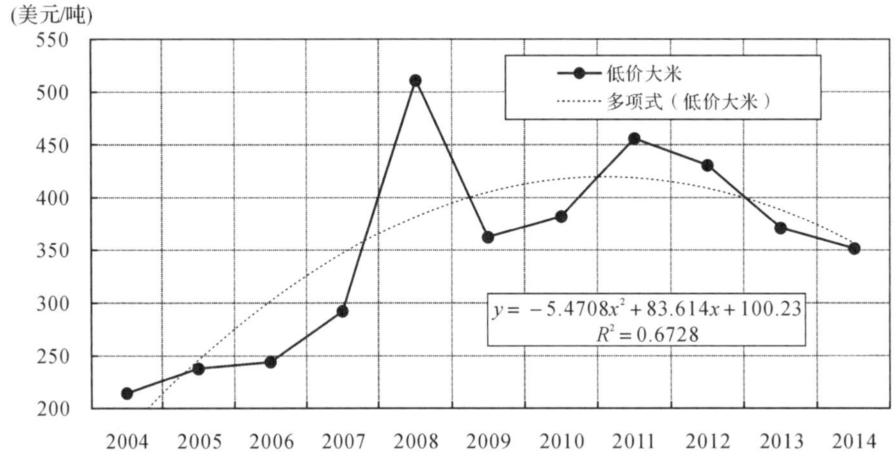

图 2-9 国际市场低价大米价格走势(2004—2014)

具体来看,2004—2007 年,国际市场低价大米价格连续 3 年缓慢上涨,但上涨幅度不大,3 年间由 214.3 美元/吨上升到 292.2 美元/吨,2008 年暴涨到 511.2 美元/吨,达到 10 年内的最高价格,2007 年到 2010 年经历了一个由高涨到下降的变化过程,2011 年再次冲高但增长乏力,自 2011 年以后不断下降,2014 年下降到 351.4 美元/吨,近期形成了连续 3 年下降的变化局面。

2.3 2014 年大米月度价格监测分析

根据监测数据,以一个年度的全部月份为标准,分析从 2013 年 1 月到 2014 年 12 月全部对照的 12 个月大米批发价格月度环比变化和月度同比变化情况，简述四种类型大米价格月度变化的基本情况。

2.3.1　1 月份价格平均下降 1.90%

FAO 在 2014 年 2 月 6 日发布的大米价格指数显示，2014 年 1 月 FAO 大米价格指数平均为 223 点，与上一个月大米价格指数相比下降 4 个点，环比下降 1.76%。2014 年 1 月份，国际市场 14 种大米价格综合平均价格每吨 570.6 美元，比上一个月平均下降 1.90%。

(1)大米价格指数下降 1.76%。FAO 大米价格指数按照高质量籼米、低质量籼米、粳米和香米分为四类，以简单加权方法计算而成。2014 年 1 月，FAO 大米价格指数(2002—2004=100)为 223 点，与上一个月相比，价格指数下降 4 个点，环比下降 1.76%。与 2013 年 1 月的大米综合价格指数相比，下跌 12 个点，同比下降 5.1%。

其中，2014 年 1 月，高质量籼米价格指数 212 点，与上一个月相比，下降 2 个点，环比下降 0.93%；与 2013 年 1 月相比，下跌 15 个点，同比下降 6.6%。2014 年 1 月，低质量籼米价格指数 198 点，与上一个月相比，下降 8 个点，环比下降 3.88%；与 2013 年 1 月相比，指数下跌 39 个点，同比下降 16.5%。2014 年 1 月，粳米价格指数 226 点，与上一个月相比持平；与 2013 年 1 月相比，指数下跌 5 个点，同比下降 2.2%。2014 年 1 月，香米价格指数 263 点，与上一个月相比，下降 8 个点，环比下降 2.95%；与 2013 年 1 月相比，指数增长 9 个点，同比增长 3.5%。

(2)国际市场大米综合平均价格下降 1.90%。根据有关数据综合整理得到国际市场 14 种大米月度价格，按照简单算术平均数方法计算。2014 年 1 月，国际市场大米综合价格平均每吨 570.6 美元，与上一个月相比，环比下降 11.1 美元，下降幅度 1.90%。与 2013 年 1 月相比，同比下跌 70.7 美元，下降 11.0%。

2014 年 1 月国际市场 14 种大米国际贸易价格(FOB 价格)详见表 2-1。

表 2-1　2014 年 1 月国际市场 14 种大米国际贸易价格(FOB 价格)

	1 月			1 月至当月		
	2014 年	2013 年	变化率(%)	2014 年	2013 年	变化率(%)
泰国 100%B 级白米	455	611	−25.5	455.0	611.0	−25.5
泰国蒸谷米	459	603	−23.9	459.0	603.0	−23.9
美国长粒米 4%碎率	605	616	−1.8	605.0	616.0	−1.8
泰国白米 5%碎率	449	595	−24.5	449.0	595.0	−24.5
越南 5%碎率	401	404	−0.7	401.0	404.0	−0.7
乌拉圭长粒米 5%碎率	602	600	0.3	602.0	600.0	0.3
印度白米 25%碎率	373	398	−6.3	373.0	398.0	−6.3
巴基斯坦白米 25%碎率	356	370	−3.8	356.0	370.0	−3.8

续表

	1月			1月至当月		
	2014年	2013年	变化率(%)	2014年	2013年	变化率(%)
泰国白米25%碎率	377	579	-34.9	377.0	579.0	-34.9
越南大米25%碎率	380	373	1.9	380.0	373.0	1.9
泰国全碎米大米	309	558	-44.6	309.0	558.0	-44.6
美国加州中粒米	680	750	-9.3	680.0	750.0	-9.3
巴基斯坦巴斯玛蒂香米	1396	1350	3.4	1396.0	1350.0	3.4
泰国茉莉香米A级	1146	1171	-2.1	1146.0	1171.0	-2.1
大米综合平均	570.6	641.3	-11.0	570.6	641.3	-11.0

数据来源:根据 http://livericeindex.com/,泰国外贸部(Thai Department of Foreign Trade, DFT)和其他专业性渠道获得数据,由国家水稻产业经济研究室集成整理。

2.3.2 2月份价格平均上涨3.09%

FAO 2014年3月6日发布的大米价格指数显示,2014年2月FAO大米价格指数平均为227点,与上一个月大米综合价格指数相比持平。2014年2月,国际市场14种大米综合平均价格每吨595.3美元,比上一个月平均上涨3.09%。

(1)FAO大米价格指数按照高质量籼米、低质量籼米、粳米和香米分为四类,以简单加权方法计算而成。2014年2月,FAO大米价格指数(2002—2004=100)为227点,与上一个月相比,价格指数稳定。与2013年1月的大米综合价格指数相比,下跌9个点,同比下降4.62%。

其中,2014年2月,高质量籼米价格指数212点,与上一个月相比,比较稳定;与2013年2月相比,指数下跌17个点,同比下降7.4%。2014年2月,低质量籼米价格指数197点,与上一个月相比,下降1个点,环比下降0.51%;与2013年2月同比,指数下跌44个点,同比下降18.3%。2014年2月,粳米价格指数266点,与上一个月相比,上涨30个点,环比上涨12.7%;与2013年2月相比,指数上升38个点,同比上涨16.7%。2014年2月,香米价格指数263点,与上一个月相比,比较稳定;与2013年2月相比,指数下降6个点,同比下降2.2%。

(2)国际市场大米综合平均价格上涨3.09%。根据有关数据综合整理得到国际市场14种大米月度价格,按照简单算术平均数方法计算。2014年2月,国际市场大米综合平均价格每吨595.3美元,与上一个月相比,上涨17.9美元,环比上涨3.09%。与2013年2月相比,下跌51.1美元,同比下降7.9%。

2014年2月国际市场14种大米国际贸易价格(FOB价格)详见表2-2。

表 2-2　2014 年 2 月国际市场 14 种大米国际贸易价格(FOB 价格)

	2014			2013			1月至当月	
	上　月	2月	变化率(%)	2月	变化率(%)	2014	2013	变化率(%)
泰国 100%B 级白米	456	459	0.66	616	−25.5	457.5	613.5	−25.4
泰国蒸谷米	459	467	1.74	604	−22.7	463.0	603.5	−23.3
美国长粒米 4%碎率	605	596	−1.49	624	−4.5	600.5	620.0	−3.1
泰国白米 5%碎率	450	459	2.00	599	−23.4	454.5	597.0	−23.9
越南 5%碎率	401	388	−3.24	404	−4.0	394.5	404.0	−2.4
乌拉圭长粒米 5%碎率	602	599	−0.50	580	3.3	600.5	590.0	1.8
印度白米 25%碎率	373	378	1.34	420	−10.0	375.5	409.0	−8.2
巴基斯坦白米 25%碎率	356	356	0.00	372	−4.3	356.0	371.0	−4.0
泰国白米 25%碎率	377	382	1.33	584	−34.6	379.5	581.5	−34.7
越南大米 25%碎率	380	368	−3.16	369	−0.3	374.0	371.0	0.8
泰国全碎米大米	309	311	0.65	562	−44.7	310.0	560.0	−44.6
美国加州中粒米	774	1065	37.60	750	42.0	919.5	750.0	22.6
巴基斯坦巴斯玛蒂香米	1396	1348	−3.44	1369	−1.5	1372.0	1359.5	0.9
泰国茉莉香米 A 级	1146	1158	1.05	1197	−3.3	1152.0	1184.0	−2.7
大米综合平均	577.4	595.3	3.09	646.4	−7.9	586.4	643.9	−8.9

数据来源：根据 http://livericeindex.com/，泰国外贸部(Thai Department of Foreign Trade，DFT)和其他专业性渠道获得数据，由国家水稻产业经济研究室集成整理。

2.3.3　3 月份价格平均下降 0.95%

FAO 2014 年 4 月 3 日发布的大米价格指数显示，2014 年 3 月，FAO 大米价格指数平均为 228 点，比上一个月大米综合价格指数上升 1 个点，环比上涨 0.42%。2014 年 3 月，国际市场 14 种大米综合平均价格每吨 590.1 美元，比上一个月价格平均下降 0.95%。

(1)大米价格指数上涨 0.42%。FAO 大米价格指数按照高质量籼米、低质量籼米、粳米和香米分为四类，以简单加权方法计算而成。2014 年 3 月，FAO 大米价格指数(2002—2004=100)为 228 点，与上一个月相比，价格指数上涨 0.42%。与 2013 年 3 月的大米综合价格指数相比，价格指数持平。

其中，2014 年 3 月，高质量籼米价格指数 207 点，与上一个月相比，下降 5 个点，环比下降 2.36%；与 2013 年 3 月相比，指数下跌 21 个点，同比下降 9.21%。2014 年 3 月，低质量籼米价格指数 199 点，与上一个月相比，上升 2 个点，环比上涨 1.02%；与 2013 年 3 月相比，指数下跌 42 个点，同比下降 17.43%。2014 年 3 月，粳米价格指数 270 点，与上一个月相比，上涨 3 个点，环比上涨 1.12%；与 2013 年 3 月相比，指数上升 44 个点，同比上涨 19.47%。2014 年 3 月，香米价格指数 264 点，与上一个月相比，上升 1 个点，环比上涨 0.38%；与 2013 年 3 月相比，指数下降 9 个点，同比下降 3.30%。

(2)国际市场大米综合平均价格下降0.95%。根据有关数据综合整理得到国际市场14种大米月度价格,按照简单算术平均数方法计算。2014年3月,国际市场大米综合平均价格每吨590.1美元,与上一个月相比,下降5.6美元,环比下降0.95%。与2013年3月相比,下跌52.7美元,同比下降8.20%。

2014年3月国际市场14种大米国际贸易价格(FOB价格)详见表2-3。

表2-3 2014年3月国际市场14种大米国际贸易价格(FOB价格)

	2014年			3月		1月至3月		
	上 月	3月	环比(%)	2013年	同比(%)	2014年	2013年	变化率(%)
泰国100%B级白米	466	430	−7.73	594	−27.61	450.7	607.0	−25.76
泰国蒸谷米	467	428	−8.35	577	−25.82	451.3	594.7	−24.10
美国长粒米4%碎率	596	594	−0.34	644	−7.76	598.3	628.0	−4.72
泰国白米5%碎率	459	422	−8.06	576	−26.74	443.7	590.0	−24.80
越南5%碎率	388	384	−1.03	401	−4.24	391.0	403.0	−2.98
乌拉圭长粒米5%碎率	599	581	−3.01	584	−0.51	594.0	588.0	1.02
印度白米25%碎率	378	381	0.79	415	−8.19	377.3	411.0	−8.19
巴基斯坦白米25%碎率	356	374	5.06	382	−2.09	362.0	374.7	−3.38
泰国白米25%碎率	382	366	−4.19	570	−35.79	375.0	577.7	−35.08
越南大米25%碎率	368	358	−2.72	369	−2.98	368.7	370.3	−0.45
泰国全碎米大米	311	312	0.32	557	−43.99	310.7	559.0	−44.42
美国加州中粒米	1065	1100	3.29	750	46.67	979.7	750.0	30.62
巴基斯坦巴斯玛蒂香米	1348	1362	1.04	1365	−0.22	1368.7	1361.3	0.54
泰国茉莉香米A级	1158	1170	1.04	1216	−3.78	1158.0	1194.7	−3.07
大米综合平均	595.8	590.1	−0.95	642.9	−8.20	587.8	643.5	−8.66

数据来源:根据http://livericeindex.com/,泰国外贸部(Thai Department of Foreign Trade, DFT)和其他专业性渠道获得的数据,由国家水稻产业经济研究室集成整理。

2.3.4 4月份价格平均下降1.76%

FAO 2014年5月8日发布的大米价格指数显示,2014年4月,FAO大米价格指数平均为236点,比上一个月大米综合价格指数下降2个点,比上一个月下降0.84%。2014年4月,国际市场14种大米综合平均价格每吨579.8美元,比上一个月平均下降1.76%。

(1)大米价格指数下降0.84%。FAO大米价格指数按照高质量籼米、低质量籼米、粳米和香米分为四类,以简单加权方法计算而成。2014年4月,FAO大米价格指数(2002—2004=100)为236点,与上一个月相比,环比下降0.84%。与2013年4月的大米综合价格指数相比,价格指数下降1个点,同比下降0.42%。

其中,2014年4月,高质量籼米价格指数204点,与上一个月相比,下降3个点,环比下降1.45%;与2013年4月相比,指数下跌22个点,同比下降9.73%。2014年4月,低质量籼米价格指数 198 点，与上一个月相比，下降 1 个点，环比下降 0.50%；与 2013 年 4 月相比，指数下跌 40 个点，同比下降 16.81%。2014 年 4 月，粳米价格指数 268 点，与上一个月相比，下降 2 个点，环比下降 0.74%；与 2013 年 4 月相比，指数上升 43 个点，同比上涨 19.11%。2014 年 4 月，香米价格指数 264 点，与上一个月相比，指数持平；与 2013 年 4 月相比，指数下降 10 个点，同比下降 3.65%。

(2)国际市场大米综合平均价格下降 1.76%。根据有关数据综合整理得到国际市场 14 种大米月度价格，按照简单算术平均数方法计算。2014 年 4 月，国际市场大米综合平均价格每吨 579.8 美元，与上一个月相比，下降 10.4 美元，环比下降 1.76%。与 2013 年 4 月相比，下跌 61.2 美元，同比下降 9.55%。

2014 年 4 月国际市场 14 种大米国际贸易价格(FOB 价格)详见表 2-4。

表 2-4　2014 年 4 月国际市场 14 种大米国际贸易价格(FOB 价格)

	2014				1 月至 4 月累计		
	3 月	4 月	环比(%)	同比(%)	2014	2013	变化(%)
泰国 100%B 级白米	430	408	−5.1	−30.4	440.0	601.8	−26.9
泰国蒸谷米	428	408	−4.7	−27.9	440.5	587.5	−25.0
美国长粒米 4%碎率	594	564	−5.1	−13.1	589.8	633.3	−6.9
泰国白米 5%碎率	422	395	−6.4	−30.6	431.5	584.8	−26.2
越南 5%碎率	384	386	0.5	0.5	389.8	398.3	−2.1
乌拉圭长粒米 5%碎率	581	581	0.0	−1.9	590.8	589.0	0.3
印度白米 25%碎率	381	381	0.0	−8.9	378.3	412.8	−8.4
巴基斯坦白米 25%碎率	374	376	0.5	−0.5	365.5	375.5	−2.7
泰国白米 25%碎率	366	352	−3.8	−37.6	369.3	574.3	−35.7
越南大米 25%碎率	358	356	−0.6	−1.4	365.5	368.0	−0.7
泰国全碎米大米	312	307	−1.6	−44.3	309.8	557.0	−44.4
美国加州中粒米	1100	1081	−1.7	44.1	1005.0	750.0	34.0
巴基斯坦巴斯玛蒂香米	1362	1350	−0.9	−0.9	1364.0	1361.5	0.2
泰国茉莉香米 A 级	1170	1172	0.2	−5.8	1161.5	1207.0	−3.8
大米综合平均	590.1	579.8	−1.8	−9.5	585.8	642.9	−8.9

数据来源：根据 http://livericeindex.com/，泰国外贸部(Thai Department of Foreign Trade，DFT)和其他专业性渠道获得数据，由国家水稻产业经济研究室集成整理。

2.3.5　5 月份价格平均下降 0.84%

FAO 2014 年 6 月 5 日发布的大米价格指数显示，2014 年 5 月，FAO 大米价格指数平均为 235 点，比上一个月大米综合价格指数下降 2 个点，环比下降 0.84%。2014 年 5 月，国际市场 14 种大米综合平均价格每吨 580.3 美元，比上一个月平均下降 0.28%。

(1)大米价格指数下降 0.84%。FAO 大米价格指数按照高质量籼米、低质量籼米、粳米和香米分为四类，以简单加权方法计算而成。2014 年 5 月，FAO 大米价格指数(2002—2004=100)为 235 点，与上一个月相比，环比下降 0.84%。与 2013 年 5 月的大米综合价格指数相比，价格指数下降 3 个点，同比下降 1.26%。

其中，2014 年 5 月，高质量籼米价格指数 207 点，与上一个月相比，上涨 2 个点，环比上涨 0.98%；与 2013 年 5 月相比，指数下跌 17 个点，同比下降 7.59%。2014 年 5 月，低质量籼米价格指数 199 点，与上一个月相比，上涨 1 个点，环比上涨 0.51%；与 2013 年 5 月相比，指数下跌 38 个点，同比下降 16.03%。2014 年 5 月，粳米价格指数 262 点，与上一个月相比下降 6 个点，环比下降 2.24%；与 2013 年 5 月相比，指数上升 31 个点，同比上涨 13.42%。2014 年 5 月，香米价格指数 264 点，与上一个月相比，指数持平；与 2013 年 5 月相比，指数下降 9 个点，同比下降 3.30%。

(2)国际市场大米综合平均价格下降 1.76%。根据有关数据综合整理得到国际市场 14 种大米月度价格，按照简单算术平均数方法计算。2014 年 5 月，国际市场大米综合平均价格每吨 580.3 美元，与上一个月相比，下降 1.6 美元，环比下降 0.28%。与 2013 年 5 月相比，下跌 56.2 美元，同比下降 8.8%。

2014 年 5 月国际市场 14 种大米国际贸易价格(FOB 价格)详见表 2-5。

表 2-5　2014 年 5 月国际市场 14 种大米国际贸易价格(FOB 价格)

	2014			2013		
	4 月	5 月	环比(%)	同比(%)	4 月	5 月
泰国 100%B 级白米	408	408	0.0	−28.9	586	574
泰国蒸谷米	408	418	2.5	−25.4	566	560
美国长粒米 4%碎率	594	594	0.0	−8.9	649	652
泰国白米 5%碎率	395	389	−1.5	−30.2	569	557
越南 5%碎率	386	398	3.1	7.0	384	372
乌拉圭长粒米 5%碎率	581	601	3.4	−0.8	592	606
印度白米 25%碎率	381	384	0.8	−8.1	418	418
巴基斯坦白米 25%碎率	376	382	1.6	−0.5	378	384
泰国白米 25%碎率	352	347	−1.4	−37.1	564	552
越南大米 25%碎率	356	364	2.2	3.4	361	352
泰国全碎米大米	307	298	−2.9	−44.7	551	539
美国加州中粒米	1081	1025	−5.2	36.7	750	750
巴基斯坦巴斯玛蒂香米	1350	1350	0.0	−1.8	1362	1375
泰国茉莉香米 A 级	1172	1166	−0.5	−4.4	1244	1220
大米综合平均	581.9	580.3	−0.3	−8.8	641.0	636.5

数据来源：根据 http://livericeindex.com/，泰国外贸部(Thai Department of Foreign Trade, DFT)和其他专业性渠道获得数据，由国家水稻产业经济研究室集成整理。

2.3.6　6 月份价格平均上涨 0.90%

FAO 2014 年 7 月 3 日发布的国际市场大米交易价格指数显示，2014 年 6 月，FAO 大米价格指数平均为 236 点，比上一个月大米综合价格指数上涨 1 个点，环比上涨 0.43%。2014 年 6 月，国际市场 14 种大米综合平均价格每吨 585.1 美元，比上一个月平均上涨 0.90%。

(1)大米价格指数上涨 0.43%。FAO 大米价格指数按照高质量籼米、低质量籼米、粳米和香米分为四类，以简单加权方法计算而成。2014 年 6 月，FAO 大米价格指数(2002—2004=100)为 236 点，与上一个月相比，环比上涨 0.43%。与 2013 年 6 月的大米综合价格指数相比，价格指数下降 1 个点，同比下降 0.42%。

其中，2014 年 6 月，高质量籼米价格指数 209 点，与上一个月相比，上涨 2 个点，环比上涨 0.97%；与 2013 年 6 月相比，指数下跌 13 个点，同比下降 5.86%。2014 年 6 月，低质量籼米价格指数 202 点，与上一个月相比，上涨 3 个点，环比上涨 1.51%；与 2013 年 6 月相比，指数下跌 33 个点，同比下降 14.04%。2014 年 6 月，粳米价格指数 263 点，与上一个月相比，上涨 1 个点，环比上涨 0.38%；与 2013 年 6 月相比，指数上升 34 个点，同比上涨 14.85%。2014 年 6 月，香米价格指数 265 点，与上一个月相比，上涨 1 个点，环比上涨 0.38%；与 2013 年 6 月相比，指数下降 9 个点，同比下降 3.28%。

(2)国际市场大米综合平均价格上涨 0.90%。根据有关数据综合整理得到国际市场 14 种大米月度价格，按照简单算术平均数方法计算。2014 年 6 月，国际市场大米综合平均价格每吨 585.1 美元，与上一个月相比，上涨 5.2 美元，环比上涨幅度 0.90%。与 2013 年 6 月相比，下降 41.9 美元，同比下降幅度 6.68%。

2014 年 6 月国际市场 14 种大米国际贸易价格(FOB 价格)详见表 2-6。

表 2-6　2014 年 6 月国际市场 14 种大米国际贸易价格(FOB 价格)

	2014				2013		6 月	
	5 月	6 月	环比(%)	同比(%)	5 月	6 月	变动($)	同比(%)
泰国 100%B 级白米	408	419	2.7	−23.8	574	550	−131.0	−23.8
泰国蒸谷米	418	428	2.4	−22.5	560	552	−124	−22.5
美国长粒米 4%碎率	594	592	−0.3	−7.8	652	642	−50	−7.8
泰国白米 5%碎率	389	397	2.1	−25.7	557	534	−137	−25.7
越南 5%碎率	398	402	1.0	10.4	372	364	38	10.4
乌拉圭长粒米 5%碎率	596	611	2.5	1.5	606	602	9	1.5
印度白米 25%碎率	384	385	0.3	−7.5	418	416	−31	−7.5
巴基斯坦白米 25%碎率	382	385	0.8	−5.6	384	408	−23	−5.6
泰国白米 25%碎率	347	356	2.6	−32.7	552	529	−173	−32.7
越南大米 25%碎率	364	365	0.3	7.0	352	341	24	7.0
泰国全碎米大米	298	313	5.0	−39.6	539	518	−205	−39.6

续表

	2014				2013		6 月	
	5 月	6 月	环比(%)	同比(%)	5 月	6 月	变动($)	同比(%)
美国加州中粒米	1025	1025	0.0	42.4	750	720	305	42.4
巴基斯坦巴斯玛蒂香米	1350	1350	0.0	−4.6	1375	1415	−65	−4.6
泰国茉莉香米 A 级	1166	1164	−0.2	−1.9	1220	1187	−23	−1.9
大米综合平均	579.9	585.1	0.9	−6.7	636.5	627.0	−41.9	−6.7

数据来源:根据 http://livericeindex.com/,泰国外贸部(Thai Department of Foreign Trade, DFT)和其他专业性渠道获得数据,由国家水稻产业经济研究室集成整理。

2.3.7 7 月份价格平均上涨 1.54%

FAO 2014 年 8 月上旬发布的国际市场大米交易价格指数显示,2014 年 7 月,FAO 大米价格指数平均为 236 点,比上一个月大米综合价格指数上涨 1 个点,环比上涨 0.43%。2014 年 7 月,国际市场 14 种大米综合平均价格每吨 594.1 美元,比上一个月平均上涨 1.54%。

(1)大米价格指数上涨 0.85%。FAO 大米价格指数按照高质量籼米、低质量籼米、粳米和香米分为四类,以简单加权方法计算而成。2014 年 7 月,FAO 大米价格指数(2002—2004=100)为 238 点,与上一个月相比,环比上涨 0.85%。与 2013 年 7 月的大米综合价格指数相比,价格指数上涨 1 个点,同比上涨 0.42%。

其中,2014 年 7 月,高质量籼米价格指数 212 点,与上一个月相比,上涨 3 点,环比上涨 1.44%;与 2013 年 7 月相比,指数下跌 10 个点,同比下降 4.50%。2014 年 7 月,低质量籼米价格指数 206 点,与上一个月相比,上涨 4 个点,环比上涨 1.98%;与 2013 年 7 月相比,指数下跌 29 个点,同比下降 12.34%。2014 年 7 月,粳米价格指数 263 点,与上一个月相比,指数持平;与 2013 年 7 月相比,指数上升 30 个点,同比上涨 12.88%。2014 年 7 月,香米价格指数 266 点,与上一个月相比,上涨 1 个点,环比上涨 0.38%;与 2013 年 7 月相比,指数下降 7 个点,同比下降 2.56%。

(2)国际市场大米综合平均价格上涨 1.54%。根据有关数据综合整理得到国际市场 14 种大米月度价格,按照简单算术平均数方法计算。2014 年 7 月,国际市场大米综合平均价格每吨 594.1 美元,与上一个月相比,上涨 9.0 美元,环比上涨 1.54%。与 2013 年 7 月相比,下降 32.4 美元,同比下降 5.16%。

2014 年 7 月国际市场 14 种大米国际贸易价格(FOB 价格)详见表 2-7。

表 2-7　2014 年 7 月国际市场 14 种大米国际贸易价格(FOB 价格)

	2014				2013		7 月	
	6 月	7 月	环比(%)	同比(%)	6 月	7 月	变动($)	同比(%)
泰国 100%B 级白米	419	439	4.8	−19.0	550	542	−103.0	−19.0
泰国蒸谷米	428	444	3.7	−18.8	552	547	−103	−18.8
美国长粒米 4%碎率	592	574	−3.0	−10.2	642	639	−65	−10.2

续表

	2014				2013		7 月	
	6 月	7 月	环比(%)	同比(%)	6 月	7 月	变动($)	同比(%)
泰国白米 5%碎率	397	420	5.8	−20.0	534	525	−105	−20.0
越南 5%碎率	402	425	5.7	10.1	364	386	39	10.1
乌拉圭长粒米 5%碎率	611	611	0.0	1.2	602	604	7	1.2
印度白米 25%碎率	385	385	0.0	−10.0	416	428	−43	−10.0
巴基斯坦白米 25%碎率	385	390	1.3	−1.5	408	396	−6	−1.5
泰国白米 25%碎率	356	373	4.8	−28.4	529	521	−148	−28.4
越南大米 25%碎率	365	379	3.8	7.7	341	352	27	7.7
泰国全碎米大米	313	325	3.8	−36.1	518	509	−184	−36.1
美国加州中粒米	1025	1025	0.0	38.1	720	742	283	38.1
巴基斯坦巴斯玛蒂香米	1350	1350	0.0	−3.9	1415	1405	−55	−3.9
泰国茉莉香米 A 级	1164	1178	1.2	0.3	1187	1175	3	0.3
大米综合平均	585.1	594.1	1.5	−5.2	627.0	626.5	−32.4	−5.2

数据来源：根据 http://livericeindex.com/，泰国外贸部（Thai Department of Foreign Trade，DFT）和其他专业性渠道获得数据，由国家水稻产业经济研究室集成整理。

2.3.8　8 月份价格平均上涨 2.86%

FAO 2014 年 9 月 11 日发布的国际市场大米交易价格指数显示，2014 年 8 月，FAO 大米价格指数平均为 242 点，比上一个月大米综合价格指数上涨 4 个点，环比上涨 1.68%。2014 年 8 月，国际市场 14 种大米综合平均价格每吨 611.1 美元，比上一个月平均上涨 2.86%。

（1）大米价格指数上涨 1.68%。FAO 大米价格指数按照高质量籼米、低质量籼米、粳米和香米分为四类，以简单加权方法计算而成。2014 年 8 月，FAO 大米价格指数（2002—2004＝100）为 242 点，与上一个月相比，价格指数上涨 1.68%。与 2013 年 8 月的大米综合价格指数相比，价格指数上涨 4 个点，同比上涨 1.68%。

其中，2014 年 8 月，高质量籼米价格指数 215 点，与上一个月相比，上涨 3 点，环比上涨 1.42%；与 2013 年 8 月相比，指数持平。2014 年 8 月，低质量籼米价格指数 213 点，与上一个月相比，上涨 7 个点，环比上涨 3.40%；与 2013 年 8 月相比，指数下跌 10 个点，同比下降 4.48%。2014 年 8 月，粳米价格指数 263 点，与上一个月相比指数持平；与 2013 年 8 月相比，指数上升 15 个点，同比上涨 6.05%。2014 年 8 月，香米价格指数 271 点，与上一个月相比，上涨 5 个点，环比上涨 1.88%；与 2013 年 8 月相比，指数上涨 2 个点，同比上涨 0.74%。

（2）国际市场大米综合平均价格上涨 2.86%。根据有关数据综合整理得到国际市场 14 种大米月度价格，按照简单算术平均数方法计算。2014 年 8 月，国际市场大米综合平均价格每吨 611.1 美元，与上一个月相比，上涨 17.0 美元，环比上涨 2.86%。与 2013 年 8 月份相比，上涨 5.8 美元，同比上涨 0.96%。

2014 年 8 月国际市场 14 种大米国际贸易价格(FOB 价格)详见表 2-8。

表 2-8　2014 年 8 月国际市场 14 种大米国际贸易价格(FOB 价格)

	2014				2013		8 月	
	7 月	8 月	环比(%)	同比(%)	7 月	8 月	变动($)	同比(%)
泰国 100%B 级白米	439	458	4.3	−9.3	542	505	−47.0	−9.3
泰国蒸谷米	444	452	1.8	−12.2	547	515	−63	−12.2
美国长粒米 4%碎率	574	566	−1.4	−8.4	639	618	−52	−8.4
泰国白米 5%碎率	420	442	5.2	−9.6	525	489	−47	−9.6
越南 5%碎率	425	452	6.4	15.0	386	393	59	15.0
乌拉圭长粒米 5%碎率	611	609	−0.3	1.3	604	601	8	1.3
印度白米 25%碎率	385	385	0.0	−0.8	428	388	−3	−0.8
巴基斯坦白米 25%碎率	390	392	0.5	4.3	396	376	16	4.3
泰国白米 25%碎率	373	408	9.4	−15.7	521	484	−76	−15.7
越南大米 25%碎率	379	409	7.9	13.0	352	362	47	13.0
泰国全碎米大米	325	343	5.5	−27.3	509	472	−129	−27.3
美国加州中粒米	1025	1025	0.0	38.7	742	739	286	38.7
巴基斯坦巴斯玛蒂香米	1350	1430	5.9	2.6	1405	1394	36	2.6
泰国茉莉香米 A 级	1178	1185	0.6	4.0	1175	1139	46	4.0
大米综合平均	594.1	611.1	2.9	1.0	626.5	605.4	5.8	1.0

数据来源:根据 http://livericeindex.com/,泰国外贸部(Thai Department of Foreign Trade, DFT)和其他专业性渠道获得数据,由国家水稻产业经济研究室集成整理。

2.3.9　9 月份价格平均下降 1.17%

FAO 2014 年 10 月 9 日发布的国际市场大米交易价格指数显示,2014 年 9 月,FAO 大米价格指数平均为 238 点,比上一个月大米综合价格指数下降 4 个点,环比下跌 1.65%。2014 年 9 月,国际市场 14 种大米综合平均价格每吨 604.0 美元,比上一个月价格平均下降 1.17%。

(1)大米价格指数下降 1.65%。FAO 大米价格指数按照高质量籼米、低质量籼米、粳米和香米分为四类,以简单加权方法计算而成。2014 年 9 月,FAO 大米价格指数(2002—2004=100)为 238 点,与上一个月相比,价格指数下降 1.65%。与 2013 年 9 月的大米综合价格指数相比,价格指数上涨 12 个点,同比上涨 5.31%。

其中,2014 年 9 月,高质量籼米价格指数 207 点,与上一个月相比,下降 8 个点,环比下降 3.72%;与 2013 年 9 月相比,指数上涨 1 个点,同比上涨 0.49%。2014 年 9 月,低质量籼米价格指数 208 点,与上一个月相比,下降 5 个点,环比下降 2.35%;与 2013 年 9 月相比,指数上涨 2 个点,同比上涨幅度 0.97%。2014 年 9 月,粳米价格指数 262 点,与上一个月相比,下降 1 个点,环比下降 0.38%;与 2013 年 9 月相比,指数上升 27 个点,同比上涨

11.49%。2014 年 9 月，香米价格指数 272 点，与上一个月相比，上涨 1 个点，环比上涨 0.37%；与 2013 年 9 月相比，指数上涨 9 个点，同比上涨 3.42%。

(2)国际市场大米综合平均价格下降 1.17%。根据有关数据综合整理得到国际市场 14 种大米月度价格，按照简单算术平均数方法计算。2014 年 9 月，国际市场大米综合平均价格每吨 604.0 美元，与上一个月相比，下降 7.14 美元，环比下降 1.17%。与 2013 年 9 月相比，上涨 31.9 美元，同比上涨 5.58%。

2014 年 9 月国际市场 14 种大米国际贸易价格(FOB 价格)详见表 2-9。

表 2-9　2014 年 9 月国际市场 14 种大米国际贸易价格(FOB 价格)

	2014				2013		9 月	
	8 月	9 月	环比(%)	同比(%)	8 月	9 月	变动($)	同比(%)
泰国 100%B 级白米	458	444	−3.1	−3.5	505	460	−16.0	−3.5
泰国蒸谷米	452	436	−3.5	−6.4	515	466	−30	−6.4
美国长粒米 4%碎率	566	554	−2.1	−10.9	618	622	−68	−10.9
泰国白米 5%碎率	442	432	−2.3	−2.7	489	444	−12	−2.7
越南 5%碎率	452	448	−0.9	23.8	393	362	86	23.8
乌拉圭长粒米 5%碎率	609	598	−1.8	−0.7	601	602	−4	−0.7
印度白米 25%碎率	385	384	−0.3	2.1	388	376	8	2.1
巴基斯坦白米 25%碎率	392	359	−8.4	0.8	376	356	3	0.8
泰国白米 25%碎率	408	410	0.5	−4.2	484	428	−18	−4.2
越南大米 25%碎率	409	408	−0.2	20.0	362	340	68	20.0
泰国全碎米大米	343	336	−2.0	−17.2	472	406	−70	−17.2
美国加州中粒米	1025	1019	−0.6	46.4	739	696	323	46.4
巴基斯坦巴斯玛蒂香米	1430	1450	1.4	9.5	1394	1324	126	9.5
泰国茉莉香米 A 级	1185	1178	−0.6	4.5	1139	1127	51	4.5
大米综合平均	611.1	604.0	−1.2	5.6	605.4	572.1	31.9	5.6

数据来源：根据 http://livericeindex.com/，泰国外贸部(Thai Department of Foreign Trade，DFT)和其他专业性渠道获得数据，由国家水稻产业经济研究室集成整理。

2.3.10　10 月份价格平均下降 1.42%

FAO 2014 年 11 月 9 日发布的国际市场大米交易价格指数显示，2014 年 10 月，FAO 大米价格指数平均为 235 点，比上一个月大米综合价格指数下降 3 个点，环比下跌 1.26%。2014 年 10 月，国际市场 14 种大米综合平均价格每吨 595.4 美元，比上一个月平均下降 1.42%。

(1)大米价格指数下降 1.26%。FAO 大米价格指数按照高质量籼米、低质量籼米、粳米和香米分为四类，以简单加权方法计算而成。2014 年 10 月，FAO 大米价格指数(2002—2004=100)为 235 点，与上一个月相比，价格指数下降 1.26%。与 2013 年 10 月的大米综合价格指数相比,价格指数上涨 11 个点,同比上涨 4.91%。

其中,2014 年 10 月,高质量籼米价格指数 203 点,与上一个月相比,下降 4 个点,环比下降 1.93%;与 2013 年 10 月相比,指数下降 4 个点,同比下降 1.93%。2014 年 10 月,低质量籼米价格指数 204 点,与上一个月相比,下降 4 个点,环比下降 1.92%;与 2013 年 10 月相比,指数下降 5 个点,同比下降 2.39%。2014 年 10 月,粳米价格指数 260 点,与上一个月相比,下降 2 个点,环比下降 0.76%;与 2013 年 10 月相比,指数上升 33 个点,同比上涨 14.54%。2014 年 10 月,香米价格指数 268 点,与上一个月相比,下降 4 个点,环比下降 1.47%;与 2013 年 10 月相比,指数上涨 9 个点,同比上涨 3.47%。

(2)国际市场大米综合平均价格下降 1.42%。根据有关数据综合整理得到国际市场 14 种大米月度价格,按照简单算术平均数方法计算。2014 年 10 月,国际市场大米综合平均价格每吨 595.4 美元,与上一个月相比,下降 8.57 美元,环比下降 1.42%。与 2013 年 10 月相比,上涨 23.1 美元,同比上涨 4.04%。

2014 年 10 月国际市场 14 种大米国际贸易价格(FOB 价格)详见表 2-10。

表 2-10 2014 年 10 月国际市场 14 种大米国际贸易价格(FOB 价格)

	2014				2013		10 月	
	9 月	10 月	环比(%)	同比(%)	9 月	10 月	变动($)	同比(%)
泰国 100%B 级白米	444	437	−1.6	−4.4	460	457	−20.0	−4.4
泰国蒸谷米	436	430	−1.4	−3.6	466	446	−16	−3.6
美国长粒米 4%碎率	554	529	−4.5	−14.0	622	615	−86	−14.0
泰国白米 5%碎率	432	428	−0.9	−2.7	444	440	−12	−2.7
越南 5%碎率	448	440	−1.8	13.4	362	388	52	13.4
乌拉圭长粒米 5%碎率	598	597	−0.2	−0.7	602	601	−4	−0.7
印度白米 25%碎率	384	371	−3.4	−3.9	376	386	−15	−3.9
巴基斯坦白米 25%碎率	359	345	−3.9	0.9	356	342	3	0.9
泰国白米 25%碎率	410	409	−0.2	−3.8	428	425	−16	−3.8
越南大米 25%碎率	408	403	−1.2	11.3	340	362	41	11.3
泰国全碎米大米	336	345	2.7	−14.8	406	405	−60	−14.8
美国加州中粒米	1019	1000	−1.9	45.8	696	686	314	45.8
巴基斯坦巴斯玛蒂香米	1450	1435	−1.0	9.5	1324	1310	125	9.5
泰国茉莉香米 A 级	1178	1167	−0.9	1.6	1127	1149	18	1.6
大米综合平均	604.0	595.4	−1.4	4.0	572.1	572.3	23.1	4.0

数据来源:根据 http://livericeindex.com/,泰国外贸部(Thai Department of Foreign Trade, DFT)和其他专业性渠道获得数据,由国家水稻产业经济研究室集成整理。

2.3.11 11 月份价格平均下降 5.34%

FAO 2014 年 12 月 9 日发布的国际市场大米交易价格指数显示,2014 年 11 月,FAO

大米价格指数平均为 233 点，比上一个月大米综合价格指数下降 2 个点，环比下跌 0.85%。2014 年 11 月，国际市场 14 种大米综合平均价格每吨 563.6 美元，比上一个月平均下降 5.34%。

(1)大米价格指数下降 0.85%。FAO 大米价格指数按照高质量籼米、低质量籼米、粳米和香米分为四类，以简单加权方法计算而成。2014 年 11 月，FAO 大米价格指数(2002—2004＝100)为 233 点，与上一个月相比，价格指数下降 0.85%。与 2013 年 11 月的大米综合价格指数相比，价格指数上涨 9 个点，同比上涨 4.02%。

其中，2014 年 11 月，高质量籼米价格指数 199 点，与上一个月相比，下降 4 个点，环比下降 1.97%；与 2013 年 11 月相比，指数下降 13 个点，同比下降 6.13%。2014 年 11 月，低质量籼米价格指数 200 点，与上一个月相比，下降 4 个点，环比下降 1.96%；与 2013 年 11 月相比，指数下降 6 个点，同比下降 2.91%。2014 年 11 月，粳米价格指数 289 点，与上一个月相比，上涨 29 个点，环比上涨 11.15%；与 2013 年 11 月相比，指数上升 66 个点，同比上涨 29.60%。2014 年 11 月，香米价格指数 211 点，与上一个月相比，下降 57 个点，环比下降 21.27%；与 2013 年 11 月相比，指数上涨 54 个点，同比上涨 20.38%。

(2)国际市场大米综合平均价格下降 5.34%。根据有关数据综合整理得到国际市场 14 种大米月度价格，按照简单算术平均数方法计算。2014 年 11 月，国际市场大米综合平均价格每吨 563.6 美元，与上一个月相比，下降 31.79 美元，环比下降 5.34%。与 2013 年 11 月相比，下降 11.71 美元，同比下降 2.04%。

2014 年 11 月国际市场 14 种大米国际贸易价格(FOB 价格)详见表 2-11。

表 2-11　2014 年 11 月国际市场 14 种大米国际贸易价格(FOB 价格)

	2014				2013		11 月	
	10 月	11 月	环比(%)	同比(%)	10 月	11 月	同比变量($)	同比增长(%)
泰国 B 级白米	437	427	−2.29	−5.32	457	451	−24.0	−5.32
泰国蒸谷米	430	420	−2.33	−7.49	446	454	−34	−7.49
美国长粒米 4%碎率	529	540	2.08	−11.18	615	608	−68	−11.18
泰国白米 5%碎率	428	418	−2.34	−4.35	440	437	−19	−4.35
越南 5%碎率	440	412	−6.36	1.73	388	405	7	1.73
乌拉圭长粒米 5%碎率	597	600	0.50	0.67	601	596	4	0.67
印度白米 25%碎率	371	362	−2.43	−4.49	386	379	−17	−4.49
巴基斯坦白米 25%碎率	345	352	2.03	2.03	342	345	7	2.03
泰国白米 25%碎率	409	400	−2.20	−1.96	425	408	−8	−1.96
越南大米 25%碎率	403	379	−5.96	1.07	362	375	4	1.07
泰国全碎米大米	345	338	−2.03	−10.11	405	376	−38	−10.11
美国加州中粒米	1000	1000	0.00	51.52	686	660	340	51.52
巴基斯坦巴斯玛蒂香米	1435	1181	−17.70	−14.73	1310	1385	−204	−14.73

续表

	2014				2013		11月	
	10月	11月	环比(%)	同比(%)	10月	11月	同比变量($)	同比增长(%)
泰国茉莉香米A级	1167	1062	−9.00	−9.69	1149	1176	−114	−9.69
大米综合平均	595.4	563.6	−5.34	−2.04	572.3	575.4	−11.7	−2.04

数据来源：根据 http://livericeindex.com/，泰国外贸部(Thai Department of Foreign Trade，DFT)和其他专业性渠道获得数据，由国家水稻产业经济研究室集成整理。

2.3.12 12月份价格平均下降3.86%

FAO 2014年12月13日发布的国际市场大米交易价格指数显示，2014年12月，FAO大米价格指数平均为224点，比上一个月大米综合价格指数下降9个点，环比下跌3.86%。2014年12月，国际市场14种大米综合平均价格每吨532.3美元，比上一个月平均下降5.56%。

(1)大米价格指数下降3.86%。FAO大米价格指数按照高质量籼米、低质量籼米、粳米和香米分为四类，以简单加权方法计算而成。2014年12月，FAO大米价格指数(2002—2004=100)为224点，与上一个月相比，价格指数下降3.86%。与2013年12月的大米综合价格指数相比，价格指数下降3个点，同比下降1.32%。

其中，2014年12月，高质量籼米价格指数195点，与上一个月相比，下降4个点，环比下降2.01%；与2013年12月相比，指数下降19个点，同比下降8.88%。2014年12月，低质量籼米价格指数191点，与上一个月相比，下降9个点，环比下降4.50%；与2013年12月相比，指数下降15个点，同比下降7.28%。2014年12月，粳米价格指数283点，与上一个月相比，下降6个点，环比下降2.08%；与2013年12月相比，指数上升57个点，同比上涨25.22%。2014年12月，香米价格指数187点，与上一个月相比，下降24个点，环比下降11.37%；与2013年12月相比，指数下降84个点，同比下降31.00%。

(2)国际市场大米综合平均价格下降5.56%。根据有关数据综合整理得到国际市场14种大米月度价格，按照简单算术平均数方法计算。2014年12月，国际市场大米综合平均价格每吨532.3美元，与上一个月相比，下降31.36美元，环比下降5.56%。与2013年12月相比，下降49.36美元，同比下降8.49%。

2014年12月国际市场14种大米国际贸易价格(FOB价格)详见表2-12。

表2-12 2014年12月国际市场14种大米国际贸易价格(FOB价格)

	2014				2013		12月	
	11月	12月	环比(%)	同比(%)	11月	12月	变动($)	同比(%)
泰国B级白米	427	427	0.0	−7.0	451	459	−32.0	−7.0
泰国蒸谷米	420	418	−0.5	−10.3	454	466	−48	−10.3
美国长粒米4%碎率	540	518	−4.1	−14.2	608	604	−86	−14.2
泰国白米5%碎率	418	418	0.0	−7.3	437	451	−33	−7.3

续表

	2014				2013		12 月	
	11 月	12 月	环比(%)	同比(%)	11 月	12 月	变动($)	同比(%)
越南 5%碎率	412	384	−6.8	−9.4	405	424	−40	−9.4
乌拉圭长粒米 5%碎率	600	600	0.0	−0.7	596	604	−4	−0.7
印度白米 25%碎率	362	350	−3.3	−8.4	379	382	−32	−8.4
巴基斯坦白米 25%碎率	352	331	−6.0	−5.2	345	349	−18	−5.2
泰国白米 25%碎率	400	398	−0.5	−0.3	408	399	−1	−0.3
越南大米 25%碎率	379	388	2.4	−2.5	375	398	−10	−2.5
泰国全碎米大米	338	332	−1.8	−4.3	376	347	−15	−4.3
美国加州中粒米	1000	945	−5.5	37.8	660	686	259	37.8
巴基斯坦巴斯玛蒂香米	1181	885	−25.1	−37.3	1385	1411	−526	−37.3
泰国茉莉香米 A 级	1062	1058	−0.4	−9.0	1176	1163	−105	−9.0
大米综合平均	563.6	532.3	−5.6	−8.5	575.4	581.6	−49.4	−8.5

数据来源：根据 http://livericeindex.com/，泰国外贸部(Thai Department of Foreign Trade，DFT)和其他专业性渠道获得数据，由国家水稻产业经济研究室集成整理。

2.4　小　结

据 FAO 国家监测数据计算的全球大米价格指数揭示了 21 世纪以来大米国际贸易价格，以 2008 年为分水岭，2008 年大米价格综合指数涨至 295 点，之前低迷，之后下降，近年在 230 点左右小幅波动，2014 年仅 235 点，四种类型的大米价格指数在年度间的变化不同，升降幅度各异。

综合主要出口国家 14 种大米计算国际市场大米综合平均价格，自 2004 年以来一路上涨至 2008 年最高 511 美元/吨，年度波动但总体下降。2012—2014 年连续 3 年下降对世界大米出口和进口均有重要影响，而高价位大米、中价位大米和低价位大米国际市场价格变化及其对世界的影响更是不尽相同，低价位大米大量出口促进了中国等这类需求旺盛国家大幅度进口。

世界市场大米价格风云变幻，加强月度大米价格监测和分析对于跟踪和及时掌握世界大米市场价格变化具有重要的现实意义。对 2014 年世界大米出口价格月度监测结果表明，按月度大米综合价格环比变化分析，世界大米月度价格下降和上涨比例分别为 66.7%和 33.3%，从 9 月开始连续 4 个月下降高达 13.3%，只有 2 月和 8 月环比小幅上涨。14 种大米出口价格月度变化更是各异，各月价格高低各不相同，月度间价格变化轨迹和月度波动率有大有小。显然，最后动态展现的 14 种出口大米各个月度的价格变化规律和内在关系还需要今后作进一步深入的研究。

第3章　世界稻米供求关系分析

进入21世纪以来，世界稻米供求关系已经发生了一些新的变化。随着全球人口从2000年的61.2亿人增加到2014年的72.3亿人，世界谷物产量也由18.74亿吨增加到25.33亿吨，人均粮食占有量由306公斤增加到350公斤，其中发展水稻生产发挥了重要作用。本章通过应用收集到的比较系统的监测数据，旨在充分揭示世界稻米总供给与总需求的变化，分析总供给关系和总需求关系的变化规律和主要特征。

3.1　稻米产业特征比较

世界稻米产业发展有其自身规律和发展趋势，这些规律和趋势受水稻产业自身特点的限制和影响，本节根据FAO统一的数据库数据内容，对世界三大谷物从供求关系角度加以分析，以期梳理和总结稻米供求基本特征。

3.1.1　谷物总供求关系特征

这里分析的谷物是指稻米(按大米计算)、粗粮和小麦三大类谷物。世界谷物供求平衡量(以总供给为标准，总需求数据不变，但在计算供求关系时作了轻微调整)，总体来看，从2000年度到2014年度由27.48亿吨增加到34.51亿吨，除个别年份有所下降外，多数年份均表现为增长，平均增长25.57%，年递增率1.64%。世界谷物供给三要素(期初库存量、生产量和进口量)以及需求三要素(期末库存量、国内消费量和出口量)具体数据详见表3-1。

表3-1　世界谷物供求平衡量

	总供求(百万吨)	供给(百万吨)			需求(百万吨)		
	(平衡量)	期初库存	生产量	进口量	期末库存	国内消费	出口量
2000/01	2748.4	638.74	1874.14	235.49	605.00	1895.73	233.40
2001/02	2755.1	605.00	1909.02	241.02	579.50	1931.73	244.17
2002/03	2658.2	579.50	1833.85	244.77	492.88	1928.20	237.03
2003/04	2625.2	492.90	1890.61	241.65	423.19	1958.14	243.85

续表

	总供求（百万吨）	供给（百万吨）			需求（百万吨）		
	（平衡量）	期初库存	生产量	进口量	期末库存	国内消费	出口量
2004/05	2743.1	428.26	2070.11	244.75	473.62	2020.70	243.71
2005/06	2763.8	473.62	2048.82	241.36	467.15	2040.32	256.33
2006/07	2737.7	467.15	2014.20	256.35	417.47	2070.61	249.59
2007/08	2829.7	422.07	2129.84	277.81	414.26	2135.18	275.67
2008/09	2975.4	414.26	2283.59	277.54	493.87	2185.93	295.58
2009/10	3032.7	493.87	2262.85	275.92	523.33	2229.54	279.76
2010/11	3058.7	523.33	2253.74	281.61	500.77	2270.94	286.94
2011/12	3164.4	500.77	2351.51	312.06	521.11	2323.08	320.16
2012/13	3132.2	521.10	2301.58	309.53	505.43	2325.36	301.43
2013/14	3368.1	505.48	2520.02	342.53	576.60	2413.62	377.76
2014/15	3451.0	576.60	2533.52	340.87	622.68	2466.89	361.42

数据来源：FAO/AMIS 数据库。注：在计算供求关系时，总供求平衡量按照总供给量对需求中的期末库存量作了微调整，数据不等系四舍五入造成。

从供给角度看，世界谷物期初库存对总供给的贡献率，从 2000 年度的 23.24%下降到 2014 年度的 16.71%，期间有一定波动，其中最低是 2008 年度的 13.92%，14 年中有 9 年下降，有 5 年增长，最大下降幅度是 2004 年度的－3.16 个百分点，最大增长是 2009 年度上升 2.36 个百分点。显然，产量对世界价格总供给的贡献率最高，从 2000 年度到 2014 年度，产量供给贡献率由 68.19%增加到 73.41%，期间同样有一定波动。产量贡献率最低是 2000 年度的 68.19%，最高贡献率是 2008 年度的 76.75%，从变动角度看，期间有 7 年下降，7 年增长，最大下降率为 2009 年度的－2.13 个百分点，最大增长率为 2004 年度的 3.45 个百分点。进口贸易对世界谷物供给的贡献率，由 2000 年度的 8.57%增加到 2014 年度的 9.88%，期间最大进口贡献率为 2013 年度的 10.17%，最低贡献率为 2000 年度的 8.57%，年度间有一定波动，有 5 个年度下降，9 个年度增长。世界谷物供给三要素关系详见表 3-2。

表 3-2　世界谷物供给关系变化

	库　存		产　量		进　口	
	（%）	（变动）	（%）	（变动）	（%）	（变动）
2000/01	23.24		68.19		8.57	
2001/02	21.96	－1.28	69.29	1.10	8.75	0.18
2002/03	21.80	－0.16	68.99	－0.30	9.21	0.46
2003/04	18.78	－3.03	72.02	3.03	9.21	0.00
2004/05	15.61	－3.16	75.46	3.45	8.92	－0.28
2005/06	17.14	1.52	74.13	－1.34	8.73	－0.19

续表

	库　存		产　量		进　口	
	(%)	(变动)	(%)	(变动)	(%)	(变动)
2006/07	17.06	-0.07	73.57	-0.56	9.36	0.63
2007/08	14.92	-2.15	75.27	1.69	9.82	0.45
2008/09	13.92	-0.99	76.75	1.48	9.33	-0.49
2009/10	16.28	2.36	74.62	-2.13	9.10	-0.23
2010/11	17.11	0.82	73.68	-0.93	9.21	0.11
2011/12	15.83	-1.28	74.31	0.63	9.86	0.65
2012/13	16.64	0.81	73.48	-0.83	9.88	0.02
2013/14	15.01	-1.63	74.82	1.34	10.17	0.29
2014/15	16.71	1.70	73.41	-1.41	9.88	-0.29

数据来源:FAO/AMIS 数据库。注:在计算供求关系时,总供求平衡量按照总供给量对需求中的期末库存量作了微调整,数据不等系四舍五入造成。

从需求角度看,世界谷物期末库存对总需求的贡献率,类似于期初库存对总供给的贡献,从 2000 年度的 22.53%下降到 2014 年度的 18.04%,期间有一定波动,其中最低是 2007 年度的 14.80%,14 年中有 8 年下降,6 年增长,最大下降幅度是 2002 年度的-2.48 个百分点,最大增长幅度是 2008 年度上升 1.80 个百分点。显然,国内消费量对世界谷物总需求的贡献率最高,从 2000 年度到 2014 年度,国内消费需求贡献率由 68.98%上升到 71.48%,期间同样有一定波动。国内消费贡献率最低是 2000 年度的 68.98%,最高贡献率是 2006 年度的 75.63%,从变动角度看,期间有 6 年下降,8 年增长,最大下降率为 2013 年度的-2.58 个百分点,最大增长率为 2002 年度增加 2.42 个百分点。出口贸易对世界谷物需求的贡献率,由 2000 年度的 8.49%增加到 2014 年度的 10.47%,期间最大出口贡献率为 2013 年度的 11.22%,最低贡献率为 2000 年度的 8.49%,年度间有一定波动,有 5 个年度下降,9 个年度增长。世界谷物需求三要素关系详见表 3-3。

表 3-3　世界谷物需求关系变化

	库存(调整)		消　费		出　口	
	(%)	(变动)	(%)	(变动)	(%)	(变动)
2000/01	22.53		68.98		8.49	
2001/02	21.02	-1.51	70.12	1.14	8.86	0.37
2002/03	18.54	-2.48	72.54	2.42	8.92	0.05
2003/04	16.12	-2.42	74.59	2.05	9.29	0.37
2004/05	17.45	1.33	73.66	-0.93	8.88	-0.40
2005/06	16.90	-0.55	73.82	0.16	9.27	0.39
2006/07	15.25	-1.65	75.63	1.81	9.12	-0.16

续表

	库存(调整)		消　费		出　口	
	(%)	(变动)	(%)	(变动)	(%)	(变动)
2007/08	14.80	−0.45	75.45	−0.18	9.74	0.63
2008/09	16.60	1.80	73.47	−1.99	9.93	0.19
2009/10	17.26	0.66	73.52	0.05	9.22	−0.71
2010/11	16.37	−0.88	74.25	0.73	9.38	0.16
2011/12	16.47	0.09	73.41	−0.83	10.12	0.74
2012/13	16.14	−0.33	74.24	0.83	9.62	−0.49
2013/14	17.12	0.99	71.66	−2.58	11.22	1.59
2014/15	18.04	0.92	71.48	−0.18	10.47	−0.74

数据来源:FAO/AMIS 数据库。注:在计算供求关系时,总供求平衡量按照总供给量对需求中的期末库存量作了微调整,数据不等系四舍五入造成。

3.1.2　稻米总供求关系

以上对 2000 年度到 2014 年度世界谷物的供求平衡,以及供给关系和需求关系的变化情况进行了分析。下面将分别对粗粮、小麦和大米进行对比,以揭示大米供求关系变化的基本特征。

(1)从总供给角度看,生产是供给的主体。从供给方面来看,世界三大谷物供给量有较大差别,但产量供应是总供给中最重要的供给力量。世界三大谷物产量供应及其对总供给的贡献比较的有关数据详见表 3-4。

表 3-4　世界三大谷物产量供给贡献比较

	总供给(百万吨)			产量占比(总供给=100%)		
	大　米	粗　粮	小　麦	大　米	粗　粮	小　麦
2000/01	578.02	1226.78	943.60	69.36	72.0	62.6
2001/02	578.09	1229.83	947.15	69.46	74.7	62.2
2002/03	554.83	1180.94	922.39	68.85	74.3	62.2
2003/04	543.49	1209.16	872.55	72.33	77.4	64.3
2004/05	543.42	1289.21	910.51	74.81	80.0	69.4
2005/06	553.47	1296.95	913.41	76.53	77.1	68.5
2006/07	564.13	1284.82	888.76	75.84	76.7	67.6
2007/08	579.33	1371.72	878.69	75.97	78.6	69.6
2008/09	603.97	1421.44	950.00	76.03	80.4	71.8
2009/10	617.65	1438.15	976.88	73.83	78.0	70.1
2010/11	641.46	1445.51	971.74	73.24	78.2	67.3

续表

	总供给(百万吨)			产量占比(总供给=100%)		
	大　米	粗　粮	小　麦	大　米	粗　粮	小　麦
2011/12	670.51	1464.78	1029.08	72.49	79.4	68.2
2012/13	690.73	1461.98	979.52	71.01	78.7	67.4
2013/14	712.46	1632.37	1023.23	69.73	80.1	69.9
2014/15	718.80	1682.78	1049.45	69.03	78.0	69.0

数据来源:FAO/AMIS 数据库。

从供给(总供给)角度来看,世界大米供给量是三大谷物中的第 3 大谷物。世界大米供应量从 2000 年度的 578.02 百万吨增长到 2014 年度的 718.80 百万吨,期间有一定变动,年度波动率也不相同。小麦生产供应量高于大米,从 943.60 百万吨增加到 1049.45 百万吨,属于第 2 大谷物,但增长速度低于大米。粗粮范围较广,但主要是玉米,它是第 1 大谷物,期间粗粮生产供应量从 1226.78 百万吨增至 1682.78 百万吨,增长速度最快,但年度间波动大,21 世纪初期有所下降,始于 2013 年的增长将世界粗粮生产供应量提高到一个新的水平。

在世界谷物生产供应中,大米生产供应量占稻谷总供给的比重,在 2000 年度到 2014 年度间,一般年份都在 70%以上,超过了小麦只有少数年份超过 70%,说明大米产量虽然不高,但对总供给影响很大。粗粮生产供应量占比一般在 75%以上,一些年份占到了 80%以上,比大米和小麦都高,说明粗粮的进口供应和库存供应相对较低。

(2)从总需求角度看,大米国内消费需求是总需求的主体。从需求(总需求)角度来看,同从供给角度看一样,从总量角度和供求平衡关系分析,总需求等于总供给,但总需求的主体是国内消费需求(消费)。消费需求是总需求中最重要的力量,世界三大谷物消费需求及其贡献比较的有关数据详见表 3-5。

表 3-5　世界三大谷物国内消费需求贡献比较

	总需求(百万吨)			消费占比(%)		
	大　米	粗　粮	小　麦	大　米	粗　粮	小　麦
2000/01	578.02	1216.78	939.34	69.80	74.2	62.8
2001/02	578.50	1229.78	947.15	70.06	75.2	63.5
2002/03	554.82	1180.94	922.39	73.05	77.2	66.2
2003/04	543.49	1209.16	872.55	75.41	78.4	68.8
2004/05	543.42	1286.21	908.43	75.98	76.8	68.2
2005/06	553.47	1296.95	913.41	75.64	77.0	68.1
2006/07	564.13	1284.82	888.76	75.22	79.3	70.5
2007/08	579.33	1369.02	876.79	74.96	78.4	71.6
2008/09	603.97	1421.44	950.00	73.50	77.1	68.0

续表

	总需求(百万吨)			消费占比(%)		
	大　米	粗　粮	小　麦	大　米	粗　粮	小　麦
2009/10	617.65	1438.15	976.88	72.54	78.3	67.1
2010/11	641.46	1445.51	971.74	71.95	79.5	67.9
2011/12	670.51	1464.78	1029.08	70.07	78.8	67.9
2012/13	690.73	1461.98	979.52	69.13	79.4	70.1
2013/14	712.46	1632.40	1023.15	68.79	75.7	67.2
2014/15	718.80	1682.78	1049.45	69.57	75.2	66.9

数据来源:FAO/AMIS 数据库。

从需求(总需求)角度来看,世界大米需求量排在三大谷物的第 3 位。世界大米需求量变化如同前面供给总量的分析一样,在 2000 年度到 2014 年度之间增长明显,但年度波动率也是客观存在的。小麦总需求量高于大米,属于第 2 大谷物,但增长速度低于大米,变动幅度也大于大米。粗粮需求量主要是玉米,它是第 1 大谷物需求量,期间粗粮需求供应量增长很快,但年度间波动最大,21 世纪初期虽然有所下降,但始于 2013 年的高速增长将世界粗粮需求提高到一个新的水平。

在世界谷物需求项目中,大米国内消费需求占稻谷总需求的比重,在 2000 年度到 2014 年度间,一般年份都在 70%以上,个别年份在 70%以下。与小麦消费需求相比,一般高出 5 个百分点。粗粮消费需求占比一般在 75%以上,但不超过 80%。从需求角度看国内消费需求,仍然是粗粮最高,大米其次,小麦最低,说明大米国内消费相对于出口和库存量变化更为重要。

3.1.3　稻米高库存特性

一定时期拥有一定的储备,是谷物产业的基本特性。从三大谷物储备来看,在总供给方和总需求方,都是不同的。下面基于大米作一些对比分析。

(1)库存供给居高不下。从供给角度分析库存量变化,可用基于一定时期(如年度)所拥有的初期库存量来表达。在供给方面,世界三大谷物的初期库存对供给的贡献有着更大差异,表明库存的供给作用各不相同。2000 年度到 2014 年度连续时间序列的期初库存量和占总供给的比重数据详见表 3-6。

表 3-6　世界三大谷物期初库存供给贡献比较

	期初库存供给(百万吨)			库存占比(总供给=100%)		
	大　米	粗　粮	小　麦	大　米	粗　粮	小　麦
2000/01	153.0	107.3	250.19	26.47	8.75	26.51
2001/02	150.4	108.9	247.39	26.02	8.85	26.12
2002/03	144.4	104.4	238.89	26.02	8.84	25.90

续表

	期初库存供给(百万吨)			库存占比(总供给=100%)		
	大　米	粗　粮	小　麦	大　米	粗　粮	小　麦
2003/04	121.9	109.9	206.51	22.43	9.09	23.67
2004/05	107.0	104.3	166.99	19.69	8.09	18.34
2005/06	101.1	111.9	178.93	18.27	8.63	19.59
2006/07	106.4	107.0	175.05	18.86	8.33	19.70
2007/08	107.6	130.7	153.41	18.57	9.53	17.46
2008/09	115.1	124.3	134.25	19.06	8.74	14.13
2009/10	131.0	116.0	161.79	21.21	8.07	16.56
2010/11	137.8	125.2	189.81	21.48	8.66	19.53
2011/12	145.4	131.5	184.57	21.68	8.98	17.94
2012/13	162.0	129.4	180.50	23.45	8.85	18.43
2013/14	175.6	175.6	158.50	24.65	10.76	15.49
2014/15	181.1	165.2	174.89	25.19	9.82	16.66

数据来源:FAO/AMIS数据库。

从供给(总供给)角度看,世界大米期初库存量是三大谷物中的第1大谷物。在总供给量中,世界大米期初库存量从2000年度的153.0百万吨增长到2014年度的181.1百万吨,期间有一定增长,年度波动率也不相同。小麦期初库存量由2000年度的250.2百万吨下降到2014年度的174.9百万吨,总体上呈下降轨迹,且小麦期初库存量年度波动率大,相比,大米期初库存量一般小于小麦,但近两年变成第1大谷物。粗粮期初库存量一般很小,期间粗粮期初库存量从107.3百万吨增至165.2百万吨,增长速度较快,年度间波动大,多数年份是世界三大谷物中库存量最小的谷物。

在世界谷物期初库存供应中,大米期初库存供应量占稻谷总供给的比重,在2000年度到2014年度间,一般年份都在25%左右,期间经历了"高—低—高"的变化过程。相比之下,小麦一般在20%左右,期间经历了"高—低"的变化过程。粗粮期初库存占比一般在15%以下,期间经历了类似于大米的"高—低—高"的变化过程。大米期初库存供应的高比例特性,也许可以说明,世界以维护大米供给稳定性为主,而小麦和粗粮则不同。

(2)期末库存需求。类似于从供给角度分析库存量变化,从需求角度分析稻谷期末库存,可用基于一定时期(如年度)所拥有的期末库存量来表达。在需求方面,世界三大谷物的期末库存对需求的贡献有着更大差异,表明库存的需求作用各不相同。从2000年度到2014年度连续时间序的期末库存量和占总需求的比重数据详见表3-7。

表 3-7　世界三大谷物期末库存需求贡献比较

	期末库存需求(百万吨)			库存占比(%)		
	大　米	粗　粮	小　麦	大　米	粗　粮	小　麦
2000/01	150.4	207.2	247.39	26.02	17.03	26.34
2001/02	144.4	196.2	238.89	24.96	15.96	25.22
2002/03	121.9	164.5	206.51	21.97	13.93	22.39
2003/04	107.0	151.3	164.92	19.69	12.51	18.90
2004/05	101.1	193.6	178.93	18.61	15.05	19.70
2005/06	106.4	185.7	175.05	19.22	14.32	19.16
2006/07	107.6	158.4	151.51	19.08	12.32	17.05
2007/08	115.1	164.9	134.25	19.87	12.05	15.31
2008/09	131.0	201.1	161.79	21.69	14.15	17.03
2009/10	137.8	195.7	189.81	22.31	13.61	19.43
2010/11	145.4	170.8	184.57	22.67	11.82	18.99
2011/12	162.0	178.6	180.51	24.16	12.19	17.54
2012/13	175.6	171.4	158.43	25.42	11.72	16.17
2013/14	181.1	220.6	174.89	25.42	13.51	17.09
2014/15	177.6	252.8	192.31	24.71	15.02	18.32

数据来源:FAO/AMIS 数据库。

从需求(总需求)角度看,世界大米期末库存量是三大谷物中的第 3 大谷物,期间有少数年份变成第 1 大谷物。在总需求量中,世界大米期末库存量从 2000 年度的 150.4 百万吨增长到 2014 年度的 177.6 百万吨,期间有一定增长,年度波动率也不相同。小麦期末库存量由 2000 年度的 247.4 百万吨下降到 2014 年度的 192.3 百万吨,总体上呈现下降轨迹,且小麦期末库存量年度波动率大,相比,大米期末库存量一般小于小麦,但近年变成第 1 大谷物。粗粮期末库存量一般较大,从 2000 年度的 207.2 百万吨增长到 2014 年度的 252.8 百万吨,增长速度较快,但年度间波动很大,多数年份是世界三大谷物中的第 1 位谷物。

在世界谷物期末库存供应中,大米期末库存需求量占稻谷总需求的比重,在 2000 年度到 2014 年度间,一般年份都在 25%左右,期间经历了"高—低—高"的变化过程。小麦一般在 20%左右,期间经历了"高—低"的变化过程。粗粮期末库存占比一般在 15%以下,期间经历了类似于大米的"高—低—高"的变化过程。大米期末库存供应的高比例特性,也许可以说明,世界以维护大米需求稳定性为主,而小麦和粗粮则不同。

3.1.4　稻米市场容量小

(1)大米进口供给占比最低。在稻米市场的供给方,进口是一个重要因素。2000 年度到 2014 年度,世界大米进口供给量和大米进口占其总供给的比重变化,以及大米、小麦和粗粮相比较的数据详见表 3-8。

表 3-8 世界三大谷物国家进口供给贡献比较

	进口供给(百万吨)			进口占比(总供给=100%)		
	大米	粗粮	小麦	大米	粗粮	小麦
2000/01	24.1	108.27	103.10	4.17	8.83	10.9
2001/02	26.1	104.50	110.41	4.52	8.50	11.7
2002/03	28.5	106.81	109.50	5.13	9.04	11.9
2003/04	28.5	108.62	104.56	5.24	8.98	12.0
2004/05	29.9	103.52	111.35	5.50	8.03	12.2
2005/06	28.8	103.98	108.58	5.20	8.02	11.9
2006/07	29.9	113.90	112.53	5.30	8.87	12.7
2007/08	31.6	132.94	113.27	5.45	9.69	12.9
2008/09	29.7	113.95	133.94	4.91	8.02	14.1
2009/10	30.6	115.09	130.21	4.96	8.00	13.3
2010/11	33.8	119.66	128.11	5.28	8.28	13.2
2011/12	39.1	130.62	142.38	5.83	8.92	13.8
2012/13	38.2	132.20	139.10	5.53	9.04	14.2
2013/14	40.1	153.22	149.25	5.62	9.39	14.6
2014/15	41.5	149.05	150.29	5.78	8.86	14.3

数据来源:FAO/AMIS 数据库。

从供给(总供给)角度看,世界大米进口量是三大谷物中数量最小的一类,处第 3 位。在总供给量中,世界大米进口量从 2000 年度的 24.1 百万吨增长到 2014 年度的 41.5 百万吨,期间有一定增长,年度波动率也不相同。小麦进口量由 103.1 百万吨上升到 150.3 百万吨,总体上呈现上升轨迹,多数年份在三大谷物进口量中居第 1 位,小麦进口量年度波动率较大。相比,大米进口量远远低小于小麦,但近几年大米进口量有所增长。粗粮进口量较大,在少数年份超过小麦排在第 1 位,但一般年份居第 2 位。2000 年度到 2014 年度,粗粮进口量从 108.3 百万吨增长到 149.1 百万吨,增长速度较快,年度间波动最大。

在世界谷物进口供应中,大米进口量占大米总供给的比重,在 2000 年度到 2014 年度间,一般年份都在 5%左右,期间也有波动,总体上经历了“低—高—低—高”的变化过程。相比之下,小麦一般在 12%左右,期间经历了“低—高”的变化过程。粗粮进口量占比一般在 8%以上,期间经历了“低—高”的变化过程,类似于小麦进口量占比变化轨迹。大米进口量供应的低比例特性,基本上可以说明,世界大米供给中进口量小、比重很低,世界大米市场容量小,进口不是主要的供给形式,而小麦和粗粮则不同。

(2)大米出口需求不旺。在稻米市场的需求方,出口是一个重要因素。2000 年度到 2014 年度,世界大米出口需求量和大米出口占其总需求的比重变化,以及大米、小麦和粗粮相比较的数据详见表 3-9。

表 3-9　世界三大谷物国家出口需求贡献比较

	出口需求(百万吨)			出口占比(%)		
	大　米	粗　粮	小　麦	大　米	粗　粮	小　麦
2000/01	24.2	107.32	101.93	4.18	8.82	10.9
2001/02	28.8	108.87	106.50	4.98	8.85	11.2
2002/03	27.6	104.41	105.00	4.98	8.84	11.4
2003/04	26.6	109.94	107.27	4.90	9.09	12.3
2004/05	29.4	104.31	109.99	5.41	8.11	12.1
2005/06	28.5	111.93	115.94	5.14	8.63	12.7
2006/07	32.2	106.98	110.44	5.70	8.33	12.4
2007/08	30.0	130.70	115.02	5.17	9.55	13.1
2008/09	29.0	124.25	142.29	4.81	8.74	15.0
2009/10	31.8	115.99	131.99	5.15	8.07	13.5
2010/11	34.5	125.17	127.28	5.38	8.66	13.1
2011/12	38.7	131.51	149.98	5.77	8.98	14.6
2012/13	37.6	129.39	134.43	5.44	8.85	13.7
2013/14	41.2	175.57	160.97	5.79	10.76	15.7
2014/15	41.1	165.20	155.08	5.72	9.82	14.8

数据来源:FAO/AMIS 数据库。

从需求(总需求)角度看,世界大米出口量是三大谷物出口量中最小的一种,居第 3 位。在总需求量中,世界大米出口量从 2000 年度 24.2 百万吨增长到 2014 年度的 41.1 百万吨,期间有一定增长,年度波动率也不相同。小麦出口量由 101.9 百万吨上升到 155.1 万吨,总体上呈现上升轨迹,小麦出口量年度波动率大,相比,大米出口量比小麦小得多,小麦出口量在一些年份成为三大谷物之首,但近年退为第 2 大谷物。粗粮出口量一般较大,期间粗粮出口量从 107.3 百万吨增长到 165.2 百万吨,增长速度最快,但年度间波动率很大,多数年份排在世界三大谷物中的第 1 位。

在世界谷物出口需求中,大米出口需求量占大米总需求的比重,在 2000 年度到 2014 年度间,一般年份都在 5%左右,期间波动较大,总体上经历了“低—高—低—高”的变化过程。而小麦出口占总需求比重一般在 13%左右,期间经历了“低—高—低—高”的变化过程。粗粮出口量占比一般在 9%左右,期间总体上经历了“低—高”的变化过程。大米出口量占总需求比重很低的特性(低出口率),类似于上面的分析,因为大米作为许多国家的主食,一般以国内需求为主,国际贸易次之,而小麦,尤其是粗粮则大不相同。

3.1.5　关键影响因素不同

影响供给或影响需求有很多因素,如上述分析,影响总供给的主要因素是生产供给,影响总需求的主要因素是国内消费,进而,对生产供给的主要影响因素是水稻的生产规模和生产率,即水稻生产面积和单位面积产量能力;对国内消费量的主要影响则是人口和人均消费量。对此,下面将作进一步的分析。

(1)大米生产供给能力提高缓慢。水稻生产供给能力提高,取决于水稻生产规模扩大状况,即水稻种植(或者收获)面积的大小。下面给出世界三大谷物生产面积变化及其比较数据,详见表3-10。

表3-10 世界三大谷物生产面积变化

	面积(百万公顷)				占比(%)		
	水稻	粗粮	小麦	谷物合计	水稻	粗粮	小麦
2000/01	153.92	307.57	217.78	679.27	22.7	45.3	32.1
2001/02	152.07	312.79	216.39	681.25	22.3	45.9	31.8
2002/03	147.43	303.90	215.97	667.30	22.1	45.5	32.4
2003/04	148.67	327.95	210.46	687.08	21.6	47.7	30.6
2004/05	150.82	312.53	219.43	682.78	22.1	45.8	32.1
2005/06	154.61	312.63	221.09	688.33	22.5	45.4	32.1
2006/07	154.75	316.91	216.49	688.15	22.5	46.1	31.5
2007/08	155.59	329.70	218.27	703.56	22.1	46.9	31.0
2008/09	160.27	331.31	224.77	716.35	22.4	46.2	31.4
2009/10	158.40	328.17	227.36	713.93	22.2	46.0	31.8
2010/11	161.71	322.03	223.21	706.95	22.9	45.6	31.6
2011/12	162.58	327.53	222.50	712.61	22.8	46.0	31.2
2012/13	160.82	337.95	221.47	720.24	22.3	46.9	30.7
2013/14	163.38	342.18	222.59	728.15	22.4	47.0	30.6
2014/15	162.53	343.47	226.63	732.63	22.2	46.9	30.9

数据来源:FAO/AMIS数据库。

从水稻生产外在规模来看,水稻生产面积(即收获面积)扩大较为缓慢。从2000年度到2014年度,世界水稻生产面积由153.92百万公顷提高到162.53百万公顷,期间略有增长。相比,小麦面积由217.78百万公顷增加到226.63百万公顷,而粗粮生产面积由307.57百万公顷扩大到343.47百万公顷,可见生产面积扩大,粗粮占第1位,小麦与水稻较为类似。

在整个谷物生产面积变化过程中,表3-10表明,水稻面积占比一般在22%以上,而小麦面积占比一般在30%以上,粗粮面积占比一般在45%以上,可见,世界谷物生产面积的外在规模以粗粮为主,小麦次之,水稻规模最小。

另一方面,水稻生产能力与单位面积的产量水平有关。下面给出2000年度到2014年度三大谷物单位面积产量(即单产)水平变化,以及与谷物平均水平相比的相对生产力水平,有关数据详见表3-11。

表 3-11　世界三大谷物单位面积产量变化

	单产(吨/公顷)				占比(谷物=1)		
	水　稻	粗　粮	小　麦	谷物合计	水　稻	粗　粮	小　麦
2000/01	2.60	2.87	2.71	2.76	0.94	1.04	0.98
2001/02	2.64	2.94	2.72	2.80	0.94	1.05	0.97
2002/03	2.59	2.89	2.66	2.75	0.94	1.05	0.97
2003/04	2.64	2.85	2.67	2.75	0.96	1.04	0.97
2004/05	2.70	3.30	2.88	3.03	0.89	1.09	0.95
2005/06	2.74	3.20	2.83	2.98	0.92	1.07	0.95
2006/07	2.76	3.11	2.78	2.93	0.94	1.06	0.95
2007/08	2.83	3.27	2.80	3.03	0.93	1.08	0.93
2008/09	2.87	3.45	3.03	3.19	0.90	1.08	0.95
2009/10	2.88	3.42	3.01	3.17	0.91	1.08	0.95
2010/11	2.91	3.51	2.93	3.19	0.91	1.10	0.92
2011/12	2.99	3.55	3.16	3.30	0.91	1.08	0.96
2012/13	3.05	3.41	2.98	3.20	0.95	1.07	0.93
2013/14	3.04	3.82	3.21	3.46	0.88	1.10	0.93
2014/15	3.05	3.82	3.20	3.46	0.88	1.11	0.92

数据来源:FAO/AMIS 数据库。

从水稻单位面积产量来看,单产水平提高较为缓慢。从 2000 年度到 2014 年度,世界水稻单产水平由 2.60 吨/公顷提高到 3.05 吨/公顷,期间有所增长。相比,小麦单产水平由 2.71 吨/公顷提高到 3.20 吨/公顷,而粗粮则由 2.87 吨/公顷提高到 3.82 吨/公顷,可见水稻生产能力提高最为缓慢,其次是小麦,而粗粮生产能力增长最快。

(2)人均食用消费增速放缓。从需求角度看,影响需求的两大要素分别是人口和人均消费能力,而在水稻主产和大米消费国家,人口增长相对较快,但人均大米消费量变化才是最重要的影响因素。2000 年度到 2014 年度世界三大谷物人均消费量变化情况详见表 3-12。

表 3-12　世界三大谷物人均消费量变化情况

	人均占有(公斤)			人均食用(公斤)			其他用途占比(%)		
	水　稻	粗　粮	小　麦	水　稻	粗　粮	小　麦	水　稻	粗　粮	小　麦
2000/01	65.5	144.3	96.4	56.7	26.4	151.9	14.0	82.1	20.0
2001/02	64.8	148.2	95.1	56.3	27.1	152.0	14.0	81.9	21.0
2002/03	60.9	139.9	91.5	55.9	25.7	149.9	13.5	82.4	21.6
2003/04	61.9	147.4	88.4	56.1	26.9	150.5	13.1	82.0	22.7

续表

	人均占有(公斤)			人均食用(公斤)			其他用途占比(%)		
	水稻	粗粮	小麦	水稻	粗粮	小麦	水稻	粗粮	小麦
2004/05	63.2	160.5	98.4	55.8	26.8	150.6	13.2	82.6	22.4
2005/06	65.1	153.6	96.2	55.9	26.6	150.3	13.3	82.7	22.5
2006/07	65.0	149.6	91.3	55.8	27.0	150.5	13.4	82.6	22.5
2007/08	66.0	161.7	91.8	56.0	27.2	150.6	14.1	83.1	24.1
2008/09	68.1	169.4	101.1	56.0	27.7	150.9	15.0	83.0	26.1
2009/10	66.8	164.4	100.4	55.8	27.6	150.7	15.0	83.3	24.4
2010/11	68.0	163.7	94.7	56.3	28.0	151.6	15.8	83.2	24.0
2011/12	69.6	166.5	100.5	56.6	27.9	151.6	15.9	83.2	26.0
2012/13	69.4	162.9	93.4	56.9	28.3	152.4	15.8	82.8	25.5
2013/14	69.5	182.9	100.1	57.3	28.3	152.9	16.5	83.7	27.4
2014/15	68.6	181.6	100.2	57.5	28.0	152.8	17.0	84.0	26.2

数据来源:FAO/AMIS数据库。

从水稻人均占有数量来看,根据国家总人口计算的这一指标表明,从2000年度到2014年度,由65.5公斤提高到68.6公斤,而人均食用量由56.7公斤提高到57.5公斤,非食用量比重由占总量的14.0%提高到17.0%。小麦人均占有量由96.4公斤提高到100.2公斤,人均食用量由151.9公斤提高到152.8公斤,小麦其他用途的比重由20.0%提高到26.2%。粗粮人均占有量由144.3公斤提高到181.6公斤,粗粮人均食用量仅由26.4公斤提高到28.0公斤,粗粮非食用比重由82.1%提高到84.0%。由此可见,世界平均占有谷物水平,以粗粮最高,其次是小麦,水稻占有量最低;食用量以小麦为主,水稻次之,粗粮最低;谷物非食用则以粗粮为最,小麦次之,水稻最低。

3.2 稻米供求总体变化

按照“总供应=总需求”的平衡关系式计算,进入21世纪以来的14年里,世界稻米总供求(即总供给,或总需求)经历了较大变化,图3-1描绘了这种变化过程。图中总供求量与年度时间的关系可以用一个有偏向的抛物线方程来描述,其相关性高达96.4%。该曲线方程揭示,在21世纪初期2年,供给总量高于模拟曲线;2002年度到2007年度,供给总量低于模拟典型;2008年度到2013年度,供给总量高于模拟曲线;2014年度开始较大幅度地低于模型曲线。

如图3-1所示,世界大米总供给(同时也是总需求),在21世纪之初的几年内有一个明显的下降过程,到2003年度(即2003/04年度,指2003年1月至12月,与日历年度相同)下降到54349万吨的次低点(2004年度为最低点,产量54342万吨),然后经历了一个较长时期的增长过程,到2014年度增加到71880万吨。以21世纪较低时期的2003年为起点计

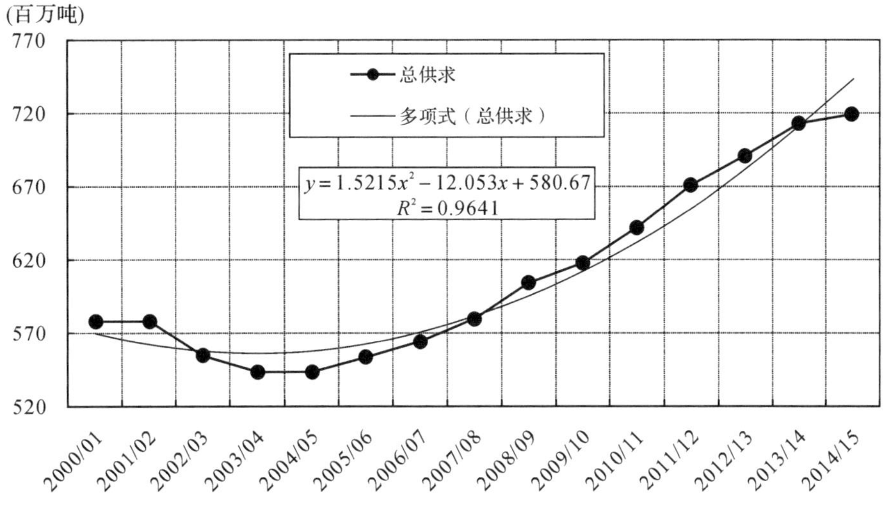

图 3-1　世界大米总供给和总需求平衡关系总体变化

算，从 2003 年度到 2014 年度的 12 年间，总供给量增长了 32.3%，这一时期平均年递增率达到 2.4%。

最近几年，经过 2012 年度的较大幅度增长后，2013 年度和 2014 度增长速度放缓。2014 年度比 2012 年度增长 4.1%，年递增率 2.4%。2014 年与上年相比，增长速度 2.0%。依 2014 年情况看，目前仍然保持在 2%以上的速度缓慢增长。

3.2.1　供给关系变化

从总供给方面看，世界大米供给的三要素——期初库存、生产量和进口量，在 21 世纪都有明显的变化，从而促使世界大米的供给结构相应地发生了较大变化，进而不断地调整着世界大米的供给关系。下面先列表给出 21 世纪以来世界大米总供给数量和供给三要素基础数据（见表 3-13）。

表 3-13　世界大米供给量变化趋势

	总供给		期初库存		生产量		进口量	
	（百万吨）	（变动）	（百万吨）	（变动）	（百万吨）	（变动）	（百万吨）	（变动）
2000/01	578.02		153.01		400.89		24.12	
2001/02	578.09	0.07	150.42	−2.59	401.55	0.66	26.11	1.99
2002/03	554.83	−23.26	143.98	−6.44	381.98	−19.57	28.86	2.75
2003/04	543.49	−11.34	121.91	−22.07	393.12	11.14	28.47	−0.39
2004/05	543.42	−0.07	107.03	−14.88	406.52	13.40	29.88	1.41
2005/06	553.47	10.05	101.12	−5.91	423.55	17.03	28.80	−1.08
2006/07	564.13	10.66	106.39	5.27	427.84	4.29	29.92	1.12
2007/08	579.33	15.20	107.62	1.23	440.12	12.28	31.60	1.68

续表

	总供给		期初库存		生产量		进口量	
	(百万吨)	(变动)	(百万吨)	(变动)	(百万吨)	(变动)	(百万吨)	(变动)
2008/09	603.97	24.64	115.11	7.49	459.21	19.09	29.65	−1.95
2009/10	617.65	13.68	130.99	15.88	456.04	−3.17	30.62	0.97
2010/11	641.46	23.81	137.83	6.84	469.80	13.76	33.84	3.22
2011/12	670.51	29.05	145.42	7.59	486.04	16.24	39.06	5.22
2012/13	690.73	20.22	162.01	16.59	490.49	4.45	38.23	−0.83
2013/14	712.46	21.73	175.62	13.61	496.78	6.29	40.06	1.83
2014/15	718.80	6.34	181.11	5.49	496.16	−0.62	41.53	1.47

数据来源:FAO/AMIS 数据库。注:数据不等系四舍五入造成。

(1)库存供给变化。世界大米年度期初库存反映了一定时期内大米的供给要素,是一年内最基础的供给要素。2000 年度到 2014 年度,期初库存量由 153.01 万吨下降到中期的 101.12 万吨,然后不断增加,到目前增加到 181.11 万吨。这一变化过程如同一条有最低点的抛物线变化轨迹,模拟期初库存量的抛物线与年度(逐年的时间变化)的相关性高达 91.84%(见图 3-2)。

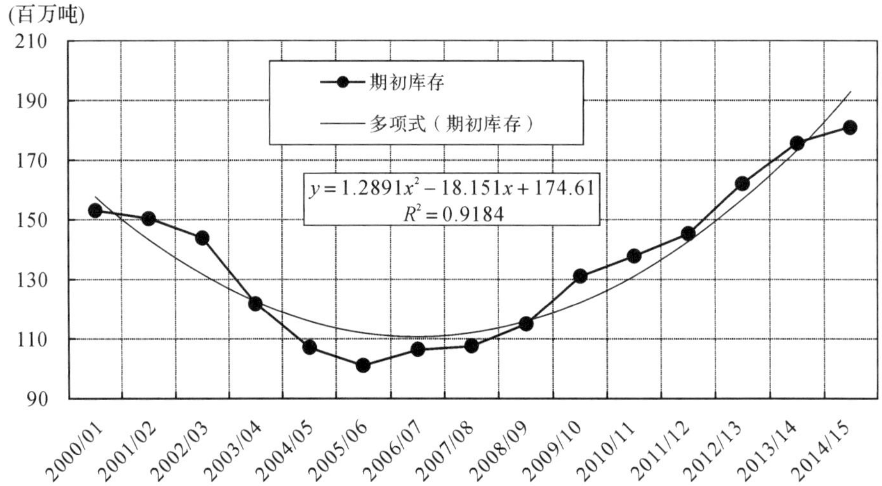

图 3-2 世界大米期初库存供给变化

在 21 世纪 10 多年间,2000 年度期初库存量低于模拟值,2001—2002 年 2 个年度高于模拟值,2003—2008 年连续 6 个年度低于模拟值,2014 年度低于模拟值,共有 8 个年度库存量低于模拟值。相比,2001—2002 年度 2 年和 2009—2013 年度连续 5 年超过模拟值,预计在 2014 年度之后,2015 年度可能会有一个较大的期初库存增加过程。

(2)生产供给变化。在 2000—2014 年 15 个年度内,大米生产量变化波动较大,在 21 世纪初期 2 个年度稳定增长后于 2002 年度下降到这一时期最低水平 38198 万吨,然后连续 6 年增长,2008 年度达到 45921 万吨,经过 2009 年度下降之后连续 4 个年度增长,到 2014 年度略有下降。对这时期大米产量作线性模拟,年度线性相关性达到 93.93%(见图 3-3)。

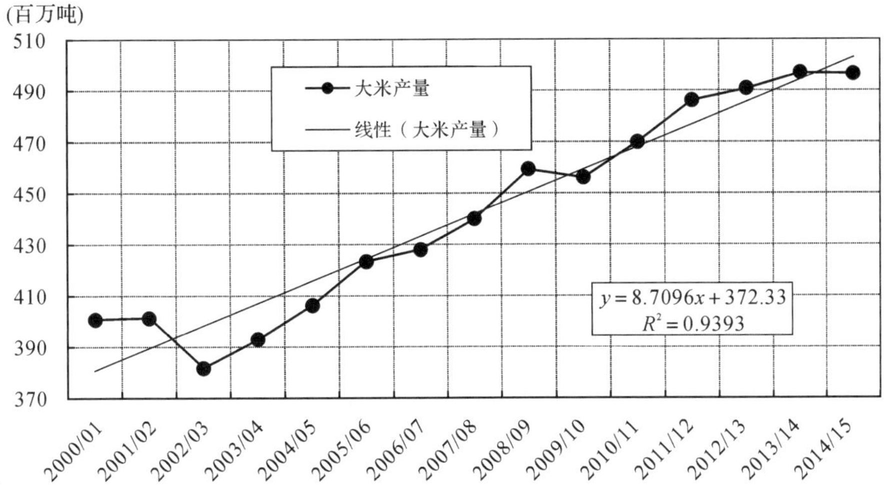

图 3-3　世界大米生产供给变化

更具体地看，在 2000 年度到 2014 年度间，世界大米产量在 2000 年度和 2001 年度高于趋势模拟值，在 2002—2007 年间连续 6 个年度低于模拟值，经过 2008 年度高于模拟值之后，2009 年度再次低于模拟值，2010—2013 年度有一个高于模拟值的增长过程，但在 2014 年度低于模拟值。可见，世界大米产量年度变化平衡性较差，年度波动较大。

(3)进口供给变化。在 2000—2014 年 15 个年度内，世界不同国家和地区大米进口合计(进口量)波动较大，总体来看，增加趋势十分明显。从 2000 年度到 2014 年度，世界大米进口量(各国市场年度进口量之和)由 2412 万吨增加到 4153 万吨，期间增长幅度 72.2%，长期趋势大米进口量年均增加 124 万吨，年递增率 3.96%。世界大米长期进口量变化轨迹如图 3-4 所示。

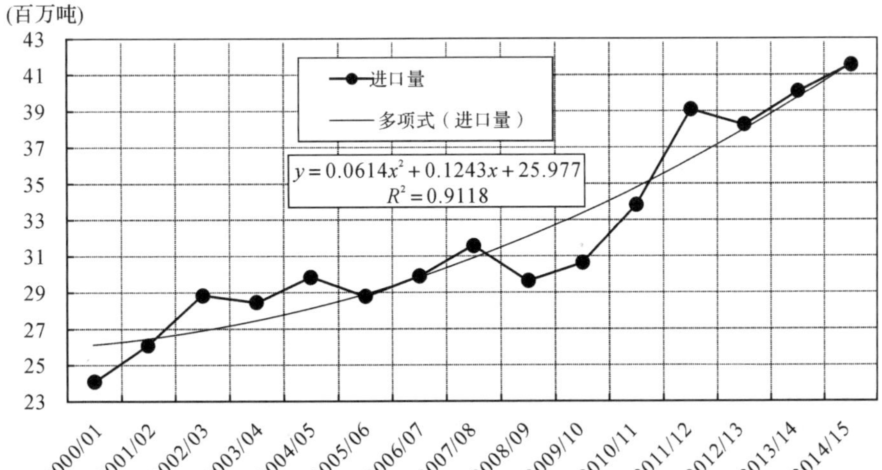

图 3-4　世界大米进口供给变化

如图 3-4 所示，从世界大米进口轨迹来看，在长时期内，呈现出较为平缓的二次曲线轨迹，拟合的抛物线方程的解释程度达到 91.18%。根据趋势曲线判断，这一时期基础进口量为2597万吨,年度弹性系数为$(12.43+12.28x$,x为2000年度到2014年度间从1到15的年份数),长期平均弹性为1.01,表明目前处在富有弹性的进口量上升时期。

世界大米进口量的变化,波动性更为突出。在2000年度到2002年度间经历了明显的上升过程,然后从2002年度到2007年度为缓慢上升过程,在2008年度和2009年度间进口量下降和恢复性增长,而2010年度和2011年度大幅度增长,经过2012年度下降后,2013年度和2014年度平稳增长,目前已经稳定地上升到4000万吨平台之上。近期世界大米进口量稳定增长,估计与中国每年稳定进口200万吨以上有密切关系。

(4)世界大米供给关系变化。在供给(即库存量、生产量和进口量)三要素本身变化和互动关系的相互运动,世界大米供给关系正在经历一个大的变化过程。世界大米总供给要素及其变化比较数据详见表3-14。

表3-14　世界大米总供给要素关系及其变化

	库存		产量		进口	
	(%)	(变动)	(%)	(变动)	(%)	(变动)
2000/01	26.47		69.36		4.17	
2001/02	26.02	−0.45	69.46	0.11	4.52	0.34
2002/03	25.95	−0.07	68.85	−0.62	5.20	0.68
2003/04	22.43	−3.52	72.33	3.49	5.24	0.04
2004/05	19.70	−2.74	74.81	2.48	5.50	0.26
2005/06	18.27	−1.43	76.53	1.72	5.20	−0.29
2006/07	18.86	0.59	75.84	−0.69	5.30	0.10
2007/08	18.58	−0.28	75.97	0.13	5.45	0.15
2008/09	19.06	0.48	76.03	0.06	4.91	−0.55
2009/10	21.21	2.15	73.83	−2.20	4.96	0.05
2010/11	21.49	0.28	73.24	−0.60	5.28	0.32
2011/12	21.69	0.20	72.49	−0.75	5.83	0.55
2012/13	23.45	1.77	71.01	−1.48	5.53	−0.29
2013/14	24.65	1.19	69.73	−1.28	5.62	0.09
2014/15	25.20	0.55	69.03	−0.70	5.78	0.15

数据来源:FAO/AMIS数据库。注:数据不等系四舍五入造成。

从三要素关系来看,生产量是大米主产国以及世界大米供给最重要的决定因素,产量的大小决定了供给总量的主体,产量的变化决定了总供给变化的基本方向。库存量是一国的基础变量也是世界大米供给总体的基础力量,期初库存量的多少,决定了一国内部供给的调剂能力和对外部依赖性的大小。进口量是总供给的必要补充,是较为次要的因素,也是供给经济性的必要体现。2000年度到2014年度世界大米供给三要素的结构关系数据如图3-5所示。在图中,左轴是世界大米产量的刻度,右轴是库存量和进口量的刻度。分别描绘了2000年度到2014年度世界大米总供给三要素变化及其互动关系。

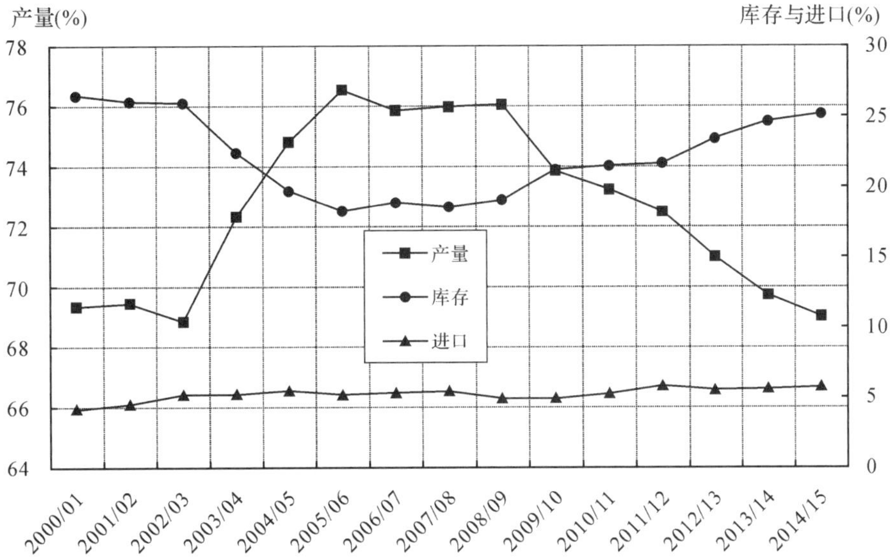

图 3-5　世界水稻大米总供给三要素变化

首先来看生产量对总供给的影响。在 2000 年度到 2014 年度之间，生产量对总供给在期初的贡献率约为 69％，自 2003 年度开始到 2013 年度，经历了一个较为典型的由上升到下降的完整过程，而 2005 年度到 2008 年度贡献率高达 76％，2014 年度又回复到期初 69％的水平，整个过程中生产量对总供给贡献率平均为 72.6％，而期间在不同年度间的波动变化也是很大的，波动区间在 68.85％到 76.53％之间。

其次，库存量一般与生产量构成明显的反向相辅相成的关系，由于年度内期初库存量较大，因此处在图的上方，如右轴所示，世界大米期初库存量在总供给中的比重大部分年份在 22％左右，结合表 3-14 可以看出，2000 年度到 2014 年度，年度期初库存量占比最低的是 2005 年度的 18.27％，最高的是 2000 年度的 26.47％，15 年间平均为 22.2％。与生产量贡献轨迹相比，当产量贡献低时，期初库存贡献高；当产量贡献大时，期初库存量贡献低。目前世界大米期初库存占比在上升通道中处在一个较高水平上，2014 年度期初库存量已经达到 25.2％，表明世界大米库存已经超过 22％的合理水平，世界大米库存比较充裕。

再次，如图 3-5 右轴所示，进口量绝对量较小，处在图的最下方，而且对总供给的贡献率不大，表现出相对稳定的一条变化轨迹，但在总供给关系中，却有着总体向上、年度间有一定波动变化的一条曲线。世界大米进口量在总供给中的比重大部分年份在 5％左右，结合表 3-14 可以看出，2000 年度到 2014 年度，年度期间世界大米进口量占比最低是期初 2000 年度的 4.17％，最高是 2011 年度的 5.83％，15 年间平均为 5.2％。与生产量贡献轨迹相比，当产量贡献低时，进口量贡献相对较高；当产量贡献大时，进口量贡献较小。实际上，在产量不变的情况下，进口量与期初库存量共同改变供给关系。但显而易见，进口量不断增长，对总供给的贡献有逐步提高的趋势。

3.2.2　需求关系变化

如同总供给有着深刻的变化一样，世界大米需求量与需求关系也经历了深刻的变化。

这种变化正是世界大米需求市场和全球大米消费行为的深刻反映。这种变化不仅是量的增减变化,更重要的是需求结构和需求关系的重大变化。

在进入21世纪之后,世界大米总需求经历紧缩后的下降,然后步入稳定增长,目前已经接近7.2亿吨总需求。在需求的三大要素方面,虽然总需求能够反映这种趋势和变化形态,但更具自身特色。关于世界大米自2000年度到2014年度时间序列的总需求以及期末库存、国内消费和出口量的变化情况先列表给出(见表3-15),然后分别加以分析。

表3-15　世界大米需求关系

	总需求		期末库存		国内消费		出口量	
	(百万吨)	(变动)	(百万吨)	(变动)	(百万吨)	(变动)	(百万吨)	(变动)
2000/01	578.02		150.42		403.45		24.15	
2001/02	578.09	0.07	143.98	−6.44	405.31	1.86	28.80	4.65
2002/03	554.83	−23.26	121.91	−22.07	405.30	−0.01	27.62	−1.18
2003/04	543.49	−11.34	107.03	−14.88	409.82	4.52	26.64	−0.98
2004/05	543.42	−0.07	101.12	−5.91	412.89	3.07	29.41	2.77
2005/06	553.47	10.05	106.39	5.27	418.62	5.73	28.46	−0.95
2006/07	564.13	10.66	107.62	1.23	424.34	5.72	32.17	3.71
2007/08	579.33	15.20	115.11	7.49	434.27	9.93	29.95	−2.22
2008/09	603.97	24.64	130.99	15.88	443.94	9.67	29.04	−0.91
2009/10	617.65	13.68	137.83	6.84	448.04	4.10	31.78	2.74
2010/11	641.46	23.81	145.42	7.59	461.55	13.51	34.49	2.71
2011/12	670.51	29.05	162.01	16.59	469.83	8.28	38.67	4.18
2012/13	690.73	20.22	175.62	13.61	477.50	7.67	37.61	−1.06
2013/14	712.46	21.73	181.11	5.49	490.13	12.63	41.22	3.61
2014/15	718.80	6.34	177.59	−3.52	500.06	9.93	41.14	−0.08

数据来源:FAO/AMIS数据库。注:数据不等系四舍五入造成。

(1)库存需求。从需求角度看,当期年度的期末库存量被视为需求表现,是需求转变为消费在当期"剩余"的需求和滞后一期的潜在需求能力的表现。

从2000年度到2014年度,总体来看,世界大米期末库存量从15042万吨增加到17759万吨,年均增加1806万吨,增加趋势和增长态势都十分明显。类似于前面的总供给分析一样,期末库存需求经历了一个前期下降和后期增长的变化过程,前期2002年度下降2207万吨,到2011年度增加1659万吨,而2013年度仅增加549万吨。世界大米期末库存量长期变化趋势如图3-6所示。

(2)世界大米国内消费需求变化。各国国内大米用量(即消费需求)之和等于世界国内大米使用量(包括食用、饲用、加工等用途的国内使用量),世界大米国内使用量是大米总需求的主项,是需求三要素的关键要素,也是大米需求最主要的用途。

从2000年度到2014年度,世界大米国内消费量从40345万吨增加到50006万吨,增长

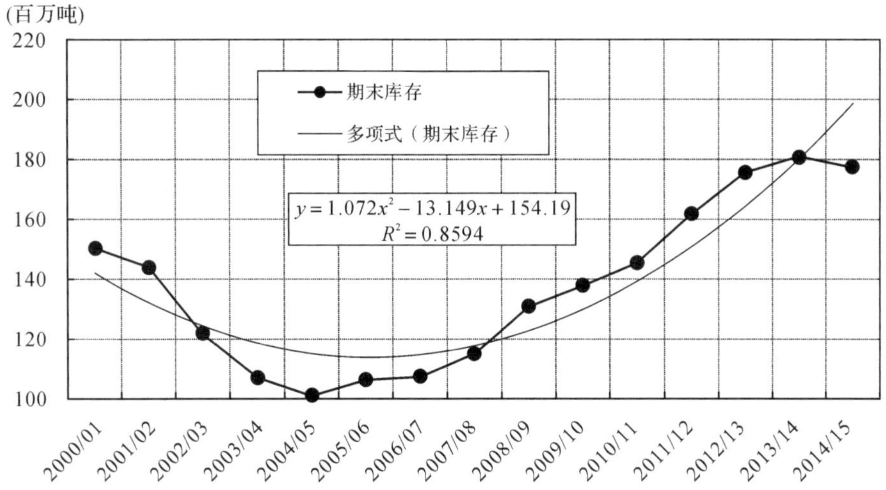

图 3-6　世界大米库存需求变化

23.95%，年平均递增率 1.55%。将这一时期世界大米国内消费拟合成一元二次曲线方程，年度变化的相关系数高达 99.65%。纵观这一时期的数据变化，仍然可以看出，在 2002 到 2006 年度内、在 2009 年度内和 2012 到 2014 年度内的 9 个年度内，国内消费量低于模拟数值，在 2000 到 2001 年度内、在 2007 到 2008 年度内、在 2010 年度到 2011 年度内的 6 个年度内实际值高于模拟值，其变化轨迹详见图 3-7。

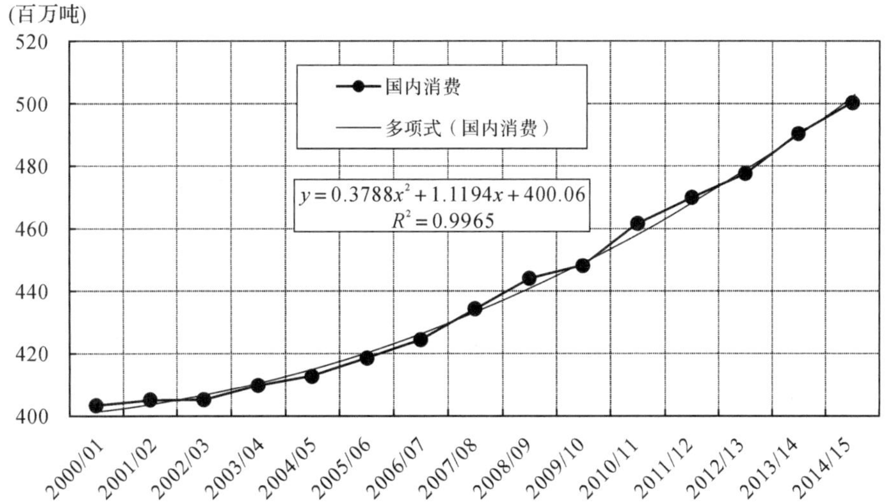

图 3-7　世界大米国内消费需求变化

在国内消费三项构成中，食用量是主项，有些国家还包括饲用量项目，剩余为加工等其他用量。2000 年度到 2014 年度世界大米国内用量及其占比变化详见表 3-16。

表 3-16 世界大米国内用量关系

	国内消费(百万吨)				占比(%)		
	合　计	食用量	饲用量	其他用量	食用量	饲用量	其他用量
2000/01	403.45	346.81	15.31	41.33	85.96	3.79	10.24
2001/02	405.31	348.48	15.15	41.68	85.98	3.74	10.28
2002/03	405.30	350.52	15.66	39.12	86.48	3.86	9.65
2003/04	409.82	355.96	13.84	40.02	86.86	3.38	9.77
2004/05	412.89	358.46	13.00	41.43	86.82	3.15	10.03
2005/06	418.62	363.13	13.05	42.44	86.74	3.12	10.14
2006/07	424.34	367.33	12.92	44.09	86.57	3.04	10.39
2007/08	434.27	372.96	12.84	48.47	85.88	2.96	11.16
2008/09	443.94	377.54	12.99	53.41	85.04	2.93	12.03
2009/10	448.04	380.64	12.57	54.83	84.96	2.81	12.24
2010/11	461.55	388.80	12.62	60.13	84.24	2.73	13.03
2011/12	469.83	395.02	13.01	61.80	84.08	2.77	13.15
2012/13	477.50	401.97	13.26	62.27	84.18	2.78	13.04
2013/14	490.13	409.07	14.08	66.98	83.46	2.87	13.67
2014/15	500.06	415.27	14.56	70.23	83.04	2.91	14.04

数据来源:FAO/AMIS 数据库。注:数据不等系四舍五入造成。

在 2000 年度到 2014 年度长期过程中,世界大米食用量由 34681 万吨增加到 41527 万吨,增长 19.74%,年递增率 1.30%,占比由 85.96%下降到 83.04%,期间最高为 2003 年度的 86.86%。饲料用量由 1531 万吨变为 1456 万吨,下降 4.90%,年递增率−0.34%,占比由 3.79%下降到 2.91%,期间最高为 2002 年度的 3.86%,最低为 2010 年度的 2.73%。国内其他用量由 4133 万吨上升到 7023 万吨,增长 69.92%,年递增率 3.86%,占比由 10.24%上升到 14.04%,期间最低为 2002 年度的 9.65%,2014 年度的 14.04%为最高水平。

(3)出口需求。世界大米出口量为各国出口量之和,是出口国家在大米使用方所表现的一种方式。因此,将出口视为国家的需求。与其他粮食出口相比,尤其是与粗粮(以玉米为主)和小麦等主要谷物相比,大米出口量不大。从世界角度看,如 2012 年度,世界大米出口仅为产量的 7.67%,而粗粮为 11.24%,小麦为 20.37%。

从 2000 年度到 2014 年度,世界大米出口量从 2415 万吨增加到 4114 万吨,增长 70.35%,年平均递增率 3.88%。将这一时期世界大米出口量拟合成一元二次曲线方程,年度变化的相关系数高达 90.49%。纵观这一时期的数据变化,仍然可以看出,在 2000 年度、2003 年度、2005 年度、2007—2010 年度、2012 年度和 2014 年度内的 9 个年度内,大米出口量低于模拟数值,在 2001—2002 年度、2004 年度、2006 年度、2011 年度和 2013 年度的 6 个年度内实际值高于模拟值,其变化轨迹详见图 3-8。

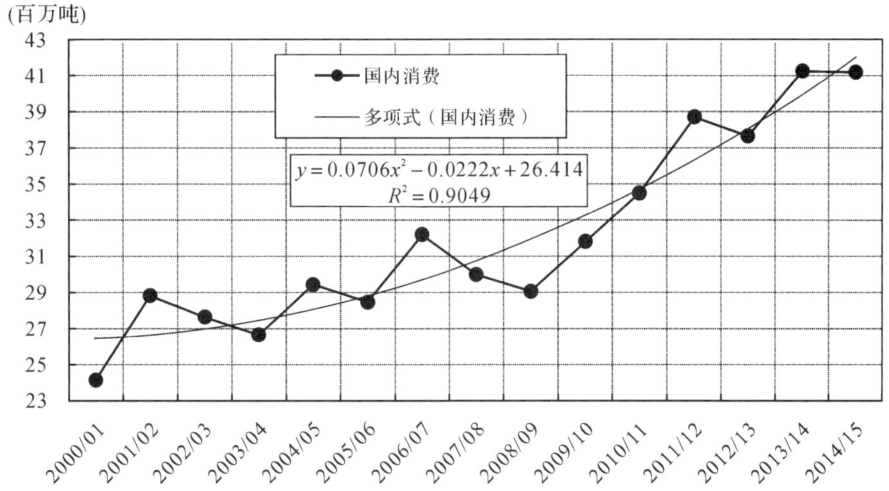

图 3-8　世界大米出口需求变化

(4)世界大米需求关系调整。在需求(即库存量、国内消费和出口量)方面，三要素本身变化和互动关系的相互运动，使世界大米需求关系正在经历一个大的变化过程。2000 年度到 2014 年度世界大米需求关系变化详见表 3-17。

表 3-17　世界大米需求关系

	库　存		消　费		出　口	
	(%)	(变动)	(%)	(变动)	(%)	(变动)
2000/01	26.02		69.80		4.18	
2001/02	24.91	−1.12	70.11	0.31	4.98	0.80
2002/03	21.97	−2.93	73.05	2.94	4.98	0.00
2003/04	19.69	−2.28	75.41	2.36	4.90	−0.08
2004/05	18.61	−1.09	75.98	0.57	5.41	0.51
2005/06	19.22	0.61	75.64	−0.34	5.14	−0.27
2006/07	19.08	−0.15	75.22	−0.42	5.70	0.56
2007/08	19.87	0.79	74.96	−0.26	5.17	−0.53
2008/09	21.69	1.82	73.50	−1.46	4.81	−0.36
2009/10	22.32	0.63	72.54	−0.96	5.15	0.34
2010/11	22.67	0.35	71.95	−0.59	5.38	0.23
2011/12	24.16	1.49	70.07	−1.88	5.77	0.39
2012/13	25.43	1.26	69.13	−0.94	5.44	−0.32
2013/14	25.42	0.00	68.79	−0.34	5.79	0.34
2014/15	24.71	−0.71	69.57	0.77	5.72	−0.06

数据来源：FAO/AMIS 数据库。注：数据不等系四舍五入造成。

从三要素关系来看,国内消费需求是大米主产国以及世界大米需求最重要的决定因素,国内大米消费数量的大小决定了需求总量的主体,其变化决定了总需求变化的基本方向。期末库存量是一国的基础变量,也是世界大米需求总体的基础力量,期末库存量的多少,决定了一国内部供给的调剂能力和对外部依赖性的大小。出口量是总需求的必要补充,是较为次要的因素,也是需求经济性的必要体现。2000 年度到 2014 年度世界大米需求三要素的结构关系如图 3-9 所示。在图中,左轴是世界大米国内消费量的刻度,右轴是期末库存量和出口量的刻度。分别描绘了 2000 年度到 2014 年度世界大米总需求三要素变化及其互动关系。

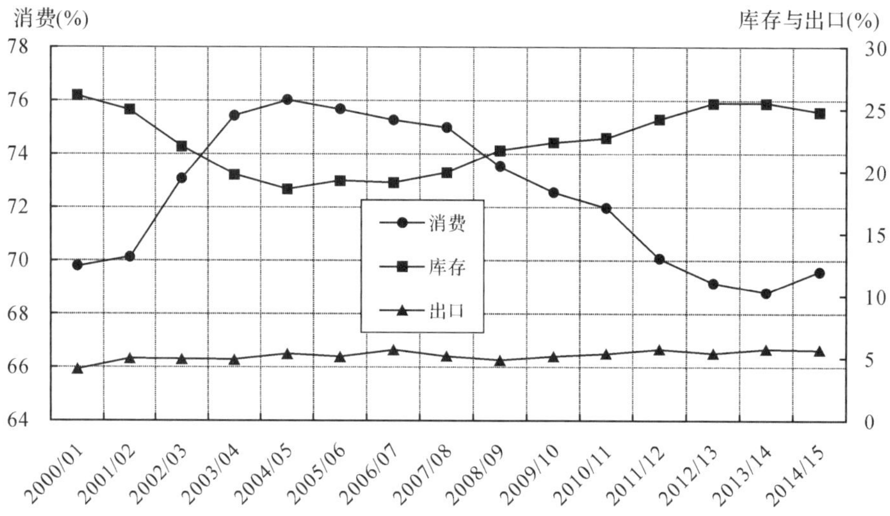

图 3-9 世界大米需求关系变化

首先来看国内消费量对总需求的影响。在 2000 年度到 2014 年度之间,国内消费量对总需求在期初的贡献率约为 69.80%,自 2002 年度开始到 2013 年度,经历了一个较为典型的由上升到下降的长期变化过程,2003 年度到 2006 年度贡献率高达 75%以上,而 2011 年度以后跌至低于期初 70%的水平,虽然 2014 年有所回升,但对需求的贡献率仍然只有 69.57%。纵观整个过程,国内消费对总需求贡献率平均为 72.38%,而期间不同年度间的波动变化也是很大的,年度间波动率在 75.98%(2004 年度)和 68.79%(2013 年度)之间变化。

其次,库存量一般与国内消费量构成明显的反向相辅相成的关系,由于年度内期末库存量较大,因此,该曲线处在图形的上方。如图 3-9 右轴中的数据所示,世界大米期末库存量在总需求中的比重在大部分年度都在 22%左右,结合表 3-17 的数据可以看出,2000 年度到 2014 年度,年度期末库存量占比最低的是 2004 年度的 18.61%,最高的是 2000 年度的 26.02%,15 年间平均为 22.39%。与国内消费量贡献轨迹相比,当国内消费量贡献率低时,期末库存贡献率高;当国内消费量贡献大时,期末库存量贡献小。目前世界大米期末库存占比在上升通道中处在一个较高水平上,2014 年度期末库存量已经达到 24.71%,表明世界大米库存已经超过 22%的合理水平,世界大米库存比较充裕。

再次,如图 3-9 右轴刻度所示,出口量绝对量较小,处在图形的最下方,而且对总需求的贡献率不大,表现出相对稳定的一条变化轨迹,但在总需求关系中,却有着总体向上、年度间有一定波动变化的一条曲线。世界大米出口量在总需求中的比重大部分年度在 5%以上，结合表 3-17 的数据可以看出，2000 年度到 2014 年度，年度期间世界大米出口量占比最低是期初 2000 年度的 4.18%，最高是 2013 年度的 5.79%，15 年间平均为 5.23%。与国内消费量贡献轨迹相比，当国内消费贡献率低时，出口量贡献相对较高；当国内消费贡献大时，出口量贡献较小。实际上，在国内消费量不变的情况下，出口量与期末库存量共同改变世界大米需求关系。但显而易见，出口量不断增长，对总需求的贡献有逐步提高的趋势。

3.2.3　供求平衡关键要素

大米供求平衡关系，主要取决于三大要素。一是人口数量变化；二是反映水稻生产能力的单位面积产量水平；三是综合性指标的人均大米食用量变化。下面简要分析这些关键指标的数量特征及其变化趋势。

(1)世界人口变化。在 2000 年度到 2014 年度期间，世界人口数量已经由 61 亿人增加到 72 亿人，期间人口数量增长 18.15%，每年按增加 7935 万人的速度不断增长，人口年递增率高达 1.20%。这一时期世界人口数量变化轨迹如图 3-10 所示。

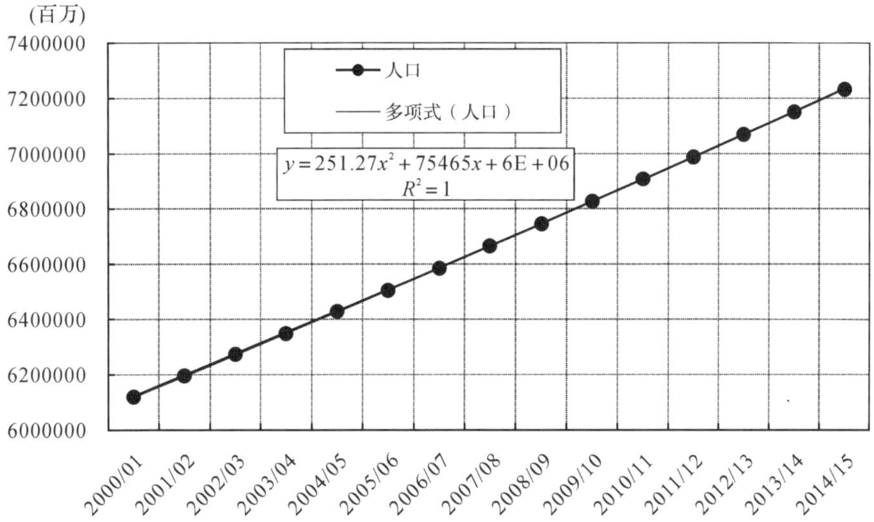

图 3-10　世界总人口变化

(2)大米供给能力变化。世界大米供给关系的调整和变化，较大程度上可以由反映大米生产能力的水稻(大米)单位面积生产水平这一指标得到综合表现。纵观 2000 年度到 2014 年度 15 年间，世界大米单位面积产量(单产)水平由每公顷 2.60 吨上升到 3.05 吨，期间增长了 17.31%，每年平均增长 32 公斤/公顷，年平均递增率达到 1.17%。与世界人口递增率相比，产能提高速度低于人口增长速度，表明世界大米生产能力相对下降，并非相对增强。这一时期世界大米单位面积产量水平变化轨迹如图 3-11 所示。

(3)世界大米人均食用量。按人口计算的人均大米需求量，与人口数量和大米生产供给密切相关，但又是独立影响世界大米需求的一个重要变量。在 2000 年度到 2014 年度的 15 个年份间，世界人均大米产量经历了下降到上升的变化过程，这一过程可以用典型的抛物线模拟，其解释程度高达 94.63%。世界大米食用量变化轨迹如图 3-12 所示。

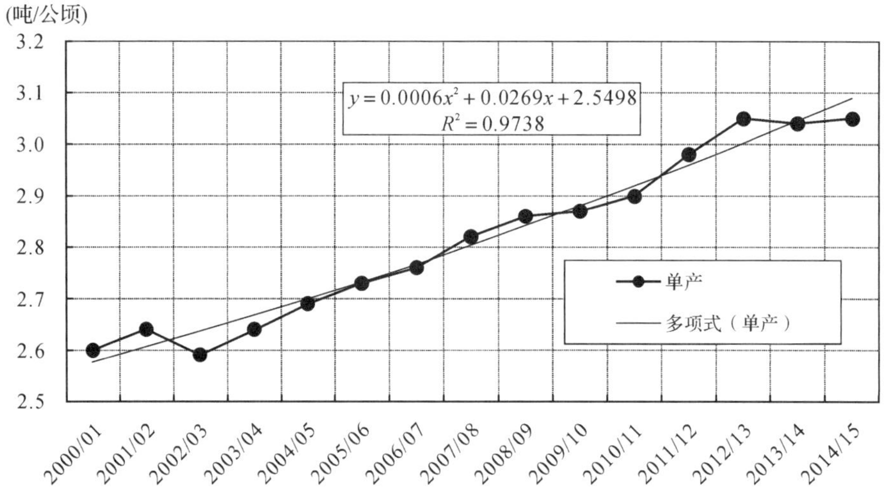

图 3-11　世界大米生产能力变化

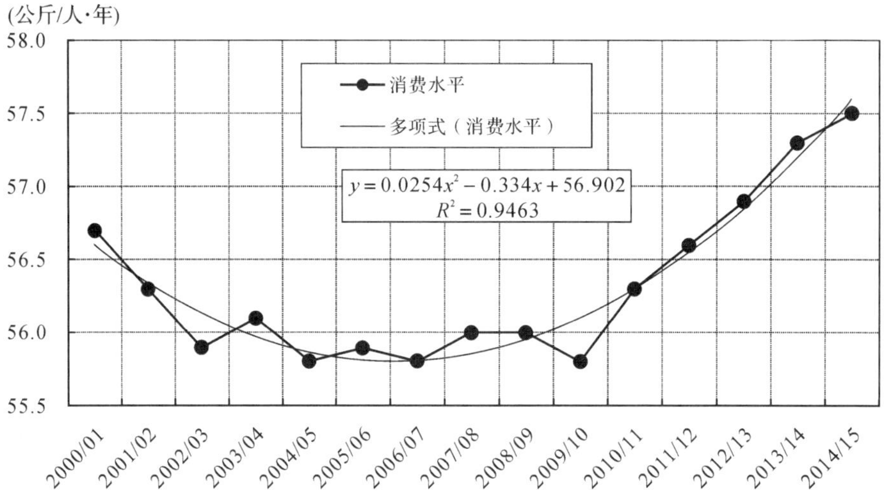

图 3-12　世界人均大米食用需求变化

图 3-12 数据轨迹和模拟曲线表明，世界人均食用大米消费量在这一时期的初期是逐年下降的，大致为 2000 年度到 2002 年度 3 年时间，2002 年度到 2009 年度间呈现出平行波动状态，自 2010 年度以后有一个较大幅度的上升过程。整个时期，期间平均人均食用大米用量为 56.3 公斤，整个期间由 56.7 公斤变为 57.5 公斤，其中有 5 个年份下降到 56 公斤以下，目前上升到这一时期的最大量，但 2014 年 57.5 公斤增长势头有所减弱，跌到了模拟线下方。

3.3　世界大米供求关系的国别体现

在世界 220 多个国家和地区中，有 116 个国家生产水稻。在国际市场，贸易很重要，全球有40多个国家出口不同数量的稻米，有180多个国家通过稻米进口保持国内稻米消费。本章以FAO/AMIS系统对全球粮食需求监测数据，选择主要国家，从国家层面对世界主要国家开展稻米供求平衡分析，以揭示近年来世界稻米供求关系变化的国家特征。

分国别选择的原则。联合国粮农组织利用自身优势，对全球粮食供求开展年度（包括动态）监测。2012年，是目前为止最近时期的一个正常的年份，也是可以获得确切数据的一个年份。表3-18是根据AMIS数据库的粮食（谷物）产量数据列出9个国家（包括区域性的地区）水稻产量、粗粮和小麦产量，以及谷物总产量（2012年数据）。

表3-18 选择国家水稻产量与在谷物生产中的地位

	水稻（百万吨）			谷物（百万吨）			粗粮和小麦（百万吨）		
	产 量	占比(%)	位 次	产 量	占比(%)	位 次	产 量	占比(%)	位 次
巴西	7.77	1.58	7	51.74	2.25	7	43.97	2.43	8
埃及	4.07	0.83	10	20.68	0.90	16	16.61	0.92	14
印度	105.24	21.46	2	241.94	10.51	4	136.7	7.55	4
印度尼西亚	43.5	8.87	3	62.89	2.73	6	19.39	1.07	13
日本	7.72	1.57	8	8.78	0.38	21	1.06	0.06	22
菲律宾	11.87	2.42	6	19.28	0.84	17	7.41	0.41	18
泰国	25.15	5.13	5	30.27	1.32	15	5.12	0.28	19
美国	6.34	1.29	9	353.71	15.37	2	347.37	19.18	1
越南	29.17	5.95	4	33.97	1.48	12	4.8	0.27	20
国家合计	392.58	80.04		1936.29	84.14		1543.71	85.26	
其他国家	97.91	19.96		364.86	15.86		266.95	14.74	

数据来源：FAO/AMIS数据库粮食监测年度数据。

中国大米产量13990万吨，占世界28.52%，列第一位；中国其他粮食产量33547万吨，占世界18.53%，列第二位。我们将在下篇深入、系统、全面展示中国的粮食生产情况。

3.4 小 结

从2000年度到2014年度变化看，世界大米供求轨迹的变化是总体不断上升，数量不断增加，世界大米供求状况有所改善。

从供给来看，产量决定供给数量和供给关系。世界大米产量对总供给的贡献率虽然有明显的波动，但贡献率一般在72%至73%之间，近年有所下降。库存量是调节总供给的重要因素，但占比约为22%，不过近年明显上升，库存丰裕成为多数年份的重要特征。进口量影响总供给，进口量虽有流动，但总体不断增加，目前已经增加到每年4000万吨以上的新台阶，占比平均为5.23%，2014年度已经上升到5.78%。

从需求来看，国内消费需求决定了总需求数量和需求关系。世界大米国内需求对总需求的贡献率虽然有明显的波动,但贡献率一般在72%至73%之间,近年开始有所下降。库存量是调节总需求的重要因素,但占比约为22%,不过近年明显上升,超过初期上升水平并达到新的高度,库存丰裕成为多数年份的重要特征。出口量影响总需求,出口量虽然有所流动,但总体不断增加,目前已经增加到每年4100万吨以上的新台阶,其占比平均为5.23%,2014年度已经上升到5.72%。

人口数量影响世界大米产业发展,水稻单产水平影响供给和消费,人均大米食用量是反映世界平均大米需求的重要指标。世界人口年增长率仍然保持在1%以上,而水稻产能则略低于人口增长速度,因为多方面因素使人均食用量经历了一个下降到上升的过程,目前仍然高达57公斤以上,且呈现出明显的增长态势。

第4章　主要国家稻米供求关系

在世界主要产稻国家中，本章选择印度、印度尼西亚、越南、泰国、菲律宾、巴西、日本、美国、埃及等9个国家（中国将在下篇专门深入研究），按照大米供求平衡总体状况（平衡表）、供给分析、需求分析和影响供求关系关键因素分国别加以专题研究。

4.1　印度稻米供求关系

印度是世界第2大水稻生产国家，也是重要的大米消费国，水稻产业发展对世界产业发展有越来越重要的影响。

4.1.1　大米供求平衡表

2000年度到2014年度，印度大米供求平衡关系变化较大。如表4-1所示，印度大米总供给与总需求平衡量，由10989万吨增加到12724万吨，期间最低平衡量为2004年度的9618万吨，最高平衡量为2013年的13049万吨。

表4-1　印度大米供求平衡表

	供求平衡（百万吨）	供给（百万吨）			需求（百万吨）		
	（平衡量）	期初库存	生产量	进口量	期末库存	国内消费	出口量
2000/01	109.89	24.90	84.98	0.01	25.00	82.95	1.93
2001/02	118.34	25.00	93.33	0.01	26.60	85.14	6.60
2002/03	98.45	26.60	71.82	0.03	12.00	82.05	4.40
2003/04	100.52	12.00	88.52	0.00	13.00	83.99	3.53
2004/05	96.18	13.00	83.13	0.05	9.00	82.13	5.04
2005/06	100.87	9.00	91.78	0.08	12.40	84.03	4.43
2006/07	105.80	12.40	93.35	0.05	13.60	86.03	6.16
2007/08	110.34	13.60	96.69	0.05	18.50	88.32	3.51
2008/09	117.76	18.50	99.18	0.08	24.20	91.41	2.14

续表

	供求平衡（百万吨）	供给（百万吨）			需求（百万吨）		
	（平衡量）	期初库存	生产量	进口量	期末库存	国内消费	出口量
2009/10	113.39	24.20	89.09	0.10	21.40	89.76	2.22
2010/11	117.48	21.40	95.98	0.10	21.20	91.54	4.73
2011/12	126.59	21.20	105.29	0.10	23.50	92.65	10.44
2012/13	128.84	23.50	105.24	0.10	23.85	94.47	10.51
2013/14	130.49	23.85	106.54	0.10	23.50	96.19	10.80
2014/15	127.24	23.50	103.64	0.10	20.00	98.74	8.50

数据来源：FAO/AMIS 数据库粮食监测年度数据。

将 2000 年度到 2014 年度印度大米供求平衡量变化轨迹描绘成图 4-1，并给出模拟的一元二次方程加以解析。可以看出，印度大米供求平衡量表现为一条由降而升的抛物线过程，在整个过程中，印度大米总供给和总需求有一定波动，但年度趋势变化的解释程度仍然可以达到 74.1%。

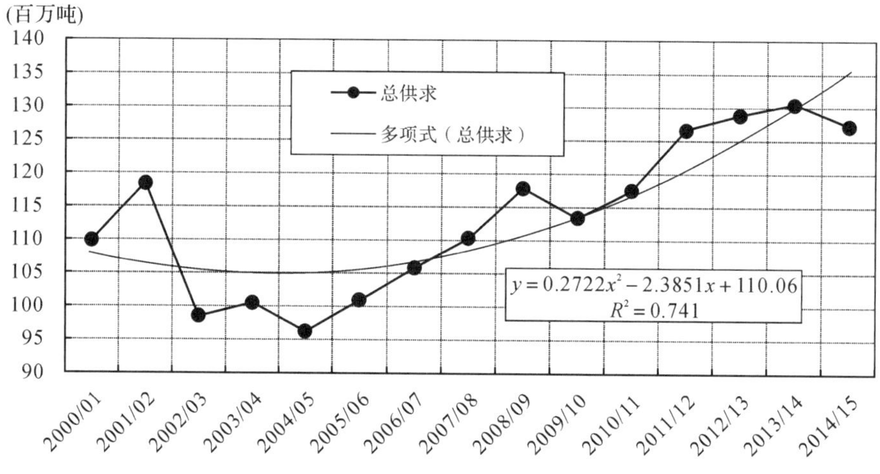

图 4-1 印度大米供求平衡量变化轨迹

由供求平衡表可以看出，印度大米供给中的生产量、期初库存和进口量关系，需求中的国内消费、期末库存和出口量关系，印度大米生产与国内消费相比发生了逆转，库存对供给和需求都有一定影响，而进口很少但出口量越来越大。下面作进一步的分析。

4.1.2 大米供给关系

印度大米总供给，通常包括大米供给的三要素——期初库存、生产量和进口量，在 21 世纪有明显的变化，从而促使印度大米供给结构相应地发生了较大变化，进而不断地调整着印度大米供给关系。印度大米总供给变化如表 4-2 所示。

表 4-2　印度大米总供给变化

	总供给		期初库存		生产量		进口量	
	(百万吨)	(变动)	(百万吨)	(变动)	(百万吨)	(变动)	(百万吨)	(变动)
2000/01	109.89	—	24.90	—	84.98	—	0.01	—
2001/02	118.34	8.45	25.00	0.10	93.33	8.35	0.01	0.00
2002/03	98.45	−19.89	26.60	1.60	71.82	−21.51	0.03	0.02
2003/04	100.52	2.07	12.00	−14.60	88.52	16.70	0.00	−0.03
2004/05	96.18	−4.34	13.00	1.00	83.13	−5.39	0.05	0.05
2005/06	100.87	4.69	9.00	−4.00	91.78	8.65	0.08	0.03
2006/07	105.80	4.93	12.40	3.40	93.35	1.57	0.05	−0.03
2007/08	110.34	4.54	13.60	1.20	96.69	3.34	0.05	0.00
2008/09	117.76	7.42	18.50	4.90	99.18	2.49	0.08	0.03
2009/10	113.39	−4.37	24.20	5.70	89.09	−10.09	0.10	0.02
2010/11	117.48	4.09	21.40	−2.80	95.98	6.89	0.10	0.00
2011/12	126.59	9.11	21.20	−0.20	105.29	9.31	0.10	0.00
2012/13	128.84	2.25	23.50	2.30	105.24	−0.05	0.10	0.00
2013/14	130.49	1.65	23.85	0.35	106.54	1.30	0.10	0.00
2014/15	127.24	−3.25	23.50	−0.35	103.64	−2.90	0.10	0.00

数据来源：FAO/AMIS 数据库粮食监测年度数据。

(1)库存供给变化。印度大米年度期初库存反映了一定时期内大米的供给要素，是一年内最基础的供给要素。从 2000 年度到 2014 年度，印度大米期初库存量由 2490 万吨下降到中期的 900 万吨，然后不断增加，到目前增加到 2350 万吨。印度大米库存供给经历了一个典型的抛物线变化轨迹，而且年度波动较大，只是近年相对稳定地增长到一个具有较高库存水平之上。

(2)生产供给变化。在 2000—2014 年 15 个年度内，产量总体有所增长，年均大米产量 9390 万吨，期末对期初增长 22%，年平均递增率 1.43%。期间，印度大米产量经历了一个由下降到上升的过程，其中有 5 个年度下降，9 个年度增长，表明印度大米生产量变化波动较大，对总供给的影响是显而易见的。

(3)进口供给变化。在 2000—2014 年 15 个年度内，印度大米进口量不大，总体来看，似有增加趋势。从 2000 年度到 2014 年度，印度大米进口量由 10 万吨增加到 100 万吨，期间增长幅度 900%，大米进口量年均增加 10 万吨，年递增率 17.83%。

(4)供给关系变化。从三要素关系来看，生产量是印度大米供给的最重要的决定因素，产量的大小决定了供给总量的主体，产量的变化决定了总供给的变化的基本方向。库存量是印度大米供给调节的基础变量和重要力量，期初库存量的多少，决定了印度国家内部供给的调剂能力和对外部依赖性的大小。进口量是印度供给的必要补充，是较为次要的因素，也是供给经济性的必要体现。2000 年度到 2014 年度印度大米供给三要素的结构关系数据如表4-3所示。

表4-3 印度大米供给关系

	库存		产量		进口	
	(%)	(变动)	(%)	(变动)	(%)	(变动)
2000/01	22.66	—	77.33	—	0.01	—
2001/02	21.13	−1.53	78.87	1.53	0.01	0.00
2002/03	27.02	5.89	72.95	−5.92	0.03	0.02
2003/04	11.94	−15.08	88.06	15.11	0.00	−0.03
2004/05	13.52	1.58	86.43	−1.63	0.05	0.05
2005/06	8.92	−4.59	90.99	4.56	0.08	0.03
2006/07	11.72	2.80	88.23	−2.76	0.05	−0.03
2007/08	12.33	0.61	87.63	−0.60	0.05	0.00
2008/09	15.71	3.38	84.22	−3.41	0.07	0.02
2009/10	21.34	5.63	78.57	−5.65	0.09	0.02
2010/11	18.22	−3.13	81.70	3.13	0.09	0.00
2011/12	16.75	−1.47	83.17	1.48	0.08	−0.01
2012/13	18.24	1.49	81.68	−1.49	0.08	0.00
2013/14	18.28	0.04	81.65	−0.04	0.08	0.00
2014/15	18.47	0.19	81.45	−0.19	0.08	0.00

数据来源:FAO/AMIS数据库粮食监测年度数据。

4.1.3 大米需求关系

如同总供给有着深刻的变化一样,世界大米需求量与需求关系也经历了深刻的变化,这种变化正是世界大米需求市场和全球大米消费行为的深刻反映。这种变化不仅是量的增减变化,更重要的是需求结构和需求关系的重大变化。印度大米总需求变化如表4-4所示。

表4-4 印度大米总需求变化

	总需求		期末库存		国内消费		出口量	
	(百万吨)	(变动)	(百万吨)	(变动)	(百万吨)	(变动)	(百万吨)	(变动)
2000/01	109.89	—	25.00	—	82.95	—	1.93	—
2001/02	118.34	8.45	26.60	1.60	85.14	2.19	6.60	4.67
2002/03	98.45	−19.89	12.00	−14.60	82.05	−3.09	4.40	−2.20
2003/04	100.52	2.07	13.00	1.00	83.99	1.94	3.53	−0.87
2004/05	96.18	−4.34	9.00	−4.00	82.13	−1.86	5.04	1.51

续表

	总需求		期末库存		国内消费		出口量	
	（百万吨）	（变动）	（百万吨）	（变动）	（百万吨）	（变动）	（百万吨）	（变动）
2005/06	100.87	4.69	12.40	3.40	84.03	1.90	4.43	−0.61
2006/07	105.80	4.93	13.60	1.20	86.03	2.00	6.16	1.73
2007/08	110.34	4.54	18.50	4.90	88.32	2.29	3.51	−2.65
2008/09	117.76	7.42	24.20	5.70	91.41	3.09	2.14	−1.37
2009/10	113.39	−4.37	21.40	−2.80	89.76	−1.65	2.22	0.08
2010/11	117.48	4.09	21.20	−0.20	91.54	1.78	4.73	2.51
2011/12	126.59	9.11	23.50	2.30	92.65	1.11	10.44	5.71
2012/13	128.84	2.25	23.85	0.35	94.47	1.82	10.51	0.07
2013/14	130.49	1.65	23.50	−0.35	96.19	1.72	10.80	0.29
2014/15	127.24	−3.25	20.00	−3.50	98.74	2.55	8.50	−2.30

数据来源：FAO/AMIS 数据库粮食监测年度数据。

(1)库存需求。从需求角度看，当期年度的期末库存量被视为需求表现，是需求转变为消费在当期“剩余”的需求和滞后一期的潜在需求能力的表现。从 2000 年度到 2014 年度，总体来看，印度大米期末库存量从 2500 万吨下降到 2000 万吨，年均下降 35 万吨。类似于前面给出的总供给数据变化，期末库存需求经历了一个前期大幅度下降和后期迅速恢复增长的变化过程，年度间波动很大，2014 年度期末库存量尚不及 2008 年。从年度变化来看，期间有 6 个年度下降，8 个年度增长。

(2)国内消费需求变化。印度国内大米用量(即消费需求)指国内大米使用量之和，包括食用、饲用、加工等用途的国内使用量，是印度大米总需求的主项，是需求三要素的关键要素，也是大米需求最主要的用途。从 2000 年度到 2014 年度，印度大米国内消费量从 8295 万吨增加到 9874 万吨，增长 19.04%，年平均递增率 1.25%。纵观这一时期的数据变化，可以看出，印度国内大米消费需求有一定变化，年度间波动也较大，有 3 个年度下降，有 11 个年度增长。

(3)出口需求。印度大米出口变得越来越重要，不仅是国家稻米产业迅速发展的表现，也使其日益成为世界大米出口最重要的国家之一。纵观 2000 年度到 2014 年度印度大米出口量数据变化，可以看出，印度大米出口经历了迅速增长的过程，近年来年度出口量已经超过 1000 万吨。平均来看，2014 年度比 2000 年度出口增长 340%，年递增率 11.17%，已经成为名副其实的出口大国。

(4)需求关系变化。在需求(即库存量、国内消费和出口量)方面，三要素本身变化和互动关系的相互运动，使印度大米需求关系正在经历一个大的变化过程。2000 年度到 2014 年度印度大米需求关系变化详见表 4-5。

表 4-5　印度大米需求关系

	库　存		消　费		出　口	
	(%)	(变动)	(%)	(变动)	(%)	(变动)
2000/01	22.75	—	75.48	—	1.76	—
2001/02	22.48	−0.27	71.95	−3.54	5.58	3.82
2002/03	12.19	−10.29	83.34	11.40	4.47	−1.11
2003/04	12.93	0.74	83.56	0.21	3.51	−0.96
2004/05	9.36	−3.58	85.39	1.84	5.24	1.73
2005/06	12.29	2.94	83.31	−2.09	4.39	−0.85
2006/07	12.85	0.56	81.31	−1.99	5.82	1.43
2007/08	16.77	3.91	80.04	−1.27	3.18	−2.64
2008/09	20.55	3.78	77.62	−2.42	1.82	−1.36
2009/10	18.87	−1.68	79.16	1.54	1.96	0.14
2010/11	18.05	−0.83	77.92	−1.24	4.03	2.07
2011/12	18.56	0.52	73.19	−4.73	8.25	4.22
2012/13	18.51	−0.05	73.32	0.13	8.16	−0.09
2013/14	18.01	−0.50	73.71	0.39	8.28	0.12
2014/15	15.72	−2.29	77.60	3.89	6.68	−1.60

数据来源:FAO/AMIS 数据库粮食监测年度数据。

从三要素关系来看,印度国内消费需求是其大米需求最重要的决定因素,国内大米消费数量大小决定了需求总量的主体,其变化决定了总需求变化的基本方向。期末库存量是一国的基础变量也是印度大米需求总体的基础力量,期末库存量的多少,决定了印度国家内部供给的调剂能力和对外部依赖性的大小。出口量是总需求的必要补充,是较为次要的因素,也是需求经济性的必要体现。从 2000 年度到 2014 年度,印度大米需求三要素的结构关系表明,国内消费已由 2004 年度最高的 85.39%下降到 2014 年度的 77.60%,经历了由升而降的变化过程;库存需求由初期最高的 22.75%下降到 2014 年度的 15.72%,总体上表现为库存需求减少和下降的变化过程;出口占比经历了两波上升过程,初期的上升过程使出口占比由不足 2%提高到 5.82%,近期的上升过程已经提高到 8.28%,虽然年度间有流动,但出口占比迅速提升已经成为主流。

4.1.4　供求关键因素

大米供求平衡关系,主要取决于三大要素。一是人口数量变化;二是反映水稻生产能力的单位面积产量水平;三是综合性指标的人均大米食用量变化。下面简要分析这些关键指标的数量特征及其变化趋势。

(1)印度人口变化。印度一直是世界重要的人口大国,2000 年度到 2014 年度,人口数量由 10.42 亿人增加到 12.67 亿人,期间人口数量增长了 21.60%,以每年增加 1608 万人的速度不断增长，人口年递增率高达 1.41%，超过世界平均人口增长速度。印度人口数量变化轨迹如图 4-2 所示。

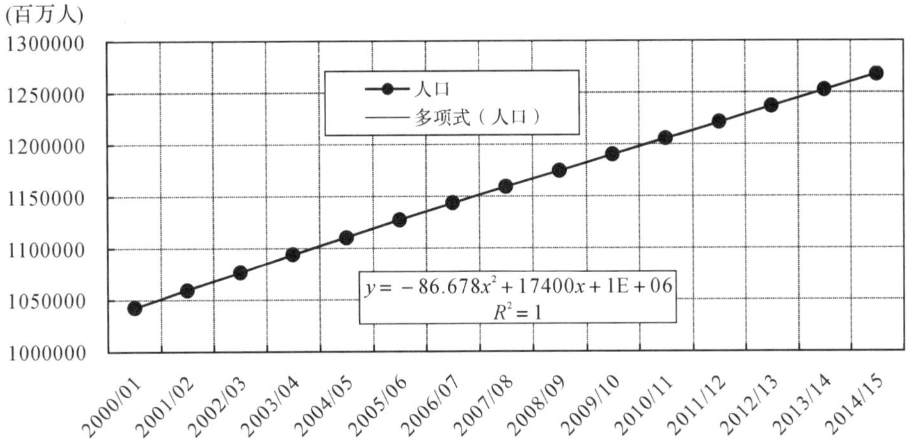

图 4-2　印度总人口变化

(2)大米供给能力变化。印度大米供给关系的调整和变化，较大程度上可以由反映大米生产能力的水稻(大米)单位面积生产水平这一指标得到综合表现。在 2000 年度到 2014 年度的 15 年间，印度大米单位面积产量(单产)水平由每公顷 1.90 吨上升到 2.35 吨，期间增长了 18.60%，每年平均增长 25 公斤/公顷，年平均递增率达到 1.23%。印度大米单位面积产量水平变化轨迹如图 4-3 所示。

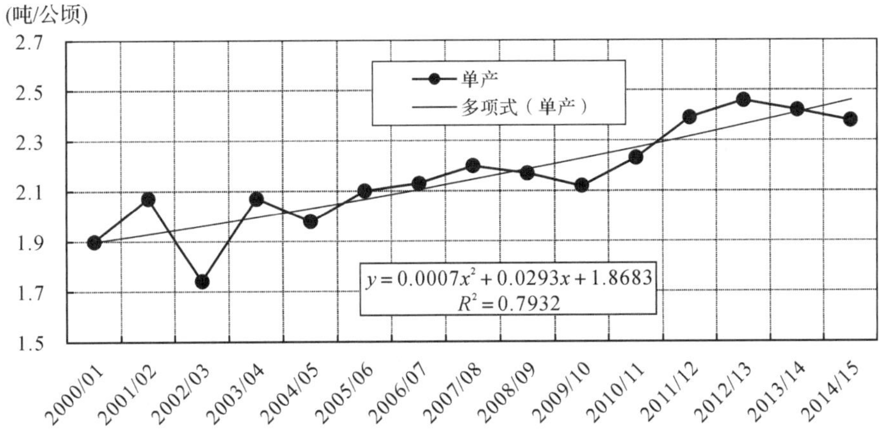

图 4-3　印度大米生产能力变化

(3)人均大米食用消费。按人口计算的人均大米需求量，与人口数量和大米生产供给密切相关，但又是独立影响印度大米需求的一个重要变量。在 2000 年度到 2014 年度的 15 年间，印度人均大米产量经历了由下降到上升的变化过程，这一过程可以用典型的抛物线模拟，其解释程度高达 81.96%。印度大米食用量数据变化和模拟轨迹的变化情况如图 4-4 所示。

图 4-4 数据轨迹和模拟曲线表明，印度人均食用大米消费量在这一时期的初期是逐年下降的，大致上为 2000 年度到 2008 年度的从下降到上升的变化过程，以及此后到目前的由

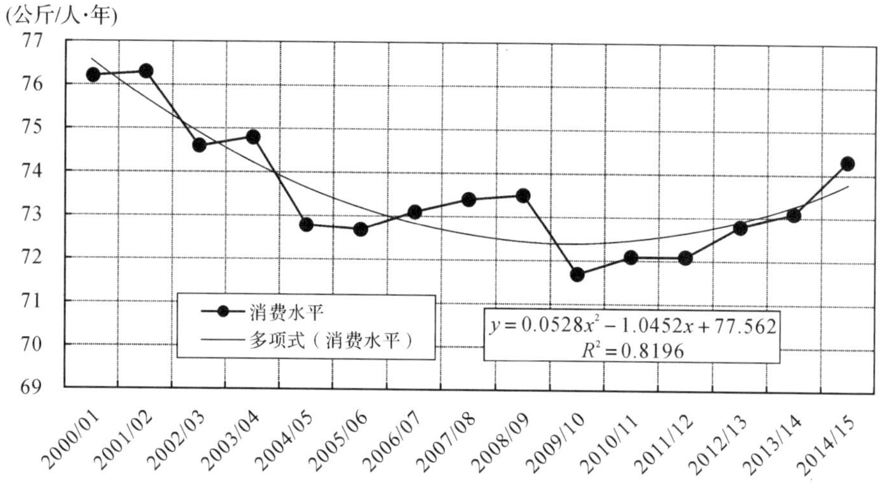

图 4-4　印度人均大米食用需求变化

下降到上升的变化过程。在整个时期,印度平均人均食用大米用量为 73.6 公斤,期间由最高时的 76.7 公斤下降到最低时的 71.7 公斤,2014 年上升到 74.3 公斤,目前仍处在上升阶段。

4.2　印度尼西亚稻米供求关系

印度尼西亚是世界重要的水稻生产大国,也是大米消费量很高的国家之一,其水稻产业发展对世界水稻产业健康发展有越来越重要的影响。

4.2.1　大米供求平衡表

在 2000 年度到 2014 年度中,印度尼西亚大米供求平衡关系变化较大。如表 4-6 所示,印度尼西亚大米总供给与总需求平衡量,由 4141 万吨增加到 5208 万吨,期间最低平衡量为 2006 年度的 3700 万吨,最高平衡量为 2013 年度的 5210 万吨。

表 4-6　印度尼西亚大米供求平衡表

	总供求(百万吨)	供给(百万吨)			需求(百万吨)		
	(平衡量)	期初库存	生产量	进口量	期末库存	国内消费	出口量
2000/01	41.41	7.20	32.69	1.52	5.40	36.01	0.00
2001/02	38.69	5.40	31.79	1.50	3.40	35.29	0.00
2002/03	39.33	3.40	32.43	3.50	3.95	35.38	0.00
2003/04	39.29	3.94	32.84	2.50	3.90	35.39	0.00
2004/05	38.67	3.90	34.07	0.70	2.90	35.77	0.00
2005/06	37.61	2.90	34.11	0.60	2.00	35.57	0.04

续表

	总供求（百万吨）	供给（百万吨）			需求（百万吨）		
	（平衡量）	期初库存	生产量	进口量	期末库存	国内消费	出口量
2006/07	37.00	2.00	34.30	0.70	2.00	35.00	0.00
2007/08	39.80	2.00	36.00	1.80	2.80	37.00	0.00
2008/09	41.10	2.80	38.00	0.30	3.50	37.60	0.00
2009/10	44.32	3.50	40.57	0.25	4.50	39.81	0.00
2010/11	47.37	4.50	41.87	1.00	5.30	42.07	0.00
2011/12	49.62	5.30	41.42	2.90	6.20	43.42	0.00
2012/13	51.50	6.20	43.50	1.80	6.50	45.00	0.00
2013/14	52.10	6.50	44.90	0.70	6.40	45.70	0.00
2014/15	52.08	6.40	44.48	1.20	5.50	46.57	0.01

数据来源：FAO/AMIS 数据库粮食监测年度数据。

将 2000 年度到 2014 年度印度尼西亚大米供求平衡量变化轨迹描绘成图 4-5，并给出模拟的一元二次方程加以解析。可以看出，印度尼西亚大米供求平衡量表现为一条由降而升的抛物线过程，在整个过程中，印度尼西亚大米总供给和总需求有一定波动，但年度趋势变化的解释程度仍然可以达到 91.43%。

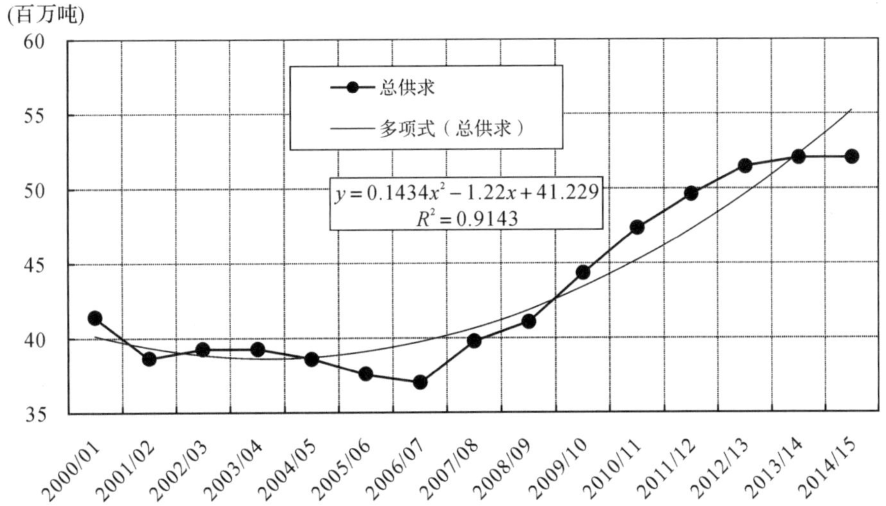

图 4-5　印度尼西亚大米供求平衡量变化趋势

由供求平衡表可以看出，印度尼西亚大米供给中的生产量、期初库存和进口量关系，需求中的国内消费、期末库存和出口量关系，印度尼西亚大米生产与国内消费相比发生了较大变化，库存对供给和需求都有一定影响，进口对于印度尼西亚是国内需要一个重要的方面，而出口却很少。下面对大米平衡变化及其变化作进一步的分析。

4.2.2 大米供给关系

印度尼西亚大米总供给,通常包括大米供给的三要素——期初库存、生产量和进口量,在21世纪有明显的变化,从而促使印度尼西亚大米供给结构相应地发生了较大变化,进而不断地调整着该国大米供给关系。印度尼西亚大米总供给变化如表4-7所示。

表 4-7 印度尼西亚大米总供给变化

	总供给		期初库存		生产量		进口量	
	(百万吨)	(变动)	(百万吨)	(变动)	(百万吨)	(变动)	(百万吨)	(变动)
2000/01	41.41	—	7.20	—	32.69	—	1.52	—
2001/02	38.69	−2.72	5.40	−1.80	31.79	−0.90	1.50	−0.02
2002/03	39.33	0.64	3.40	−2.00	32.43	0.64	3.50	2.00
2003/04	39.29	−0.04	3.94	0.54	32.84	0.41	2.50	−1.00
2004/05	38.67	−0.62	3.90	−0.04	34.07	1.23	0.70	−1.80
2005/06	37.61	−1.06	2.90	−1.00	34.11	0.04	0.60	−0.10
2006/07	37.00	−0.61	2.00	−0.90	34.30	0.19	0.70	0.10
2007/08	39.80	2.80	2.00	0.00	36.00	1.70	1.80	1.10
2008/09	41.10	1.30	2.80	0.80	38.00	2.00	0.30	−1.50
2009/10	44.32	3.22	3.50	0.70	40.57	2.57	0.25	−0.05
2010/11	47.37	3.05	4.50	1.00	41.87	1.30	1.00	0.75
2011/12	49.62	2.25	5.30	0.80	41.42	−0.45	2.90	1.90
2012/13	51.50	1.88	6.20	0.90	43.50	2.08	1.80	−1.10
2013/14	52.10	0.60	6.50	0.30	44.90	1.40	0.70	−1.10
2014/15	52.08	−0.02	6.40	−0.10	44.48	−0.42	1.20	0.50

数据来源:FAO/AMIS数据库粮食监测年度数据。

(1)库存供给变化。印度尼西亚大米年度期初库存反映了一定时期内大米的供给要素,是一年内基础性的供给要素。从2000年度到2014年度,印度尼西亚大米期初库存由720万吨下降到中期的200万吨,然后不断增加,到目前增加到640万吨。印度尼西亚大米库存供给经历了一个典型的抛物线变化轨迹,而且年度波动较大,只是近年相对稳定地增长到一个较高库存水平之上。

(2)生产供给变化。在2000—2014年15个年度内,生产量总体向上,产量有所增长,年均大米产量3753万吨,2014年度比2000年度增长36.1%,年平均递增率2.22%。期间,印度尼西亚大米生产经历了一个比较平稳定的增长过程,期间个别年份产量略有下降,但对整个产量增长轨迹没有大的改变,表明印度尼西亚大米生产相对稳定。同时近年来产量有一个较大的增长过程,它对改善该国大米总供给有着十分重要的意义。

(3)进口供给变化。在2000—2014年15个年度内,印度尼西亚大米进口量较大,而且年度波动率也较大,是世界重要的大米进口国之一。总体来看,似有进口下降的趋势。从

2000 年度到 2014 年度，印度尼西亚大米进口量由 152 万吨变为目前的 120 万吨，期间最高为 2002 年度的 350 万吨，最低为 2009 年度的 25 万吨。15 年间，超过 100 万吨的有 9 年，低于 100 万吨的有 6 年；在各年度中，环比下降的有 8 年，环比增加的有 6 年。

(4)供给关系变化。从三要素关系来看，生产量是印度尼西亚大米供给中最重要的决定因素，产量的大小决定了供给总量的主体，产量的变化决定了总供给变化的基本方向。库存量是印度尼西亚大米供给调节的基础变量和重要力量，期初库存量的多少，决定了该国国家内部供给的调剂能力和对外部依赖性的大小。进口量是印度尼西亚大米供给十分重要的补充，也是一个重要的因素，是供给经济性的必要体现。2000 年度到 2014 年度印度尼西亚大米供给三要素的结构关系数据如表 4-8 所示。

表 4-8　印度尼西亚大米供给关系

	库存供给		产量供给		进口供给	
	(%)	(变动)	(%)	(变动)	(%)	(变动)
2000/01	17.39	—	78.94	—	3.67	—
2001/02	13.96	−3.43	82.17	3.22	3.88	0.21
2002/03	8.64	−5.31	82.46	0.29	8.90	5.02
2003/04	10.03	1.38	83.58	1.13	6.36	−2.54
2004/05	10.09	0.06	88.10	4.52	1.81	−4.55
2005/06	7.71	−2.37	90.69	2.59	1.60	−0.21
2006/07	5.41	−2.31	92.70	2.01	1.89	0.30
2007/08	5.03	−0.38	90.45	−2.25	4.52	2.63
2008/09	6.81	1.79	92.46	2.01	0.73	−3.79
2009/10	7.90	1.08	91.54	−0.92	0.56	−0.17
2010/11	9.50	1.60	88.39	−3.15	2.11	1.55
2011/12	10.68	1.18	83.47	−4.91	5.84	3.73
2012/13	12.04	1.36	84.47	0.99	3.50	−2.35
2013/14	12.48	0.44	86.18	1.71	1.34	−2.15
2014/15	12.29	−0.19	85.41	−0.77	2.30	0.96

数据来源：FAO/AMIS 数据库粮食监测年度数据。

4.2.3　大米需求关系

如同总供给有着深刻的变化一样，印度尼西亚大米需求量与需求关系也经历了深刻的变化，这种变化正是印度尼西亚大米需求市场和全球大米消费行为的深刻反映。这种变化不仅是量的增减变化，更重要的是需求结构和需求关系的重大变化。2000 年度到 2014 年度印度尼西亚大米总需求变化详见表 4-9。

表 4-9 印度尼西亚大米总需求变化

	总需求		期末库存		国内消费		出口量	
	(百万吨)	(变动)	(百万吨)	(变动)	(百万吨)	(变动)	(百万吨)	(变动)
2000/01	41.41	—	5.40	—	36.01	—	0.00	—
2001/02	38.69	−2.72	3.40	−2.00	35.29	−0.72	0.00	0.00
2002/03	39.33	0.64	3.95	0.55	35.38	0.09	0.00	0.00
2003/04	39.29	−0.04	3.90	−0.05	35.39	0.01	0.00	0.00
2004/05	38.67	−0.62	2.90	−1.00	35.77	0.38	0.00	0.00
2005/06	37.61	−1.06	2.00	−0.90	35.57	−0.20	0.04	0.04
2006/07	37.00	−0.61	2.00	0.00	35.00	−0.57	0.00	−0.04
2007/08	39.80	2.80	2.80	0.80	37.00	2.00	0.00	0.00
2008/09	41.10	1.30	3.50	0.70	37.60	0.60	0.00	0.00
2009/10	44.32	3.22	4.50	1.00	39.81	2.21	0.00	0.00
2010/11	47.37	3.05	5.30	0.80	42.07	2.26	0.00	0.00
2011/12	49.62	2.25	6.20	0.90	43.42	1.35	0.00	0.00
2012/13	51.50	1.88	6.50	0.30	45.00	1.58	0.00	0.00
2013/14	52.10	0.60	6.40	−0.10	45.70	0.70	0.00	0.00
2014/15	52.08	−0.02	5.50	−0.90	46.57	0.87	0.01	0.00

数据来源:FAO/AMIS 数据库粮食监测年度数据。

(1)库存需求。从需求角度看,当期年度的期末库存量被视为需求表现,是需求转变为消费在当期"剩余"的需求和滞后一期的潜在需求能力的表现。从 2000 年度到 2014 年度,总体来看,印度尼西亚大米期末库存量从 540 万吨增加到 550 万吨,年均 428 万吨,类似于前面给出的总供给数据变化,期末库存需求经历了一个前期大幅度下降和后期迅速恢复增长的变化过程,年度间波动很大,2014 年度期末库存量尚不及 2011 年度。从年度变化来看,期间有 6 个年度下降,8 个年度增长。

(2)国内消费需求变化。印度尼西亚国内大米用量(即消费需求)指国内大米使用量之和,包括食用、饲用、加工等用途的国内使用量,是该国大米总需求的主项,是需求三要素的关键要素,也是大米需求最主要的用途。从 2000 年度到 2014 年度,印度尼西亚大米国内消费量从 3601 万吨增加到 4657 万吨,增长了 39.3%,年平均递增率 1.85%。纵观这一时期的数据变化,可以看出,印度尼西亚国内大米消费需求存在一定的年度间波动,但增长态势十分明显。

(3)出口需求。印度尼西亚大米出口从来很少。纵观 2000 年度到 2014 年度,印度尼西亚大米出口量数据变化不大,有些年份几乎没有出口量。由此可以看出,印度尼西亚是一个大米进口国,而不是大米出口国。

(4)需求关系变化。在需求(即库存量、国内消费和出口量)方面,三要素本身变化和互动关系的相互运动,使印度尼西亚大米需求关系正在经历一个大的变化过程。2000 年度到

2014 年度印度大米需求关系变化详见表 4-10。

表 4-10　印度尼西亚大米需求关系

	库　存		消　费		出　口	
	(%)	(变动)	(%)	(变动)	(%)	(变动)
2000/01	13.04	—	86.96	—	0.00	—
2001/02	8.79	−4.25	91.21	4.25	0.00	0.00
2002/03	10.04	1.26	89.96	−1.26	0.00	0.00
2003/04	9.93	−0.12	90.07	0.12	0.00	0.00
2004/05	7.50	−2.43	92.50	2.43	0.00	0.00
2005/06	5.32	−2.18	94.58	2.08	0.11	0.10
2006/07	5.41	0.09	94.59	0.02	0.00	−0.10
2007/08	7.04	1.63	92.96	−1.63	0.00	0.00
2008/09	8.52	1.48	91.48	−1.48	0.00	0.00
2009/10	10.15	1.64	89.82	−1.66	0.01	0.00
2010/11	11.19	1.04	88.81	−1.01	0.00	0.00
2011/12	12.49	1.31	87.51	−1.31	0.00	0.00
2012/13	12.62	0.13	87.38	−0.13	0.00	0.00
2013/14	12.28	−0.34	87.72	0.34	0.00	0.00
2014/15	10.56	−1.72	89.42	1.70	0.01	0.00

数据来源:FAO/AMIS 数据库粮食监测年度数据。

从三要素关系来看,印度尼西亚国内消费需求是其大米需求最重要的决定因素,国内大米消费数量大小决定了需求总量的主体,其变化决定了总需求变化的基本方向。期末库存量是一国的基础变量也是印度大米需求总体的基础力量,期末库存量的多少,决定了印度尼西亚国家内部供给的调剂能力和对外部依赖性的大小。出口量是总需求的必要补充,是较为次要的因素,也是需求经济性的必要体现。从 2000 年度到 2014 年度,印度尼西亚大米需求三要素的结构关系表明,国内消费已由 2006 年度最高的 94.59%,下降到 2014 年度的 89.42%,经历了由升而降的变化过程;库存需求由初期最高的 13.04%在大幅度变动中下降到 5.32%,目前上升到 10.56%,总体上表现为库存需求减少的变化过程,库存需求率一般较低;出口占比几乎为零。

4.2.4　供求关键因素

大米供求平衡关系,主要取决于三大要素。一是人口数量变化;二是反映水稻生产能力的单位面积产量水平;三是综合性指标的人均大米食用量变化。下面简要分析这些关键指标的数量特征及其变化趋势。

(1)人口变化。印度尼西亚是世界重要的人口大国之一,2000 年度到 2014 年度,人口数量由 2.09 亿人增加到 2.53 亿人,期间人口数量增长了 21.0%,以每年增加 3134 万人的速度不断增长,人口年递增率高达 1.37%,超过世界平均人口增长速度。印度尼西亚人口数量变化轨迹如图 4-6 所示。

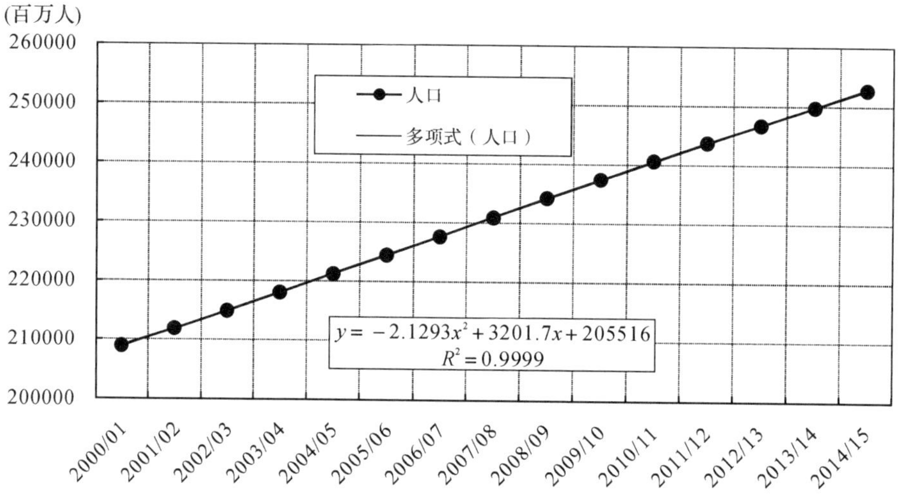

图 4-6　印度尼西亚总人口变化

(2)大米供给能力变化。印度尼西亚大米供给关系的调整和变化,较大程度上可以由反映大米生产能力的水稻(大米)单位面积生产水平这一指标得到综合表现。在 2000 年度到 2014 年度的 15 年间,印度尼西亚大米单位面积产量(单产)水平由每公顷 2.77 吨上升到 3.23 吨,期间增长了 16.6%,每年平均增长 33 公斤/公顷,年平均递增率达到 1.10%。印度尼西亚大米单位面积产量水平变化轨迹如图 4-7 所示。

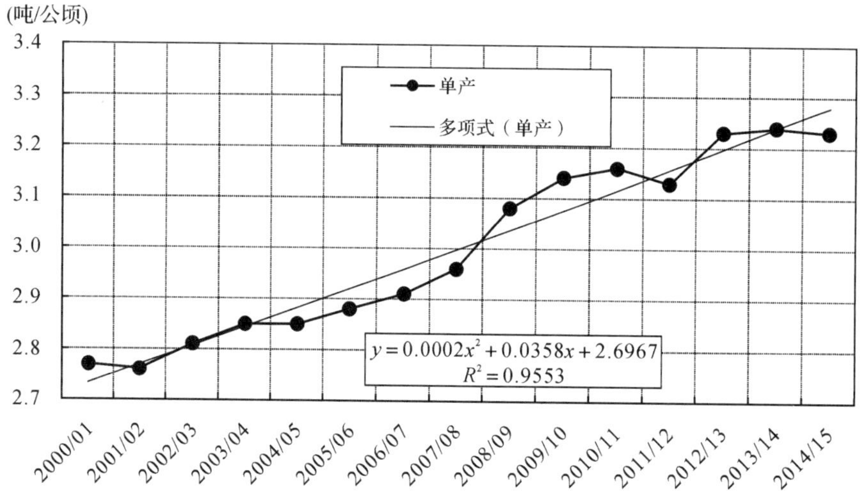

图 4-7　印度尼西亚大米生产能力变化

(3)人均大米食用消费。按人口计算的人均大米需求量,与人口数量和大米生产供给密切相关,但又是独立影响印度尼西亚大米需求的一个重要变量。在 2000 年度到 2014 年度的 15 年间，印度尼西亚人均大米产量经历了由下降到上升的变化过程，这一过程可以用典型的抛物线模拟，其解释程度高达 95.99%。印度尼西亚大米食用量数据变化和模拟轨迹的变化情况如图 4-8 所示。

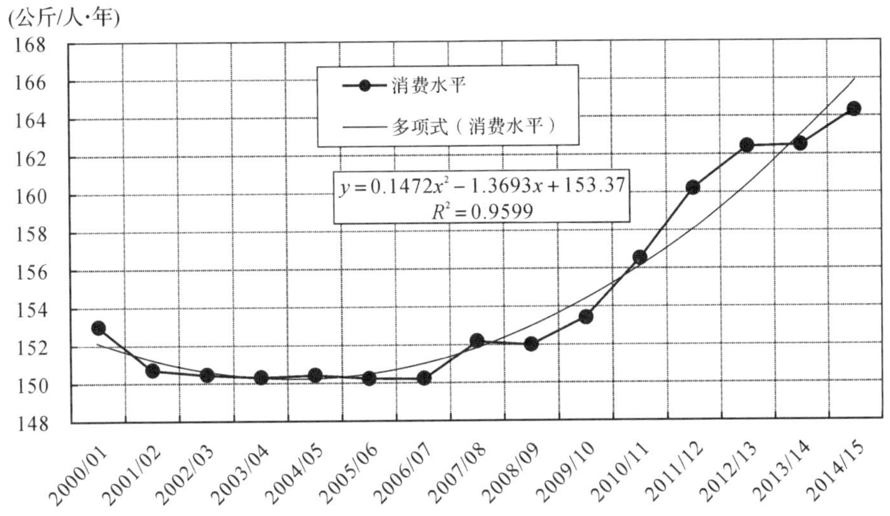

图 4-8　印度尼西亚人均大米食用需求变化

图 4-8 数据轨迹和模拟曲线表明，印度尼西亚人均食用大米消费量在这一时期的初期表现为逐年下降，大致上为 2000 年度到 2006 年度处于下降过程，2006 年度以后基本上是明显的上升过程。在整个时期，印度尼西亚平均人均食用大米用量为 154.6 公斤，期间由最低时的 150.2 公斤上升到最高时 2014 年度的 164.3 公斤，目前仍处在人均食用量上升阶段。

4.3　越南稻米供求关系

越南是世界第 5 大水稻生产国家(孟加拉国排在第 4 位)，也是重要的大米消费大国，水稻产业发展对世界和本国有着越来越重要的作用。

4.3.1　大米供求平衡表

在 2000 年度到 2014 年度中，越南大米供求平衡关系变化较大。如表 4-11 所示，越南大米总供给与总需求平衡量，由 2480 万吨增加到 3571 万吨。期间最低平衡量为初始年度 2000 年度的 2480 万吨，最高平衡量为终止年度 2014 年的 3571 万吨，虽然年度间略有波动，但波动不是很大，几乎呈直线式增长。

表 4-11　越南大米供求平衡表

	总供求（百万吨）	供给（百万吨）			需求（百万吨）		
	（平衡量）	期初库存	生产量	进口量	期末库存	国内消费	出口量
2000/01	24.80	3.10	21.69	0.01	4.02	17.32	3.46
2001/02	25.44	4.02	21.41	0.01	4.50	17.70	3.24
2002/03	27.48	4.50	22.97	0.01	4.90	18.77	3.81
2003/04	27.97	4.90	23.05	0.01	4.90	19.00	4.06
2004/05	29.05	4.90	24.11	0.04	4.70	19.09	5.25
2005/06	28.86	4.70	23.90	0.26	4.80	19.41	4.64
2006/07	29.01	4.80	23.91	0.30	4.80	19.63	4.58
2007/08	28.97	4.80	23.97	0.20	4.40	19.83	4.74
2008/09	30.58	4.40	25.83	0.35	4.35	20.27	5.95
2009/10	30.82	4.35	25.97	0.50	3.45	20.49	6.88
2010/11	30.73	3.45	26.68	0.60	2.90	20.72	7.11
2011/12	31.77	2.90	28.27	0.60	2.70	21.06	8.01
2012/13	32.42	2.70	29.17	0.55	4.30	21.53	6.58
2013/14	34.17	4.30	29.37	0.50	5.20	22.50	6.46
2014/15	35.71	5.20	30.01	0.50	5.65	23.16	6.90

数据来源:FAO/AMIS数据库粮食监测年度数据。

将2000年度到2014年度越南大米供求平衡量变化轨迹用图形来描绘(见图4-9),并给出模拟的一元二次方程加以解析。可以看出,越南大米供求平衡量表现为并不特别突出的由升而降再到上升的一个抛物线变化过程,在整个过程中,越南大米总供给和总需求有一

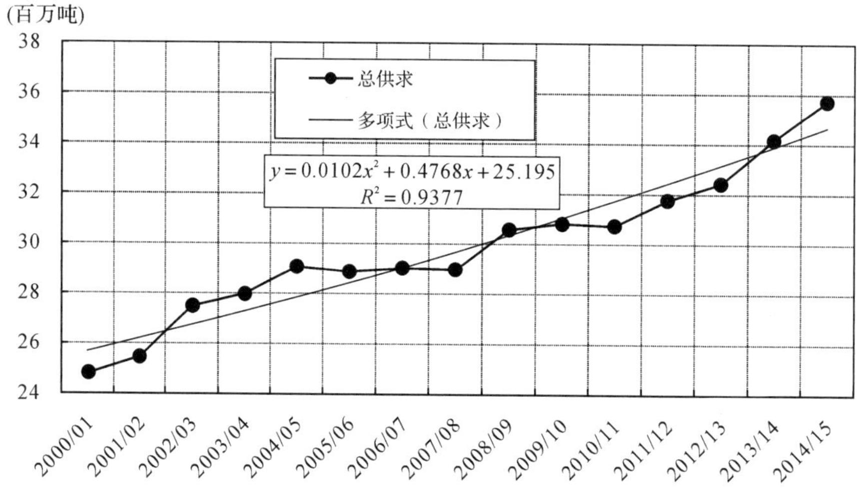

图 4-9　越南大米供求平衡量变化趋势

定波动，但年度趋势变化的解释程度高达 93.77%。

由供求平衡表可以看出，越南大米供给中的生产量、期初库存和进口量的关系，需求中的国内消费、期末库存和出口量的关系，越南大米生产与国内消费量相比具有高度的一致性，库存对供给和需求都有一定的影响，而进口量较小但增长明显，出口量很大，也在迅速增加。下面作进一步的分析。

4.3.2　大米供给关系

越南大米总供给，通常包括大米供给的三要素——期初库存、生产量和进口量，在 21 世纪有明显的变化，从而促使越南大米供给结构相应地发生了较大变化，进而不断地调整着越南大米产业的供给关系。越南大米总供给变化如表 4-12 所示。

表 4-12　越南大米总供给变化

	总供求		期初库存		生产量		进口量	
	（百万吨）	（变动）	（百万吨）	（变动）	（百万吨）	（变动）	（百万吨）	（变动）
2000/01	24.80	—	3.10	—	21.69	—	0.01	—
2001/02	25.44	0.64	4.02	0.92	21.41	−0.28	0.01	0.00
2002/03	27.48	2.04	4.50	0.48	22.97	1.56	0.01	0.00
2003/04	27.97	0.49	4.90	0.40	23.05	0.08	0.01	0.00
2004/05	29.05	1.08	4.90	0.00	24.11	1.06	0.04	0.03
2005/06	28.86	−0.19	4.70	−0.20	23.90	−0.21	0.26	0.22
2006/07	29.01	0.15	4.80	0.10	23.91	0.01	0.30	0.04
2007/08	28.97	−0.04	4.80	0.00	23.97	0.06	0.20	−0.10
2008/09	30.58	1.61	4.40	−0.40	25.83	1.86	0.35	0.15
2009/10	30.82	0.24	4.35	−0.05	25.97	0.14	0.50	0.15
2010/11	30.73	−0.09	3.45	−0.90	26.68	0.71	0.60	0.10
2011/12	31.77	1.04	2.90	−0.55	28.27	1.59	0.60	0.00
2012/13	32.42	0.65	2.70	−0.20	29.17	0.90	0.55	−0.05
2013/14	34.17	1.75	4.30	1.60	29.37	0.20	0.50	−0.05
2014/15	35.71	1.54	5.20	0.90	30.01	0.64	0.50	0.00

数据来源：FAO/AMIS 数据库粮食监测年度数据。

(1)库存供给变化。越南大米年度期初库存反映了一定时期内大米的供给要素，是一年内最基础的供给要素。从 2000 年度到 2014 年度，越南大米期初库存量由 310 万吨下降到中后期的 270 万吨，然后迅速增加，2014 年剧增至 520 万吨。越南大米库存供给经历了一个非典型的抛物线变化轨迹，年度波动较大，近年来迅速增长，库存量已经达到一个较高水平。

(2)生产供给变化。在 2000—2014 年 15 个年度内，越南大米产量总体向上更加明显，年均大米产量 2169 万吨，期末对期初平均增长速度 38.4%，年平均递增率 2.35%，是产量增长最快的国家之一。期间,越南大米产量经历了一个由上升到略微下降的过程,其中有2个年度下降,有12个年度增长,表明越南大米生产量变化虽有波动,但对总供给具有非常重要的正向影响。

(3)进口供给变化。在2000—2014年15个年度内,越南大米进口量不大,总体来看,有着较突出的增加趋势。从2000年度到2014年度,越南大米进口量由不足10万吨增加到60万吨,期间增长幅度很大,长期趋势大米进口量年均增加只有几万吨,期间年递增率高达32.24%。

(4)供给关系变化。从三要素关系来看,生产量是印度大米供给的最重要的决定因素,产量的大小决定了供给总量的主体,产量的变化决定了总供给的变化的基本方向。库存量是越南大米供给调节的基础变量和重要力量,期初库存量的多少,决定了越南国家内部供给的调剂能力和对外部依赖性的大小。进口量是越南大米供给的必要补充,是较为次要的因素,也是供给经济性的必要体现。2000年度到2014年度越南大米供给三要素的结构关系数据如表4-13所示。

表4-13 越南大米供给关系

	库存		产量		进口	
	(%)	(变动)	(%)	(变动)	(%)	(变动)
2000/01	12.50	—	87.46	—	0.04	—
2001/02	15.80	3.30	84.16	−3.30	0.04	0.00
2002/03	16.38	0.57	83.59	−0.57	0.02	−0.01
2003/04	17.52	1.14	82.41	−1.18	0.04	0.01
2004/05	16.87	−0.65	82.99	0.59	0.14	0.10
2005/06	16.29	−0.58	82.81	−0.18	0.90	0.76
2006/07	16.55	0.26	82.42	−0.39	1.03	0.13
2007/08	16.57	0.02	82.74	0.32	0.69	−0.34
2008/09	14.39	−2.18	84.47	1.73	1.14	0.45
2009/10	14.11	−0.27	84.26	−0.20	1.62	0.48
2010/11	11.23	−2.89	86.82	2.56	1.95	0.33
2011/12	9.13	−2.10	88.98	2.16	1.89	−0.06
2012/13	8.33	−0.80	89.98	0.99	1.70	−0.19
2013/14	12.58	4.26	85.95	−4.02	1.46	−0.23
2014/15	14.56	1.98	84.04	−1.91	1.40	−0.06

数据来源:FAO/AMIS数据库粮食监测年度数据。

4.3.3 大米需求关系

如同总供给有着深刻的变化一样,越南大米需求量与需求关系也经历了深刻的变化,这种变化正是越南大米需求市场和全球大米消费行为的深刻反映。这种变化不仅是量的增减变化，更重要的是需求结构和需求关系的重大变化。越南大米总需求变化如表 4-14 所示。

表 4-14　越南大米总需求变化

	总供求	期末库存		国内消费		出口量	
	（百万吨）	（百万吨）	（变动）	（百万吨）	（变动）	（百万吨）	（变动）
2000/01	24.80	4.02	—	17.32	—	3.46	—
2001/02	25.44	4.50	0.48	17.70	0.38	3.24	−0.22
2002/03	27.48	4.90	0.40	18.77	1.07	3.81	0.57
2003/04	27.97	4.90	0.00	19.00	0.23	4.06	0.25
2004/05	29.05	4.70	−0.20	19.09	0.09	5.25	1.19
2005/06	28.86	4.80	0.10	19.41	0.32	4.64	−0.61
2006/07	29.01	4.80	0.00	19.63	0.22	4.58	−0.06
2007/08	28.97	4.40	−0.40	19.83	0.20	4.74	0.16
2008/09	30.58	4.35	−0.05	20.27	0.44	5.95	1.21
2009/10	30.82	3.45	−0.90	20.49	0.22	6.88	0.93
2010/11	30.73	2.90	−0.55	20.72	0.23	7.11	0.23
2011/12	31.77	2.70	−0.20	21.06	0.34	8.01	0.90
2012/13	32.42	4.30	1.60	21.53	0.47	6.58	−1.43
2013/14	34.17	5.20	0.90	22.50	0.97	6.46	−0.12
2014/15	35.71	5.65	0.45	23.16	0.66	6.90	0.44

数据来源：FAO/AMIS 数据库粮食监测年度数据。

(1)库存需求。从需求角度看，当期年度的期末库存量被视为需求表现，是需求转变为消费在当期“剩余”的需求和滞后一期的潜在需求能力的表现。从 2000 年度到 2014 年度，总体来看，越南大米期末库存量从 402 万吨增加到 565 万吨，年均 437 万吨。类似于前面给出的总供给数据变化，期末库存需求经历了一个前期大幅度下降和后期迅速增长的变化过程，年度间波动很大，2014 年度期末库存量成为最高库存量。从年度变化来看，期间有 6 个年度下降，8 个年度增长。

(2)国内消费需求变化。越南国内大米用量(即消费需求)指国内大米使用量之和，包括食用、饲用、加工等用途的国内使用量，是越南大米总需求的主项，是需求三要素的关键要素，也是大米需求最主要的用途。2000 年度到 2014 年度，越南大米国内消费量从 1732 万吨增加到 2316 万吨，增长 42%，年平均递增率 2.54%。纵观这一时期的数据变化，可以看出，越南国内大米消费需求增长十分明显，年度间波动不大，期间全部表现为增长。

(3)出口需求。越南大米出口变得越来越重要，不仅是国家稻米产业迅速发展的表现，也使其日益成为世界大米出口最重要的国家之一。纵观 2000 年度到 2014 年度越南大米出口量数据变化，可以看出，越南大米出口经历了迅速增长的过程，年度出口量一度超过 800 万吨，目前虽然有所下降，但仍然处在 640 万吨以上。平均来看，2014 年度比 2000 年度出口增长 99.4%,年递增率 5.05%,年均出口量 544 万吨,已经成为重要的出口大国。

(4)需求关系变化。在需求(即库存量、国内消费和出口量)方面,三要素本身变化和互动关系的相互运动,使印度大米需求关系正在经历一个大的变化过程。2000 年度到 2014 年度印度大米需求关系变化详见表 4-15。

表 4-15　越南大米需求关系

	库　存		消　费		出　口	
	(%)	(变动)	(%)	(变动)	(%)	(变动)
2000/01	16.21	—	69.84	—	13.95	—
2001/02	17.69	1.48	69.58	−0.26	12.74	−1.22
2002/03	17.83	0.14	68.30	−1.27	13.86	1.13
2003/04	17.52	−0.31	67.93	−0.37	14.52	0.65
2004/05	16.18	−1.34	65.71	−2.22	18.07	3.56
2005/06	16.63	0.45	67.26	1.54	16.08	−1.99
2006/07	16.55	−0.09	67.67	0.41	15.79	−0.29
2007/08	15.19	−1.36	68.45	0.78	16.36	0.57
2008/09	14.22	−0.96	66.29	−2.16	19.46	3.10
2009/10	11.19	−3.03	66.48	0.20	22.32	2.87
2010/11	9.44	−1.76	67.43	0.94	23.14	0.81
2011/12	8.50	−0.94	66.29	−1.14	25.21	2.08
2012/13	13.26	4.76	66.41	0.12	20.30	−4.92
2013/14	15.22	1.95	65.85	−0.56	18.91	−1.39
2014/15	15.82	0.60	64.86	−0.99	19.32	0.42

数据来源:FAO/AMIS 数据库粮食监测年度数据。

从三要素关系来看,越南国内消费需求是其大米需求最重要的决定因素,国内大米消费数量大小决定了需求总量的主体,其变化决定了总需求的变化的基本方向。期末库存量是一国的基础变量也是印度大米需求总体的基础力量,期末库存量的多少,决定了越南国家内部供给的调剂能力和对外部依赖性的大小。出口量是总需求的必要补充,是越南大米需求的重要变化,也是需求经济性的必要体现。从 2000 年度到 2014 年度,越南大米需求三要素的结构关系表明,国内消费已由 2000 年度最高的 69.84%下降到最低年度 2014 年度的 64.86%,经历了逐年下降的变化过程;库存需求由初期的 16.21%上升到 2002 年度最高的 17.83%,在经历了迅速的变化后到最低时 2011 年度的 8.50%之后迅速上升到 2014 年度的 15.82%,总体上表现为库存需求减少和下降的变化过程;出口占比经历了一个明显的由升而降的变化过程,由最低时 2001 年度的 12.74%上升到最高时 2011 年度的 25.21%,2013 年度下降到 18.91%,越南作为大米出口大国之一,虽然年度间有流动,但出口占比成为需求的次重要变化。

4.3.4　供求关键因素

大米供求平衡关系，主要取决于三大要素。一是人口数量变化；二是反映水稻生产能力的单位面积产量水平；三是综合性指标的人均大米食用量变化。下面简要分析这些关键指标的数量特征及其变化趋势。

(1)人口变化。越南是世界比较重要的人口大国之一，2000 年度到 2014 年度，人口数量由 8088 万人增加到 9254 万人，期间人口数量增长了 14.4%，以每年增加 83 万人的速度不断增长，人口年递增率高达 0.97%。越南人口数量变化轨迹如图 4-10 所示。

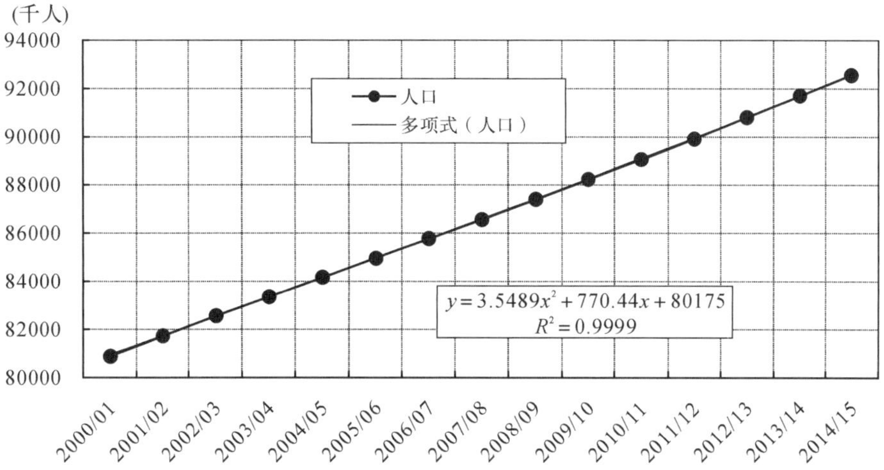

图 4-10　越南总人口变化

(2)大米供给能力变化。越南大米供给关系的调整和变化，较大程度上可以由反映大米生产能力的水稻(大米)单位面积生产水平这一指标得到综合表现。在 2000 年度到 2014 年度的 15 年间，越南大米单位面积产量(单产)水平由每公顷 2.83 吨上升到 3.84 吨，期间增长了 35.7%，每年平均增长 72 公斤/公顷，年平均递增率达到 2.20%，是世界大米生产能力提高较快的国家之一。越南大米单位面积产量水平变化轨迹如图 4-11 所示。

(3)人均大米食用消费。按人口计算的人均大米需求量，与人口数量和大米生产供给密切相关，但又是独立影响越南大米需求的一个重要变量。在 2000 年度到 2014 年度的 15 年间，越南人均大米产量经历了快速上升—缓慢增长—快速上升的变化过程，这一过程用抛物线模拟，其解释程度高达 91.18%，越南大米食用量数据变化和模拟轨迹的变化情况如图 4-12 所示。

图 4-12 数据轨迹和模拟曲线表明，越南人均食用大米消费量在这一时期的初期是一个快速增长的过程，大致上为 2000 年度到 2002 年度处于快速上升变化过程，中间从 2003 年度到 2011 年度是缓慢上升的变化过程，从 2012 年度到 2014 年度再次表现为快速增长的变化过程。在整个时期，越南平均人均食用大米用量为 184.0 公斤，整个期间由最低时 2000 年度的 172.7 公斤上升到最高时 2014 年度的 194.1 公斤，目前仍处在上升阶段。越南是世界人均大米食用消费最高的国家之一。

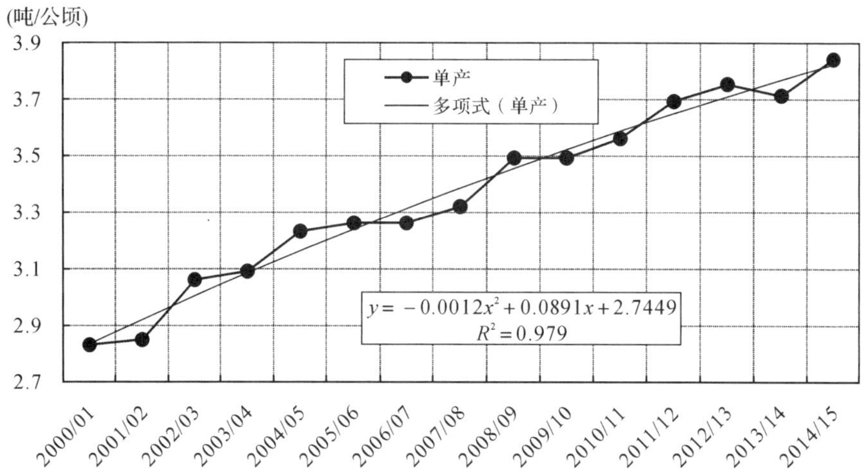

图 4-11　越南大米生产能力变化

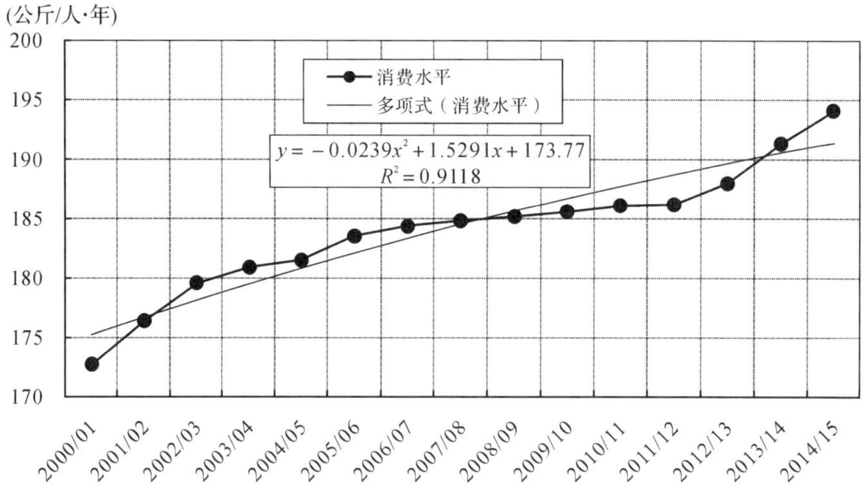

图 4-12　越南人均大米食用需求变化

4.4　泰国稻米供求关系

泰国是世界第 6 大水稻生产国家，也是重要的大米消费大国，还是世界传统主要出口大国。泰国水稻产业发展对世界贸易和本国产业经济有着重要的影响。

4.4.1　大米供求平衡表

在 2000 年度到 2014 年度中，泰国大米供求平衡关系变化较大。如表 4-16 所示，泰国大米总供给与总需求平衡量，由 2032 万吨增加到 4200 万吨，期间最低平衡量为初始年度 2000 年度的 2032 万吨，最高平衡量为 2013 年度的 4224 万吨，虽然年度间略有波动，但波动不大，几乎呈直线式增长。

表 4-16　泰国大米供求平衡表

	总供求（百万吨）	供给（百万吨）			需求（百万吨）		
	（平衡量）	期初库存	生产量	进口量	期末库存	国内消费	出口量
2000/01	20.32	3.21	17.10	0.00	3.55	9.24	7.52
2001/02	22.11	3.55	18.55	0.00	4.30	10.48	7.33
2002/03	22.83	4.30	18.53	0.01	5.00	10.49	7.34
2003/04	24.51	5.00	19.51	0.00	3.80	10.73	9.97
2004/05	22.69	3.80	18.89	0.00	4.30	10.89	7.49
2005/06	24.40	4.30	20.05	0.05	5.55	11.35	7.49
2006/07	25.37	5.55	19.62	0.20	4.80	11.38	9.19
2007/08	26.19	4.80	21.24	0.15	4.40	11.58	10.21
2008/09	25.99	4.40	21.19	0.40	5.50	11.87	8.61
2009/10	27.24	5.50	21.44	0.30	6.35	11.95	8.94
2010/11	30.58	6.35	23.83	0.40	7.40	12.47	10.70
2011/12	33.22	7.40	25.22	0.60	13.00	13.48	6.73
2012/13	38.70	13.00	25.15	0.55	17.50	14.59	6.61
2013/14	42.24	17.50	24.38	0.36	17.80	14.14	10.30
2014/15	42.00	17.80	23.90	0.30	16.10	14.90	11.00

数据来源：FAO/AMIS 数据库粮食监测年度数据。

将 2000 年度到 2014 年度泰国大米供求平衡量变化轨迹用图形来描绘（见图 4-13），并给出模拟的一元二次方程加以解析。可以看出，泰国大米供求平衡量表现为比较明显的快速上升、慢速增长和快速上升的一个时间序列，可以模拟成抛物线变化过程。在整个过程

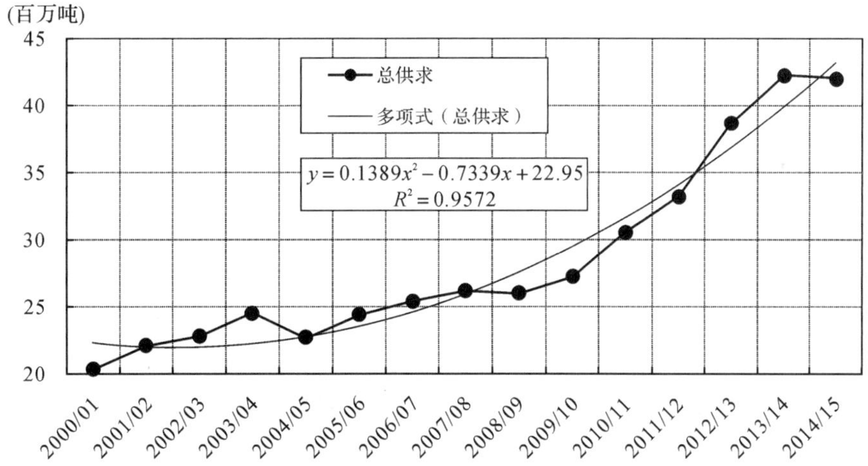

图 4-13　泰国大米供求平衡量变化趋势

中,泰国大米总供给和总需求有一定波动,但年度趋势变化的解释程度仍然高达95.72%。

在供求平衡表中可以看出,泰国大米供给中的生产量、期初库存量和进口量的关系,需求中的国内消费、期末库存量和出口量的关系,泰国大米生产与国内消费量相比具有高度的一致性,库存对供给和需求都有一定的影响,而进口量较小但增长明显,出口量很大,并在迅速增加。下面作进一步的分析。

4.4.2 大米供给关系

泰国大米总供给,通常包括大米供给的三要素——期初库存、生产量和进口量,在21世纪有明显的变化,从而促使泰国大米供给结构相应地发生了较大变化,进而不断地调整着泰国大米产业的供给关系。泰国大米总供给变化如表4-17所示。

表4-17 泰国大米总供给变化

	总供给		期初库存		生产量		进口量	
	(百万吨)	(变动)	(百万吨)	(变动)	(百万吨)	(变动)	(百万吨)	(变动)
2000/01	20.32	—	3.21	—	17.10	—	0.00	—
2001/02	22.11	1.79	3.55	0.34	18.55	1.45	0.00	0.00
2002/03	22.83	0.72	4.30	0.75	18.53	−0.02	0.01	0.01
2003/04	24.51	1.68	5.00	0.70	19.51	0.98	0.00	−0.01
2004/05	22.69	−1.82	3.80	−1.20	18.89	−0.62	0.00	0.00
2005/06	24.40	1.71	4.30	0.50	20.05	1.16	0.05	0.05
2006/07	25.37	0.97	5.55	1.25	19.62	−0.43	0.20	0.15
2007/08	26.19	0.82	4.80	−0.75	21.24	1.62	0.15	−0.05
2008/09	25.99	−0.20	4.40	−0.40	21.19	−0.05	0.40	0.25
2009/10	27.24	1.25	5.50	1.10	21.44	0.25	0.30	−0.10
2010/11	30.58	3.34	6.35	0.85	23.83	2.39	0.40	0.10
2011/12	33.22	2.64	7.40	1.05	25.22	1.39	0.60	0.20
2012/13	38.70	5.48	13.00	5.60	25.15	−0.07	0.55	−0.05
2013/14	42.24	3.54	17.50	4.50	24.38	−0.77	0.36	−0.19
2014/15	42.00	−0.24	17.80	0.30	23.90	−0.48	0.30	−0.06

数据来源:FAO/AMIS数据库粮食监测年度数据。

(1)库存供给变化。泰国大米年度期初库存反映了一定时期内大米的供给要素,是一年度内最为基础的供给要素。从2000年度到2014年度,泰国大米期初库存量由321万吨增加到中期的555万吨,然后迅速增加,2014年剧增到1780万吨。泰国大米库存供给经历了一个比较典型的抛物线变化轨迹,虽然有一定的年度波动,由于近年来库存量迅速增加,使泰国库存量达到一个很高的水平。

(2)生产供给变化。在2000—2014年15个年度内,泰国大米产量总体向上比较明显,年均大米产量2124万吨,期末对期初平均增长速度39.8%,年平均递增率2.42%,是产量增长最快的国家之一。期间，泰国大米产量经历了一个由上升到略微下降的过程，其中有7个年度下降，有7个年度增长，表明泰国大米生产量年度变化有一定的波动，显然，这对总供给的平稳性有一定影响。

(3)进口供给变化。在2000—2014年15个年度内，泰国大米进口量不大，总体来看，有着较突出的增加趋势。从2000年度到2014年度，泰国大米进口量由不足1万吨增加到2014年度的30万吨，期间增长幅度很大，年递增率高达63.79%。

(4)供给关系变化。从三要素关系来看，生产量是泰国大米供给的最重要的决定因素，产量的大小决定了供给总量的主体，产量的变化决定了总供给变化的基本方向。库存量是泰国大米供给调节的基础变量和重要力量，期初库存量的多少，决定了泰国国家内部供给的调剂能力和对外部依赖性的大小。进口量是泰国大米供给的必要补充，是较为次要的因素，也是供给经济性的必要体现。2000年度到2014年度泰国大米供给三要素的结构关系数据如表4-18所示。

表4-18　泰国大米供给关系

	库　存		产　量		进　口	
	(%)	(变动)	(%)	(变动)	(%)	(变动)
2000/01	15.80	—	84.15	—	0.00	—
2001/02	16.06	0.26	83.90	−0.25	0.01	0.01
2002/03	18.83	2.78	81.17	−2.73	0.04	0.03
2003/04	20.40	1.56	79.60	−1.56	0.00	−0.03
2004/05	16.75	−3.65	83.25	3.65	0.01	0.00
2005/06	17.62	0.88	82.17	−1.08	0.20	0.20
2006/07	21.88	4.25	77.34	−4.84	0.79	0.58
2007/08	18.33	−3.55	81.10	3.76	0.57	−0.22
2008/09	16.93	−1.40	81.53	0.43	1.54	0.97
2009/10	20.19	3.26	78.71	−2.82	1.10	−0.44
2010/11	20.77	0.57	77.93	−0.78	1.31	0.21
2011/12	22.28	1.51	75.92	−2.01	1.81	0.50
2012/13	33.59	11.32	64.99	−10.93	1.42	−0.38
2013/14	41.43	7.84	57.72	−7.27	0.85	−0.57
2014/15	42.38	0.95	56.90	−0.81	0.71	−0.14

数据来源：FAO/AMIS数据库粮食监测年度数据。

4.4.3　大米需求关系

如同总供给有着深刻的变化一样，泰国大米需求量与需求关系也经历了深刻的变化，这种变化正是泰国大米需求市场和全球大米消费行为的深刻反映。这种变化不仅是量的增减变化，更重要的是需求结构和需求关系的重大变化。泰国大米总需求变化如表4-19所示。

表 4-19 泰国大米总需求变化

	总需求		期末库存		国内消费		出口量	
	(百万吨)	(变动)	(百万吨)	(变动)	(百万吨)	(变动)	(百万吨)	(变动)
2000/01	20.32	—	3.55	—	9.24	—	7.52	—
2001/02	22.11	1.79	4.30	0.75	10.48	1.24	7.33	−0.19
2002/03	22.83	0.72	5.00	0.70	10.49	0.01	7.34	0.01
2003/04	24.51	1.68	3.80	−1.20	10.73	0.24	9.97	2.63
2004/05	22.69	−1.82	4.30	0.50	10.89	0.16	7.49	−2.48
2005/06	24.40	1.71	5.55	1.25	11.35	0.46	7.49	0.00
2006/07	25.37	0.97	4.80	−0.75	11.38	0.03	9.19	1.70
2007/08	26.19	0.82	4.40	−0.40	11.58	0.20	10.21	1.02
2008/09	25.99	−0.20	5.50	1.10	11.87	0.29	8.61	−1.60
2009/10	27.24	1.25	6.35	0.85	11.95	0.08	8.94	0.33
2010/11	30.58	3.34	7.40	1.05	12.47	0.52	10.70	1.76
2011/12	33.22	2.64	13.00	5.60	13.48	1.01	6.73	−3.97
2012/13	38.70	5.48	17.50	4.50	14.59	1.11	6.61	−0.12
2013/14	42.24	3.54	17.80	0.30	14.14	−0.45	10.30	3.69
2014/15	42.00	−0.24	16.10	−1.70	14.90	0.76	11.00	0.70

数据来源:FAO/AMIS 数据库粮食监测年度数据。

(1)库存需求。从需求角度看,当期年度的期末库存量被视为需求表现,是需求转变为消费在当期"剩余"的需求和滞后一期的潜在需求能力的表现。从 2000 年度到 2014 年度,总体来看,泰国大米期末库存量从 355 万吨增加到 1610 万吨,年均库存量 796 万吨。类似于前面给出的总供给数据变化,期末库存需求经历了一个前期轻微上升和后期大幅度增长的变化过程,年度间波动较大,初期为最低期末库存量,2013 年度最高达到 1780 万吨。从年度变化来看,期间有 4 个年度下降,10 个年度增长。

(2)国内消费需求变化。泰国国内大米用量(即消费需求)指国内大米使用量之和,包括食用、饲用、加工等用途的国内使用量,是印度大米总需求的主项,是需求三要素的关键要素,也是大米需求最主要的用途。从 2000 年度到 2014 年度,泰国大米国内消费量从 924 万吨增加到 1490 万吨,增长 61.3%,年平均递增率 3.47%。纵观这一时期的数据变化,可以看出,泰国国内大米消费需求增长比较明显,年度间波动不大,期间只有 2013 年度为负增长,13 个年度为正增长。

(3)出口需求。泰国大米出口变得越来越重要,不仅是该国稻米产业迅速发展的表现,也是其巩固世界大米出口传统大国的重要表现。纵观 2000 年度到 2014 年度,泰国大米出口量数据变化,可以看出,泰国大米出口经历了总体向上、平台式上升的增长过程,年度出口量已经达到 1100 万吨的能力。近期增长态势十分明显,但年度间波动较大,世界头号出口大国的地位并不稳固。平均来看,2014 年度比 2000 年度出口增长 46.3%,年递增率

2.75%，年均出口量 826 万吨，目前仍然稳坐世界第一的位置。

(4)需求关系变化。在需求(即库存量、国内消费和出口量)方面，三要素本身变化和互动关系的相互运动，使泰国大米需求关系正在经历一个大的变化过程。2000 年度到 2014 年度泰国大米需求关系变化详见表 4-20。

表 4-20　泰国大米需求关系

	库　存		消　费		出　口	
	(%)	(变动)	(%)	(变动)	(%)	(变动)
2000/01	17.47	—	45.47	—	37.01	—
2001/02	19.45	1.98	47.40	1.93	33.15	−3.86
2002/03	21.90	2.45	45.95	−1.45	32.15	−1.00
2003/04	15.50	−6.40	43.78	−2.17	40.68	8.53
2004/05	18.95	3.45	47.99	4.22	33.01	−7.67
2005/06	22.75	3.79	46.52	−1.48	30.70	−2.31
2006/07	18.92	−3.83	44.86	−1.66	36.22	5.53
2007/08	16.80	−2.12	44.22	−0.64	38.98	2.76
2008/09	21.16	4.36	45.67	1.46	33.13	−5.86
2009/10	23.31	2.15	43.87	−1.80	32.82	−0.31
2010/11	24.20	0.89	40.78	−3.09	34.99	2.17
2011/12	39.13	14.93	40.58	−0.20	20.26	−14.73
2012/13	45.22	6.09	37.70	−2.88	17.08	−3.18
2013/14	42.14	−3.08	33.48	−4.22	24.38	7.30
2014/15	38.33	−3.81	35.48	2.00	26.19	1.81

数据来源：FAO/AMIS 数据库粮食监测年度数据。

从三要素关系来看，泰国国内消费需求是其大米需求最重要的决定因素，国内大米消费数量大小决定了需求总量的主体，其变化决定了总需求变化的基本方向。期末库存量是一国的基础变量，也是泰国大米需求总体的基础力量，期末库存量的多少，决定了泰国国家内部供给的调剂能力和对外部依赖性的大小。出口量是总需求的必要补充，是泰国大米需求的重要变化，也是需求经济性的必要体现。从 2000 年度到 2014 年度，泰国大米需求三要素的结构关系表明，国内消费已由最高年度 2004 年度的 47.99%下降到最低年度 2013 年度的 33.48%，经历了逐年下降的变化过程；库存需求由 2003 年度 15.50%的最低占比，2005 年度上升到 22.75%，在经历了短暂下降到 2007 年度的 16.80%之后，快速上升到 2012 年度最高时的 45.22%，2014 年度下降到 38.33%，总体上表现为库存需求阶段性上升过程；出口占比经历了一个明显的由升而降的变化过程，由最高时 2003 年度的 40.68%，经过缓慢下降再到快速下降的过程，2012 年最低时只有 17.08%，2014 年度上升到 26.19%。泰国作为世界最重要的大米出口大国，虽然年度间有波动，但出口占比一直是国家大米需求的一个重要因素。

4.4.4 供求关键因素

大米供求平衡关系,主要取决于三大要素。一是人口数量变化;二是反映水稻生产能力的单位面积产量水平;三是综合性指标的人均大米食用量变化。下面简要分析这些关键指标的数量特征及其变化趋势。

(1)人口变化。泰国是世界比较重要的一个人口大国,2000 年度到 2014 年度,人口数量由 6234 万人增加到 6722 万人,人口数量增长了 7.8%,以每年增加 35 万人的速度不断增长,人口年递增率仅为 0.54%。泰国人口数量变化轨迹如图 4-14 所示。

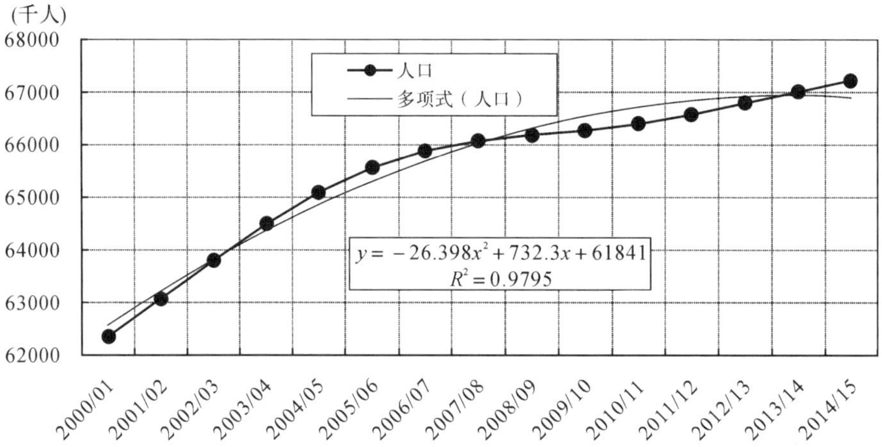

图 4-14 泰国总人口变化

(2)大米供给能力变化。泰国大米供给关系的调整和变化,较大程度上可以由反映大米生产能力的水稻(大米)单位面积生产水平这一指标得到综合表现。在 2000 年度到 2014 年度 15 年间,泰国大米单位面积产量(单产)水平由每公顷 1.73 吨上升到 2.03 吨,期间仅增长了 17.3%,每年平均增长 21 公斤/公顷,年平均递增率只有 1.15%,是世界大米生产能力较低、增长速度较慢的国家之一。泰国大米单位面积产量水平变化轨迹如图 4-15 所示。

(3)人均大米食用消费。按人口计算的人均大米需求量,与人口数量和大米生产供给密切相关,但又是独立影响泰国大米需求的一个重要变量。在 2000 年度到 2014 年度 15 年间,泰国人均大米产量经历了缓慢增长到快速上升的变化过程,这一过程用抛物线模拟,其解释程度高达 96.48%。泰国大米食用量数据变化和模拟轨迹的变化情况如图 4-16所示。

图 4-16 数据轨迹和模拟曲线表明,泰国人均食用大米消费量在这一时期的初期是一个较为缓慢的增长过程,大致上为 2000 年度到 2007 年度处于长期缓慢上升变化过程,2008 年度以后增长速度较快,但 2012 年度到 2014 年度再次表现为缓慢增长的变化过程。在整个时期,泰国平均人均食用大米用量为 131.1 公斤,整个期间最低时 2000 年度仅为 118.7 公斤,最高时 2014 年度上升到 142.8 公斤,目前仍处在缓慢上升阶段。泰国是世界人均大米食用消费较高的国家之一。

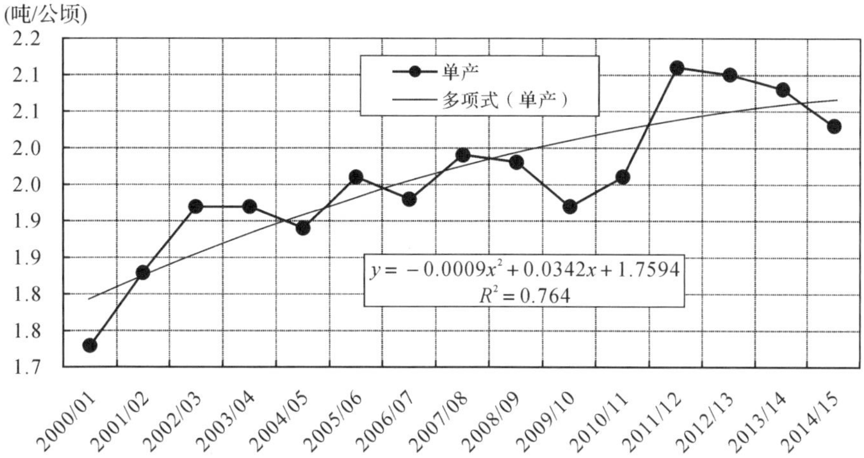

图 4-15　泰国大米生产能力变化

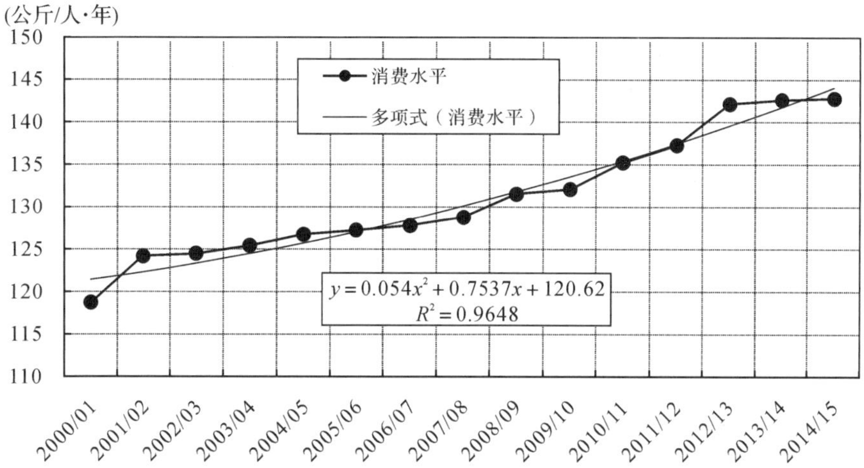

图 4-16　泰国人均大米食用需求变化

4.5　菲律宾稻米供求关系

菲律宾是世界第 8 大水稻生产国家(缅甸列在第 7 位),也是重要的大米消费大国,还是传统的大米主要进口国家之一,稻米供求状况对本国水稻产业发展和对世界大米贸易都有重要的影响。

4.5.1　大米供求平衡表

在 2000 年度到 2014 年度中,菲律宾大米供求平衡关系变化较大。如表 4-21 所示,菲律宾大米总供给与总需求平衡量,由 2000 年度的 1064 万吨增加到 2014 年度的 1636 万吨,这也是这一时期的最低平衡量和最高平衡量。纵观这一时期菲律宾大米供求平衡总量变化,可以看出,虽然年度之间略有变化和波动,但波动程度不大,其变化方向总体上遵循缓慢增长的发展规律。

表 4-21　菲律宾大米供求平衡表

	总供求(百万吨)	供给(百万吨)			需求(百万吨)		
	(平衡量)	期初库存	生产量	进口量	期末库存	国内消费	出口量
2000/01	10.64	1.62	8.19	0.81	1.75	8.88	0.00
2001/02	11.59	1.75	8.55	1.28	1.53	10.05	0.00
2002/03	11.00	1.53	8.49	0.97	1.80	9.20	0.00
2003/04	12.07	1.80	9.27	1.00	1.57	10.49	0.00
2004/05	12.88	1.57	9.48	1.82	1.63	11.24	0.00
2005/06	13.24	1.63	9.89	1.71	1.96	11.28	0.00
2006/07	13.96	1.96	10.15	1.84	1.52	12.43	0.00
2007/08	14.85	1.52	10.89	2.43	2.18	12.66	0.00
2008/09	15.13	2.18	11.17	1.77	2.77	12.36	0.00
2009/10	15.31	2.77	10.15	2.37	3.35	11.96	0.00
2010/11	15.50	3.35	10.95	1.20	3.02	12.48	0.00
2011/12	15.40	3.02	11.13	1.25	1.91	13.48	0.00
2012/13	14.49	1.91	11.87	0.70	2.19	12.30	0.00
2013/14	16.31	2.19	12.32	1.80	2.03	14.28	0.00
2014/15	16.36	2.03	12.53	1.80	2.20	14.15	0.00

数据来源:FAO/AMIS 数据库粮食监测年度数据。

将菲律宾 2000 年度到 2014 年度大米供求平衡量变化轨迹用图形来描绘(见图 4-17),并按照一元二次方程加以模拟。可以看出,菲律宾大米供求平衡量表现为比较明显的增长和上升的时间序列,可以模拟成一个抛物线变化过程。在整个过程中,菲律宾大米总供给和总需求有一定波动,但年度趋势变化的解释程度仍然高达 93.16%。

从供求平衡表和图 4-17 变化轨迹和模拟曲线可以看出,菲律宾大米供给中的生产量、期初库存量和进口量的关系,需求中的国内消费、期末库存量和出口量的关系,从数据变化可以十分清楚地看到,菲律宾大米国内生产量与国内消费量相比具有高度的一致性,库存对供给和需求都有一定的影响,而长期大量进口和几乎没有出口,使菲律宾大米总供求平衡关系波动较大。下面作进一步的分析。

4.5.2　大米供给关系

菲律宾大米总供给,通常包括大米供给的三要素——期初库存、生产量和进口量,在 21 世纪有明显的变化,从而促使菲律宾大米供给结构相应地发生了较大变化,进而不断地调整着该国大米产业的供给关系。菲律宾大米总供给变化如表 4-22 所示。

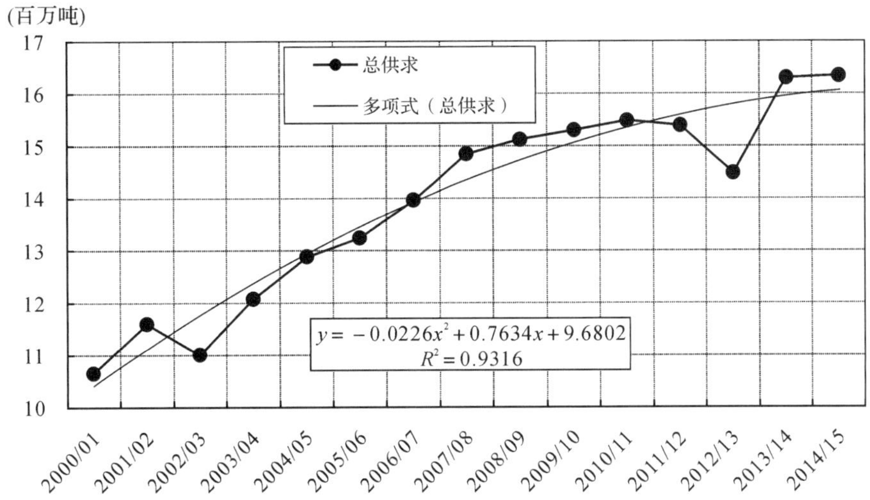

图 4-17　菲律宾大米供求平衡量变化趋势

表 4-22　菲律宾大米总供给变化

	总供给		期初库存		生产量		进口量	
	（百万吨）	（变动）	（百万吨）	（变动）	（百万吨）	（变动）	（百万吨）	（变动）
2000/01	10.64	—	1.62	—	8.19	—	0.81	—
2001/02	11.59	0.95	1.75	0.13	8.55	0.36	1.28	0.47
2002/03	11.00	−0.59	1.53	−0.22	8.49	−0.06	0.97	−0.31
2003/04	12.07	1.07	1.80	0.27	9.27	0.78	1.00	0.03
2004/05	12.88	0.81	1.57	−0.23	9.48	0.21	1.82	0.82
2005/06	13.24	0.36	1.63	0.06	9.89	0.41	1.71	−0.11
2006/07	13.96	0.72	1.96	0.33	10.15	0.26	1.84	0.13
2007/08	14.85	0.89	1.52	−0.44	10.89	0.74	2.43	0.59
2008/09	15.13	0.28	2.18	0.66	11.17	0.28	1.77	−0.66
2009/10	15.31	0.18	2.77	0.59	10.15	−1.02	2.37	0.60
2010/11	15.50	0.19	3.35	0.58	10.95	0.80	1.20	−1.17
2011/12	15.40	−0.10	3.02	−0.33	11.13	0.18	1.25	0.05
2012/13	14.49	−0.91	1.91	−1.11	11.87	0.74	0.70	−0.55
2013/14	16.31	1.82	2.19	0.28	12.32	0.45	1.80	1.10
2014/15	16.36	0.05	2.03	−0.16	12.53	0.21	1.80	0.00

数据来源：FAO/AMIS 数据库粮食监测年度数据。

(1)库存供给变化。菲律宾大米年度期初库存反映了一定时期内大米的供给要素，是一定时期内最为基础的供给要素。从 2000 年度到 2014 年度，菲律宾大米期初库存量由 162 万吨增加到中期最高时 335 万吨，然后迅速下降并继而上升，到 2014 年恢复性增加到

203 万吨。菲律宾大米库存供给经历了一个较为典型的抛物线变化轨迹,但有一定的年度波动性,近年来库存量的变化较大。

(2)生产供给变化。在 2000—2014 年 15 个年度内,菲律宾大米产量总体向上比较明显,年均大米产量 1033 万吨,期末对期初平均增长速度 53.0%,年平均递增率 3.08%,是产量增长较快的国家之一。期间,菲律宾大米产量经历了一个由上升到略微下降再增长的波浪发展过程,其中有 2 个年度下降,有 12 个年度增长,表明菲律宾大米生产量年度变化虽然有一定的波动,但产量相对稳定、增长较快,对总供给的平稳增长有正向影响。

(3)进口供给变化。在 2000—2014 年 15 个年度内,菲律宾大米进口量保持高水平和增长态势,总体来看,长期呈现出较为明晰的增加趋势。从 2000 年度到 2014 年度,菲律宾大米进口量由 81 万吨增加到 180 万吨,期间 2012 年度为最低 70 万吨,2007 年度为最高 243 万吨,总体来看,期间进口量增长幅度较大。从这一时期进口长期趋势来看,平均进口量 151 万吨,年递增率 5.87%。

(4)供给关系变化。从三要素关系来看,生产量是菲律宾大米供给的最重要的决定因素,产量的大小决定了供给总量的主体,产量的变化决定了总供给变化的基本方向。库存量是菲律宾大米供给调节的基础变量和重要力量,期初库存量的多少,决定了菲律宾国家内部供给的调剂能力和对外部依赖性的大小。进口量一直是菲律宾大米供给的重要补充,是比较重要的因素,也是供给经济性的必要体现。2000 年度到 2014 年度菲律宾大米供给三要素的结构关系数据如表 4-23 所示。

表 4-23 菲律宾大米供给关系

	库存		产量		进口	
	(%)	(变动)	(%)	(变动)	(%)	(变动)
2000/01	15.23	—	76.97	—	7.61	—
2001/02	15.10	−0.13	73.77	−3.20	11.04	3.43
2002/03	13.91	−1.19	77.18	3.41	8.82	−2.23
2003/04	14.91	1.00	76.80	−0.38	8.29	−0.53
2004/05	12.19	−2.72	73.60	−3.20	14.13	5.85
2005/06	12.31	0.12	74.70	1.10	12.92	−1.22
2006/07	14.04	1.73	72.71	−1.99	13.18	0.27
2007/08	10.24	−3.80	73.33	0.63	16.36	3.18
2008/09	14.41	4.17	73.83	0.49	11.70	−4.67
2009/10	18.09	3.68	66.30	−7.53	15.48	3.78
2010/11	21.61	3.52	70.65	4.35	7.74	−7.74
2011/12	19.61	−2.00	72.27	1.63	8.12	0.37
2012/13	13.18	−6.43	81.92	9.65	4.83	−3.29
2013/14	13.43	0.25	75.54	−6.38	11.04	6.21
2014/15	12.41	−1.02	76.59	1.05	11.00	−0.03

数据来源:FAO/AMIS 数据库粮食监测年度数据。

4.5.3　大米需求关系

如同总供给有着深刻的变化一样，菲律宾大米需求量与需求关系也经历了深刻的变化，这种变化正是菲律宾大米需求市场和全球大米消费行为的深刻反映。这种变化不仅是量的增减变化，更重要的是需求结构和需求关系的重大变化。菲律宾大米总需求变化如表 4-24所示。

表 4-24　菲律宾大米总需求变化

	总需求		期末库存		国内消费		出口量	
	（百万吨）	（变动）	（百万吨）	（变动）	（百万吨）	（变动）	（百万吨）	（变动）
2000/01	10.64	—	1.75	—	8.88	—	0.00	—
2001/02	11.59	0.95	1.53	−0.22	10.05	1.17	0.00	0.00
2002/03	11.00	−0.59	1.80	0.27	9.20	−0.85	0.00	0.00
2003/04	12.07	1.07	1.57	−0.23	10.49	1.29	0.00	0.00
2004/05	12.88	0.81	1.63	0.06	11.24	0.75	0.00	0.00
2005/06	13.24	0.36	1.96	0.33	11.28	0.04	0.00	0.00
2006/07	13.96	0.72	1.52	−0.44	12.43	1.15	0.00	0.00
2007/08	14.85	0.89	2.18	0.66	12.66	0.23	0.00	0.00
2008/09	15.13	0.28	2.77	0.59	12.36	−0.30	0.00	0.00
2009/10	15.31	0.18	3.35	0.58	11.96	−0.40	0.00	0.00
2010/11	15.50	0.19	3.02	−0.33	12.48	0.52	0.00	0.00
2011/12	15.40	−0.10	1.91	−1.11	13.48	1.00	0.00	0.00
2012/13	14.49	−0.91	2.19	0.28	12.30	−1.18	0.00	0.00
2013/14	16.31	1.82	2.03	−0.16	14.28	1.98	0.00	0.00
2014/15	16.36	0.05	2.20	0.17	14.15	−0.13	0.00	0.00

数据来源：FAO/AMIS 数据库粮食监测年度数据。

(1)库存需求。从需求角度看，当期年度的期末库存量被视为需求表现，是需求转变为消费在当期“剩余”的需求和滞后一期的潜在需求能力的表现。从 2000 年度到 2014 年度，总体来看，菲律宾大米期末库存量从 175 万吨增加到 220 万吨，年均库存量 209 万吨。类似于前面给出的总供给数据变化，期末库存需求经历了一个前期轻微上升和后期大幅度增长的变化过程，年度间波动较大，2006 年度为最低库存量 152 万吨，2009 年度最高达到 335 万吨。从年度变化来看，期间有 6 个年度下降，8 个年度增长。

(2)国内消费需求变化。菲律宾国内大米用量(即消费需求)指国内大米使用量之和，包括食用、饲用、加工等用途的国内使用量，是菲律宾大米总需求的主项，是需求三要素的关键要素，也是大米需求最主要的用途。2000 年度到 2014 年度，菲律宾大米国内消费量从 888 万吨增加到 1415 万吨，期间增长了 59.3%，年平均递增率 3.38%。纵观这一时期的数据变化，可以看出，菲律宾国内大米消费需求增长比较明显，年度间波动较大，期间有 5 个年度为负增长,9 个年度为正增长。

(3)出口需求。菲律宾大米出口很少,表 4-25 保留小数后 2 位数无法看见。从实际情况看,菲律宾 2000 年度和 2001 年度没有出口,2003 年度、2012—2014 年度每年出口量只有 1000 吨左右,2004—2011 年度每年出口量只有几百吨、甚至只有几十吨。因此,菲律宾大米出口是不重要的,虽然出口量很小,但近年还是有所增长。

(4)需求关系变化。在需求(即库存量、国内消费和出口量)方面,三要素本身变化和互动关系的相互运动,使菲律宾大米需求关系正在经历一个大的变化过程。2000 年度到 2014 年度菲律宾大米需求关系变化详见表 4-25。

表 4-25　菲律宾大米需求关系

	库　存		消　费		出　口	
	(%)	(变动)	(%)	(变动)	(%)	(变动)
2000/01	16.45	—	83.46	—	0.00	—
2001/02	13.20	−3.25	86.71	3.25	0.00	0.00
2002/03	16.36	3.16	83.64	−3.08	0.00	0.00
2003/04	13.01	−3.36	86.91	3.27	0.01	0.01
2004/05	12.66	−0.35	87.27	0.36	0.00	−0.01
2005/06	14.80	2.15	85.20	−2.07	0.00	0.00
2006/07	10.89	−3.92	89.04	3.84	0.00	0.00
2007/08	14.68	3.79	85.25	−3.79	0.01	0.00
2008/09	18.31	3.63	81.69	−3.56	0.00	0.00
2009/10	21.88	3.57	78.12	−3.57	0.00	0.00
2010/11	19.48	−2.40	80.52	2.40	0.00	0.00
2011/12	12.40	−7.08	87.53	7.02	0.00	0.00
2012/13	15.11	2.71	84.89	−2.65	0.01	0.01
2013/14	12.45	−2.67	87.55	2.67	0.01	0.00
2014/15	13.45	1.00	86.49	−1.06	0.01	0.00

数据来源:FAO/AMIS 数据库粮食监测年度数据。

从三要素关系来看,菲律宾国内消费需求是其大米需求最重要的决定因素,国内大米消费数量大小决定了需求总量的主体,其变化决定了总需求变化的基本方向。期末库存量是一国的基础变量,也是菲律宾大米需求总体的基础力量,期末库存量的多少,决定了菲律宾国家内部供给的调剂能力和对外部依赖性的大小。大米出口对于菲律宾而言是微不足道的。2000 年度到 2014 年度,菲律宾大米需求三要素的结构关系表明,国内消费已由 2006 年度最高的 89.04%下降到 2014 年度的 86.49%,其中最低为 2009 年度的 78.12%;库存需求比重由 2000 年度的 16.45%下降到最低时 2006 年度的 10.89%、到 2009 年度最高时的 21.88%,2014 年降为 13.45%,总体上表现为库存需求波动性大的变化过程;出口占比极为次要,可以认为它对菲律宾大米需求以及需求关系几乎没有作用。菲律宾作为世界最重要的大米进口国家之一，由于国内生产长期供不应求，进口极为重要，而出口能力极低，这类国家尤其需要大力发展国内水稻生产，增强供给能力。

4.5.4 供求关键因素

大米供求平衡关系，主要取决于三大要素：一是人口数量变化；二是反映水稻生产能力的单位面积产量水平；三是综合性指标的人均大米食用量变化。下面简要分析这些关键指标的数量特征及其变化趋势。

（1）人口变化。菲律宾是世界比较重要的一个人口大国，2000 年度到 2014 年度，人口数量由 7765 万人增加到 10009 万人，14 年内人口数量增长了 28.9%，以每年增加 160 万人的速度不断增长，人口年递增率高达 1.83%。菲律宾人口数量变化轨迹如图 4-18 所示。

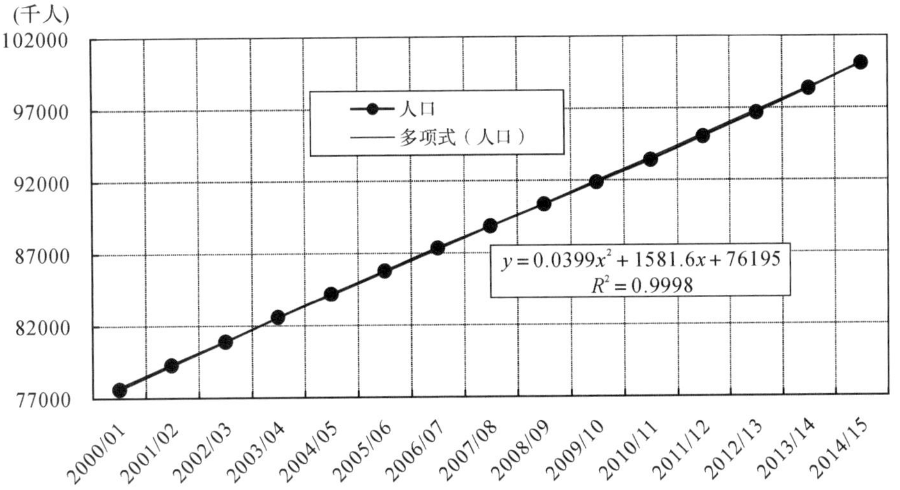

图 4-18 菲律宾总人口变化

（2）大米供给能力变化。菲律宾大米供给关系的调整和变化，较大程度上可以由反映大米生产能力的水稻（大米）单位面积生产水平这一指标得到综合表现。纵观 2000 年度到 2014 年度 15 年间，菲律宾大米单位面积产量（单产）水平由每公顷 2.03 吨上升到 2.64 吨，期间增长了 30.0%，每年平均增长 44 公斤/公顷，年平均递增率 1.89%，是世界大米生产能力中下等水平的国家。菲律宾大米单位面积产量水平变化轨迹如图 4-19 所示。

（3）人均大米食用消费。按人口计算的人均大米需求量，与人口数量和大米生产供给密切相关，但又是独立影响大米需求的一个重要变量。2000 年度到 2014 年度的 15 个年份间，菲律宾人均大米产量经历了一个较为缓慢的增长过程。这一过程可以用抛物线形式来模拟，其解释程度高达 93.32%。菲律宾大米食用量数据变化和模拟轨迹的变化情况如图 4-20 所示。

图 4-20 数据轨迹和模拟曲线表明，菲律宾人均食用大米消费量在这一时期的初期是一个较为缓慢的增长过程，大致上为 2000—2002 年度几乎不变，2003—2005 年增长较快，2006—2011 年度缓慢上升，2012 年度下降，2013—2014 年度有所增长。在 2000 年度到 2014 年间，菲律宾平均人均食用大米用量为 114.7 公斤，整个期间最低时 2000 年度为

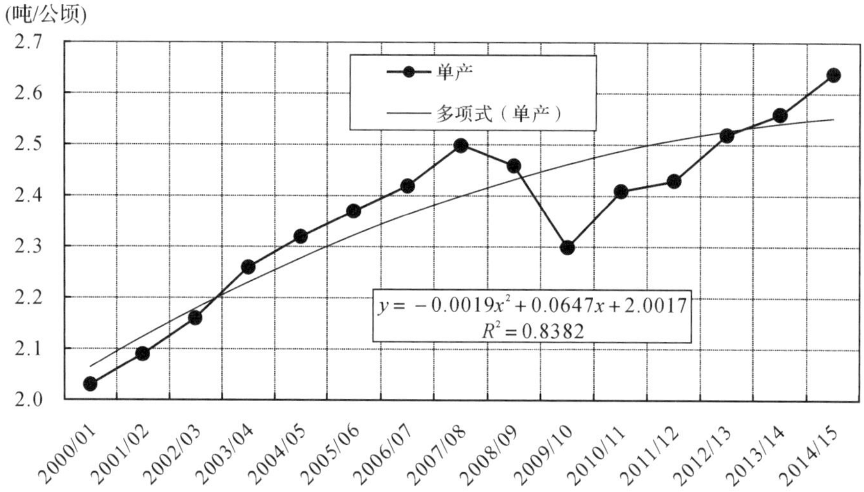

图 4-19　菲律宾大米生产能力变化

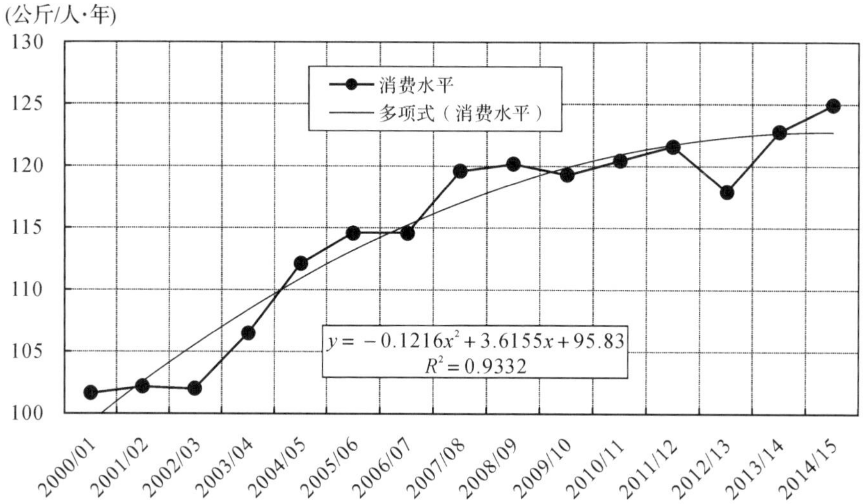

图 4-20　菲律宾人均大米食用需求变化

101.6 公斤，最高时 2014 年度上升到 125.0 公斤，目前仍处在缓慢上升阶段。菲律宾是世界人均大米食用消费中等偏上的国家之一。

4.6　巴西稻米供求关系

巴西是世界第 9 大水稻生产国家，也是美洲最重要的大米消费国家。巴西水稻产业有所发展，但波动性大大、稳定性差，稳定该国水稻产业发展对世界贸易和本国产业经济有着越来越重要的影响。

4.6.1　大米供求平衡表

在 2000 年度到 2014 年度中，巴西大米供求平衡关系变化较大。巴西大米总供给与总需求平衡量，由 2000 年度的 921 万吨增加到 2014 年度的 943 万吨，期间最低平衡量为 2001 年度的 865 万吨，最高平衡量为 2011 年度的 1134 万吨，虽然年度间有较大波动，影响了供求关系，但波浪式增长趋势还是比较明显。详细数据见表 4-26。

表 4-26　巴西大米供求平衡表

	总供求（百万吨）	供给（百万吨）			需求（百万吨）		
	（平衡量）	期初库存	生产量	进口量	期末库存	国内消费	出口量
2000/01	9.21	0.90	7.65	0.65	1.00	8.18	0.02
2001/02	8.65	1.00	6.95	0.69	1.05	7.99	0.02
2002/03	8.73	1.05	7.11	0.56	0.95	7.75	0.03
2003/04	8.94	0.95	6.94	1.04	0.95	7.97	0.01
2004/05	10.46	0.95	8.68	0.82	1.82	8.60	0.03
2005/06	11.27	1.82	8.94	0.49	2.36	8.63	0.27
2006/07	10.83	2.36	7.85	0.61	1.94	8.60	0.28
2007/08	10.20	1.94	7.58	0.68	1.35	8.65	0.20
2008/09	9.86	1.35	8.08	0.41	1.36	7.99	0.51
2009/10	10.43	1.36	8.44	0.62	1.69	8.14	0.58
2010/11	10.25	1.69	7.81	0.74	1.64	8.18	0.42
2011/12	11.34	1.64	9.12	0.58	1.72	8.33	1.29
2012/13	10.18	1.72	7.77	0.69	1.42	7.66	1.09
2013/14	10.05	1.42	7.91	0.71	0.72	8.51	0.81
2014/15	9.43	0.72	8.12	0.58	0.78	7.81	0.83

数据来源：FAO/AMIS 数据库粮食监测年度数据。

将巴西 2000 年度到 2014 年度大米供求平衡量变化轨迹用图形来描绘（见图 4-21），并给出模拟的一元二次方程加以解析。可以看出，巴西大米供求平衡量表现为比较明显的快速增长后的下降，可以模拟成较为典型的抛物线形变化过程。在整个过程中，巴西大米总供给和总需求起伏较大，年度之间的波动性也比较突出，但模拟方程的年度趋势变化解释程度仍然有 53.32%。

由供求平衡表可以看出，巴西供给中的生产量、期初库存量和进口量的关系，需求中的国内消费、期末库存量和出口量的关系，从数据变化可以十分清楚地看到，巴西大米国内生产量与国内消费量相比具有高度的一致性，库存对供给和需求都有一定的影响，而进口量和出口量的变化几乎同等重要，但都有所增长。下面作进一步的分析。

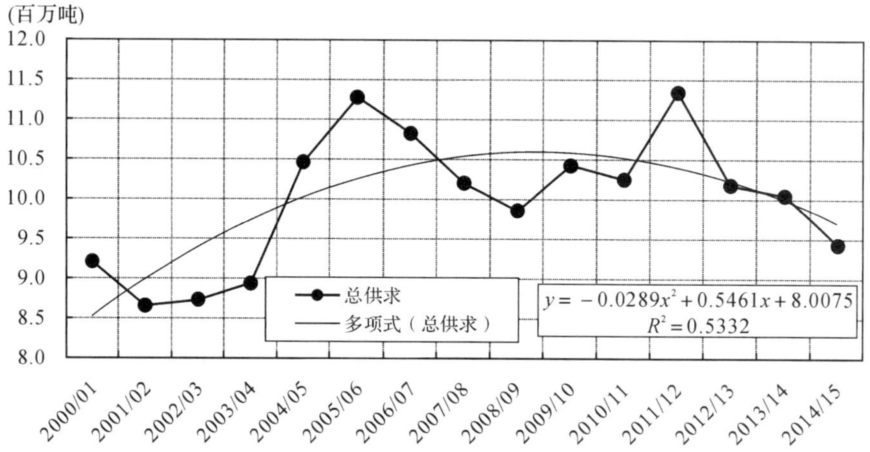

图 4-21　巴西大米供求平衡量变化趋势

4.6.2　大米供给关系

巴西大米总供给，通常包括大米供给的三要素——期初库存、生产量和进口量，在 21 世纪都有明显的变化，从而促使巴西大米供给结构相应地发生了较大变化，进而不断地调整着巴西大米产业的供给关系。巴西大米总供给变化如表 4-27 所示。

表 4-27　巴西大米总供给变化

	总供给		期初库存		生产量		进口量	
	（百万吨）	（变动）	（百万吨）	（变动）	（百万吨）	（变动）	（百万吨）	（变动）
2000/01	9.21	—	0.90	—	7.65	—	0.65	—
2001/02	8.65	−0.56	1.00	0.10	6.95	−0.70	0.69	0.04
2002/03	8.73	0.08	1.05	0.05	7.11	0.16	0.56	−0.13
2003/04	8.94	0.21	0.95	−0.10	6.94	−0.17	1.04	0.48
2004/05	10.46	1.52	0.95	0.00	8.68	1.74	0.82	−0.22
2005/06	11.27	0.81	1.82	0.87	8.94	0.26	0.49	−0.33
2006/07	10.83	−0.44	2.36	0.54	7.85	−1.09	0.61	0.12
2007/08	10.20	−0.63	1.94	−0.42	7.58	−0.27	0.68	0.07
2008/09	9.86	−0.34	1.35	−0.59	8.08	0.50	0.41	−0.27
2009/10	10.43	0.57	1.36	0.01	8.44	0.36	0.62	0.21
2010/11	10.25	−0.18	1.69	0.33	7.81	−0.63	0.74	0.12
2011/12	11.34	1.09	1.64	−0.05	9.12	1.31	0.58	−0.16
2012/13	10.18	−1.16	1.72	0.08	7.77	−1.35	0.69	0.11
2013/14	10.05	−0.13	1.42	−0.30	7.91	0.14	0.71	0.02
2014/15	9.43	−0.62	0.72	−0.70	8.12	0.21	0.58	−0.13

数据来源：FAO/AMIS 数据库粮食监测年度数据。

(1)库存供给变化。巴西大米年度期初库存反映了一定时期内大米的供给要素，是一定年度内最为基础的供给要素。从 2000 年度到 2014 年度，巴西大米期初库存量由 90 万吨增加到中期最高时 2006 年度的 236 万吨后，然后在波动中迅速下降，到 2014 年度剧降至 72 万吨。巴西大米库存供给经历了一个比较典型的抛物线变化轨迹，虽然有一定的年度波动，由于近年来库存量调减，巴西国家库存量已经跌到一个较低水平。

(2)生产供给变化。在 2000—2014 年 15 个年度内，巴西大米产量在总体向上的趋势中波动较大，年均大米产量 793 万吨，期末对期初平均增长速度 6.1%，年平均递增率只有 0.43%，是产量增长最慢的大国之一。期间，巴西大米产量经历了一个由上升到下降和相对稳定的变化过程，其中有 6 个年度下降，有 8 个年度增长，表明巴西大米生产量年度变化有一定的波动，显然，这对总供给的平稳性有一定影响。

(3)进口供给变化。在 2000—2014 年 15 个年度内，巴西大米进口量保持在几十万吨的水平，总体来看，有一定的增长趋势。从 2000 年度到 2014 年度，巴西大米进口量由 65 万吨增加到最高时 2003 年度的 104 万吨，最低进口量为 2008 年度的 41 万吨，到 2014 年度变为 58 万吨，期间增长幅度不大，长期趋势为进口量年均增加 65 万吨，期间年递增率则为 −8.1%。

(4)供给关系变化。从三要素关系来看，生产量是巴西大米供给的最重要的决定因素，产量的大小决定了供给总量的主体，产量的变化决定了总供给变化的基本方向。库存量是巴西大米供给调节的基础变量和重要力量，期初库存量的多少，决定了巴西国家内部供给的调剂能力和对外部依赖性的大小。进口量是巴西大米供给的必要补充，是一个较为重要的供给因素，也是供给经济性的必要体现。2000 年度到 2014 年度巴西大米供给三要素的结构关系数据如表 4-28 所示。

表 4-28　巴西大米供给关系

	库　存		产　量		进　口	
	(%)	(变动)	(%)	(变动)	(%)	(变动)
2000/01	9.77	—	83.06	—	7.06	—
2001/02	11.56	1.79	80.35	−2.72	7.98	0.92
2002/03	12.03	0.47	81.44	1.10	6.41	−1.56
2003/04	10.63	−1.40	77.63	−3.81	11.63	5.22
2004/05	9.08	−1.54	82.98	5.35	7.84	−3.79
2005/06	16.15	7.07	79.33	−3.66	4.35	−3.49
2006/07	21.79	5.64	72.48	−6.84	5.63	1.28
2007/08	19.02	−2.77	74.31	1.83	6.67	1.03
2008/09	13.69	−5.33	81.95	7.63	4.16	−2.51
2009/10	13.04	−0.65	80.92	−1.03	5.94	1.79
2010/11	16.49	3.45	76.20	−4.73	7.22	1.28
2011/12	14.46	−2.03	80.42	4.23	5.11	−2.10

续表

	库存		产量		进口	
	(%)	(变动)	(%)	(变动)	(%)	(变动)
2012/13	16.90	2.43	76.33	−4.10	6.78	1.66
2013/14	14.13	−2.77	78.71	2.38	7.06	0.29
2014/15	7.64	−6.49	86.11	7.40	6.15	−0.91

数据来源:FAO/AMIS数据库粮食监测年度数据。

4.6.3 大米需求关系

如同总供给有着深刻的变化一样,巴西大米需求量与需求关系也经历了深刻的变化,这种变化正是巴西大米需求市场和全球大米消费行为的深刻反映。这种变化不仅是量的增减变化,更重要的是需求结构和需求关系的重大变化。巴西大米总需求变化如表4-29所示。

表4-29 巴西大米总需求变化

	总需求		期末库存		国内消费		出口量	
	(百万吨)	(变动)	(百万吨)	(变动)	(百万吨)	(变动)	(百万吨)	(变动)
2000/01	9.21	—	1.00	—	8.18	—	0.02	—
2001/02	8.65	−0.56	1.05	0.05	7.99	−0.19	0.02	0.00
2002/03	8.73	0.08	0.95	−0.10	7.75	−0.24	0.03	0.01
2003/04	8.94	0.21	0.95	0.00	7.97	0.22	0.01	−0.02
2004/05	10.46	1.52	1.82	0.87	8.60	0.63	0.03	0.02
2005/06	11.27	0.81	2.36	0.54	8.63	0.03	0.27	0.24
2006/07	10.83	−0.44	1.94	−0.42	8.60	−0.03	0.28	0.01
2007/08	10.20	−0.63	1.35	−0.59	8.65	0.05	0.20	−0.08
2008/09	9.86	−0.34	1.36	0.01	7.99	−0.66	0.51	0.31
2009/10	10.43	0.57	1.69	0.33	8.14	0.15	0.58	0.07
2010/11	10.25	−0.18	1.64	−0.05	8.18	0.04	0.42	−0.16
2011/12	11.34	1.09	1.72	0.08	8.33	0.15	1.29	0.87
2012/13	10.18	−1.16	1.42	−0.30	7.66	−0.67	1.09	−0.20
2013/14	10.05	−0.13	0.72	−0.70	8.51	0.85	0.81	−0.28
2014/15	9.43	−0.62	0.78	0.06	7.81	−0.70	0.83	0.02

数据来源:FAO/AMIS数据库粮食监测年度数据。

(1)库存需求。从需求角度看,当期年度的期末库存量被视为需求表现,是需求转变为消费在当期“剩余”的需求和滞后一期的潜在需求能力的表现。从2000年度到2014年度,总体来看,巴西大米期末库存量从100万吨增加到最高时2005年度的236万吨,然后下降到2014年度的78万吨。类似于前面给出的总供给数据变化,期末库存需求经历了一个前期上升和后期大幅度下降的变化过程，年度间波动较大。从年度变化来看，期间有 6 个年度下降，8 个年度增长。

(2)国内消费需求变化。巴西国内大米用量(即消费需求)指国内大米使用量之和，包括食用、饲用、加工等用途的国内使用量，是巴西大米总需求的主项，是需求三要素的关键要素，也是大米需求最主要的用途。2000 年度到 2014 年度，巴西大米国内消费量从 818 万吨下降到 781 万吨，下降了 4.5%，年平均递增率－0.33%。纵观这一时期的数据变化，可以看出，巴西国内大米消费需求增长经历了上涨和下降的过程，年度间波动较大，期间有 6 个年度为负增长，8 个年度为正增长。

(3)出口需求。巴西大米出口变得越来越重要，不仅是国家稻米产业迅速发展的表现，也是其扩大世界大米市场的重要表现。纵观 2000 年度到 2014 年度巴西大米出口量数据变化，可以看出，巴西大米出口经历了总体向上、平台式上升的增长过程，年度出口量已经达到 120 万吨的能力。近期增长态势有所减缓，年度间波动较大。平均来看，2014 年度比 2000 年度出口增长 40 多倍，年递增率 30.49%，年度平均出口量 42 万吨，2011 年度最高出口 129 万吨，巴西增加大米出口的潜力仍然较大。

(4)需求关系变化。在需求(即库存量、国内消费和出口量)方面，三要素本身变化和互动关系的相互运动，使巴西大米需求关系正在经历一个较大的变化过程。2000 年度到 2014 年度泰国大米需求关系变化详见表 4-30。

表 4-30　巴西大米需求关系

	库　存		消　费		出　口	
	(%)	(变动)	(%)	(变动)	(%)	(变动)
2000/01	10.86	—	88.82	—	0.22	—
2001/02	12.14	1.28	92.37	3.55	0.23	0.01
2002/03	10.88	－1.26	88.77	－3.60	0.34	0.11
2003/04	10.63	－0.26	89.15	0.38	0.11	－0.23
2004/05	17.40	6.77	82.22	－6.93	0.29	0.17
2005/06	20.94	3.54	76.57	－5.64	2.40	2.11
2006/07	17.91	－3.03	79.41	2.83	2.59	0.19
2007/08	13.24	－4.68	84.80	5.39	1.96	－0.62
2008/09	13.79	0.56	81.03	－3.77	5.17	3.21
2009/10	16.20	2.41	78.04	－2.99	5.56	0.39
2010/11	16.00	－0.20	79.80	1.76	4.10	－1.46
2011/12	15.17	－0.83	73.46	－6.35	11.38	7.28
2012/13	13.95	－1.22	75.25	1.79	10.71	－0.67
2013/14	7.16	－6.78	84.68	9.43	8.06	－2.65
2014/15	8.27	1.11	82.82	－1.86	8.80	0.74

数据来源：FAO/AMIS 数据库粮食监测年度数据。

从三要素关系来看，巴西国内消费需求是其大米需求最重要的决定因素，国内大米消费数量大小决定了需求总量的主体,其变化决定了总需求的变化的基本方向。期末库存量是一国的基础变量,也是巴西大米需求总体的基础力量,期末库存量的多少,决定了该国内部供给的调剂能力和对外部依赖性的大小。出口量是总需求的重要补充,是巴西大米需求的重要变化,也是需求经济性的必要体现。2000 年度到 2014 年度,巴西大米需求三要素的结构关系表明,国内消费已由 2001 年度最高的 92.37%下降到 2011 年度最低的 73.46%,经历了逐年下降的变化过程;库存需求在初期经历了一个上升过程,由 10.86%上升到 2005 年度最高时的 20.94%,然后下降到 2013 年度的 7.16%,总体上表现为库存需求阶段性上升和下降的过程;出口占比经历了一个明显上升到相对稳定的变化过程,由 2000 年度的 0.22%上升到最高时 2011 年度的 11.38%,2014 年度下降到 8.80%。目前出口占比已经超过了库存占比。

4.6.4 供求关键因素

大米供求平衡关系,主要取决于三大要素:一是人口数量变化;二是反映水稻生产能力的单位面积产量水平;三是综合性指标的人均大米食用量变化。下面简要分析这些关键指标的数量特征及其变化趋势。

(1)人口变化。巴西是世界重要的人口大国之一,2000 年度到 2014 年度,人口数量由 1.74 亿人增加到 2.02 亿人,14 年内人口数量增长了 15.8%,以每年增加 196 万人的速度不断增长,人口年递增率 1.05%。巴西人口数量变化轨迹如图 4-22 所示。

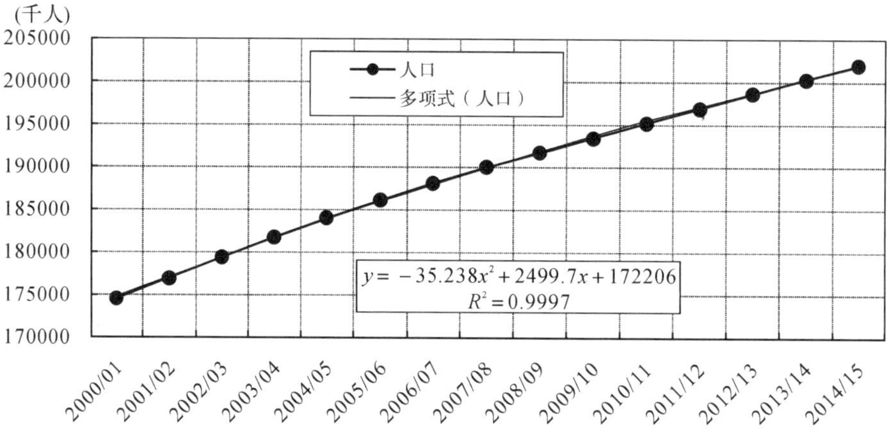

图 4-22 巴西总人口变化

(2)大米供给能力变化。巴西大米供给关系的调整和变化,较大程度上可以由反映大米生产能力的水稻(大米)单位面积生产水平这一指标得到综合表现。纵观 2000 年度到 2014 年度的 15 个年份,巴西大米单位面积产量(单产)水平由每公顷 2.08 吨上升到 3.42 吨,期间仅增长了 64.4%,每年平均增长 95 公斤/公顷,年平均递增率 3.62%,是世界大米生产能力中等水平的国家之一。巴西大米单位面积产量水平变化轨迹如图 4-23 所示。

(3)人均大米食用消费。按人口计算的人均大米需求量,与人口数量和大米生产供给密切相关,但又是独立影响巴西大米需求的一个变量。在 2000 年度到 2014 年度的 15 个年份间,巴西人均大米产量经历了下降、稳定和再下降的变化过程,年度波动很大。这一过程用抛物线模拟,其解释程度只有 67.72%。巴西大米食用量数据变化和模拟轨迹的变化情

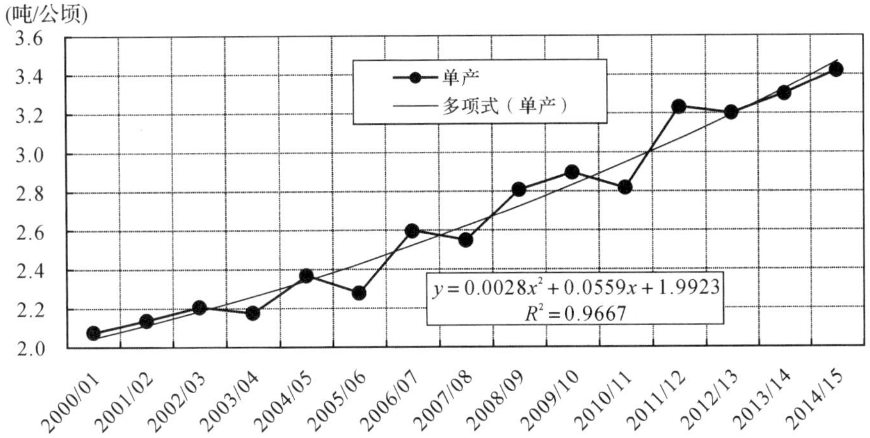

图 4-23　巴西大米生产能力变化

况如图 4-24 所示。

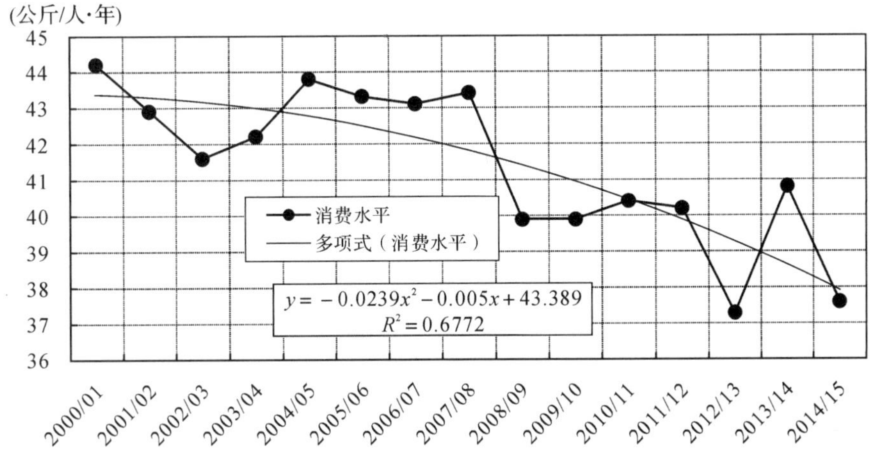

图 4-24　巴西人均大米食用需求变化

图 4-24 数据轨迹和模拟曲线表明，巴西人均食用大米消费量在这一时期的初期是一个较为明显的下降过程，大致上为 2000 年度到 2002 年度有明显下降的变化，2004 年度到 2007 年度相对稳定，经 2008 年度下降后到 2011 年度为下降中的稳定状况，而 2012 年度下降到最低水平，2013 年度大幅度上升，2014 年度再下降。在整个时期，巴西平均人均食用大米用量为 41.4 公斤，整个期间最低时 2012 年度仅为 37.6 公斤，最高时 2000 年度为 44.2 公斤，目前仍处在缓慢下降过程中。

4.7　日本稻米供求关系

日本是世界第 10 大水稻生产国家(按照 2012 年世界各国大米产量标准计算和排序)，也是重要的大米消费大国，还是世界大米重要进口国家之一。日本水稻产业发展对世界贸易和本国产业经济有着十分重要的影响。

4.7.1 大米供求平衡表

在 2000 年度到 2014 年度,日本大米供求平衡关系变化较大。如表 4-31 所示,日本大米总供给与总需求平衡量,由 1195 万吨下降到 1108 万吨,期间最低平衡量为 2003 年度的 1040 万吨,最高平衡量为初始年度 2000 年度的 1195 万吨。供求平衡量在年度间有一定波动,阶段性变化较大,就起始和终止时期平均来看,供求平衡量有减少的趋势。

表 4-31 日本大米供求平衡表

	总供求(百万吨)	供给(百万吨)			需求(百万吨)		
	(平衡量)	期初库存	生产量	进口量	期末库存	国内消费	出口量
2000/01	11.95	2.70	8.59	0.64	2.07	9.31	0.56
2001/02	10.93	2.07	8.20	0.65	2.60	8.10	0.21
2002/03	11.36	2.60	8.05	0.70	2.68	8.48	0.20
2003/04	10.40	2.68	7.06	0.66	1.81	8.44	0.15
2004/05	10.50	1.81	7.90	0.78	2.12	8.18	0.20
2005/06	10.94	2.12	8.22	0.60	2.28	8.46	0.20
2006/07	10.67	2.28	7.75	0.64	2.41	8.13	0.13
2007/08	10.90	2.41	7.89	0.59	2.27	8.39	0.23
2008/09	10.93	2.27	7.99	0.67	2.30	8.44	0.19
2009/10	10.64	2.30	7.67	0.66	2.40	8.05	0.18
2010/11	10.82	2.40	7.68	0.74	2.70	7.98	0.13
2011/12	10.93	2.70	7.61	0.62	2.60	8.10	0.23
2012/13	11.01	2.60	7.72	0.69	2.60	8.17	0.24
2013/14	11.09	2.60	7.79	0.70	2.70	8.19	0.20
2014/15	11.08	2.70	7.68	0.70	2.71	8.15	0.22

数据来源:FAO/AMIS 数据库粮食监测年度数据。

将 2000 年度到 2014 年度日本大米供求平衡量变化轨迹用图形来描绘(见图 4-25),并给出模拟的一元二次方程加以解析。可以看出,日本大米供求平衡量表现为比较明显的快速下降和慢速上升的一个时间序列,可以模拟成抛物线变化过程。在整个过程中,日本大米总供给和总需求有一定波动,但年度趋势变化的解释程度只有 45.05%。

由供求平衡表可以看出,日本供给中的生产量、期初库存量和进口量的关系,需求中的国内消费、期末库存量和出口量的关系,从数据变化可以十分清楚地看到,日本国内大米生产量与国内消费量相比具有高度的一致性,库存对供给和需求都有一定的影响,进口量较大但在平稳中有波动,出口量不大,也表现为平稳中的波动。下面作进一步的分析。

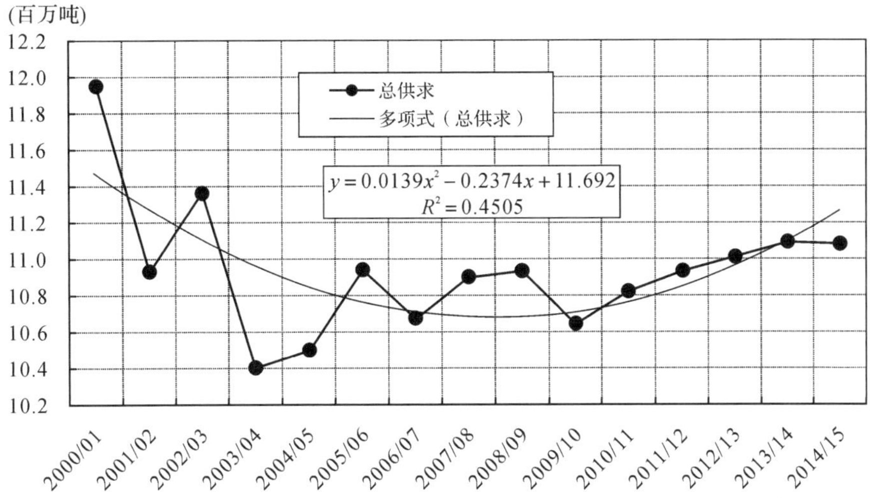

图 4-25　日本大米供求平衡量变化趋势

4.7.2　大米供给关系

日本大米总供给，通常包括大米供给的三要素——期初库存、生产量和进口量，在 21 世纪都有明显的变化，从而促使日本大米供给结构相应地发生了较大变化，进而不断地调整着日本大米产业的供给关系。日本大米总供给变化如表 4-32 所示。

表 4-32　日本大米总供给变化

	总供给		期初库存		生产量		进口量	
	（百万吨）	（变动）	（百万吨）	（变动）	（百万吨）	（变动）	（百万吨）	（变动）
2000/01	11.95	—	2.70	—	8.59	—	0.64	—
2001/02	10.93	−1.02	2.07	−0.63	8.20	−0.39	0.65	0.01
2002/03	11.36	0.43	2.60	0.53	8.05	−0.15	0.70	0.05
2003/04	10.40	−0.96	2.68	0.08	7.06	−0.99	0.66	−0.04
2004/05	10.50	0.10	1.81	−0.87	7.90	0.84	0.78	0.12
2005/06	10.94	0.44	2.12	0.31	8.22	0.32	0.60	−0.18
2006/07	10.67	−0.27	2.28	0.16	7.75	−0.47	0.64	0.04
2007/08	10.90	0.23	2.41	0.13	7.89	0.14	0.59	−0.05
2008/09	10.93	0.03	2.27	−0.14	7.99	0.10	0.67	0.08
2009/10	10.64	−0.29	2.30	0.03	7.67	−0.32	0.66	−0.01
2010/11	10.82	0.18	2.40	0.10	7.68	0.01	0.74	0.08
2011/12	10.93	0.11	2.70	0.30	7.61	−0.07	0.62	−0.12
2012/13	11.01	0.08	2.60	−0.10	7.72	0.11	0.69	0.07
2013/14	11.09	0.08	2.60	0.00	7.79	0.07	0.70	0.01
2014/15	11.08	−0.01	2.70	0.10	7.68	−0.11	0.70	0.00

数据来源：FAO/AMIS 数据库粮食监测年度数据。

(1)库存供给变化。日本大米年度期初库存反映了一定时期内大米的供给要素,是一定年度内最为基础的供给要素。从2000年度到2014年度,日本大米期初库存量由270万吨经过下降和波动变化,到2014年度仍然为270万吨。日本大米库存供给经历了一个比较典型的抛物线变化轨迹,期间最低为2004年度的181万吨,最高为初始年度和终止年度的270万吨。虽然有一定的年度波动,由于近年来库存量恢复到一个较高的平台,日本库存量供给比较充裕。

(2)生产供给变化。在2000—2014年15个年度内,日本大米产量总体下降比较明显,2000年度859万吨,2014年度768万吨,期间年度平均大米产量785万吨,期末对期初平均增长速度－10.59%,年平均递增率－0.80%,是大米产量下降为数不多的国家之一。期间,日本大米产量经历了一个由下降到略微回升再到相对稳定的变化过程,其中有7个年度下降,7个年度增长,表明日本大米生产量年度变化有一定的波动。显然,这对日本总供给的平稳性有一定影响。

(3)进口供给变化。在2000—2014年15个年度内,日本大米进口量较大,总体来看,表现为由下降到上升的趋势。2000年度到2014年度,日本大米进口量由64万吨增加到70万吨,期间平均进口量66万吨,年平均进口增长9.38%,年平均递增率0.64%。长期趋势为进口量中等,年均增加4万吨,总体表现出进口增长态势。

(4)供给关系变化。从三要素关系来看,生产量是日本大米供给的最重要的决定因素,产量的大小决定了供给总量的主体,产量的变化决定了总供给的变化的基本方向。库存量是日本大米供给调节的基础变量和重要力量,期初库存量的多少,决定了日本国家内部供给的调剂能力和对外部依赖性的大小。进口量是日本大米供给的必要补充,是较为重要的因素,也是供给经济性的必要体现。2000年度到2014年度日本大米供给三要素的结构关系数据表4-33所示。

表4-33 日本大米供给关系

	库存		产量		进口	
	(%)	(变动)	(%)	(变动)	(%)	(变动)
2000/01	22.59	—	71.88	—	5.36	—
2001/02	18.94	－3.66	75.02	3.14	5.95	0.59
2002/03	22.89	3.95	70.86	－4.16	6.16	0.22
2003/04	25.77	2.88	67.88	－2.98	6.35	0.18
2004/05	17.24	－8.53	75.24	7.35	7.43	1.08
2005/06	19.38	2.14	75.14	－0.10	5.48	－1.94
2006/07	21.37	1.99	72.63	－2.50	6.00	0.51
2007/08	22.11	0.74	72.39	－0.25	5.41	－0.59
2008/09	20.77	－1.34	73.10	0.72	6.13	0.72
2009/10	21.62	0.85	72.09	－1.02	6.20	0.07
2010/11	22.18	0.56	70.98	－1.11	6.84	0.64

续表

	库存		产量		进口	
	(%)	(变动)	(%)	(变动)	(%)	(变动)
2011/12	24.70	2.52	69.62	−1.35	5.67	−1.17
2012/13	23.61	−1.09	70.12	0.49	6.27	0.59
2013/14	23.44	−0.17	70.24	0.13	6.31	0.04
2014/15	24.37	0.92	69.31	−0.93	6.32	0.01

数据来源：FAO/AMIS 数据库粮食监测年度数据。

4.7.3 大米需求关系

如同总供给有着深刻的变化一样，日本大米需求量与需求关系也经历了深刻的变化，这种变化正是日本大米需求市场和全球大米消费行为的深刻反映。这种变化不仅是量的增减变化，更重要的是需求结构和需求关系的重大变化。日本大米总需求变化如表 4-34 所示。

表 4-34　日本大米总需求变化

	总需求		期末库存		国内消费		出口量	
	(百万吨)	(变动)	(百万吨)	(变动)	(百万吨)	(变动)	(百万吨)	(变动)
2000/01	11.95	—	2.07	—	9.31	—	0.56	—
2001/02	10.93	−1.02	2.60	0.53	8.10	−1.21	0.21	−0.35
2002/03	11.36	0.43	2.68	0.08	8.48	0.38	0.20	−0.01
2003/04	10.40	−0.96	1.81	−0.87	8.44	−0.04	0.15	−0.05
2004/05	10.50	0.10	2.12	0.31	8.18	−0.26	0.20	0.05
2005/06	10.94	0.44	2.28	0.16	8.46	0.28	0.20	0.00
2006/07	10.67	−0.27	2.41	0.13	8.13	−0.33	0.13	−0.07
2007/08	10.90	0.23	2.27	−0.14	8.39	0.26	0.23	0.10
2008/09	10.93	0.03	2.30	0.03	8.44	0.05	0.19	−0.04
2009/10	10.64	−0.29	2.40	0.10	8.05	−0.39	0.18	−0.01
2010/11	10.82	0.18	2.70	0.30	7.98	−0.07	0.13	−0.05
2011/12	10.93	0.11	2.60	−0.10	8.10	0.12	0.23	0.10
2012/13	11.01	0.08	2.60	0.00	8.17	0.07	0.24	0.01
2013/14	11.09	0.08	2.70	0.10	8.19	0.02	0.20	−0.04
2014/15	11.08	−0.01	2.71	0.01	8.15	−0.04	0.22	0.02

数据来源：FAO/AMIS 数据库粮食监测年度数据。

(1)库存需求。从需求角度看，当期年度的期末库存量被视为需求表现，是需求转变为消费在当期“剩余”的需求和滞后一期的潜在需求能力的表现。从 2000 年度到 2014 年度，总体来看，日本大米期末库存量从 207 万吨增加到 271 万吨，年均库存量 241 万吨。类似于前面给出的总供给数据变化，期末库存需求经历了一个前期明显下降和后期略有上升的变化过程，年度间波动较大，2014 年度为最高期末库存量，2003 年度为最低期末库存量只有 181 万吨。从年度变化来看，期间有 3 个年度下降，11 个年度增长。

(2)国内消费需求变化。日本国内大米用量(即消费需求)指国内大米使用量之和，包括食用、饲用、加工等用途的国内使用量，是日本大米总需求的主项，是需求三要素的关键要素，也是大米需求最主要的用途。2000 年度到 2014 年度，日本大米国内消费量从 931 万吨下降到 815 万吨，增长率－12.46％，年平均递增率－0.95％。纵观这一时期的数据变化，可以看出，日本国内大米消费需求总体向下变化，期间有所减少，年度间有所波动但波动幅度一般不大，期间有 7 个年度为负增长，7 个年度为正增长。

(3)出口需求。日本大米出口量很少。由 2000 年度到 2014 年度日本大米出口量数据变化可以看出，日本大米出口总体上是下降的，但下降之后的出口量维持在一个较低水平的平台上。平均来看，2014 年度比 2000 年度出口增长－60.71％，年递增率－6.46％，年均出口量 22 万吨。

(4)需求关系变化。在需求(即库存量、国内消费和出口量)方面，三要素本身变化和互动关系的相互运动，使日本大米需求关系正在经历一个波动变化的过程。2000 年度到 2014 年度日本大米需求关系变化详见表 4-35。

表 4-35　日本大米需求关系

	库　存		消　费		出　口	
	(％)	(变动)	(％)	(变动)	(％)	(变动)
2000/01	17.32	—	77.91	—	4.69	—
2001/02	23.79	6.47	74.11	－3.80	1.92	－2.76
2002/03	23.59	－0.20	74.65	0.54	1.76	－0.16
2003/04	17.40	－6.19	81.15	6.51	1.44	－0.32
2004/05	20.19	2.79	77.90	－3.25	1.90	0.46
2005/06	20.84	0.65	77.33	－0.57	1.83	－0.08
2006/07	22.59	1.75	76.19	－1.14	1.22	－0.61
2007/08	20.83	－1.76	76.97	0.78	2.11	0.89
2008/09	21.04	0.22	77.22	0.25	1.74	－0.37
2009/10	22.56	1.51	75.66	－1.56	1.69	－0.05
2010/11	24.95	2.40	73.75	－1.91	1.20	－0.49
2011/12	23.79	－1.17	74.11	0.36	2.10	0.90
2012/13	23.61	－0.17	74.21	0.10	2.18	0.08
2013/14	24.35	0.73	73.85	－0.35	1.80	－0.38
2014/15	24.46	0.11	73.56	－0.29	1.99	0.18

数据来源：FAO/AMIS 数据库粮食监测年度数据。

从三要素关系来看，日本国内消费需求是其大米需求最重要的决定因素，国内大米消费数量大小决定了需求总量的主体，其变化决定了总需求的变化的基本方向。期末库存量是一国的基础变量，也是日本大米需求总体的基础力量，期末库存量的多少，决定了日本国家内大米供给的调剂能力和对外部依赖性的大小。出口量是总需求的必要补充，是日本大米需求的变化形式之一，也是需求经济性的必要体现。2000年度到2014年度，日本大米需求三要素的结构关系表明，国内消费已由2003年度最高时的81.15%下降到2014年度最低时的73.56%，经历了比较明显的下降变化过程；库存需求由2000年度17.32%的最低占比，上升到2010年度24.95%最高占比，然后小幅度地年度波动，总体上表现为库存需求阶段性上升的变化过程；出口占比经历了一个明显的下降和恢复性上升的变化过程，最高时为2000年度的4.69%，在经过最低时2010年度的1.20%之后缓慢上升，2014年度出口占比只有1.99%。

4.7.4　供求关键因素

大米供求平衡关系，主要取决于三大要素：一是人口数量变化；二是反映水稻生产能力的单位面积产量水平；三是综合性指标的人均大米食用量变化。下面简要分析这些关键指标的数量特征及其变化趋势。

(1)人口变化。日本是世界比较重要的一个人口大国，2000年度到2014年度，人口数量由1.25亿人增加到1.27亿人，其中2009年度为人口最大量(12735万人)。期间，年度平均人口数量12689万人，年度平均增长1.02%，以每年增加9万人的速度不断增长，人口年递增率仅为0.07%。日本总人口数量变化轨迹如图4-26所示。

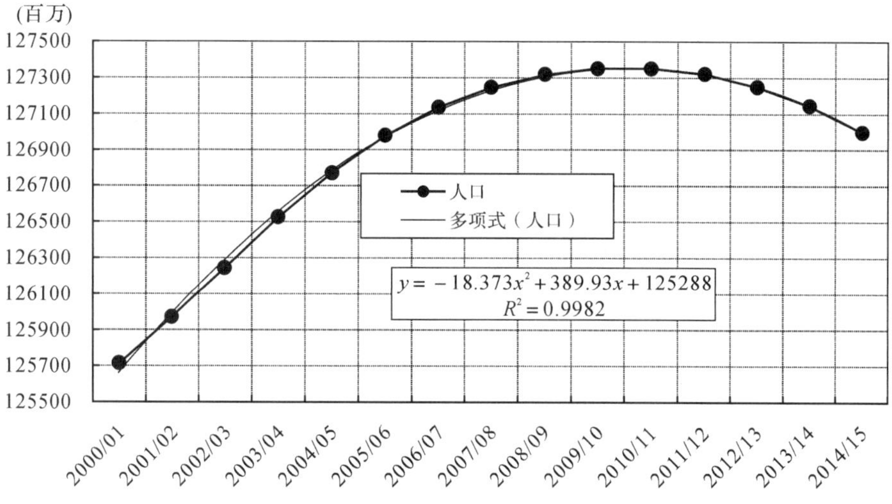

图4-26　日本总人口变化

(2)大米供给能力变化。日本大米供给关系的调整和变化，较大程度上可以由反映大米生产能力的水稻(大米)单位面积生产水平这一指标得到综合表现。纵观2000年度到2014年度15年间，日本大米单位面积产量(单产)水平由每公顷4.85吨上升到4.86吨，期间仅增长了0.21%，每年平均增长只有1公斤/公顷，年平均递增率只有0.01%。日本是世界大米生产能力较高的国家之一，但也是增长速度最慢的国家之一。日本大米单位面积产量水平变化轨迹如图4-27所示。

(3)人均大米食用消费。按人口计算的人均大米需求量，与人口数量和大米生产供给

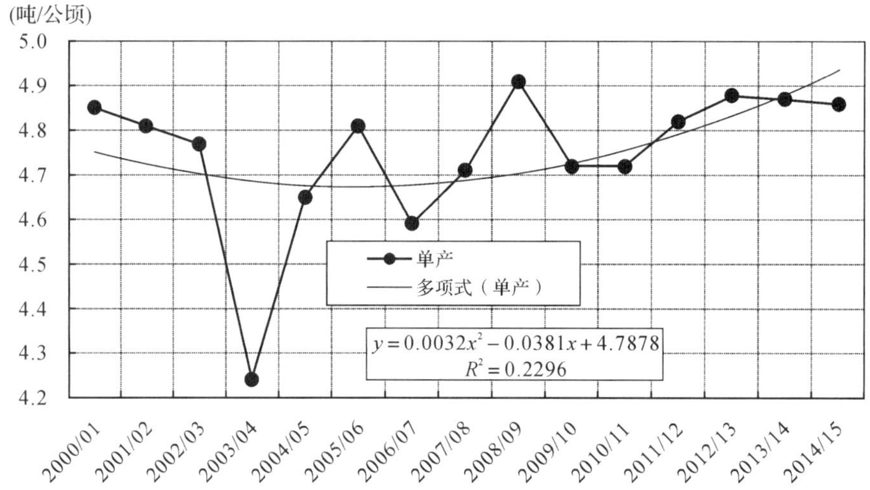

图 4-27　日本大米生产能力变化

密切相关，但又是独立影响日本大米需求的一个重要变量。在 2000 年度到 2014 年度的 15 年间，日本人均大米产量经历了长期缓慢下降的变化过程，这一过程可以用抛物线模拟，其解释程度达到了 86.08%。日本大米食用量数据变化和模拟轨迹的变化情况如图 4-28 所示。

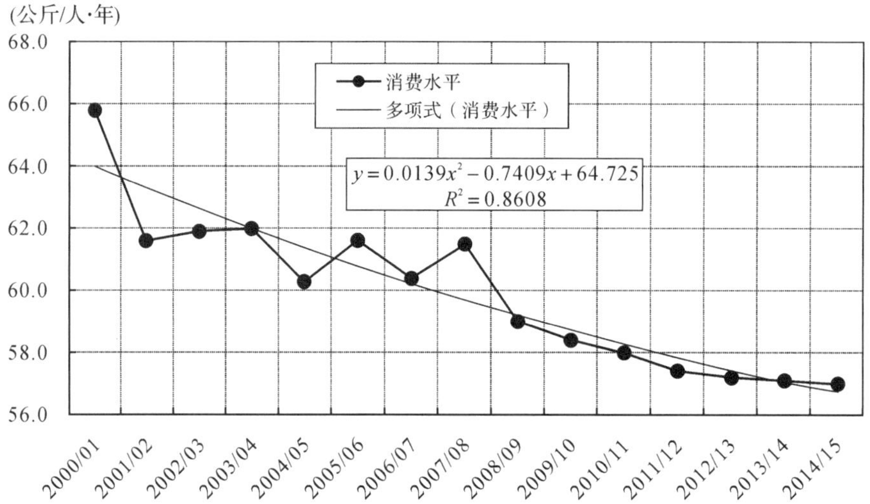

图 4-28　日本人均大米食用需求变化

图 4-28 数据轨迹和模拟曲线表明，日本人均食用大米消费量在这一时期的初期有一个较大的下降过程，大致上为 2000 年度到 2001 年度，然后在 2001 年度开始到 2007 年度波动较大而总体下降，自 2008 年度开始进入年度间缓慢下降通道。在整个时期，日本平均人均食用大米用量为 47.5 公斤，最高时为 2000 年度的 65.8 公斤，几经波动到 2014 年度下降到最低的 57.0 公斤，目前仍处在缓慢下降阶段。日本是世界人均大米食用消费稳定下降比较明显的国家之一。

4.8　美国稻米供求关系

美国是列在世界第 12 位的水稻生产大国，国内有一定的大米消费能力，更重要的是美国是世界主要的稻米出口大国。美国水稻产业发展对世界大米贸易和本国产业经济有着重要的影响。

4.8.1　大米供求平衡表

在 2000 年度到 2014 年度中，美国大米供求平衡关系变化较大。如表 4-36 所示，美国大米总供给与总需求平衡量，由 722 万吨增加到 876 万吨，期间最低平衡量为初始年度 2000 年度的 722 万吨，最高平衡量为 2010 年度的 939 万吨，年度间有较大波动，大致表现为略微向上的发展趋势。

表 4-36　美国大米供求平衡表

	总供求（百万吨）	供给（百万吨）			需求（百万吨）		
	（平衡量）	期初库存	生产量	进口量	期末库存	国内消费	出口量
2000/01	7.22	0.86	5.94	0.41	0.88	3.79	2.54
2001/02	8.02	0.88	6.71	0.42	1.21	3.51	3.29
2002/03	8.20	1.21	6.53	0.45	0.82	3.54	3.83
2003/04	7.72	0.82	6.41	0.47	0.76	3.87	3.09
2004/05	8.46	0.76	7.28	0.41	1.21	3.38	3.86
2005/06	8.94	1.21	7.09	0.63	1.33	4.34	3.26
2006/07	8.30	1.33	6.26	0.69	1.26	4.00	3.02
2007/08	8.20	1.26	6.28	0.65	0.93	4.00	3.26
2008/09	8.16	0.93	6.54	0.68	0.97	4.16	3.01
2009/10	8.67	0.97	7.13	0.56	1.18	3.62	3.86
2010/11	9.39	1.18	7.59	0.62	1.51	4.63	3.24
2011/12	8.01	1.51	5.86	0.64	1.30	3.41	3.29
2012/13	8.32	1.30	6.34	0.67	1.15	3.87	3.29
2013/14	8.00	1.15	6.11	0.73	1.02	3.97	3.00
2014/15	8.76	1.02	7.06	0.67	1.30	4.05	3.40

数据来源：FAO/AMIS 数据库粮食监测年度数据。

将 2000 年度到 2014 年度美国大米供求平衡量变化轨迹用图形来描绘（见图 4-29），并给出模拟的一元二次方程加以解析。可以看出，美国大米供求平衡量表现为总体向上的发展过程，可以模拟成一个抛物线变化轨迹。在整个过程中，美国大米总供给和总需求有一定波动,但年度趋势变化的解释程度只有35.86%。

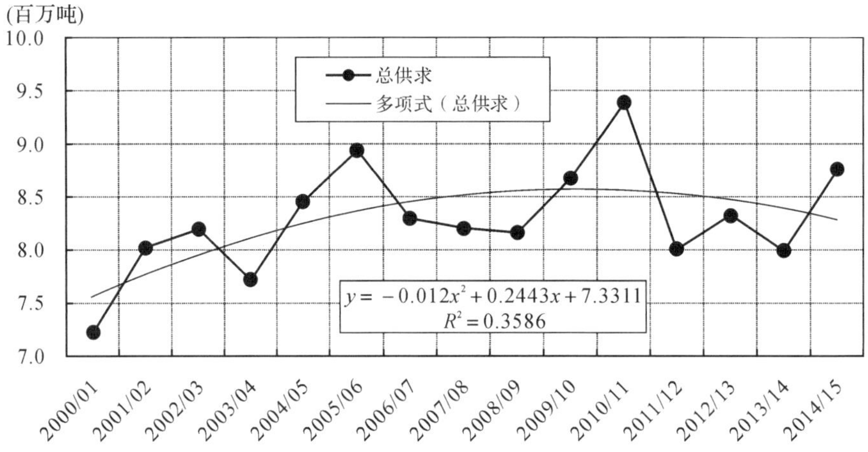

图4-29 美国大米供求平衡量变化趋势

供求平衡表可以看出,美国大米供给中的生产量、期初库存量和进口量的关系,需求中的国内消费、期末库存量和出口量的关系。从数据变化可以十分清楚地看到,美国大米国内生产量与国内消费量相比具有一定的相关性,库存对供给和需求都有一定的影响,而进口量较小但增长明显,出口量很大,也在迅速增加。下面作进一步的分析。

4.8.2 大米供给关系

美国大米总供给,通常包括大米供给的三要素——期初库存、生产量和进口量,在新世纪都有明显的变化,从而促使美国大米供给结构相应地发生了较大变化,进而不断地调整着美国大米产业的供给关系。美国大米总供给变化如表4-37所示。

表4-37 美国大米总供给变化

	总供给		期初库存		生产量		进口量	
	(百万吨)	(变动)	(百万吨)	(变动)	(百万吨)	(变动)	(百万吨)	(变动)
2000/01	7.22	—	0.86	—	5.94	—	0.41	—
2001/02	8.02	0.80	0.88	0.02	6.71	0.77	0.42	0.01
2002/03	8.20	0.18	1.21	0.33	6.53	−0.18	0.45	0.03
2003/04	7.72	−0.48	0.82	−0.39	6.41	−0.12	0.47	0.02
2004/05	8.46	0.74	0.76	−0.06	7.28	0.87	0.41	−0.06
2005/06	8.94	0.48	1.21	0.45	7.09	−0.19	0.63	0.22
2006/07	8.30	−0.64	1.33	0.12	6.26	−0.83	0.69	0.06
2007/08	8.20	−0.10	1.26	−0.07	6.28	0.02	0.65	−0.04
2008/09	8.16	−0.04	0.93	−0.33	6.54	0.26	0.68	0.03
2009/10	8.67	0.51	0.97	0.04	7.13	0.59	0.56	−0.12

续表

	总供给		期初库存		生产量		进口量	
	（百万吨）	（变动）	（百万吨）	（变动）	（百万吨）	（变动）	（百万吨）	（变动）
2010/11	9.39	0.72	1.18	0.21	7.59	0.46	0.62	0.06
2011/12	8.01	−1.38	1.51	0.33	5.86	−1.73	0.64	0.02
2012/13	8.32	0.31	1.30	−0.21	6.34	0.48	0.67	0.03
2013/14	8.00	−0.32	1.15	−0.15	6.11	−0.23	0.73	0.06
2014/15	8.76	0.76	1.02	−0.13	7.06	0.95	0.67	−0.06

数据来源：FAO/AMIS 数据库粮食监测年度数据。

（1）库存供给变化。美国大米年度期初库存反映了一定时期内大米的供给要素，是一个年度内最为基础的供给要素。2000 年度到 2014 年度，美国大米期初库存量由 86 万吨增加到中期 2006 年度的 133 万吨后下降，2011 年度增加到最高 151 万吨，然后下降，2014 年度为 102 万吨。美国大米库存供给经历了一个类似抛物线的变化轨迹，有一定的年度波动，近年来库存量有所下降。

（2）生产供给变化。在 2000—2014 年 15 个年度内，美国大米产量总体上有所增加，年均大米产量 660 万吨，期末对期初平均增长速度 18.9%，年平均递增率 1.24%，是产量增长较慢的国家之一。期间，美国大米产量经历了一个由上升到略微下降的变化过程，其中有 6 个年度下降，8 个年度增长，表明美国大米生产量年度变化有一定的波动。显然，这对总供给的平稳性有一定影响。

（3）进口供给变化。在 2000—2014 年 15 个年度内，美国大米进口量不大，总体来看，有着较为突出的增加趋势。2000 年度到 2014 年度，美国大米进口量由 41 万吨增加到 2013 年度最高 73 万吨，2014 年度为 67 万吨，长期趋势为进口大米年均增长 58 万吨，期间年递增率 3.57%。

（4）供给关系变化。从三要素关系来看，生产量是美国大米供给的最重要的决定因素，产量的大小决定了供给总量的主体，产量的变化决定了总供给的变化的基本方向。库存量是美国大米供给调节的基础变量和重要力量，期初库存量的多少，决定了美国国家内部供给的调剂能力和对外部依赖性的大小。进口量是美国大米供给的必要补充，是较为次要的因素，也是供给经济性的必要体现。2000 年度到 2014 年度美国大米供给三要素的结构关系数据如表 4-38 所示。

表 4-38　美国大米供给关系

	库　存		产　量		进　口	
	（%）	（变动）	（%）	（变动）	（%）	（变动）
2000/01	11.91	—	82.27	—	5.68	—
2001/02	10.97	−0.94	83.67	1.39	5.24	−0.44
2002/03	14.76	3.78	79.63	−4.03	5.49	0.25
2003/04	10.62	−4.13	83.03	3.40	6.09	0.60

续表

	库存		产量		进口	
	(%)	(变动)	(%)	(变动)	(%)	(变动)
2004/05	8.98	−1.64	86.05	3.02	4.85	−1.24
2005/06	13.53	4.55	79.31	−6.75	7.05	2.20
2006/07	16.02	2.49	75.42	−3.88	8.31	1.27
2007/08	15.37	−0.66	76.59	1.16	7.93	−0.39
2008/09	11.40	−3.97	80.15	3.56	8.33	0.41
2009/10	11.19	−0.21	82.24	2.09	6.46	−1.87
2010/11	12.57	1.38	80.83	−1.41	6.60	0.14
2011/12	18.85	6.28	73.16	−7.67	7.99	1.39
2012/13	15.63	−3.23	76.20	3.04	8.05	0.06
2013/14	14.38	−1.25	76.38	0.17	9.13	1.07
2014/15	11.64	−2.73	80.59	4.22	7.65	−1.48

数据来源:FAO/AMIS数据库粮食监测年度数据。

4.8.3 大米需求关系

如同总供给有着深刻的变化一样,美国大米需求量与需求关系也经历了深刻的变化。这种变化正是美国大米需求市场和全球大米消费行为的深刻反映。这种变化不仅是量的增减变化,更重要的是需求结构和需求关系的重大变化。美国大米总需求变化如表4-39所示。

表4-39 美国大米总需求变化

	总需求		期末库存		国内消费		出口量	
	(百万吨)	(变动)	(百万吨)	(变动)	(百万吨)	(变动)	(百万吨)	(变动)
2000/01	7.22	—	0.88	—	3.79	—	2.54	—
2001/02	8.02	0.80	1.21	0.33	3.51	−0.28	3.29	0.75
2002/03	8.20	0.18	0.82	−0.39	3.54	0.03	3.83	0.54
2003/04	7.72	−0.48	0.76	−0.06	3.87	0.33	3.09	−0.74
2004/05	8.46	0.74	1.21	0.45	3.38	−0.49	3.86	0.77
2005/06	8.94	0.48	1.33	0.12	4.34	0.96	3.26	−0.60
2006/07	8.30	−0.64	1.26	−0.07	4.00	−0.34	3.02	−0.24
2007/08	8.20	−0.10	0.93	−0.33	4.00	0.00	3.26	0.24
2008/09	8.16	−0.04	0.97	0.04	4.16	0.16	3.01	−0.25
2009/10	8.67	0.51	1.18	0.21	3.62	−0.54	3.86	0.85

续表

	总需求		期末库存		国内消费		出口量	
	（百万吨）	（变动）	（百万吨）	（变动）	（百万吨）	（变动）	（百万吨）	（变动）
2010/11	9.39	0.72	1.51	0.33	4.63	1.01	3.24	−0.62
2011/12	8.01	−1.38	1.30	−0.21	3.41	−1.22	3.29	0.05
2012/13	8.32	0.31	1.15	−0.15	3.87	0.46	3.29	0.00
2013/14	8.00	−0.32	1.02	−0.13	3.97	0.10	3.00	−0.29
2014/15	8.76	0.76	1.30	0.28	4.05	0.08	3.40	0.40

数据来源：FAO/AMIS数据库粮食监测年度数据。

(1)库存需求。从需求角度看，当期年度的期末库存量被视为需求表现，是需求转变为消费在当期“剩余”的需求和滞后一期的潜在需求能力的表现。2000年度到2014年度，总体来看，美国大米期末库存量从88万吨增加到130万吨，年均库存量112万吨。类似于前面给出的总供给数据变化，期末库存需求经历了一个前期轻微上升和后期大幅度增长的变化过程，年度间波动较大，2003年度76万吨为最低期末库存量，2010年度最高达到151万吨。从年度变化来看，期间有7个年度下降，7个年度增长。

(2)国内消费需求变化。美国国内大米用量(即消费需求)指国内大米使用量之和，包括食用、饲用、加工等用途的国内使用量，是美国大米总需求的主项，是需求三要素的关键要素，也是大米需求最主要的用途。2000年度到2014年度，美国大米国内消费量从379万吨增加到405万吨，平均387万吨，期间增长6.9%，年平均递增率0.48%。纵观这一时期的数据变化，可以看出，美国国内大米消费需求有一定的增长，但年度间和区间波动较大，期间有5个年度为负增长，9个年度为正增长。

(3)出口需求。大米出口是出口国家在大米使用方所表现的一种方式，因此，将出口视为国家的需求。美国大米出口一直以来都很重要，不仅是国家稻米产业迅速发展的表现，也是巩固世界大米出口传统大国的重要表现。由2000年度到2014年度美国大米出口量数据变化可以看出，美国大米出口经历了总体向上、平台式上升的增长过程，但近期增长态势减弱，年度间波动较大，但仍然是世界重要的大米出口大国。平均来看，2014年度比2000年度出口增长33.9%，年递增率2.10%，年均出口量328万吨，最低是2000年度的254万吨，最高为2004年度和2009年度，都为386万吨，2014年下降到340万吨。

(4)需求关系变化。在需求(即库存量、国内消费和出口量)方面，三要素本身变化和互动关系的相互运动，使美国大米需求关系正在经历一个大的变化过程。2000年度到2014年度美国大米需求关系变化详见表4-40。

表4-40　美国大米需求关系

	库　存		消　费		出　口	
	（%）	（变动）	（%）	（变动）	（%）	（变动）
2000/01	12.19	—	52.49	—	35.18	—
2001/02	15.09	2.90	43.77	−8.73	41.02	5.84

续表

	库存		消费		出口	
	(%)	(变动)	(%)	(变动)	(%)	(变动)
2002/03	10.00	−5.09	43.17	−0.59	46.71	5.68
2003/04	9.84	−0.16	50.13	6.96	40.03	−6.68
2004/05	14.30	4.46	39.95	−10.18	45.63	5.60
2005/06	14.88	0.57	48.55	8.59	36.47	−9.16
2006/07	15.18	0.30	48.19	−0.35	36.39	−0.08
2007/08	11.34	−3.84	48.78	0.59	39.76	3.37
2008/09	11.89	0.55	50.98	2.20	36.89	−2.87
2009/10	13.61	1.72	41.75	−9.23	44.52	7.63
2010/11	16.08	2.47	49.31	7.55	34.50	−10.02
2011/12	16.23	0.15	42.57	−6.74	41.07	6.57
2012/13	13.82	−2.41	46.51	3.94	39.54	−1.53
2013/14	12.75	−1.07	49.63	3.11	37.50	−2.04
2014/15	14.84	2.09	46.23	−3.39	38.81	1.31

数据来源:FAO/AMIS 数据库粮食监测年度数据。

从三要素关系来看,美国国内消费需求是其大米需求最重要的决定因素,国内大米消费数量大小决定了需求总量的主体,其变化决定了总需求变化的基本方向。期末库存量是一国的基础变量,也是美国大米需求总体的基础力量,期末库存量的多少,决定了美国国家内部供给的调剂能力和对外部依赖性的大小。出口量是总需求的必要组成部分,是美国大米需求的重要变化,也是需求经济性的必要体现。2000 年度到 2014 年度,美国大米需求三要素的结构关系表明,国内消费已由最高年度 2000 年度的 52.49%下降到最低年度 2009 年度的 41.75%,大致上经历了一个较为明显的下降过程;库存需求由 2003 年度 9.84%的最低占比,到 2011 年度上升到 16.23%的最高占比,2014 年度下降到 14.84%,总体上表现为库存需求阶段性变化过程;出口占比经历了一个明显的由升而降的变化过程,出口占比最低是 2000 年度的 35.18%,最高是 2002 年度的 46.71%,2014 年度恢复到 38.81%,美国作为世界重要的大米出口大国之一,虽然年度间有波动,但出口一直是国家大米需求的一个重要因素。

4.8.4 供求关键因素

大米供求平衡关系,主要取决于三大要素:一是人口数量变化;二是反映水稻生产能力的单位面积产量水平;三是综合性指标的人均大米食用量变化。下面简要分析这些关键指标的数量特征及其变化趋势。

(1)人口变化。美国是世界重要的人口大国之一,2000 年度到 2014 年度,人口数量由 2.84 亿人增加到 3.22 亿人,人口数量增长了 13.3%,以每年增加 271 万人的速度不断增长,人口年递增率为 0.90%。美国人口数量变化轨迹如图 4-30 所示。

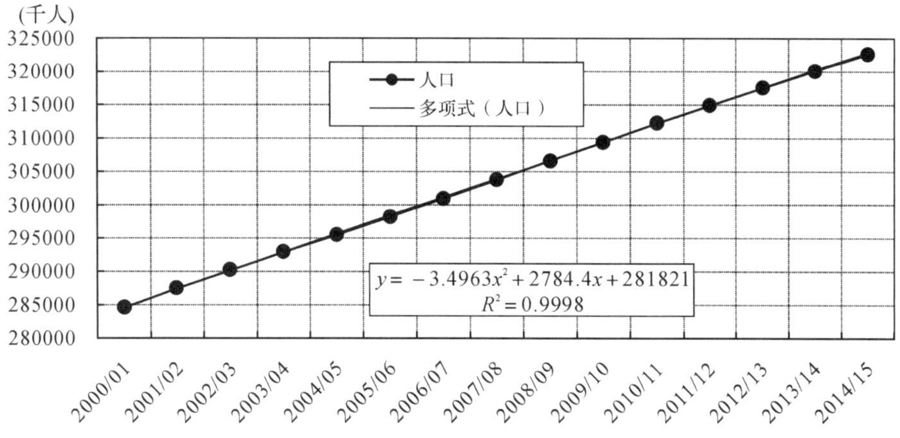

图 4-30　美国总人口变化

(2)大米供给能力变化。美国大米供给关系的调整和变化，较大程度上可以由反映大米生产能力的水稻(大米)单位面积生产水平这一指标得到综合表现。2000 年度到 2014 年度 15 年间，美国大米单位面积产量(单产)水平由每公顷 4.83 吨上升到 5.98 吨，期间最高为 2013 年度的 6.12 吨/公顷，每年平均增长 82 公斤/公顷，年平均递增率 1.54%，是世界大米生产能力最高的国家之一。美国大米单位面积产量水平变化轨迹如图 4-31 所示。

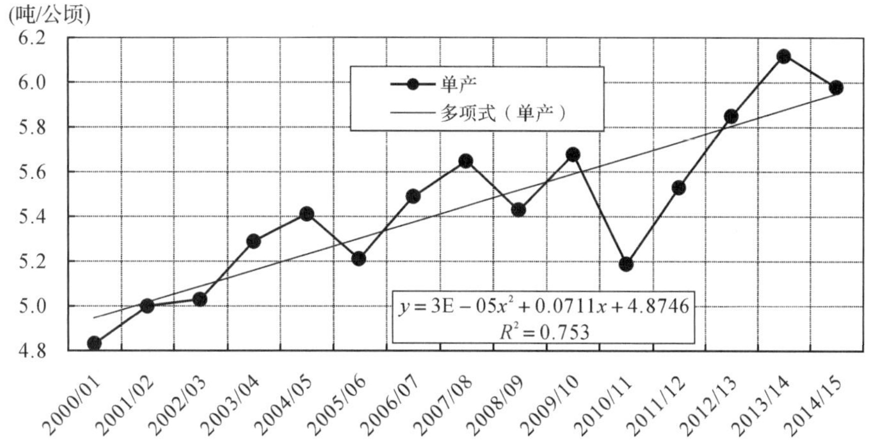

图 4-31　美国大米生产能力变化

(3)人均大米食用消费。按人口计算的人均大米需求量，与人口数量和大米生产供给密切相关，但又是独立影响印度大米需求的一个重要变量。2000 年度到 2014 年度 15 年间，美国人均大米产量经历了由缓慢增长到快速上升的变化过程，这一过程用抛物线模拟，其解释程度 30.98%，美国大米食用量数据变化和模拟轨迹的变化情况如图 4-32 所示。

图 4-32 数据轨迹和模拟曲线表明，美国人均食用大米消费量在这一时期的初期是一个较为缓慢的增长过程，大致上为 2000 年度到 2003 年度缓慢上升，2004 年度下降到最低点，经过 2005 年度增长和 2010 年度增至最高点 2 次快速增长，2011 年度大幅度下降后目前处在上升时期。在整个时期，美国平均人均食用大米用量为 10.7 公斤，整个期间最低时 2004 年度为 9.3 公斤，最高时 2008 年度上升到 11.5 公斤，2014 年度为 11.3 公斤，目前仍处在

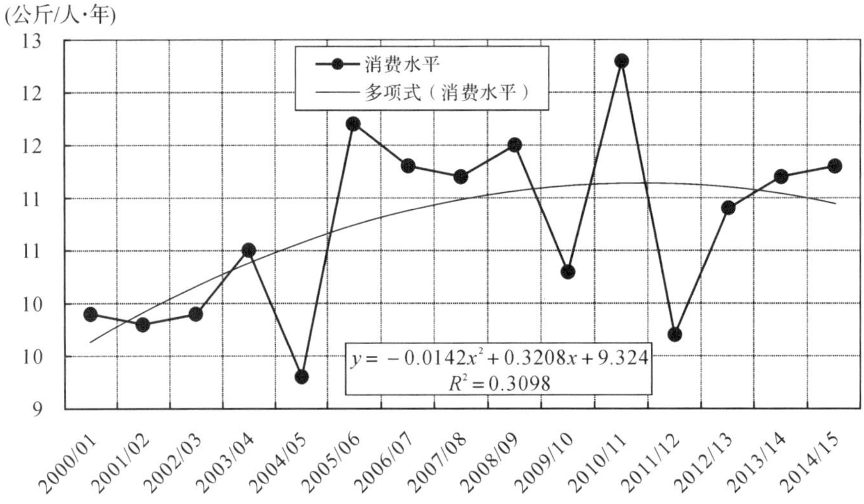

图 4-32 美国人均大米食用需求变化

缓慢上升阶段。美国是世界人均大米食用消费量最低的水稻生产国家之一。

4.9 埃及稻米供求关系

埃及是世界第 12 大水稻生产国家(巴基斯坦列在第 11 位),也是非洲重要的大米消费大国,还是传统的大米主要出口国家之一,稻米供求状况对本国水稻产业发展和对世界大米贸易都有重要的影响。

4.9.1 大米供求平衡表

2000 年度到 2014 年度,埃及大米供求平衡关系变化较大。如表 4-41 所示,埃及大米总供给与总需求平衡量,由 2000 年度的 534 万吨增加到 2008 年度最高 614 万吨,到 2014 年度下降到 459 万吨。纵观这一时期埃及大米供求平衡总量变化,可以看出,埃及大米供求年度之间有较大变化和波动,其变化方向总体上遵循波浪式增长的发展规律。

表 4-41 埃及大米供求平衡表

	总供求(百万吨)	供给(百万吨)			需求(百万吨)		
	(平衡量)	期初库存	生产量	进口量	期末库存	国内消费	出口量
2000/01	5.34	1.20	4.14	0.00	1.26	3.37	0.70
2001/02	4.87	1.26	3.60	0.00	0.97	3.43	0.46
2002/03	5.11	0.97	4.14	0.00	1.12	3.41	0.58
2003/04	5.38	1.12	4.26	0.00	1.05	3.49	0.83
2004/05	5.43	1.05	4.38	0.00	0.75	3.57	1.11

续表

	总供求（百万吨）	供给（百万吨）			需求（百万吨）		
	（平衡量）	期初库存	生产量	进口量	期末库存	国内消费	出口量
2005/06	4.98	0.75	4.22	0.01	0.55	3.44	0.98
2006/07	5.32	0.55	4.66	0.11	0.55	3.55	1.22
2007/08	5.30	0.55	4.74	0.01	1.10	3.84	0.36
2008/09	6.14	1.10	5.00	0.04	1.55	3.94	0.64
2009/10	5.37	1.55	3.80	0.01	1.05	3.78	0.54
2010/11	4.13	1.05	2.98	0.10	0.45	3.58	0.10
2011/12	4.66	0.45	3.91	0.30	0.55	3.74	0.37
2012/13	4.64	0.55	4.07	0.02	0.45	3.79	0.40
2013/14	4.70	0.45	4.20	0.05	0.40	3.85	0.45
2014/15	4.59	0.40	4.14	0.05	0.25	3.84	0.50

数据来源：FAO/AMIS 数据库粮食监测年度数据。

将埃及在 2000 年度到 2014 年度全国大米供求平衡量变化轨迹用图形来描绘（见图 4-33），并按照一元二次方程加以模拟。可以看出，埃及大米供求平衡量表现为比较明显的波浪式增长的发展轨迹，可以模拟成一个抛物线变化过程。在整个过程中，埃及大米总供给和总需求有一定波动，但年度趋势变化的解释程度只有 34.52%，目前处在较低水平缓慢变动状态。

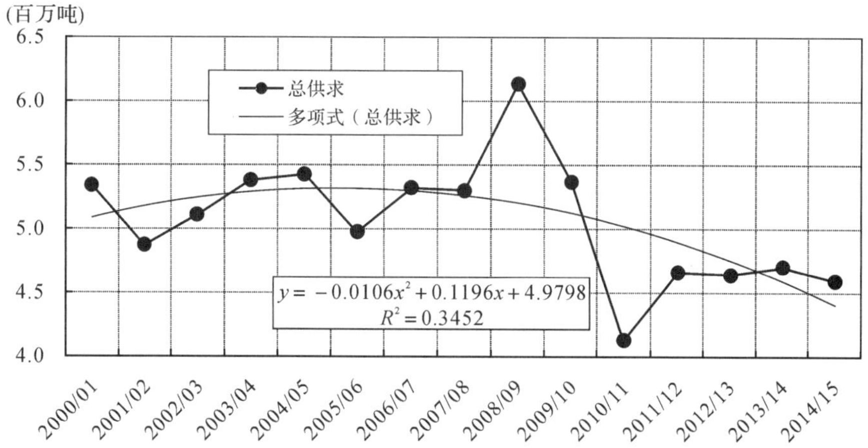

图 4-33 埃及大米供求平衡量变化趋势

由供求平衡表和图 4-33 变化轨迹和模拟曲线可以看出，埃及大米供给中的生产量、期初库存量和进口量的关系，需求中的国内消费、期末库存量和出口量的关系。从数据变化可以十分清楚地看到，埃及国家水稻生产是与国内消费量相比具有较高的一致性，库存对供给和需求都有一定的影响，而长期进口和出口变化不大。供给与需求变化及其相互关系，将在下面作进一步的分析。

4.9.2 大米供给关系

埃及大米总供给,通常包括大米供给的三要素——期初库存、生产量和进口量,在21世纪都有明显的变化,从而促使埃及大米供给结构相应地发生了较大变化,进而不断地调整着该国大米产业的供给关系。埃及大米总供给变化如表4-42所示。

表4-42 埃及大米总供给变化

	总供给		期初库存		生产量		进口量	
	(百万吨)	(变动)	(百万吨)	(变动)	(百万吨)	(变动)	(百万吨)	(变动)
2000/01	5.34	—	1.20	—	4.14	—	0.00	—
2001/02	4.87	−0.47	1.26	0.06	3.60	−0.54	0.00	0.00
2002/03	5.11	0.24	0.97	−0.29	4.14	0.54	0.00	0.00
2003/04	5.38	0.27	1.12	0.15	4.26	0.12	0.00	0.00
2004/05	5.43	0.05	1.05	−0.07	4.38	0.12	0.00	0.00
2005/06	4.98	−0.45	0.75	−0.30	4.22	−0.16	0.01	0.00
2006/07	5.32	0.34	0.55	−0.20	4.66	0.44	0.11	0.10
2007/08	5.30	−0.02	0.55	0.00	4.74	0.08	0.01	−0.10
2008/09	6.14	0.84	1.10	0.55	5.00	0.26	0.04	0.03
2009/10	5.37	−0.77	1.55	0.45	3.80	−1.20	0.01	−0.03
2010/11	4.13	−1.24	1.05	−0.50	2.98	−0.82	0.10	0.09
2011/12	4.66	0.53	0.45	−0.60	3.91	0.93	0.30	0.20
2012/13	4.64	−0.02	0.55	0.10	4.07	0.16	0.02	−0.28
2013/14	4.70	0.06	0.45	−0.10	4.20	0.13	0.05	0.03
2014/15	4.59	−0.11	0.40	−0.05	4.14	−0.06	0.05	0.00

数据来源:FAO/AMIS数据库粮食监测年度数据。

(1)库存供给变化。埃及大米年度期初库存反映了一定时期内大米的供给要素,是一定时期内最为基础的供给要素。2000年度到2014年度,埃及大米期初库存量由120万吨增加到中期最高时155万吨,然后迅速下降,到2014年度下降到40万吨。埃及大米库存供给经历了一个较为典型的抛物线变化轨迹,但有较大的年度波动性,近年来库存量在低水平上相对稳定。

(2)生产供给变化。在2000—2014年15个年度内,埃及大米产量总体上略微有所增加但目前已跌至初期水平,整个时期年均大米产量415万吨,期末对期初平均增长速度为零,是世界稻米产量增长最慢的国家之一。期间,埃及大米产量经历了一个由上升到快速下降再到恢复性增长的波浪形发展过程,其中有5个年度下降,9个年度增长,表明埃及大米生产量年度变化确实有较大的波动,对该国大米总供给的平稳增长产生了负面影响。

(3)进口供给变化。在2000—2014年15个年度内,埃及大米进口量一直都很低,但似乎在低量水平上有增长趋势。2000年度到2014年度,埃及大米进口量由零开始,在2011

年度达到 30 万吨，2014 年度下降到 5 万吨。总体来看，期间进口量有一定增长，但年度间变化较大。从这一时期进口长期趋势来看，年平均进口量只有 4.7 万吨，年递增率 27.32%。

(4)供给关系变化。从三要素关系来看，生产量是埃及大米供给的最重要的决定因素，产量的大小决定了供给总量的主体，产量的变化决定了总供给的变化的基本方向。库存量是埃及大米供给调节的基础变量和重要力量，期初库存量的多少，决定了埃及国家内部供给的调剂能力和对外部依赖性的大小。进口量开始逐步放开，但只是埃及大米供给的必要补充，是比较次要的因素，也是供给经济性的必要体现。2000 年度到 2014 年度埃及大米供给三要素的结构关系数据如表 4-43 所示。

表 4-43 埃及大米供给关系

	库存		产量		进口	
	(%)	(变动)	(%)	(变动)	(%)	(变动)
2000/01	22.47	—	77.53	—	0.03	—
2001/02	25.87	3.40	73.92	−3.61	0.03	0.00
2002/03	18.98	−6.89	81.02	7.10	0.04	0.01
2003/04	20.82	1.84	79.18	−1.84	0.02	−0.02
2004/05	19.34	−1.48	80.66	1.48	0.04	0.02
2005/06	15.06	−4.28	84.74	4.08	0.11	0.08
2006/07	10.34	−4.72	87.59	2.86	2.07	1.96
2007/08	10.38	0.04	89.43	1.84	0.19	−1.88
2008/09	17.92	7.54	81.43	−8.00	0.65	0.46
2009/10	28.86	10.95	70.76	−10.67	0.19	−0.47
2010/11	25.42	−3.44	72.15	1.39	2.42	2.24
2011/12	9.66	−15.77	83.91	11.75	6.44	4.02
2012/13	11.85	2.20	87.72	3.81	0.43	−6.01
2013/14	9.57	−2.28	89.36	1.65	1.06	0.63
2014/15	8.71	−0.86	90.20	0.83	1.09	0.03

数据来源：FAO/AMIS 数据库粮食监测年度数据。

4.9.3 大米需求关系

如同总供给有着深刻的变化一样，埃及大米需求量与需求关系也经历了深刻的变化，这种变化正是埃及大米需求市场和全球大米消费行为的深刻反映。这种变化不仅是量的增减变化，更重要的是需求结构和需求关系的重大变化。埃及大米总需求变化如表 4-44 所示。

表 4-44 埃及大米总需求变化

	总需求		期末库存		国内消费		出口量	
	(百万吨)	(变动)	(百万吨)	(变动)	(百万吨)	(变动)	(百万吨)	(变动)
2000/01	5.34	—	1.26	—	3.37	—	0.70	—
2001/02	4.87	−0.47	0.97	−0.29	3.43	0.06	0.46	−0.24
2002/03	5.11	0.24	1.12	0.15	3.41	−0.02	0.58	0.12
2003/04	5.38	0.27	1.05	−0.07	3.49	0.08	0.83	0.25
2004/05	5.43	0.05	0.75	−0.30	3.57	0.08	1.11	0.28
2005/06	4.98	−0.45	0.55	−0.20	3.44	−0.13	0.98	−0.13
2006/07	5.32	0.34	0.55	0.00	3.55	0.11	1.22	0.24
2007/08	5.30	−0.02	1.10	0.55	3.84	0.29	0.36	−0.86
2008/09	6.14	0.84	1.55	0.45	3.94	0.10	0.64	0.28
2009/10	5.37	−0.77	1.05	−0.50	3.78	−0.16	0.54	−0.10
2010/11	4.13	−1.24	0.45	−0.60	3.58	−0.20	0.10	−0.44
2011/12	4.66	0.53	0.55	0.10	3.74	0.16	0.37	0.27
2012/13	4.64	−0.02	0.45	−0.10	3.79	0.05	0.40	0.03
2013/14	4.70	0.06	0.40	−0.05	3.85	0.06	0.45	0.05
2014/15	4.59	−0.11	0.25	−0.15	3.84	−0.01	0.50	0.05

数据来源:FAO/AMIS 数据库粮食监测年度数据。

(1)库存需求。从需求角度看,当期年度的期末库存量被视为需求表现,是需求转变为消费在当期“剩余”的需求和滞后一期的潜在需求能力的表现。2000 年度到 2014 年度,总体来看,埃及大米期末库存量从 126 万吨下降到 25 万吨,年均库存量 80 万吨。类似于前面给出的总供给数据变化,期末库存需求经历了一个前期下降、中期上升、近期大幅度下降的变化过程,年度间波动大,2014 年度只有 25 万吨,最高时 2008 年度 155 万吨。从年度变化来看,期间有 9 个年度下降,只有 5 个年度增长。

(2)国内消费需求变化。埃及国内大米用量(即消费需求)指国内大米使用量之和,包括食用、饲用、加工等用途的国内使用量,是埃及大米总需求的主项,是需求三要素的关键要素,也是大米需求最主要的用途。2000 年度到 2014 年度,埃及大米国内消费量从 337 万吨增加到 384 万吨,期间增长了 13.9%,年平均递增率 0.94%。纵观这一时期的数据变化,可以看出,埃及国内大米消费需求增长仍然比较明显,但年度间波动较大,期间有 5 个年度为负增长,9 个年度为正增长。

(3)出口需求。大米出口是国家在大米使用方所表现的一种方式,因此,将出口视为国家的需求。埃及是传统大米出口国之一,如表 4-44 数据所示,埃及大米出口量没有多大提高。从实际情况看,埃及 2000 年度出口尚有 70 万吨,最高时 2006 年度为 122 万吨,2014 年度下降到 50 万吨,期间最低的 2010 年度只有 10 万吨。就平均来看,2000 年度到 2014 年度年平均出口 61 万吨,在总体下降趋势中呈负增长趋势。

(4)需求关系变化。在需求(即库存量、国内消费和出口量)方面,三要素本身变化和互动关系的相互运动,使埃及大米需求关系正在经历一个大的变化过程。2000 年度到 2014 年度埃及大米需求关系变化详见表 4-45。

表 4-45　埃及大米需求关系

	库　存		消　费		出　口	
	(%)	(变动)	(%)	(变动)	(%)	(变动)
2000/01	23.60	—	63.11	—	13.11	—
2001/02	19.92	−3.68	70.43	7.32	9.45	−3.66
2002/03	21.92	2.00	66.73	−3.70	11.35	1.90
2003/04	19.52	−2.40	64.87	−1.86	15.43	4.08
2004/05	13.81	−5.70	65.75	0.88	20.44	5.01
2005/06	11.04	−2.77	69.08	3.33	19.68	−0.76
2006/07	10.34	−0.71	66.73	−2.35	22.93	3.25
2007/08	20.75	10.42	72.45	5.72	6.79	−16.14
2008/09	25.24	4.49	64.17	−8.28	10.42	3.63
2009/10	19.55	−5.69	70.39	6.22	10.06	−0.37
2010/11	10.90	−8.66	86.68	16.29	2.42	−7.63
2011/12	11.80	0.91	80.26	−6.43	7.94	5.52
2012/13	9.70	−2.10	81.68	1.42	8.62	0.68
2013/14	8.51	−1.19	81.91	0.23	9.57	0.95
2014/15	5.45	−3.06	83.66	1.75	10.89	1.32

数据来源:FAO/AMIS 数据库粮食监测年度数据。

从三要素关系来看,埃及国内消费需求是其大米需求最重要的决定因素,国内大米消费数量大小决定了需求总量的主体,其变化决定了总需求变化的基本方向。期末库存量是一国的基础变量,也是埃及大米需求总体的基础力量,期末库存量的多少,决定了埃及国家内部供给的调剂能力和对外部依赖性的大小。大米出口对于埃及而言是很重要的。2000 年度到 2014 年度,埃及大米需求三要素的结构关系表明,国内消费占比有提高的趋势,已由 2000 年度最低时的 63.11% 上升到 2014 年度的 83.66%,其中最高时 2010 年度的 86.68%;库存需求比重由 2000 年度的 23.60% 下降到 2014 年度的 5.45%,这也是最低的年份,而最高年份是 2008 年度的 25.24%。近年来埃及大米库存需求已经降到很低水平,是世界大米产销国家所少有的;出口占比,由 2000 年度的 13.11% 上升到中期 2006 年度的 22.93%,2014 年度下降到 10.89%。埃及作为世界传统的大米产业重要国家之一,由于国内生产不稳定,供给似有不足,库存调节能力显著弱化,出口能力开始降低。

4.9.4　供求关键因素

大米供求平衡关系,主要取决于三大要素:一是人口数量变化;二是反映水稻生产能力的单位面积产量水平；三是综合性指标的人均大米食用量变化。下面简要分析这些关键指标的数量特征及其变化趋势。

(1)人口变化。埃及是世界比较重要的一个人口大国，2000 年度到 2014 年度，人口数量由 6613 万人增加到 8338 万人，人口数量增长了 26.1%，以每年增加 123 万人的速度不断增长，人口年递增率高达 1.67%。埃及人口数量变化轨迹如图 4-34 所示。

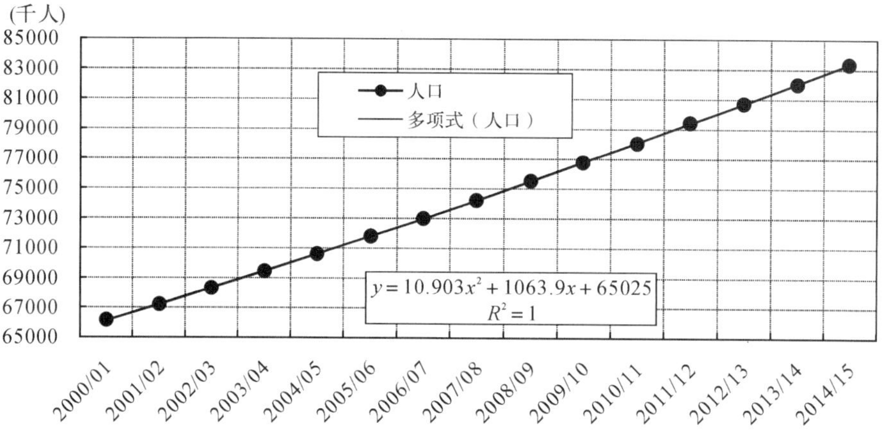

图 4-34 埃及总人口变化

(2)大米供给能力变化。埃及大米供给关系的调整和变化，较大程度上可以由反映大米生产能力的水稻(大米)单位面积生产水平这一指标得到综合表现。2000 年度到 2014 年度 15 年间，埃及大米单位面积产量(单产)水平由每公顷 6.28 吨上升到 6.62 吨，期间最高为 2006 年度的 6.94 吨/公顷，15 年间平均增长了 5.4%，每年平均增长 24 公斤/公顷，年平均递增率只有 0.38%。埃及是世界大米生产水平最高的国家，但增长速度较低。埃及大米单位面积产量水平变化轨迹如图 4-35 所示。

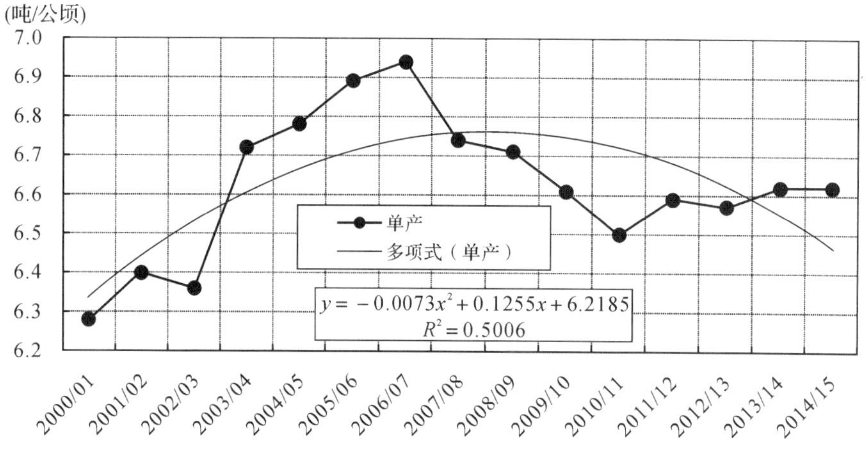

图 4-35 埃及大米生产能力变化

(3)人均大米食用消费。按人口计算的人均大米需求量，与人口数量和大米生产供给密切相关，但又是独立影响大米需求的一个重要变量。2000 年度到 2014 年度 15 年间，埃及人均食用大米数量经历了显著的增长和下降过程，这一过程可以用抛物线形式来模拟，其解释程度为 38.66%。埃及人均大米食用量数据变化和模拟轨迹的变化情况如图 4-36 所示。

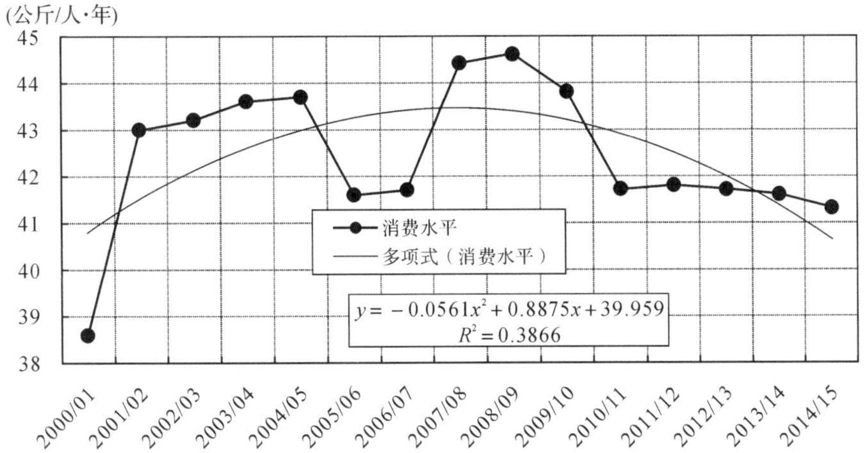

图 4-36　埃及人均大米食用需求变化

图 4-36 数据轨迹和模拟曲线表明，埃及人均食用大米消费量在这一时期的初期处于一个较低水平但有显著增长，大致上为 2000—2004 年度是一个增长过程，2005—2006 年度明显下降，2006—2007 年度显著上升，2009—2010 年度明显下降，2010 年度后维持在缓慢波动的较低水平上。2000 年度到 2014 年度，埃及全国人均食用大米用量为 42.4 公斤，整个期间最低时 2000 年度为 38.6 公斤，最高时 2008 年度为 44.6 公斤，目前仍处在缓慢下降阶段，2014 年度只有 41.3 公斤。埃及是世界人均大米食用消费中等偏下的国家之一。

4.10　小　结

总的来看，世界 9 个主要产稻国家（中国除外）稻米供求关系既有共性，亦有个性，供给量和需求量都很大，但供给关系和需求关系却不尽相同。在供给一侧，这些国家都以生产供给为主，而上年度库存率一般都不高，进口供给率一般也不大，但因国家而异。在需求一侧，这些国家消费需求占比都很大，但一些国家消费仍存缺口，需要通过国际市场贸易来解决。

考察生产和消费尤为重要。在供给方面，稻米生产国内供给是主流。在过去，不同国家稻米生产轨迹不尽相同，有些国家稻米产量增长较快，有些国家增长相对缓慢，有些国家产量绝对下降，但水稻产业经济都是这些国家农业经济的重要组成部分。在需求方面，国内口粮消费水平变化较大，人均大米年消费量在有些国家长期居高不下，有些国家缓慢下降，有些国家下降较大。

综合来看，从国别层面研究重要国家稻米供求关系及其变化，是一国农业经济研究的基础，也是国家粮食安全，特别是国民口粮安全的重要方面。本章首次全面揭示了不同国家的稻米供求关系演变规律，对于深入认识国家稻米经济发展有重要意义，而国家水稻生产和大米消费的数量变化背后的原因，还需要作更加深入的研究。

第5章　日本稻米产业发展状况

日本水稻是农业的基础，稻米消费是国民的基础，日本水稻产业发展值得格外关注，其发展现象对中国有重要借鉴价值。本章在第4章第7节作对日本国家标准化分析的基础上，更加全面地分析日本水稻产业发展状况。

5.1　农业经营状况

日本水稻产业发展与进步，是在日本经济社会和农业发展的大背景下形成的。本节先关注日本农业经营这一基础背景状况。

5.1.1　农业经营主体

(1)农业经营体类型。按照日本农业统计标准划分，一般分为法人化农场经营、地方公有制农场经营和私人农场经营等三种类型。根据最近一次在2010年(平成22年)开展的日本农业普查统计数据，日本有农林业(不含渔业)经营体172.8万个，其中法人农场27651个，地方公有制农场1965个，私人农场169.71万个(主体为农业销售农场和经营性质的农户)，私人农场占总数的98.3%。

虽然日本各地有较大差别，但私人农场数量都占绝大多数。法人农场占比，全国平均为1.60%，其中占比最大是北海道7.01%，最小的是茨城县0.81%；地方公有农场占比，全国平均为0.11%，最大是京都0.50%，最小是茨城县不足0.01%。私人农场占比，最低的北海道为91.29%，有47267个；占比最高的茨城县为98.98%，全县有私人农场71060个；私人农场数量最多的是福岛县71145个，占比为97.99%。

(2)土地经营规模。日本农业经营模式，总体上属于小规模土地经营方式。2010年，更详细的划分结果表明，在167.91万个农业经营单位中，统计下限为小于0.3公顷，统计上限为大于100公顷。低于0.3公顷的农业经营单位53925个，高于100公顷的经营单位1220个，分别占3.21%和0.07%。日本平均经营耕地面积分为19个组别，从低到高各组依次累计曲线变化情况见图5-1。

图5-1的累计曲线表明，2010年日本全国55.5%的农业经营体耕地面积在1公顷以下，88.6%的农业经营体经营耕地面积在3公顷以下，95.8%的农业经营体经营耕地面积小于7公顷，98%的农业经营体经营耕地面积小于15公顷，99%的农业经营体经营耕地面积

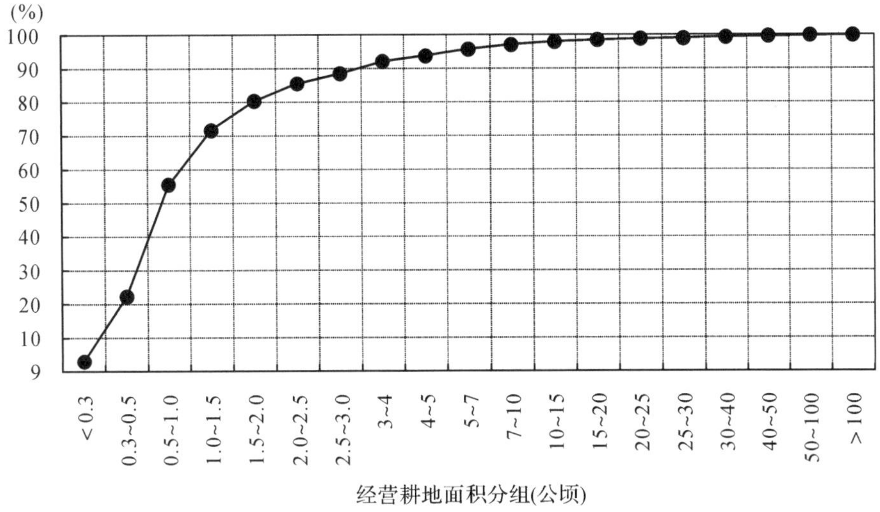

图 5-1　2010 年日本农业经营体经营耕地面积累计分布

小于 30 公顷，只有 1%的经营体经营耕地面积大于 30 公顷。

进一步分析，日本经营耕地面积大体上可以分为两种类型，北海道的大规模农业和都府县的小规模农业。根据 2010 年统计数据，计算由小到大的经营耕地面积累计百分比，北海道中线在 10～15 公顷，而都府县在 0.5～1 公顷。图 5-2 表明，两种类型的平均经营耕地面积相差很大。

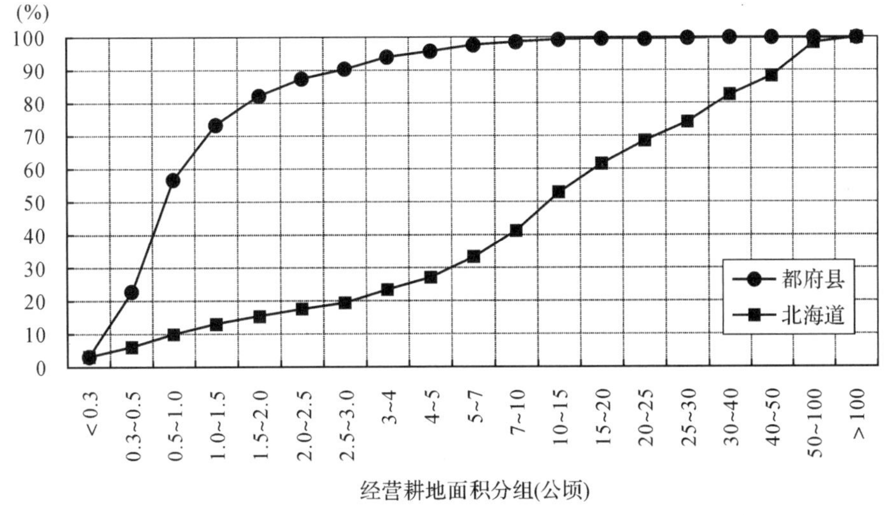

图 5-2　2010 年北海道和都府县农业经营体经营耕地面积累计分布

(3)农业经营主体销售规模。农业生产可以分为自给性生产和商品化生产。虽然日本农村人口比重不大，但也有一定比重的农业生产体并不是以销售的商品化为目的。可见，日本仍然有一部分农业主体从事农业生产的目的在于自给自足。当然，由于日本人口城市化率很高，日本多数农业经营体的目的还是商品农业生产。但农业经营体生产规模大小有较大差异，从而导致日本农业经营体的商品化差异也很大。图 5-3 是 2010 年日本农业销售额分组的累计分布状况。

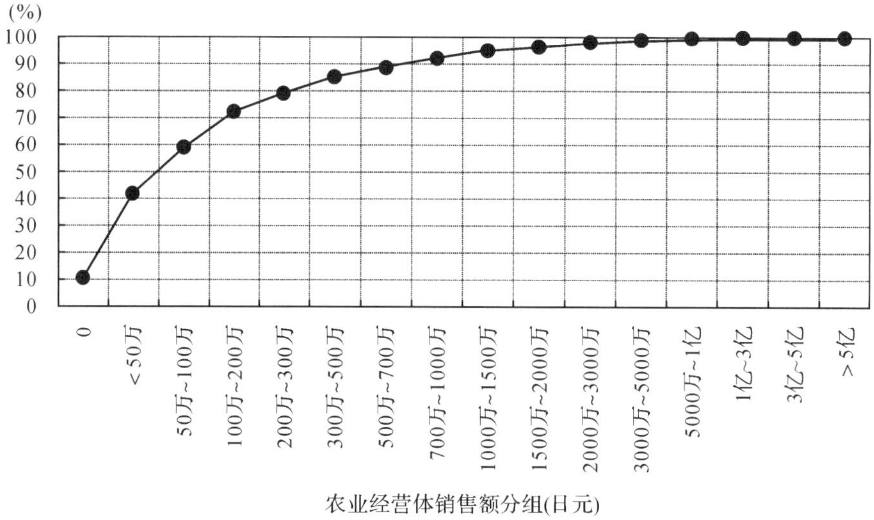

图 5-3　2010 年日本农业销售额分组的农业经营体占比累计分布

进一步分析，日本农业经营体农产品销售额大致可以分为两种类型，即北海道的现代化大规模农业和都府县的小规模农业。根据 2010 年统计数据，按照由小到大的农产品销售额累计分布如图 5-4 所示。都府县的农产品销售额在第 3 组的 100 万～200 万日元就达到 50%以上，而北海道则在年销售额 1000 万～1500 万元的阶段才达到 50%，都府县的农产品年销售额在 700 万日元以下的农业经营体就占 90%，而北海道则在 3000 万～5000 万日元这一组时才达到 90%以上。确实，日本两种类型地区不同经营主体的农产品商品额有重大差异。

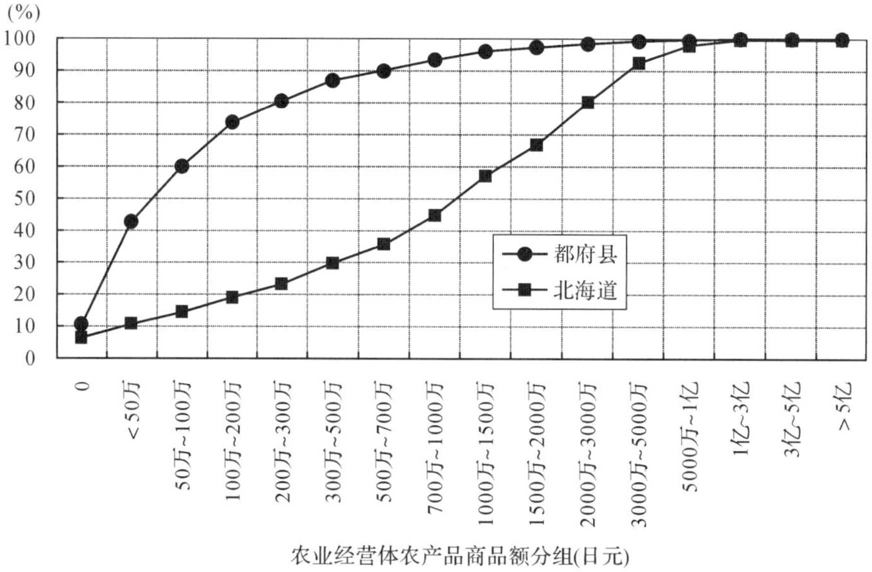

图 5-4　2010 年北海道和都府县农业销售额分组的农业经营体累计分布

5.1.2　耕地经营状况

本节以日本农业普查最新数据分析目前日本水稻产业的农业背景、水稻生产经营状况和稻农经营社会服务状况。

(1)农业经营体状况。从农业生产与经营角度,最近的农业普查年为2010年,对照年份为2005年。农业普查数据表明,2010年日本有167.91万个农业经营体,下降16.4%。在农业经营体中,个人经营体164.35万个,数量下降16.8%,占农业经营体总量97.9%。其他团体等农业经营体35566个,数量增长6.6%,占比上升到2.1%,上升0.46个百分点。

(2)农户状况。农业普查数据表明,2010年日本有农户(农家总数)252.79万户,比2005年减少3.2万户,下降11.2%。因为日本土地的私有制性质,有一部分持地农户(地主)并不在生产或经营农业,称这部分持地的非农业住户为"不在地的地主"或"持地非农户"。2010年持地非农户数量137.4万户,比2005年增加17.2万户,增长14.4%。实际上,2010年日本农户数量和持地非农户相比,在地农户和在地非农户之为1.84∶1,2005年为2.37∶1,比例的下降,表明日本有越来越多的地主不务农。对农户分析表明,2010年日本农户中有163.1万个农户从事以商业为目的的农业活动,这部分农户称为"销售农户"或"商业农户",比2005年减少33.22万户,下降16.9%;另一部分农户旨在自给自足没有销售行为的农户称为"自给农户",自给农户89.67万户,与2005年相比,自给农户增加1.2万户,增长1.4%。销售农户与自给农户之比由2.22∶1变为1.82∶1。这一比例的下降表明从事商业化的销售农户相对下降,自给自足的农户相对增加。

(3)农业经营体拥有耕地情况及其水稻种植状况。2010年,日本农业经营主体拥有耕地面积363.15万公顷,比2005年减少61441公顷,下降1.66%。日本耕地使用分为三种类型:一是田(水田);二是旱地;三是用于种植果树等的果园。2010年,日本耕地中田面积204.6万公顷,比2005年减少37748公顷,下降1.81%,占比由2005年的56.43%变为56.35%,下降了0.08个百分点。2010年日本耕地中的旱地面积为137.15万公顷,果园面积为21.38万公顷,而2005年旱地面积和果园面积分别为137.95万公顷和22.94万公顷,都有不同程度的减少。在水田中,2010年种植水稻的面积为150.05万公顷,比2005年减少34228公顷,下降2.23%。全国水稻经营体数量134.74万个,比2005年减少31.6万个,下降19%。从水稻经营体数量和水稻种植面积来看,2010年水稻经营体占水田全部经营体和整个农业经营体的比重分别为94.06%和80.25%,而2005年则分别为95.37%和82.78%,这说明水稻经营体数量,在水田和整个农业经营体中的比重有所下降。另外,农业经营体经营耕地平均规模由2005年的2.12公顷/个上升到2.54公顷/个,平均经营规模扩大了19.73%。

(4)农户拥有耕地及其使用状况。2010年,日本农户经营的耕地农户252万户,经营耕地面积335.36万公顷(与农业经营体经营耕地面积相比,不足部分为团体经营体),与2005年相比,农户与耕地面积的增长率分别为−11.36%和−7.06%。农户平均经营耕地规模由2005年的1.27公顷/户上升到1.33公顷/户,平均规模扩大了4.85%。

从销售农户来看,2010年162.73万个销售农户经营耕地面积319.1万公顷,占农户和经营耕地面积的比重分别为64.57%和95.16%,而2005年195.95万个销售农户经营耕地面积344.68万公顷,占农户和经营耕地面积的比重分别为68.93%和95.52%,销售农户占比下降更大，销售农户经营耕地占比也有所下降。

从自给农户来看，2010 年 89.27 万个自给农户经营耕地面积 16.22 万公顷，占自给农户和自给经营耕地面积的比重分别为 35.43%和 4.84%，而 2005 年 88.34 万个自给农户经营耕地面积 16.16 万公顷，占农户和经营耕地面积的比重分别为 31.07%和 4.48%，自给农户占比上升较大，自给农户经营耕地占比也有所上升。自给农户户均经营耕地的规模由 2005 年的 0.1830 公顷/户下降到 2010 年的 0.1817 公顷/户。

(5)耕地租用(借入)情况。耕地面积流转源于租借，这是耕地流转的主要方面。从农业经营体状况看，2010 年租种耕地的农业经营体 57.57 万个，借入耕地面积 106.31 万公顷，比 2005 年分别增长－8.50%和 28.95%。2010 年平均农业经营体租田耕地面积规模 1.84 公顷/个，比 2005 年 1.31 公顷/个提高 40.46%。其中，2010 年租种水田的农业经营体 43.65 万个租入水田面积 70.16 万公顷，平均租用水田规模为 1.61 公顷/个，而 2005 年 49.29 万个经营体和租用水田面积 49.29 万公顷，平均租用水田面积规模为 1.02 公顷/个。相比之下，2010 年比 2005 年水田租入经营体数量增长－11.44%，租入水田面积增长 42.34%，平均租用水田面积规模增长 57.84%。

农户耕地租用情况类似。2010 年，日本耕地租入农户 62.97 万户，租入耕地面积 76.65 万公顷，平均租地规模 1.22 公顷/户。与 2005 年相比，耕地租入农户增长－8.58%，租入耕地面积增长 9.89%，耕地租入规模增长 20.21%。其中，租用耕地的销售农户 56.16 万户，租用耕地 75.99 万公顷，平均租用规模 1.35 公顷，与 2005 年相比，农户、租地和规模分别增长－9.62%、9.97%和 21.68%。

农户租用耕地与农户数量和面积相比。2010 年租用耕地农户数量占总农户数的 24.99%，农户租用耕地面积占农户经营耕地总面积的 22.86%。其中，销售农户租用耕地在 2010 年中占销售农户总数的 34.41%，销售农户租用耕地面积占销售农户经营耕地面积的 23.81%。而 2005 年，农户租用耕地占农户总数的比例为 24.23%，占农户经营耕地面积的 19.33%，可见，2010 年这两个比例都有所下降。销售农户在 2005 年占销售农户数量的 31.71%，销售农户租用耕地面积占销售农户经营耕地面积的 20.05%，可见 2010 年租用耕地的销售农户和租用面积的比例都有显著上升。

(6)耕地出租(租赁)情况。与耕地租用情况比较类似，但情况仍然有所不同。2010 年，日本农业经营体耕地出租 36.41 万个，其中出租田的农业经营体 24.86 万个，与 2005 年 36.32 万个和 23.78 万个相比略有增加。日本租出耕地面积的农户数量，2010 年为 64.57 万户，比 2005 年增长 8.74%，其中租出耕地的销售农户数量为 35.66 万户，比 2005 年下降 0.34%。

日本农业经营体出租的耕地出面积，2010 年为 20.84 万公顷，比 2005 年增长 21.41%，其中出租田的农业经营体为 12.75 万公顷，比 2005 年减少 46.40%。2010 年，农户出租耕地面积 35.23 万公顷，比 2005 年增长 28.16%，其中销售农户出租耕地面积为 19.69 万公顷，比 2005 年增长 20.14%。

日本出租耕地的农业经营体数量和出租面积，2010 年占农业经营体及其耕地面积的比重 21.7%，比 2005 年提高 3.6 个百分点，出租耕地所占比重 5.7%，比 2005 年上升 1.1 个百分点。2010 年，出租耕地的农户数量占 25.5%，比 2005 年上升 4.7 个百分点；农户出租的耕地面积占农户耕地面积比重为 7.6%，比 2005 年上升 2.3 个百分点。

5.2　稻米产业发展状况

本节在第 4 章第 7 节日本稻米供求平衡关系总体分析基础上，根据日本最近一次在 2010 年开展的农业普查数据、日本农业统计和日本统计年鉴以及农林水产省统计月报等数据，继续深入分析日本稻米产业发展状况。

5.2.1　水稻生产规模缩小

(1)日本耕地面积经历了扩大过程后目前处在缓慢下降阶段。日本是一个十分重视耕地保护与利用的国家，政府大力支持和保护水稻生产，但长期来看，日本水稻(水稻和陆稻之和，下同)生产规模仍然在不断缩小。纵观 1961 年到 2014 年，日本耕地面积有较大变化，下降趋势十分明显。1961 年到 2014 年日本耕地面积变化轨迹如图 5-5 所示。

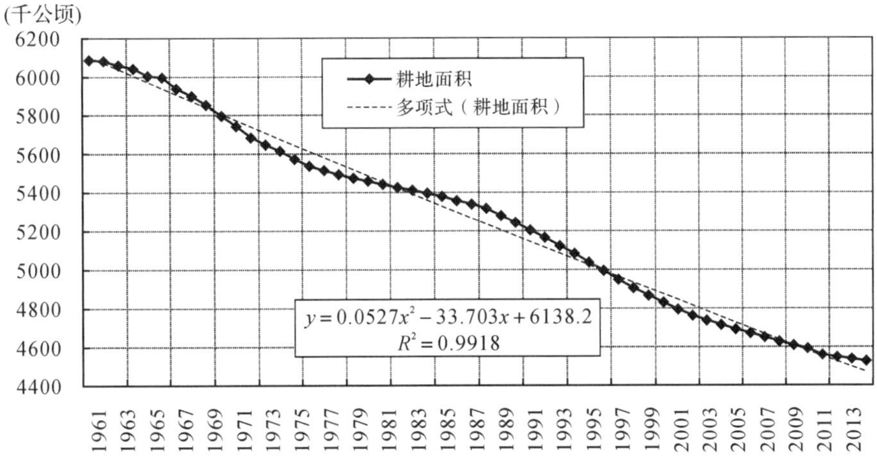

图 5-5　日本耕地面积长期变化趋势

长期看，日本耕地面积大致经历了三波变化过程。第 1 波于 1965 年前后缓慢下降直到较快下降到 1975 年前后，第 2 波缓慢至 1988 年前后至较快下降到 2003 年前后，目前处在第 3 波上半段。如图 5-5 的模拟线所示，轨迹线处在模拟线上方是缓慢下降时期，轨迹线处在模拟线下方为较快下降时期。日本在二战结束后耕地面积快速增加，1961 年达到最高的 6081 千公顷，这时人口尚不足 1 亿人，人均耕地面积约 1 亩。几经变化，总人口在 2010 年最高时 1.28 亿人之后开始下降，2013 年耕地面积 4537 千公顷、人口 1.26 亿人，人均耕地面积降到 0.54 亩以下。

(2)水稻面积下降。人口变化与耕地面积变化互为关联，也是日本水稻生产的基础。日本重视水稻生产和实行国家保护政策，但在工业化和社会现代化大背景下，水稻面积不可避免地下降。仅从 1961 年到 2014 年来看，如图 5-6 所示，下降趋势确实十分明显。

纵观 1961 年以来日本水稻收获面积的变化，可以用一元二次曲线来模拟，模拟的相关程度达到 96.7%。日本水稻面积在 20 世纪 60 年代还在 300 万公顷以上，在 1973 年、1981 年、1991 年、2003 年下降到每个时期的低点都有一个上升过程。显而易见，日本水稻面积

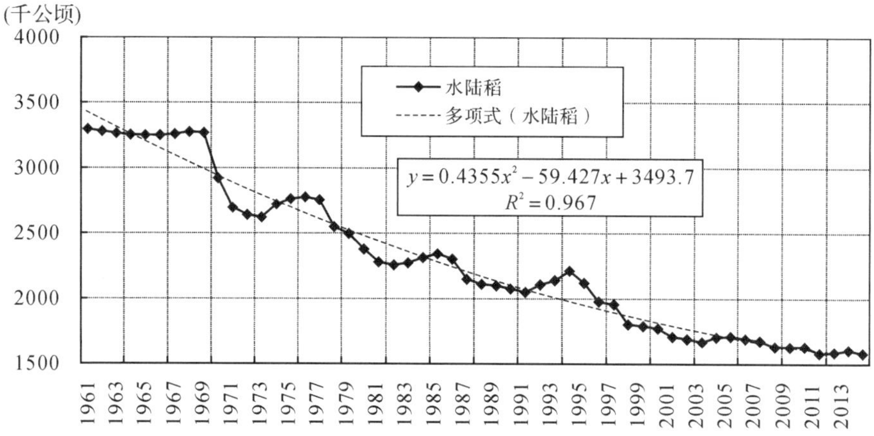

图 5-6　日本水稻收获面积长期变化趋势

呈波动式下降，且波动幅度日益变小。综合地看，日本水稻面积已由最高时 1961 年的 330 万公顷下降到最低时 2014 年的 157.5 万公顷，21 世纪以来，日本水稻面积有波动但波动已经很小，而下降趋势还是很明显。

(3)水稻产量在波动中下降。1961 年到 2014 年，日本水稻产量的变化轨迹如图 5-7 所示。如同面积波动一样，水稻产量波动更大，经历了 20 世纪 60 年代增长之后，于 1967 年最高达到 1445 万吨，到 1993 年降至最低 783 万吨，进入 21 世纪之后产量较为稳定，2014 年稻谷产量为 844 万吨。

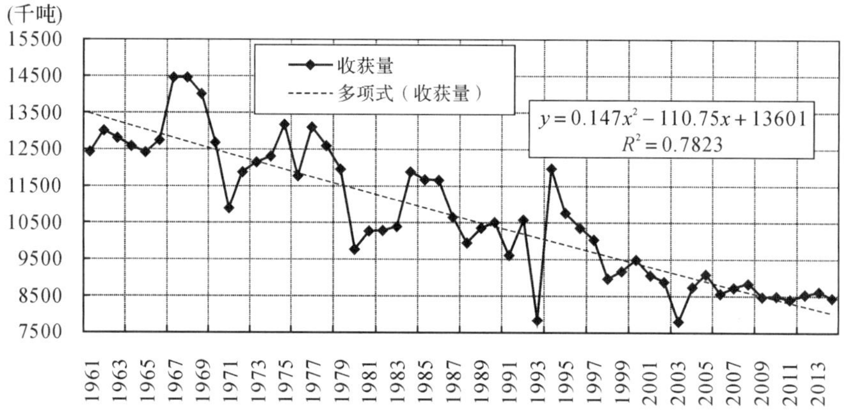

图 5-7　日本水稻产量长期变化趋势

(4)水稻单产增长。日本水稻单产变化比较有规律，1961 年到 2014 年的变化轨迹如图 5-8 所示。

从图 5-8 变化轨迹看，1961 年为 3.76 吨/公顷，1993 年降至最低 3.66 吨/公顷，于 1994 年达到最高 5.42 吨/公顷，直到 2014 年仍然只有 5.36 吨，尚未超过历史最高水平。纵观过去 50 余年水稻单产变化，虽然有总体向上的增长态势，但近年增长乏力。

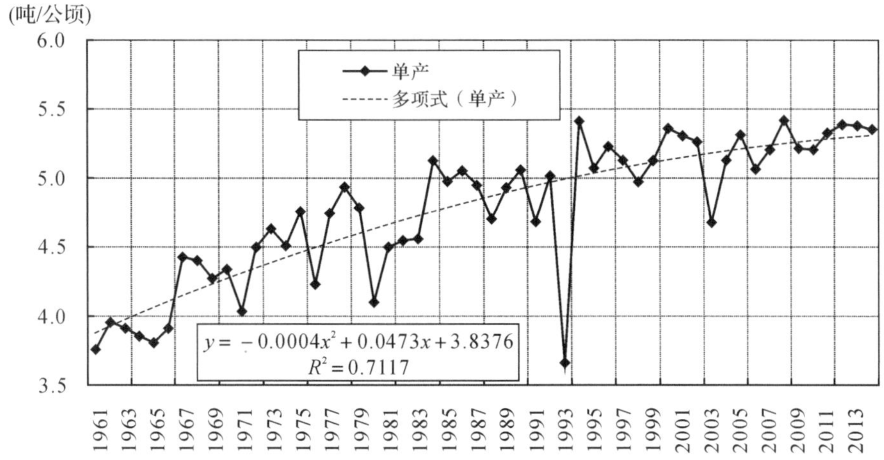

图 5-8　日本水稻单量长期变化趋势

5.2.2　食用大米消费量下降

综合日本有关部门统计资料，1960 年到 2013 年期间，按照净食量计算，日本人均食用大米消费量（即按纯净食品计算，不同于按生产糙米计算的食用量）最高时为 1962 年的 118.3 公斤，1968 年之后下降到 100 公斤以下，1974 年以后下降到 90 公斤以下，1979 年下降到 80 公斤以下，1990 年之后下降到 70 公斤以下，2007 年之后下降到 60 公斤以下，此后快速下降，近年仍在下降，但下降速度已经十分缓慢，2013 年为 56.9 公斤。日本自 1960 年以后人均大米消费量变化轨迹如图 5-9 所示。

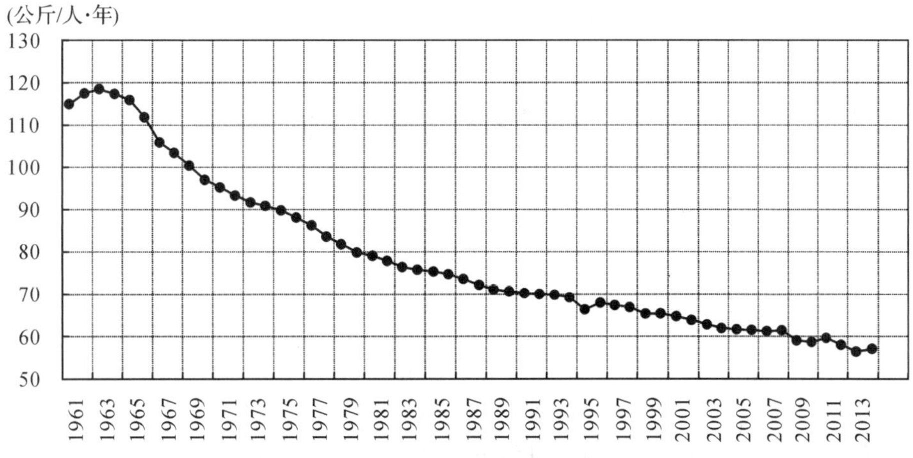

图 5-9　日本人均大米消费量长期变化趋势

与大米消费下降变化轨迹不同，日本许多主要食品消费量变化与大米消费量变化形成明显的反差。

1960 年到 2013 年，日本人均蔬菜消费量由 99.7 公斤下降到 92.2 公斤，期间最高为 1968 年的 124.1 公斤。日本人均肉类消费量由 5.2 公斤增加到 30.1 公斤，基本上属于逐年提高、一路走高的情况。日本人均蛋类消费量由 6.3 公斤增加到 16.8 公斤，期间最高为

1993 年的 17.5 公斤。日本人均奶类及其制品消费量由 22.2 公斤增加到 89.0 公斤，最高时为 2000 年的 94.3 公斤。日本人均水产品消费量由 1960 年的 28.4 公斤增加到最高时 2001 年的 41.6 公斤，2013 年下降到 29.0 公斤。

5.2.3 保持大米高自给率

从发展历史来看，重视国民主食大米自给自足是日本的重大国策。自 1960 年以来，日本大米自给率几乎都在 95%以上，自 1966 年到 1996 年长达 30 年间都在 100%以上，只有 1993 年因主产大米的北海道发生大地震引发大海啸导致大米减产而使日本大米自给率降到 7%，这是一个因自然灾害引发的低自给率年份。2006 年降到 94%，近年反而提高到 97%，2013 年仍然高达 96%。

与一直保持高自给率的大米相比，日本其他一些主食品和饲料的自给率从 1960 年到 2013 年的变化轨迹详见图 5-10。从 1960 年到 2013 年，对日本生活影响最大的大米自给率处在图中最高位置，自给率一直很高。包括大米在内的其他主食谷物自给率次之，由 89% 下降到 59%，表明其他主食谷物自给率远远低于大米。而谷物自给率由 82%下降到 26%，即非主食类，尤其是饲料类谷物自给率已经降到很低的水平。作为动物食品的整个饲料，自给率由 55%下降到 25%。

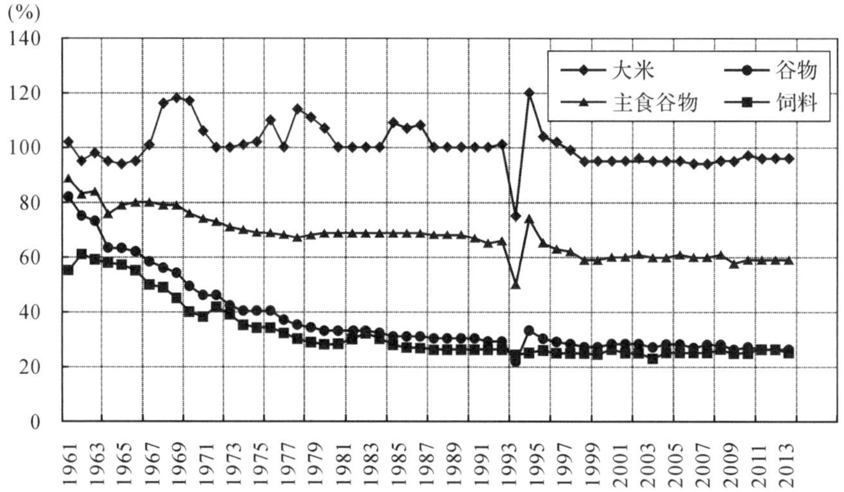

图 5-10 日本大米、谷物和饲料自给率变化趋势

与大米自给率相比，日本其他食物自给率都有明显下降，只是下降程度不同而已。从 1960 年到 2013 年，日本蔬菜自给率由 100%下降到 78%，牛奶自给率由 89%下降到 65%，肉类自给率由 93%下降到 55%，果类自给率由 100%下降到 38%，水产品自给率由 108% 下降到 50%。只有鸡蛋的自给率由 101%下降到 95%，保持了很高的自给水平，基本上可以与大米的高自给率相媲美。日本这些食品自 1960 年以来的自给率变化轨迹详见图 5-11。

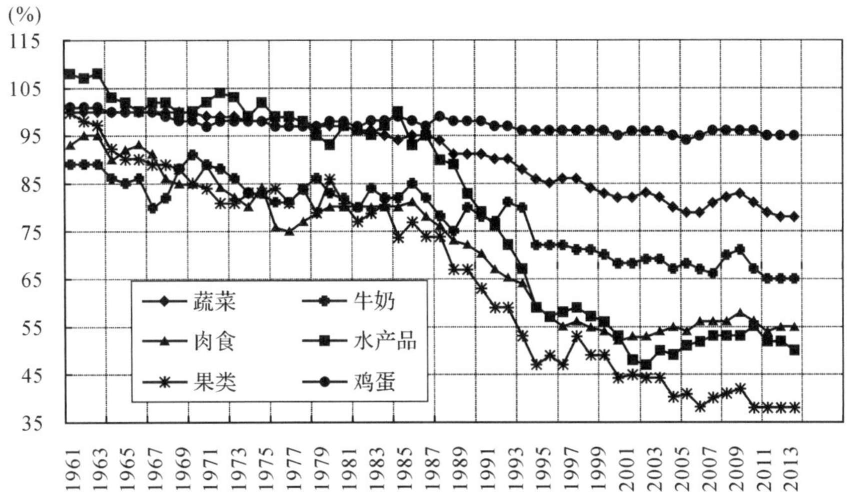

图 5-11　日本其他食品自给率变化趋势

5.3　稻农经营社会化服务

日本水稻生产经营受农业发展状况的影响，而水稻生产经营状况也影响了农业与农户经营状况。不管怎样，日本水稻(包括狭义的“水稻”和“陆稻”)生产过程中的社会化服务已经十分普遍，并且呈现出多样化格局，水稻社会化生产局势在多方面都有明显表现。

5.3.1　水稻委托作业需求

(1)稻作作业委托服务经营体和农户数量分布。从农业经营体情况看，2010 年日本水稻作业社会化服务已经十分普遍，有着广泛的社会化服务需求，但这种需求处在提升和调整中，并且更为集中。开展水稻生产作业委托要求的农业经营体数量达到 69.64 万个，与 2005 年相比下降 25.17%；2010 年占当年农业经营体总数的 41.48%，与 2005 年的 46.32%相比有所下降；2010 年占当年水稻经营体数量的 51.69%，与 2005 年的 55.96%相比也有所下降。2010 年实行水稻全程作业(全作业)的经营体 60395 个，比 2005 年减少 32.74%，占农业经营体比重 3.60%，占水稻经营体比重 4.48%，与 2005 年相比也略有下降。水稻作业社会化实行部分作业单项服务的经营体 64.07 万个，比 2005 年下降 23.94%，占农业经营体比重 38.16%，占水稻经营体比重 47.56%，与 2005 年相比也有所下降。日本水稻作业经营体委托服务情况如表 5-1 所示。

表 5-1　日本水稻作业经营体委托服务

	全　国		2010 年比 2005 年		占农业经营体比重(%)		占水稻经营体比重(%)	
	2010	2005	增减	增长(%)	2010	2005	2010	2005
经营体　　(个)	696474	930776	−234302	−25.17	41.48	46.32	51.69	55.96
全作业　　(个)	60395	89800	−29405	−32.74	3.60	4.47	4.48	5.40

续表

	全　国		2010 年比 2005 年		占农业经营体比重(%)		占水稻经营体比重(%)	
	2010	2005	增减	增长(%)	2010	2005	2010	2005
部分作业　(个)	640796	842491	−201695	−23.94	38.16	41.93	47.56	50.65
其中:育苗　(个)	272795	334245	−61450	−18.38	16.25	16.63	20.25	20.09
耕整　(个)	96380	124491	−28111	−22.58	5.74	6.20	7.15	7.48
插秧　(个)	170570	213472	−42902	−20.10	10.16	10.62	12.66	12.83
田管　(个)	168818	234508	−65690	−28.01	10.05	11.67	12.53	14.10
收割　(个)	339417	423020	−83603	−19.76	20.21	21.05	25.19	25.43
烘干　(个)	466863	639577	−172714	−27.00	27.80	31.83	34.65	38.45

数据来源:農林業センサス＞2010 年世界農林業センサス＞確報＞第 2 巻《農林業経営体調査報告書》(総括編),2012 年 2 月 2 日。

在水稻作业委托中的部分作业单项方面,烘干(包括调制作业和砻谷糙米等)作业的社会化服务需求最大,2010 年有 46.68 万个经营体参与其中,占农业经营体和水稻经营体的比重分别为 27.8%和 34.65%,与 2005 年相比都有所下降。第 2 位为水稻收割(包括稻谷脱粒业务),2010 年有 33.94 万个经营体,占水稻经营体比重的 25.19%,比 2005 年有所下降。第 3 位为育苗服务,2010 年有 27.27 万个经营体,占水稻经营体比重的 20.25%,与 2005 年相比数量下降,但占比上升。第 4 位为插秧服务,2010 年有 17.05 万个,占水稻经营体比重 12.66%,数量和占比都有所下降。第 5 位为田管(田间管理,包括施肥、打农药、除杂草、用水管理等服务),2010 年 16.88 万个,占水稻经营体 12.53%,与 2005 年相比,数量和占比都有所下降。第 6 位为耕整作业(包括耕田、整理田块、犁田、平田等作业),2010 年有 9.63 万个经营体,占水稻经营体 7.15%,与 2005 年相比,数量和占比都有所下降(见表 5-1)。

(2)农户水稻作业委托服务状况。2010 年,日本水稻经营农户有 69.12 万户提出稻作委托需求,占销售农户总数和水稻经营户的 42.38%和 51.3%,与 2005 年比委托农户数量和占比都有所下降。委托农户水稻作业实行全部水稻作业的数量 5.98 万户,占销售农户总数和水稻农户的 3.67%和 4.44%,比 2005 年都有所下降。日本销售农户水稻作业委托服务情况如表 5-2 所示。

表 5-2　日本销售农户水稻作业委托服务

	全　国		2010/2005		占销售农户(%)		占水稻经营户(%)	
	2010	2005	增　减	增长(%)	2010	2005	2010	2005
委托农户　(户)	691224	928156	−236932	−25.53	42.38	47.27	51.30	55.80
全作业　(户)	59810	89450	−29640	−33.14	3.67	4.56	4.44	5.38
部分作业　(户)	636064	840202	−204138	−24.30	38.99	42.79	47.21	50.51
其中:育苗　(户)	270611	333070	−62459	−18.75	16.59	16.96	20.08	20.02

续表

	全国		2010/2005		占销售农户(%)		占水稻经营户(%)	
	2010	2005	增减	增长(%)	2010	2005	2010	2005
耕整（户）	95527	124032	－28505	－22.98	5.86	6.32	7.09	7.46
插秧（户）	169499	212868	－43369	－20.37	10.39	10.84	12.58	12.80
田管（户）	167353	233876	－66523	－28.44	10.26	11.91	12.42	14.06
收割（户）	337742	422132	－84390	－19.99	20.71	21.50	25.07	25.38
烘干（户）	463559	638030	－174471	－27.35	28.42	32.50	34.40	38.36

数据来源：農林業センサス＞2010 年世界農林業センサス＞確報＞第 2 巻《農林業経営体調査報告書》(総括編)，2012 年 2 月 2 日。

2010 年，水稻生产中实行部分作业的农户 63.60 万户，占农户总数和水稻农户的 38.99％和 47.21％，与 2005 年相比，数量和占比都有所下降。从单项委托作业来看，第 1 位是烘干作业，委托的农户 46.35 万户，占农户总数和水稻经营户的比重分别为 28.42％和 34.40％，数量和占比都有所下降。第 2 位为收割作业，委托农户 33.77 万户，占总农户和水稻农户的比重分别为 20.71％和 25.07％，数量和占比同样有所下降。第 3 位为水稻育苗作业，委托农户 27.06 万户，占总农户和水稻农户的比重分别为 16.59％和 20.08％，数量下降，占比基本保持不变。第 4 位为插秧作业，委托农户 16.94 万户，占总农户和水稻农户的比重分别为 10.39％和 12.58％，数量和占比都略有下降。第 5 位为是田间管理作业，委托农户 16.73 万户，占总农户和水稻农户的 10.26％和 12.42％，数量和占比都分别有所下降。第 6 位为耕整稻田作业，委托农户 9.55 万户，占总农户和水稻农户比重分别为 5.86％和 7.09％，数量和占比都表现为下降(见表 5-2)。

5.3.2　水稻受托服务保障

(1)农业经营主体承接水稻作业服务。农业经营主体是日本从事水稻作业服务的主要业务单位和统计单元，以下从服务单元和作业面积两个方面加以分析。

2010 年，承担水稻作业的农业经营体数量 11.69 万个，比 2005 年增长 10.64％，占全部农业经营体和水稻经营体的比重分别为 6.96％和 8.67％，占比都有所提高。农业经营体开展水稻全部作业，2010 年为 13488 个，占农业经营体和水稻经营体的比重分别为 0.80％和 1.00％，数量和占比都有所下降。从单项作业服务体的数量看，2010 年经营体数量，收割占第 1 位，烘干占第 2 位，插秧居第 3 位，耕整作业服务占第 4 位，育苗占第 5 位，田间管理服务占第 6 位，开展部分作业的农业经营体详细数据及其变化情况见表 5-3。

表 5-3　日本水稻作业经营体受托服务

	全国		2010/2005		占农业经营体(%)		占水稻经营体(%)	
	2010	2005	增减	增长(%)	2010	2005	2010	2005
受托单位　（个）	116883	105646	11237	10.64	6.96	5.26	8.67	6.35
全作业　（个）	13488	27095	－13607	－50.22	0.80	1.35	1.00	1.63

续表

		全　国		2010/2005		占农业经营体(%)		占水稻经营体(%)	
		2010	2005	增　减	增长(%)	2010	2005	2010	2005
部分作业(个)	育苗	32914	27158	5756	21.19	1.96	1.35	2.44	1.63
	耕整	52247	43923	8324	18.95	3.11	2.19	3.88	2.64
	插秧	56410	48713	7697	15.80	3.36	2.42	4.19	2.93
	田管	12054	9612	2442	25.41	0.72	0.48	0.89	0.58
	收割	74804	65067	9737	14.96	4.46	3.24	5.55	3.91
	烘干	57411	49325	8086	16.39	3.42	2.45	4.26	2.97
受托面积	(公顷)	1521712	1620797	−99085	−6.11	41.90	43.89	101.41	105.61
全作面积	(公顷)	37149	42547	−5398	−12.69	1.02	1.15	2.48	2.77
部分作业(公顷)	育苗	226829	261828	−34999	−13.37	6.25	7.09	15.12	17.06
	耕整	85335	85267	68	0.08	2.35	2.31	5.69	5.56
	插秧	97839	98873	−1034	−1.05	2.69	2.68	6.52	6.44
	田管	374741	402767	−28026	−6.96	10.32	10.91	24.97	26.24
	收割	218777	224458	−5681	−2.53	6.02	6.08	14.58	14.63
	烘干	481042	505057	−24015	−4.75	13.25	13.68	32.06	32.91

数据来源:農林業センサス>2010年世界農林業センサス>　確報> 第2卷《農林業経営体調査報告書》(総括編),2012年2月2日。

接受委托开展水稻部分作业的农业经营体服务的全部水稻作业面积,2010年为152.17万公顷,占农业经营体和水稻经营体作业面积的41.90%和101.41%,数量和占比略有下降。其中,全部作业面积有3.71万公顷,占农业经营体和水稻作业经营体比重分别为1.02%和2.48%,数量和占比均有所下降。

从农业经营主体开展的部分水稻作业看,如表5-3所示,2010年第1位是烘干,面积48.10万公顷,占农业经营体和水稻经营体的13.25%和32.06%,数量和占比有所下降。第2位是田间管理,面积37.47万公顷,占农业经营体和水稻经营体比重10.32%和24.97%,数量和占比均有所下降。第3位是育苗,面积22.68万公顷,占农业经营体和水稻经营体比重分别为6.25%和15.12%,数量和占比都略有下降。第4位是收割,面积21.87万公顷,占农业经营体和水稻经营体比重分别为6.02%和14.58%,数量和占比都略有下降。第5位是插秧,面积9.88万公顷,占农业经营体和水稻经营体比重为2.69%和6.52%,数量有所下降,占比略有上升。第6位是耕整稻田,面积8.53万公顷,数量和占比都有所上升。

(2)农户承接水稻作业面积统计分析。农户承担水稻作业是日本水稻生产中社会化服务的重要体现。2010年受托服务的农户10.45万户,比2005年增长12.10%,占销售农户和水稻经营户的6.41%和7.75%,比2005年都有较大增长。实施受托水稻全程作业的农户1.26万户,占销售农户和水稻经营户的比重为0.77%和0.93%,数量和占比都有较大幅度下降。承担部分水稻作业服务的农户单项作业,2010年居第1位的是水稻收割作业,第2

位是稻谷烘干作业，第 3 位是插秧作业，第 4 位是耕整稻田作业，第 5 位是育苗作业，第 6 位是田间管理作业，6 个作业单项的服务农户都比 2005 年有较大增长。农户承接水稻作业服务及其变化的数据详见表 5-4。

表 5-4　日本销售农户水稻作业受托服务

		全　国		2010/2005		占销售农户(%)		占水稻经营户(%)	
		2010	2005	增减	增长(%)	2010	2005	2010	2005
受托农户	(户)	104490	93212	11278	12.10	6.41	4.75	7.75	5.60
全作业	(户)	12594	25734	−13140	−51.06	0.77	1.31	0.93	1.55
部分作业(公顷)	育苗	29419	23983	5436	22.67	1.80	1.22	2.18	1.44
	耕整	47431	39523	7908	20.01	2.91	2.01	3.52	2.38
	插秧	51126	44064	7062	16.03	3.13	2.24	3.79	2.65
	田管	10039	7649	2390	31.25	0.62	0.39	0.75	0.46
	收割	67399	58055	9344	16.10	4.13	2.96	5.00	3.49
	烘干	52029	44171	7858	17.79	3.19	2.25	3.86	2.66
受托农户	(公顷)	477102	425587	51515	12.10	14.95	12.35	31.80	27.73
全作业	(公顷)	21705	29993	−8288	−27.63	0.68	0.87	1.45	1.95
部分作业(公顷)	育苗	55935	45133	10802	23.93	1.75	1.31	3.73	2.94
	耕整	47736	41252	6484	15.72	1.50	1.20	3.18	2.69
	插秧	59934	55540	4394	7.91	1.88	1.61	3.99	3.62
	田管	49962	25138	24824	98.75	1.57	0.73	3.33	1.64
	收割	125891	119643	6248	5.22	3.94	3.47	8.39	7.80
	烘干	115940	108888	7052	6.48	3.63	3.16	7.73	7.09

数据来源：農林業センサス＞2010 年世界農林業センサス＞確報＞ 第 2 卷《農林業経営体調査報告書》(総括編)，2012 年 2 月 2 日。

日本农户受托水稻作业服务面积数量、占比及其变化的分布，类似于作业农户数量及其分布情况。2010 年，水稻作业受托农户服务面积 47.71 万公顷，比 2005 年增长 12.10%，占销售农户水稻面积的 14.95%，占农户水稻经营面积的 31.80%，与 2005 年相比，水稻作业服务面积及其占比都有明显增长。农户提供水稻全程作业的面积 2.17 万公顷，占销售农户和水稻经营农户面积的 0.68%和 1.45%，比 2005 年作业面积和占比都有所下降。

从单项作业面积来看，2010 年日本农户承担的水稻作业面积 6 个单项都有一定幅度的增长。居第 1 位的是水稻收割，服务面积 12.59 万公顷，比 2005 年增长 5.22%，占销售农户面积的 3.94%，占水稻经营户的 8.39%，两个占比都比 2005 年有所提高。第 2 位是烘干作业，服务面积 11.59 万公顷，比 2005 年增长 6.48%，占销售农户的 3.63%，占水稻经营户的 7.73%，两个占比都比 2005 年有所提高。第 3 位是插秧，第 4 位是育苗，与 2005 年相比，数量和两个占比都有一定的提高。第 5 位是田间管理，服务面积 4.99 万公顷，比 2005 年提高 98.75%。第 6 位是耕整，服务面积 4.77 万公顷，数量和两个占比都有所提高。

5.4 水稻产业化考察

2014年5月中旬,作者受邀,继2012年6月中旬在日本学术交流和水稻产业化实地考察之后,带着学习交流和有益于中国水稻产业化发展之目的,专项考察了日本水稻农场和产业化服务中心。本节对日本的考察情况作简要介绍,学习借鉴日本在这方面的有益做法,对推进中国水稻产业化发展将大有裨益。

5.4.1 福田水稻家庭农场

福田水稻家庭农场位于日本中南部地区的岛根县三次市和知町,全称"株式会社福田农场",这类农场既是家庭农场,又是公司农场,属于家庭公司农场。福田农场位于日本中南部的丘陵地区北缘,丘陵之间有几片较为平坦的水田和5～20度坡度的旱地。农场以水田为主,水田主要种植单季水稻,旱地有较好的灌溉条件,主要是种植旱地作物,如大豆和蔬菜等,种植制度比较单一。

(1)家庭农场得益于政策支持。"福田农场"是一个典型的家庭农场,按照农业公司的性质登记为特定农业法人。农场最初成立于2007年7月,有专任理事4人。2011年,在日本鼓励推进农业六次产业化(即农业生产、加工和销售一体化经营)政策的激励下,农场得到岛根县三次市政府有力的政策补贴支持,使家庭农场获得新的发展动力。农场借这次机会扩大了种植面积,利用自产原料拓展发展农产品加工业和自产自销的商贸服务业,从而使农场真正成为农业产加销一体化、全产业链经营的农业产业化家庭农场。

农场理事会经过改组,身为理事长的父亲福田一夫退位给儿子,由儿子福田一之担任农场理事长。农场现有专职理事3人,雇请长期农业工人2人。理事3人分别是理事长儿子的母亲、理事长儿子和儿媳,长工2人分别是现任理事长的父亲和另外1名送货员。生产季节中有两个时期需要请临时性帮工,以度过农忙季节。一是在5月的种植季节需要请5个临时工工作4天;二是10月的秋季收获季节,按照3人一组共分2组帮助割稻,需要请6个临工2份约5天时间,秋季需要临时工工作30天,全年共需要季节性临时工工作50天。临时工报酬为每小时1000日元(一天按8小时计算,相当于每天500元人民币)。整个农场平时由5个人专门打理,但只有1个长期雇工是家庭以外的。

(2)农场规模化经营。2014年,福田农场经营土地面积47.4公顷(约711亩)。农场经营的土地,主要是在2007年由岛根县三次市和知町农业委员会出面组织三方力量,由当地具有土地所有权的持地农户、三次市农委与和知町农委三方共同出资,按照土地规划进行全域土地整理,整理后的农田标准化为每块0.2公顷(即3亩)的规格,由町农业委员会组织招标集中使用标准化的农田,福田农场主作为土地整理的贡献者优先获得租用资格。福田农场与75个农户签订了租期10年的合同,每0.1公顷的租金为8000日元(约每亩330元人民币)。

福田农场现有耕地面积47.4公顷,其中水田面积39.4公顷,旱地面积8.0公顷。2013年农田种植制度是:单季水稻种植39.4公顷,旱地作物主要种植饲料作物、黑大豆和各种蔬菜。单季种植的水稻全部是粳稻品种,主要是越光、一见钟情、安云浪漫3个品种,还有本地糯米，以及米粉专用品种，其中越光牌水稻品种占农场水稻种植面积的 70.6%。

农业生产全程机械化作业。农场拥有 5 台拖拉机（从 24 马力到 60 马力），拖拉机功率一般为中小型。一台带施肥装备的 8 行插秧机，2 台联合收割机（1 台有购机补贴，1 台无购机补贴）。有运输车辆 5 台（2 吨和 4 吨各 2 台，另外 1 辆为轻型田间运输车）。为了充分利用这些农机设备，农场通过为附近农户（小型家庭农场）提供收费作业（受委作业），包括提供水稻工厂化秧苗 6000 箱，整地和机插秧各 6 公顷，机收水稻面积 22 公顷。这些农机服务涉及 100 个农户（即"联系户"），较好地发挥了机械化农场为当地小农户、小型家庭农场服务的作用。

（3）农场农业六次产业融合。在日本农业六次产业化发展政策的作用下，福田农场作为家庭农场，也作为农工商企业得到升级，农业产加销一体化的全产业链得到充分发展。福田农场老场长福田一夫在自有土地上，新建了厂房，扩大加工厂，建设农场直销店和农产品销售网络平台，已经成为一个集机械化、自动化为一体的现代化家庭农场。

在农业生产环节，所有能自动化控制的作业过程，都充分实现自动化。在育秧过程中，工厂化育秧能够全自动控制，老场长只需定时查看和设定控制器即可。秧苗达到设定时间，水稻秧盘便经流水线到达指定的插秧机旁，老场长开动提升机很快把秧盘放入插秧机挂盘上，一人开动 8 行高速插秧机到已耕整好的水田实施机插秧作业。我们见到老场长的时候，他刚刚完成田间机插秧返回农场来接待我们。实际上，农场约 50 公顷的耕地，都是由他自己管理的。

到秋天水稻收割后，福田一夫就会组织人员将收获好的湿谷（含水量 20%左右），由他自己开启 6 台谷物烘干机（烘干机用燃油为动力，包括 12 吨 1 台、19 吨 1 台、20 吨 1 台、22 吨 2 台和 25 吨 1 台），不仅可以及时烘干农场自产的稻谷，还可为附近 100 个水稻种植农户提供稻谷烘干的有偿服务。老场长一人将烘干的稻谷（含水量 14%）经自动流水线放入低温稻谷仓库，根据需要随时将稻谷经 1 台砻谷机脱壳后加工成糙米（出糙率 75%～80%），再放入低温糙米仓库（7 摄氏度），打包成 1 吨装的纸袋包装即可直接销售给当地农协（JA，约占产量的 10%），也可根据市场需要经一条精米线（约 150 万元人民币）加工成所需要的精白米，按订户需要用纸袋包装成不同规格，第二天便由农场送货车迅速送到订户家里（约占产量的 90%）。农场还为附近农户有偿烘干 6000 袋稻谷（30 公斤装），烘干后由农户运回，或作为糙米在农场内代为贮藏，在这些农户需要时直接为其提供精米，亦可就近在分布密集的"精米屋"①由用户自行自动加工成所需要的精米。

农产品综合加工利用是福田农场农业产业化经营的延伸。农场用自产大米作为原料，购置了一条年糕生产线（获得食品卫生许可），生产的"米丰雾"牌年糕供不应求。农场还在农场主的儿媳妇掌握的传统技艺的基础上，增加酱油发酵生产线和糕点制作车间，利用农场自产的黑大豆、大米、蔬菜和购买一些其他原料，就能制作豆油、糕点、年糕和米粉，以农场直销店当地销售为主（为当地社区服务），也开展配送业务，直接送到所需要的超市。农场直销店由儿媳妇管理，生意兴隆。

---

① 这种"精米屋"实际上就是一台占地面积 10 平方米的自动化机器，由日本农协提供资金支持，由全日本最大的农机公司佐竹机械公司负责安装和维护，农户投入硬币便可将糙米碾成所需要的精米，加工使用和操作十分方便。

(4)农场经营理念。福田农场虽然是一家规模不大的家庭农场,但却有着自己的经营理念,经营中规中矩。所以老场长深知,作为一个社区农场,又有75个农户将土地租给农场经营,老场长就将农场经营理念确定为“与当地一起”,这种经营理念赢得了当地农户和社区的赞同。农场在农忙时节需要帮助的时候,或来不及送货时,很容易找到本地的临时工帮忙。由于农场经营理念深入人心,在地方直接和间接支持下,农场得以顺利运行。

在与地区共享的经营策略指导下,福田农场秉承日本传统文化,农场的成熟和收获便是整个社区的收获。农场收获时节,也是教育下一代热爱农业、感恩自然、学习农技的时机。每当农场水稻和大豆收获之时,就要隆重举办稻米和大豆“收获感谢祭”,让社区代表品尝新米,温习当地传统礼节,大家同欢共乐。同时,还与当地社区、科技和教育部门联合,为儿童和学生提供学习和受教育的场地,并由场长亲自讲授农业技术、自然知识和日本传统文化。

5.4.2 JA云南市稻谷烘干贮藏中心

日本岛根县(Shimane)位于日本本州岛的西南部,面积约6708平方公里,占全国面积的1.77%,居日本第19位,农田只占总面积的6.67%,人口稀少。自然风景秀丽,为旅游观光县,是日本古文化的发源地之一。森林面积占土地总面积的约80%,是日本重要的森林县之一。自北向南分成松江、出云、浜田、益田4个集聚区之外,此外还有海上的隐岐岛。隐岐岛是日本古代后鸟羽天皇以及后醍醐天皇被流放之地。东部冬季降雨量较多,西部较少,年平均气温为14.6℃,平均最高气温可达27℃左右,平均最低气温约4℃。县都设于松江市。云南市(うんなんし)是其8个城市(市)地区之一,另有20个农村地区(郡、町、村)。

在岛根县全部耕地面积中,私有土地面积占49.4%。在全部私有土地中,水田占11.2%。岛根县灌溉条件较好,是水稻种植的主要地区。岛根县2013年人口为70.2万人,云南市(Unnan)2014年人口为4.16万人。作者考察的是日本农业协同组合下属在云南市的JA云南烘干和贮藏设施(即烘干贮藏中心,是一家区域性收获后的社会化服务中心)。在石田先生带领下,作者考察了位于云南市木次町丘陵地区的这家公司。这家由市农协主办的稻米服务中心(企业性质),全部由SATAKE公司负责设计、施工、提供全套设备并进行日常维护,由于全部实行自动化管理,因此平时只有农协1位专职人员负责。

据介绍,这家公司是日本全国农业协同组合联合会下属的一家公司,受日本2008年和2009年全国农村发展政策补贴支持,云南市地方政府补贴和农业协同组织自身投资,由三方共同出资建设,是对建于20多年前的烘干中心,实施技术改造、技术配套(包括智能化处理)、功能提升(即产后工业化过程)、规模扩大(相当于原烘干中心的10倍占地面积)和异地重建(与居民生活区有一定距离,具有专用道路、电网、水系统等配套设施)的一个水稻产业社会化服务新项目,于2010年8月建成投产使用。

据资料介绍,该中心总投资8602万元(按照2009年汇率折算成人民币),日本国库支付占47.6%,云南市补助金占44.9%,中心自己支付占7.5%。中心占地面积9426平方米,建筑物高约30米(由6层组成),服务面积400公顷,平均处理量每日104吨,总处理量为湿谷2811吨,最大每日处理量181.6吨,低温仓库容量2500吨。会员的湿稻谷达到一定批量后,进入2条烘干线(即20吨/小时设备2组)和2条糙米流水线,每组处理干稻谷4.5吨/小时和糙米3.6吨/小时,糙米总处理量2组,共12吨/小时。

该中心给作者印象最深的有三个方面：(1)该中心接受云南市农协成员的湿稻谷，经过不到30分钟的自主检测和样本自动分析便得到与农户结算的所有参数，并立即据此进行财务结算，双方满意。(2)整个中心仅需1人管理，生产效率之高令人赞叹。(3)中心设计精细，排尘和噪音处理良好，几乎无尘无噪。

5.5 借鉴与思考

中国是世界水稻产业发展大国，与日本和其他国家相比，很有发展前途的家庭农场刚刚起步，对家庭农场不仅应该从一般意义上深入认识，更需要全面分析中国农业经营主体的小农户这一基础力量，对如何改变、如何推进真正意义上的家庭农场发展作深入研究。

5.5.1 中国家庭农场发展问题

(1)家庭农场是世界农业经营主体。家庭农场作为一个农业产业经营的场所和单位，它的前置定义是"农场"概念。世界家庭农场有多少，对世界的贡献如何？FAO将2014年定为"国际家庭农业年"，就在于让世界充分认识当下农业、农民和家庭农场的重要性。据FAO农业经济学家罗德等(Lowder, Skoet and Singh, 2014)估计，全球161个国家总共有农场5.7亿个，其中家庭农场超过5亿个。总体上看，世界农场规模较小，小于2公顷的农场约4.75亿个。他们还根据世界111个国家农业普查(1990—2000)数据分析，全球有4.6亿个农场，世界农场面积平均规模分布：不足1公顷的农场占72%，1～2公顷的农场占12%，2～5公顷的农场占10%，5～10公顷的农场占3%，10～20公顷的农场占1%，超过20公顷的农场占2%。如果将低于2公顷的农场视为小规模农场，那么世界小规模农场占84%，其中90%以上为小规模家庭农场。他们认为，世界农场98%以上都是家庭农场。农业经营以家庭(农户)形态为主要形式，在世界农业史上是与生俱来的，以农业家庭为主的生产单位从事农业生产活动，是传统农业的基础。随着社会的发展和经济的变迁，社会分工分业日益细化和深化，世界农业生产以家庭为单元、以农场为组织形式，现代农业仍然是以家庭农场为主要经营形态。只是须看到，家庭农场作为现代农业经营主体的形式已经发生变化，世界现代农业是一个以家庭农场为基础要件而形成的多元化的农业经营体系。

(2)农场与家庭农场概论。家庭农场是一种农业经营方式和农业产业经济的实现形态。尽管不同国家有不同定义和标准，采取不同的发展政策，但其基本定义可以认为是农场的一种类型，可以概括为：家庭农场是以家庭劳动力为主，经营家庭所拥有(经营)的土地，并由家庭享受其经营成果的农业经营组织。由此可见，家庭农场主要包括三个方面的内涵：一是农场劳动力。农场经营的人力主要以家庭劳动为主，辅以少量的农业工人，农忙时季节性农业工人可能会多一些，但家庭农场劳动力主要是家庭成员。二是农场土地经营。家庭农场的土地，从所有权性质看，一般是私人所有，即家庭所有，家庭对农场土地使用和安排负全责。从农业经营角度看，家庭农场的土地可以是国有、公有和私人所有，但由家庭负责土地经营，例如通过土地所有权剥离后，取得土地经营权，就可以由家庭来经营农场。三是农场经营成果归家庭所有。家庭负责农业经营决策并采取各种行为，家庭具有农产品处置权，享受农场经营所得的一切成果。

然而,我国家庭农场发展却存在一些现实问题。改革开放以来,我国实行家庭联产承包责任制已经35年,农户家庭联产承包责任制对我国农业发展的贡献值得充分肯定。但同时也应该看到,我国传统农户生产和组织方式与国家现代化和产业现代化要求格格不入,农业大户、农业龙头企业、农民专业合作社等具有现代农业要素的新型经营体正在形成。一些地方早在20世纪90年代初就开始探索发展家庭农场,但没有统一政策和宏观条件。自2013年中央一号文件发布以来,学者大量研究家庭农场,政策也开始发生重大变化,全国各地家庭农场得到快速发展。我们既要看到发展的成绩,也看到存在的问题。这里先对农场和家庭农场发展概况作一个粗略的分析,从而明确农场和家庭农场概念特征及其基本情况。

(3)我国小农户格局仍然普遍存在。改革开放以来,我国实行农户向村集体(行政村或自然村)承包土地,实行以农户为单元的家庭承包责任体制(这种承包制度的经营因素很小),形成了以农户为主的农业生产主体。随着改革发展,我国农业生产的小农户生产格局虽然有所改变,但总体上变化不大。我国在1996年开展的第一次全国农业普查数据表明,全国有19309万个农业生产经营户,其中纯农户12672万户。2006年开展的第二次全国农业普查数据显示,我国有农业生产经营户19707万户,其中纯农户16690万户。两次全国农业普查数据表明,我国农户数量十分庞大,不仅农户数量增加,纯农户数量也在增加。仅据2006年第二次全国农业普查数据可以看出,全国农业从业人员仍然多达3.42亿人,经营耕地面积18.27亿亩,按平均计算为每个农户平均经营耕地面积9.1亩,在世界上属于典型的超小规模的生产单位(不足1公顷)。将农户(农业经营主体单位)经营耕地面积分为16组,得到2006年全国农户经营耕地面积分布情况。数据表明,农户数量最多和占比最大的是户均3～5亩。按照累计分布计算,不足1公顷耕地面积的农户占92%,不足2公顷耕地面积的农户累计占98.53%,2公顷以上的农户经营主体只有1.47%(见图5-12)。

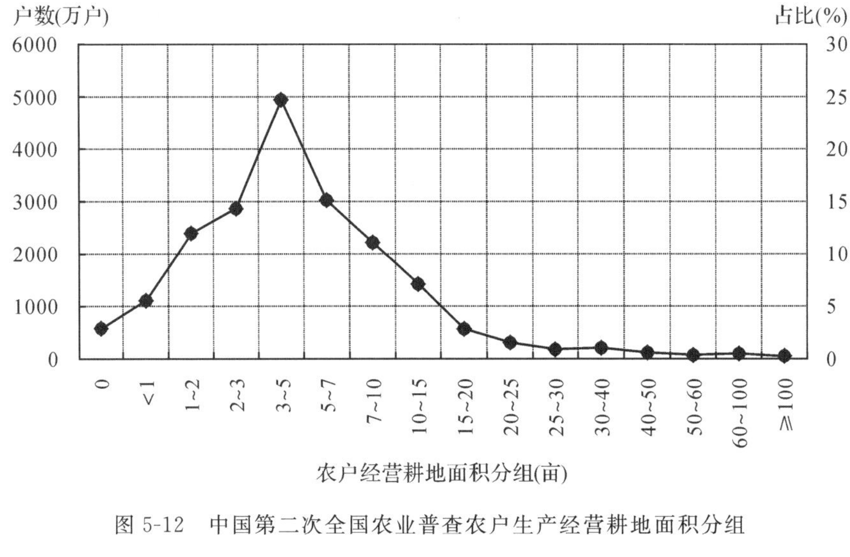

图5-12 中国第二次全国农业普查农户生产经营耕地面积分组

2006年以后,全国耕地流转有加速发展的趋势,但就全国平均而言,农户经营耕地面积规模偏小的问题仍很突出。2012年,全国农户经营耕地面积人均2.34亩,只有黑龙江和内蒙古超过10亩,广东、浙江、福建等地区不足1亩。显然,全国超小规模的农业经营户仍很普遍，以家庭农场为经营单位，可以较好地解决这一问题。据农业部调查统计，2012 年全国登记在册的家庭农场 87.7 万个，经营耕地面积 1.76 亿亩（约占全国耕地面积 10%），平均经营耕地面积 200.2 亩。2013 年，各地纷纷制定发展家庭农场的地方文件，农业部在 2014 年 2 月制定了《关于促进家庭农场发展的指导意见》，旨在指导和规范全国家庭农场健康有序发展。

5.5.2　重视家庭农场经营体系建设

我国是农业大国，也是以农户为农业生产主体的国家，农户家庭在农业生产中发挥重要作用。在现代化进程中，以传统的小规模和分散化为主要形式的农户经营问题日益突出，以农户家庭为基本单元、以家庭农场为农业生产经营主体的现代农户家庭开始快速发展，势将成为我国现代农业发展的主力。

2013 年中央一号文件《关于加快发展现代农业　进一步增强农村发展活力的若干意见》，提出着力构建一个集约化、专业化、组织化、社会化相结合的新型农业经营体系，要求加快构建现代农业产业体系和现代农业投入保障体系。这是中央首次提出发展家庭农场，第一次将家庭农场作为一种新型农业经营形式和组织方式，表明家庭农场与过去存在的联户经营、专业大户、农民合作社（农民专业合作社）、农业龙头企业和（农业）专业服务公司等被一同视为现代新型农业经营组织，这将是解决我国长期存在的农户家庭经营规模细小化，解决农业生产风险、农业经营不经济等突出问题的重要途径。2013 年 11 月党的十八届三中全会通过《中共中央关于全面深化改革若干重大问题的决定》，进一步明确指出要坚持家庭经营在农业中的基础性地位，推进家庭经营、集体经营、合作经营、企业经营等共同发展，这是我国农业经营方式的创新，也明确了我国现代家庭农场将是发展现代农业的基础性主体。2014 年中央一号文件《关于全面深化农村改革加快推进农业现代化的若干意见》，从农业现代化体制创新角度提出了让农民按照自愿原则开展家庭农场登记，以利于推进家庭农场进一步发展。

中央提出家庭经营模式，不是权宜之计，也不是唯一模式，而是在现代社会条件下立足农户家庭，以家庭农场形式促进现代农业发展、推进农业现代化的一种现代经营模式。家庭农场是与其他农业经营方式和不同组织形式并存的一种新型现代农业经营业态，它可以较好地将农村集体力量与农户家庭力量结合起来，符合我国农业双重经营双重体制这一基本制度的根本要求。应该看到，家庭农场不是否定已有的联户经营和专业大户，而是要求将农业要素更加相对地集中，在经营和管理方面更上一层楼。家庭农场不是要取代农民专业合作社，而是以家庭农场为单元，专业合作社更好地发展面向家庭农场而实行农业专业化服务。家庭农场不是不要农业龙头企业支持，而是更好地面向农业龙头企业，建立一种新型的以家庭农场为基础、以相关企业为龙头带动的新型农业产业链。可见，中央鼓励发展家庭农场，是建立和健全现代农业经营体系的重要基础，现代农业经营需要各种新型农业经营主体结合，也需要不同主体之间形成更加有效的组织形态，需要构建一个以家庭农场（不是一般意义上的普通农户）为基础，多元化的现代新型农业经营主体相结合，在农业产业链和农业区域空间上分工合作、高效运行的现代农业经营体系。从我国现实来看，虽然实践中还存在一些问题，但发展方向值得肯定，成效是主要的，道路是正确的。

根据党的十八届三中全会决定要求和文件精神，汲取美国和日本两个发达国家发展家庭农场的经验,为了大力发展家庭农场,加速推进农业现代化进程,进一步推进我国家庭农场健康有序发展,建立以家庭农场为基础的新型农业经营体系,近期可以重点制定更加切合实际的政策加以引导,也需要从现实层面推进家庭农场规范化发展。

(1)进一步明确家庭农场的现代农业经营主体的基础地位。传统农户向现代农户转变的基础,是不改变土地农户使用的性质,以农户为基础的家庭农场才会具有持久生命力。国家政策还需要从根本上研究并制定确切的政策,让家庭农场能在国家顶层政策层面上得到统一的认知和理解,从而避免对发展家庭农场的误解和误读,才能使各地更好地制定切实可行的发展政策和推进措施。

(2)建立以家庭农场为基础的现代农业经营体系。家庭农场是改造长期大量存在的小规模、分散化的小农户的重要途径,但不是现代农业经营主体的唯一方式。为了使各地多元化的现代农业经营主体既独立发展,又互为补充、合作共进,需要在明确家庭农场地位的基础上,加速构建现代农业经营体系,并制定各自不同的发展标准和支持政策,从经营管理层面促进我国农业现代化快速发展。

(3)逐步形成家庭农场要素价格调节机制。虽然农业生产要素价格理论上应由市场机制自由决定,但农用地流转和用工价格,容易受人们对城市化和工业化快速发展过程过高预期的影响,土地流转乱象和农业用工缺乏已经影响到农业规模化经营,亟须建立农业土地流转和农村用工市场规范。为此,需要在广大农村,建立农业用地流转和农业用工市场,并制定相应的管理规范,确定合理的指导价格,并加强监管,保障家庭农场所需土地流转价格和用工报酬有一个正常和合理的范围。

(4)鼓励家庭农场发展农业产业化经营。根据价值链理论,传统上只管生产的农业,其价值实现很不完整,需要通过加工和流通服务使农产品增值,让农场获得增值效应。鼓励有条件的家庭农场开展农工商一体化经营,通过农业产业化发展,一般可以使家庭农场的农产品在原来的基础上增值 2 倍以上,家庭农场收入可以成倍增加。为此,需要加大力度,在政策上对家庭农场开展农产品加工、冷链贮藏、物流运输、直销服务等方面给予相应的扶持。

(5)促进家庭农场与农村社区关系健康发展。家庭农场以当地农户为基础,立足于农村社区,应充分发挥当地农村(村和组)集体组织的作用,处理好农场建设与当地村组织的关系,农场也要关心村组织事务。村组织要支持家庭农场建设,将家庭农场建设与农村发展融为一体,在用电、道路、水利等基础设施建设方面,在村民生活服务方面,在农村教育方面,都要鼓励家庭农场积极参与新农村建设,支持村民为家庭农场发展出力。特别是在农村文化和乡情联结方面,既要鼓励家庭农场主动参与,也要鼓励新农村政策给家庭农场以应有的支持,从而促进家庭农场与农村社区的关系健康发展。

(6)推进家庭农场立法与农场法制化进程。发展家庭农场是我国农业现代化建设中现代经营主体的基本方向,各地虽然取得进展、初见成效,但在理论上存在着权益保障的法理问题,现实中也存在规范性建设问题,各地实践中也存在家庭农场社会治理比较混乱的现象。在加强法制化的今天,我们已经有条件为规范家庭农场发展建章立制,要尽快建立适合我国国情的家庭农场促进法,以保障家庭农场合法权益,并促进其健康持续发展。

5.6 小　结

日本水稻产业化发展不仅是日本现代农业发展的集中体现，也是提升现代水稻产业发展水平和保障国家粮食安全的关键。日本水稻产业化发展是在整个日本农业经营体制和经济社会发展背景下进行的，尤其是以小农户为基础的农业经营体扩大经营规模是发展变化的主流。日本水稻生产总体规模逐步缩小，随着日本人口达到历史最高之后人口数量下降，不仅人均食用大米消费量绝对值下降，大米食用总量也开始下降。在开放条件下，日本作为世界最大的农产品进口国，与其他农产品相比，日本仍然保持很高的大米自给率。这充分说明在全球化背景下日本处理农业开放与粮食安全关系的国家战略思想。

最近两次日本全国农业普遍数据对水稻产业化发展分析结果表明，日本开展稻农经营社会化服务是全方位的，也是十分专业化的。在水稻产业化发展过程中，水稻生产社会化服务需求主要体现在水稻委托作业方面，而通过农协服务和经营体专业化工作供给，使水稻作业受托服务得到保障。通过对日本水稻家庭农场和农协稻谷烘干与贮藏中心的深入考察，了解了日本水稻农场如何经营与管理，在很少雇工的情况下主要依靠家庭劳动力作业，在接受农协服务的同时为当地农户开展水稻作业和稻米加工服务。日本农协为农服务主要通过在产稻区建立区域性服务中心来实施，农协除了为农户开展生产作业服务之外，重点放在产后烘干和贮藏服务。这些都是我国发展现代水稻产业值得学习和借鉴的。

下篇 中国篇

第6章 中国水稻生产发展与产业政策

进入21世纪以来,我国水稻生产获得长足发展,生产力水平显著提高。在过去的2014年,党中央以深化改革着力推进农业现代化为总纲,水稻生产发展和产业经济形势喜人。本章通过对我国21世纪以来水稻生产发展进行趋势分析,对2013年和2014年发展状况作进一步分析,以期揭示我国水稻生产发展规律性变化和最新发展特点。

6.1 我国水稻生产长期趋势

从过去较长时期看,我国水稻生产已经处在高水平增长态势之下。2003年以后全国水稻生产数据可以更典型地反映我国水稻生产的总体状况,无论是种植面积,还是水稻单位面积产量水平,都已经有很大发展。

6.1.1 水稻生产发展趋势

从2003年到2014年,全国水稻生产快速发展。水稻产量的增长,得益于面积变化和单产水平不断提高。

(1)水稻产量不断提高。在2003年到2014年间,我国水稻产量由16065.6万吨增加到20642.7万吨,增长28.49%,年递增率2.31%,超过了同期全国人口5.74%的增长率和0.51%的递增率,从而为改善国家粮食安全,尤其是口粮安全发挥了十分的重要作用。2003年到2014年我国水稻产量变化和产量年度波动轨迹详见图6-1。

这一时期我国水稻产量变化也表现在年度间的产量波动上。除2004年快速恢复性增长和2013年略有下降以外,绝大多数年份都表现为较好的增长,只是增长速度明显放缓。从图6-1中年度波动曲线可见,近年来年度产量增长率大部分都在2%以下,增长势头有所衰减,波动率曲线变得更为平缓。

(2)水稻种植面积变化。21世纪以来,我国水稻生产进入新的黄金期,在国家政策支持和激励之下,水稻种植面积保持增长态势。从2003年到2014年,我国水稻种植面积由26503千公顷增加到30309千公顷,增长14.36%,年递增率1.23%。2014年与这一时期最大种植面积2012年的30137千公顷相比,减少2549公顷,下降0.01%,2013年种植规模超过了1994年种

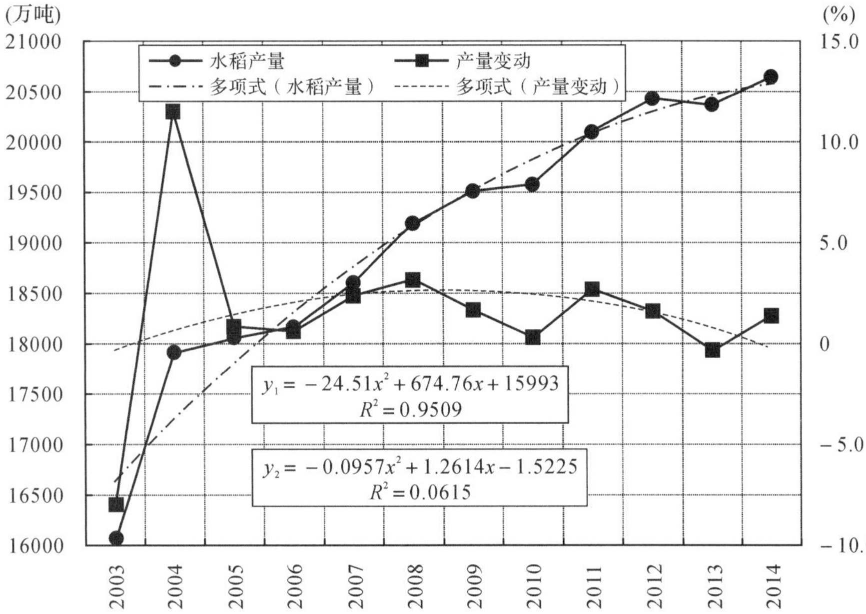

图 6-1　我国水稻产量趋势与流动变化

植规模。2003 年到 2014 年我国水稻种植面积变化和年度波动轨迹详见图 6-2。

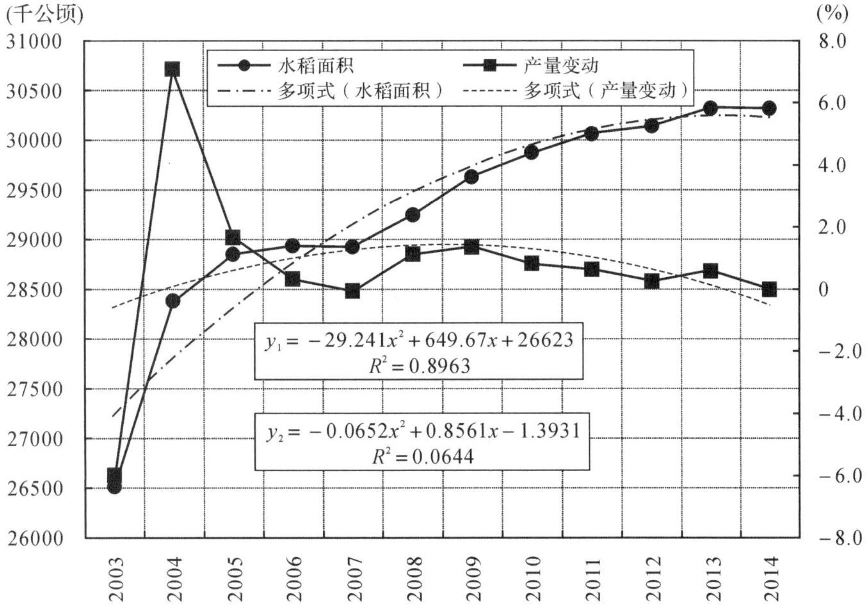

图 6-2　我国水稻种植面积与年度波动变化

这一时期我国水稻种植面积变化也表现在年度间的产量波动上。除 2004 年快速恢复性提高和此后到 2007 年的增速下降、2008—2009 年连续 2 年增速增长、2010—2012 年连续 3 年增速下降，2013 年增长之后于 2014 年增速下降，呈现出阶段性变化和年度波动。从图 6-2 年度波动曲线可见，近年来年度产量增长率大部分都在 1%左右，增长势头有所衰减，波动率曲线变得更为平缓。

(3)单产水平迅速提高。我国水稻种植面积单产水平已经比较高了,在这一时期总体上仍然呈现出不断增长的态势。从2003年到2014年,全国水稻种植面积单产水平由6061公斤/公顷提高到6811公斤/公顷,增长12.38%,年递增率1.07%。这一时期最低是2005年的6060公斤/公顷,在2007年超过1998年最高水平6366公斤/公顷之后,产量逐年快速提高。2003年到2014年我国水稻单产水平变化和年度波动轨迹详见图6-3。

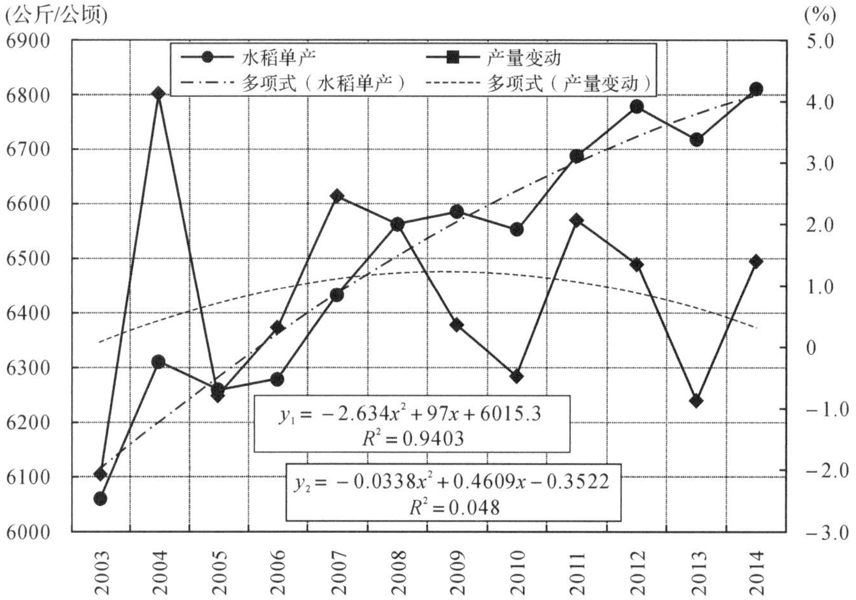

图6-3 我国水稻单产水平与年度波动变化

这一时期我国水稻种植面积单产水平变化也表现在年度间的产量波动上。按照年度增长率(波动率)计算,除2004年快速恢复性提高之后,经历了两个阶段的波动。第一波是以2007年的波峰为第一个阶段,波动率峰值2.4%。第二波是以2011年的波峰为准的第二阶段,波动率峰值2.0%。从图6-3中年度波动曲线可见,近年来年度单产增长率大部分都在1%左右,增长势头有所衰减,波动率曲线变得更为平缓。

6.1.2 水稻增产贡献分析

从2003年到2014年整个时期来看,水稻产量变化突出,产量增长是种植面积变化、单位种植面积(单产)变化、面积与单产二者交互作用的结果。据此,与我国粮食生产三要素作用结果对照,先列出我国粮食与水稻增产贡献分析表数据(见表6-1)。

表6-1 我国粮食与水稻增产贡献分析表

	粮食				水稻			
	产量(万吨)	面积(千公顷)	单产(公斤/公顷)	交互	产量(万吨)	面积(千公顷)	单产(公斤/公顷)	交互
2003年	43070	99410	4332		16066	26508	6061	
2014年	60710	112738	5385		20643	30309	6811	

续表

	粮　食				水　稻			
	产量（万吨）	面积（千公顷）	单产（公斤/公顷）	交互	产量（万吨）	面积（千公顷）	单产（公斤/公顷）	交互
增长率(%)	41.0	13.4	24.3	3.26	28.5	14.3	12.4	1.77
递增率(%)	3.49	1.27	2.20		2.54	1.35	1.17	
增量(万吨)	17640	13328	1053		4577	3801	750	
贡献(万吨)	17640	5774	10463	1402	4577	2304	1988	285
贡献率(%)	100	32.7	59.3	8.0	100	50.3	43.5	6.2

数据来源:《中国统计年鉴》(历年)和《2014年国民经济统计公报》。

(1)水稻增产的面积贡献率50.3%。将2003年到2014年水稻产量变化量(增加量,增量)作为水稻增产的结果,增量4577万吨,水稻产量增量之一是面积变化的贡献。计算结果表明,期间面积增加了3801千公顷,面积变化对产量增量贡献了2304万吨稻谷增产,水稻面积变化贡献率50.3%。

2003年到2014年,全国粮食产量由43070万吨增长到60710万吨,粮食增量17640万吨。全国粮食种植面积99410千公顷增加到112738千公顷,面积增加了13328千公顷。根据产量贡献率计算方法,全国粮食面积变化对粮食产量增量的贡献量为5774万吨,粮食面积变化贡献率32.7%。

(2)水稻增产的单产水平贡献率43.5%。2003年到2014年期间,全国水稻单产水平提高了750公斤/公顷。依据公式计算,单产变化对产量增量贡献了1988万吨稻谷增产,水稻单产提高贡献率43.5%。

2003年到2014年,全国粮食单产水平由4332公斤/公顷提高到5385公斤/公顷,单产提高了1053公斤/公顷。根据产量贡献率计算方法,全国粮食单产变化对粮食产量增量的贡献量为10463万吨,粮食单产变化贡献率59.3%。

(3)水稻增产的面积和单产交互贡献率6.2%。水稻种植面积在变化,单产产量也同时在变化,二者的交互作用对水稻产量累计变化的影响称为交互影响或交互贡献。2003年到2014年,水稻面积与单产的交互影响使产量增加了285万吨,对水稻增产的交互贡献率6.2%。

2003年到2014年,全国粮食生产中的面积与单产的交互影响使粮食产量增加了1402万吨,粮食面积与单产的交互变化贡献率8.0%。

对水稻增产贡献率与粮食增产贡献率的比较,可以看出,2003年到2014年间,水稻面积增加的贡献率大于粮食增产贡献率,水稻单产水平提高的贡献率小于粮食增产贡献率,水稻面积与单产共同提高的交互贡献率略小于粮食增产的交互变化贡献率。

6.2　2014年水稻生产分类变化

2014年,国家统计局发布了全国水稻生产总体和早稻分省的统计数据(初步统计),本节应用国家统计局公布的数据对全国2014年水稻生产情况作简要分析。

6.2.1 全国水稻持续增产

从可获得的最新数据看,2014 年,是全国持续推进水稻高产的一年,全国稻谷产量达到 20642.7 万吨,种植面积 30309.2 千公顷,单位面积产量 6811 公斤/公顷,是近来取得较好产能的一年。

2014 年水稻生产在整个粮食生产中所占地位发生微妙变化。与 2013 年相比,稻谷在粮食和谷物生产中的变化情况,相应的小麦、玉米和其他粮食与其他谷物的变化等数据指标详见表 6-2。

表 6-2 2014 年全国粮食与水稻生产比较

	2014			2013			2014/13		
	面积(千公顷)	产量(万吨)	单产(公斤/公顷)	面积(千公顷)	产量(万吨)	单产(公斤/公顷)	面积(%)	产量(%)	单产(%)
粮食	112738.3	60709.9	5385	111955.6	60193.8	5377	0.70	0.86	0.16
谷物	94622.8	55726.9	5889	93768.6	55269.2	5894	0.91	0.83	−0.08
稻谷	30309.2	20642.7	6811	30311.7	20361.2	6717	−0.01	1.38	1.39
小麦	24063.9	12617.1	5243	24117.3	12192.6	5056	−0.22	3.48	3.71
玉米	37076.1	21567.3	5817	36318.4	21848.9	6016	2.09	−1.29	−3.31
其他粮食	21289.1	5882.8	2763	21208.1	5791.1	2731	0.38	1.58	1.20
其他谷物	3173.6	899.8	2835	3021.2	866.4	2868	5.04	3.85	−1.14
谷物占粮食	83.9	91.8	109.4	83.8	91.8	109.6	0.21	−0.03	−0.24
稻谷占粮食	26.9	34.0	126.5	27.1	33.8	124.9	−0.70	0.52	1.23
小麦占粮食	21.3	20.8	97.4	21.5	20.3	94.0	−0.91	2.60	3.55
玉米占粮食	32.9	35.5	108.0	32.4	36.3	111.9	1.38	−2.13	−3.46
稻谷占谷物	32.0	37.0	115.6	32.3	36.8	114.0	−0.91	0.55	1.47
小麦占谷物	25.4	22.6	89.0	25.7	22.1	85.8	−1.12	2.63	3.80
玉米占谷物	39.2	38.7	98.8	38.7	39.5	102.1	1.16	−2.10	−3.23

数据来源:根据 2014 年国家统计局公报和公告数据整理。

(1)水稻产量增长 1.38%,对粮食增产贡献率 54.5%。2014 年全国水稻产量再创新高达到 20642.7 万吨,比 2013 年增加 281.5 万吨,产量增长 1.38%。2014 年全国粮食产量 60709.9 万吨,比 2013 年增长 0.86%,谷物产量 55726.9 万吨,增长 0.83%。水稻产量对粮食和谷物增产的贡献率分别为 54.5%和 61.5%,相比之下,2014 年小麦产量 12617.1 万吨,比上年增产 424.5 万吨,增长 3.48%,小麦对粮食和谷物增产的贡献率分别为 82.2%和 92.7%。而 2014 年玉米产量 21567.3 万吨,比上年增产−281.6 万吨,增长率−1.29%,对粮食和谷物增产的贡献率分别为−54.6%和−61.5%。其他粮食和其他谷物,2014 年分别为 5882.8 万吨和 899.8 万吨,增长 1.58%和 3.85%,贡献率分别为 17.8%和 7.3%。

(2)水稻种植面积增长−0.01%,对粮食面积贡献率−0.3%。2014 年全国水稻种植面积 30309.2 千公顷,比 2013 年减少 2549 公顷,下降 0.01%。2014 年全国粮食种植面积

112738.3 千公顷，比 2013 年增长 0.70%；谷物种植面积 94622.8 千公顷，比 2013 年增长 0.91%。水稻种植面积对粮食和谷物面积变化的贡献率均为－0.3%，相比之下，2014 年小麦面积 24063.9 千公顷，比上年增加－53363 千公顷，增长－0.22%，小麦面积变化对粮食和谷物面积变化的贡献率分别为－6.8%和－6.2%。2014 年玉米种植面积 37076.1 千公顷，比上年增加 757.7 千公顷，增长率 2.09%，玉米对粮食和谷物面积变化的贡献率分别为 96.8%和 88.7%。其他粮食和其他谷物，2014 年分别为 21289.1 千公顷和 3173.6 千公顷，分别增长 0.38%和 5.04%，贡献率分别为 10.3%和 17.8%。

(3)水稻单位面积产量增长 1.39%，是粮食单产增量的 11.1 倍(按绝对值计算，下同)。2014 年全国水稻单位面积产量 6811 公斤/公顷，比 2013 年增长 93.4 公斤/公顷，增长率 1.39%。2014 年全国粮食单位面积产量 5385 公斤/公顷，比 2013 年增长 8.4 公斤/公顷，增长 0.16%，谷物单位面积产量 5889 公斤/公顷，增加－4.8 公斤/公顷，增长率－0.08%。水稻单产增量是粮食和谷物单产增量的 11.1 倍和 19.3 倍，相比之下，2014 年小麦单位面积产量 5243 公斤/公顷，比上年增加 187.6 公斤/公顷，增长 3.71%，小麦单产水平变化是粮食和谷物单产水平增量的 22.2 倍和 38.8 倍。2014 年玉米单产 5817 公斤/公顷，比上年增加－198.9 公斤/公顷，增长率－3.31%，玉米单产增率分别是粮食和谷物单产增量的 23.6 倍和 41.1 倍。其他粮食和其他谷物，2014 年分别为 2763 公斤/公顷和2835 公斤/公顷，分别增长 1.20%和－1.14%，单产增量分别是粮食和谷物单产增量的 3.9 倍和 6.7 倍。

6.2.2　早稻生产格局新变化

早稻是我国水稻生产的重要组成部分，是水稻种植制度的重要表现形式。2014 年早稻生产获得新的发展，全国早稻生产变化及其对水稻总体生产的贡献等基本数据见表 6-3。

表 6-3　2014 年全国早稻生产与水稻和粮食变化比较

	早　稻		水　稻		粮　食		早稻占水稻		早稻占粮食	
	面积（千公顷）	产量（万吨）	面积（千公顷）	产量（万吨）	面积（千公顷）	产量（万吨）	面积（%）	产量（%）	面积（%）	产量（%）
2014	5795.0	3401.0	30309.2	20642.7	112738.3	60709.9	19.12	16.48	5.1	5.6
2013	5804.4	3413.5	30311.7	20361.2	111955.6	60193.8	19.15	16.78	5.2	5.7
2010	5795.8	3133.7	29873.4	19576.1	109870.0	54647.7	19.40	16.01	5.3	5.7
2003	5590.3	2948.4	26507.8	16065.6	99410.1	43069.4	21.09	18.35	5.6	6.8
1976[a]	13016.9	5164.0	36217.3	12580.5	120743.3	28630.5	35.94	41.05	10.8	18.0
1984[b]	10261.9	5330.5	33178.4	17825.5	112883.9	40730.5	30.93	29.90	9.1	13.1
2014/03	99.8	99.6	100.0	101.4	100.7	100.9	99.8	98.3	99.1	98.8
2014/10	100.0	108.5	101.5	105.4	102.6	111.1	98.5	102.9	97.4	97.7
2014/03	103.7	115.4	114.3	128.5	113.4	141.0	90.7	89.8	91.4	81.8
2014/76	44.5	65.9	83.7	164.1	93.4	212.0	53.2	40.1	47.7	31.1
2014/84	56.5	63.8	91.4	115.8	99.9	149.1	61.8	55.1	56.5	42.8

数据来源：根据国家统计局公报和公告数据整理。

注：1976[a]，指新中国成立以来早稻种植面积最高年份，1984[b]，指新中国成立以来早稻产量最高年份。

(1)全国早稻生产首次“三降”。2014 年,全国早稻产量 3401 万吨,比上年增长－12.5 万吨,是上年产量的 99.6%,增长－0.37%;2014 年早稻面积 5795 千公顷,比上年增长－9.4 千公顷,是上年面积的 99.8%,增长－0.16%;2014 年单产 5869 公斤/公顷,比上年增长－12 公斤/公顷,是上年单产的 99.8%,增长－0.20%。因此,从全国整体来看,早稻生产形势十分严峻,这种现象应该引起高度重视。

(2)早稻产量变化对水稻产量变化的贡献下降很大。2014 年,早稻产量与水稻产量相比,早稻产量占比 16.48%,比上年 16.78%有所下降,比 2003 年早稻产量 2948 万吨相比增长了 8.5%,与早稻产量占水稻产量比重的 18.35%相比有所下降,与早稻产量最高年份 1984 年 5330.5 万吨和占比 29.9%相比,2014 年早稻产量下降了 36.2%,早稻产量占比下降得更多,与早稻种植面积最高的 1976 年早稻产量 5164 万吨和早稻产量占比 41.05%相比,产量下降了 34.1%,占比下降了 59.9%。

6.3 水稻生产区域变化

2003 年以来,我国水稻生产总体上在地区间的变化日益突出,各地在水稻生产中的重要性有了重大调整。

6.3.1 水稻产量区域变化

从 2003 年到 2013 年仅仅 10 年时间,全国水稻生产在各地的变化差异很大,在全国水稻面积、产量和单产分别增长 14.4%、26.7%和 10.8%的情况下,我国 31 个省区的变化都很大,具体数据见表 6-4。

表 6-4 全国水稻生产区域变化比较(2013 年与 2003 年)

	2013 年			2003 年			增长率(%)		
	面积(千公顷)	产量(万吨)	单产(公斤/公顷)	面积(千公顷)	产量(万吨)	单产(公斤/公顷)	面积(%)	产量(%)	单产(%)
全国	30311.7	20361.2	6717	26507.8	16065.6	6061	14.4	26.7	10.8
北京	0.2	0.1	6912	1.6	1.0	6273	－88.3	－87.1	10.2
天津	16.8	12.9	7686	7.0	5.7	8071	140.1	128.7	－4.8
河北	86.8	58.8	6768	75.6	41.1	5433	14.9	43.1	24.6
山西	1.0	0.7	6837	3.1	1.2	3987	－68.5	－46.0	71.5
内蒙古	75.9	56.0	7381	67.0	45.0	6719	13.3	24.4	9.8
辽宁	649.2	506.9	7808	500.6	351.4	7019	29.7	44.2	11.2
吉林	726.7	563.3	7751	541.0	318.2	5882	34.3	77.0	31.8
黑龙江	3175.6	2220.6	6993	1290.9	842.8	6529	146.0	163.5	7.1
上海	101.9	86.8	8521	106.2	82.2	7742	－4.0	5.6	10.1
江苏	2265.7	1922.3	8484	1840.9	1404.6	7630	23.1	36.9	11.2

续表

	2013 年			2003 年			增长率(%)		
	面积(千公顷)	产量(万吨)	单产(公斤/公顷)	面积(千公顷)	产量(万吨)	单产(公斤/公顷)	面积(%)	产量(%)	单产(%)
浙江	828.7	580.2	7001	979.4	646.9	6605	−15.4	−10.3	6.0
安徽	2214.1	1362.3	6153	1972.4	963.7	4886	12.3	41.4	25.9
福建	817.5	502.0	6141	962.6	523.4	5438	−15.1	−4.1	12.9
江西	3338.0	2004.0	6004	2685.3	1360.5	5067	24.3	47.3	18.5
山东	123.1	103.6	8416	112.6	77.9	6916	9.3	33.0	21.7
河南	641.3	485.8	7575	503.0	240.2	4775	27.5	102.3	58.6
湖北	2101.2	1676.6	7980	1805.1	1341.3	7431	16.4	25.0	7.4
湖南	4085.0	2561.5	6271	3410.0	2070.2	6071	19.8	23.7	3.3
广东	1908.8	1045.0	5475	2130.6	1170.5	5494	−10.4	−10.7	−0.3
广西	2046.6	1156.2	5649	2356.3	1202.7	5104	−13.1	−3.9	10.7
海南	311.9	149.8	4804	343.1	143.4	4179	−9.1	4.5	15.0
重庆	688.7	503.1	7305	750.5	497.1	6624	−8.2	1.2	10.3
四川	1990.7	1549.5	7784	2040.3	1471.9	7214	−2.4	5.3	7.9
贵州	684.5	361.3	5279	720.5	459.3	6375	−5.0	−21.3	−17.2
云南	1152.7	667.9	5794	1043.1	635.9	6096	10.5	5.0	−5.0
西藏	1.0	0.6	5789	1.0	0.6	5545	−5.9	−1.8	4.4
陕西	123.7	91.0	7351	139.5	75.5	5412	−11.3	20.5	35.8
甘肃	5.3	3.8	7243	4.8	3.6	7474	9.8	6.4	−3.1
青海	0.0	—	—	0.0	—	—	—	—	—
宁夏	82.1	68.9	8387	46.7	37.0	7930	75.9	86.0	5.8
新疆	67.3	59.8	8890	67.2	50.7	7554	0.2	17.9	17.7

数据来源:《中国统计年鉴》(2014 年和 2004 年)。

以水稻产量增长幅度来看,可以分为以下几种类型。

第 1 类,产量成倍提高。这类地区包括黑龙江 163.5%,天津 128.7%,河南 102.3%。

第 2 类,产量增长超过 1/3。这类地区包括宁夏 86.0%,吉林 77.0%,江西 47.3%,辽宁 44.2%,河北 43.1%,安徽 41.4%,江苏 36.9%。

第 3 类,产量增长超过 10%。这类地区包括山东 33.0%,湖北 25.0%,内蒙古 24.4%,湖南 23.7%,陕西 20.5%,新疆 17.9%

第 4 类,产量有增长。这类地区包括甘肃 6.4%,上海 5.6%,四川 5.3%,云南 5.0%,海南 4.5%,重庆 1.2%。

第 5 类,产量下降低于 10%。这类地区包括西藏−1.8%,广西−3.9%,福建−4.1%。

第 6 类,产量下降低于 1/3。这类地区包括浙江 −10.3%,广东 −10.7%,贵州－21.3％。

第7类，产量下降高于1/3。这类地区包括山西－46.0％，北京－87.1％。

由于双季稻的存在，从种植面积角度来看，各地的变化又有所不同。

第1类，面积增长超过50％。这类地区包括黑龙江146.0％，天津140.1％，宁夏75.9％，吉林34.3％。

第2类，面积增长超过20％。这类地区包括辽宁29.7％，河南27.5％，江西24.3％，江苏23.1％。

第3类，面积正增长。这类地区包括湖南19.8％，湖北16.4％，河北14.9％，内蒙古13.3％，安徽12.3％，云南10.5％，甘肃9.8％，山东9.3％，新疆0.2％。

第4类，面积下降低于10％。这类地区包括四川－2.4％，上海－4.0％，贵州－5.0％，西藏－5.9％，重庆－8.2％，海南－9.1％。

第5类，面积下降低于20％。这类地区包括广东－10.4％，陕西－11.3％，广西－13.1％，福建－15.1％，浙江－15.4％。

第6类，面积下降20％以上。这类地区包括山西－68.5％，北京－88.3％。

与粮食相比，各地水稻生产变化的重要程度也发生了较大变化，各地水稻生产变化对全国水稻总体变化也发生了较大变化。全国31个省区水稻占粮食比重、水稻产量位次变化和水稻生产的地区贡献有关数据见表6-5。

表6-5　全国各地水稻占粮食比重变化比较(2013年与2003年)

	水稻占粮食比重(％)				水稻产量位次		全国水稻生产变化的地区贡献			
	2013年		2003年		2003年	2013年	增量		贡献率(％)	
	面积	产量	面积	产量	位次	位次	产量(吨)	面积(公顷)	产量	面积
全国	27.1	33.8	26.7	37.3	—	—	4295.7	3803.9	100.0	100.0
北京	0.1	0.1	1.1	1.7	29	30	－0.9	－14	－0.02	－0.04
天津	5.1	7.4	2.7	4.7	26	26	7.3	98	0.17	0.26
河北	1.4	1.7	1.3	1.7	24	24	17.7	112	0.41	0.30
山西	0.0	0.1	0.1	0.1	28	28	－0.6	－21	－0.01	－0.06
内蒙古	1.4	2.0	1.7	3.3	23	25	11.0	89	0.26	0.23
辽宁	20.1	23.1	18.2	23.5	15	13	155.5	1486	3.62	3.91
吉林	15.2	15.9	13.5	14.1	16	12	245.1	1857	5.70	4.88
黑龙江	27.5	37.0	15.9	33.5	9	2	1377.8	18847	32.07	49.55
上海	60.5	76.1	71.6	83.2	19	21	4.6	－43	0.11	－0.11
江苏	42.3	56.2	39.5	56.8	3	4	517.6	4247	12.05	11.17
浙江	66.1	79.1	68.6	81.5	10	11	－66.7	－1507	－1.55	－3.96
安徽	33.4	41.5	32.0	43.5	8	7	398.6	2417	9.28	6.35
福建	68.0	75.6	65.4	73.4	12	15	－21.4	－1450	－0.50	－3.81

续表

	水稻占粮食比重(%)				水稻产量位次		全国水稻生产变化的地区贡献			
	2013 年		2003 年		2003 年	2013 年	增　量		贡献率(%)	
	面积	产量	面积	产量	位次	位次	产量（吨）	面积（公顷）	产量	面积
江西	90.4	94.7	88.0	93.8	4	3	643.5	6527	14.98	17.16
山东	1.7	2.3	1.8	2.3	20	19	25.7	105	0.60	0.28
河南	6.4	8.5	5.6	6.7	17	16	245.6	1383	5.72	3.64
湖北	49.3	67.0	50.7	69.8	5	5	335.3	2961	7.81	7.78
湖南	82.8	87.6	75.3	84.7	1	1	491.4	6751	11.44	17.75
广东	76.1	79.4	76.9	81.8	7	9	−125.5	−2218	−2.92	−5.83
广西	66.5	76.0	67.9	82.1	6	8	−46.5	−3097	−1.08	−8.14
海南	73.9	78.5	63.3	70.1	18	18	6.4	−313	0.15	−0.82
重庆	30.6	43.8	30.4	45.7	13	14	5.9	−618	0.14	−1.63
四川	30.8	45.7	31.9	48.2	2	6	77.6	−496	1.81	−1.30
贵州	21.9	35.1	23.8	41.6	14	17	−98.0	−361	−2.28	−0.95
云南	25.6	36.6	25.6	43.2	11	10	32.0	1096	0.75	2.88
西藏	0.5	0.6	0.5	0.6	30	29	0.0	−1	0.00	0.00
陕西	4.0	7.5	4.5	7.8	21	20	15.5	−158	0.36	−0.41
甘肃	0.2	0.3	0.2	0.5	27	27	0.2	5	0.01	0.01
青海	0.0	—	0.0	—	31	31	—	0	—	—
宁夏	10.2	18.5	5.8	13.7	25	22	31.9	354	0.74	0.93
新疆	3.0	4.3	4.9	6.5	22	23	9.1	1	0.21	0.00

数据来源:《中国统计年鉴》(2014 年和 2004 年)。

考察各地水稻产量生产对粮食生产的影响(占比),2003 年到 2013 年各地水稻占粮食产量百分比的变化分析如下。

第 1 类,提高 2 个百分点以上。这类地区包括海南由 70.1%提高到 78.5%,提高 8.4 个百分点;宁夏由 13.7%上升到 18.5%,提高 4.8 百分点;黑龙江由 33.5%提高到 37.0%,提高 3.5 个百分点;湖南由 84.7%提高到 87.6%,提高 2.9 个百分点;天津由 4.7%提高到 7.4%,提高 2.7 个百分点;福建由 73.4%提高到 75.6,提高 2.2 个百分点。

第 2 类,占比保持不变或有所提高。这类地区包括吉林由 14.1%提高到 15.9%,提高 1.8 个百分点;河南由 6.7%提高到 8.5%,提高 1.8 个百分点;江西由 93.8%提高到 94.7%,提高 0.9 个百分点;河北 1.7%、山东 2.3%和西藏 0.6%保持不变。

第 3 类,下降 2 个百分点以下。这类地区包括山西由 0.1 下降到 0,变化−0.1 个百分点;甘肃由 0.5%下降到 0.3%,变化−0.2 个百分点;陕西由 7.8%下降到 7.5%,变化−0.3个百分点;辽宁由 23.5%下降到 23.1%,变化−0.4 个百分点;江苏由 56.8%下降到

56.2%,变化－0.6个百分点;内蒙古由3.3%下降到2.0%,变化－1.3个百分点;北京由1.7%下降到0.1%,变化－1.6个百分点;重庆由45.7%下降到43.8%,变化－1.9个百分点。

第4类,下降5个百分点以下。这类地区包括安徽由43.5%下降到41.5%,变化－2.0个百分点;新疆由6.5%下降到4.3%,变化－2.2个百分点;广东由81.8%下降到79.4%,变化－2.4个百分点;四川由48.2%下降到45.7%,变化－2.5个百分点;浙江由81.5%下降到79.1%,变化－2.4个百分点;湖北由69.8%下降到67.0%,变化－2.8个百分点。

第5类,下降5个百分点以上。这类地区包括广西由82.1%下降到76.0%,变化－6.1个百分点;贵州由41.6%下降到35.1%,变化－6.5个百分点;云南由43.2%下降到36.6%,变化－6.6个百分点;上海由83.2%下降到76.1%,变化－7.1个百分点。

考察各地水稻生产变化,对全国水稻生产的贡献,仅从产量贡献率来看,具有正向贡献率的地区分别是:

第1类,贡献率5%以上。这类地区分别是黑龙江32.07%,江西14.98%,江苏12.05%,湖南11.44%,安徽9.28%,湖北7.81%,河南5.72%,吉林5.70%。

第2类,贡献率为正。这类地区分别是辽宁3.62%,四川1.81%,云南0.75%,宁夏0.74%,山东0.60%,河北0.41%,陕西0.36%,内蒙古0.26%,新疆0.21%,天津0.17%,海南0.15%,重庆0.14%,上海0.11%,甘肃0.01%,西藏0.00%。

第3类,负贡献率。这类地区分别是山西－0.01%,北京－0.02%,福建－0.50%,广西－1.08%,浙江－1.55%,贵州－2.28%,广东－2.92%。

从水稻种植面积的贡献率来看:

第1类,贡献率超过10%。这类地区包括黑龙江49.55%,湖南17.75%,江西17.16%,江苏11.17%。

第2类,贡献率2%以上。这类地区包括湖北7.78%,安徽6.35%,吉林4.88%,辽宁3.91%,河南3.64%,云南2.88%。

第3类,贡献率为正。这类地区包括宁夏0.93%,河北0.30%,山东0.28%,天津0.26%,内蒙古0.23%,甘肃0.01%,新疆和西藏几乎没有变化。

第4类,贡献率－1%以上。这类地区包括北京－0.04%,山西－0.06%,上海－0.11%,陕西－0.41%,海南－0.82%,贵州－0.95%。

第5类,贡献率－1%以下。这类地区包括四川－1.30%,重庆－1.63%,福建－3.81%,浙江－3.96%,广东－5.83%,广西－8.14%。

6.3.2 早稻生产区域变化

2014年,我国早稻生产区域主要分布在南方10个省区,早稻作为这些地区一种重要的生产方式和稻作制度,与2013年相比,其重要性有何变化?下面通过2014年早稻生产状况具体地描述这些变化。

(1)2014年早稻生产区域变化分析。2014年,全国10个早稻生产省区与2013年和2003年相比的变化数据详见表6-6。

表 6-6　2014 年全国各地早稻生产变化比较

		2014			2014/13			2014/03		
		面积（千公顷）	产量（万吨）	单产（公斤/公顷）	面积（%）	产量（%）	单产（%）	面积（%）	产量（%）	单产（%）
	全国	5795.0	3401.0	5869	−0.2	−0.4	−0.2	3.7	15.4	11.3
1	湖南	1453.3	854.8	5882	0.5	−0.7	−1.1	23.9	37.6	11.1
2	江西	1394.6	820.1	5881	−0.2	−1.0	−0.7	28.7	53.7	19.4
3	广西	917.6	543.3	5921	−1.1	−2.1	−1.0	−18.0	−9.3	10.6
4	广东	893.2	523.2	5858	−1.3	0.4	1.8	−12.4	−8.3	4.7
5	湖北	412.4	238.7	5788	7.0	7.1	0.2	38.4	47.0	6.2
6	安徽	225.3	128.3	5695	−4.3	−1.9	2.5	−13.4	6.9	23.4
7	福建	189.2	113.9	6020	−3.5	−3.1	0.4	−33.8	−27.7	9.1
8	海南	143.3	80.9	5645	−1.1	1.5	2.6	−9.9	12.0	24.4
9	浙江	116.4	71.5	6143	1.1	−0.3	−1.4	−10.0	2.3	13.7
10	云南	48.9	26.1	5337	0.4	1.2	0.7	−16.7	−33.6	−20.3

数据来源：根据国家统计局公报和公告数据整理。

2014 年，全国 10 个早稻生产省份，表现为 4 个梯队。第 1 梯队，早稻产量仍然以湖南最高，江西次之，两省都在 800 万吨以上，单产水平相近。但与 2013 面积相比，湖南面积增加 0.5%，江西面积下降 0.2%。与 2003 年相比，湖南早稻产量增长 37.6%，但江西增长 53.7%；湖南单产增长 11.1%，江西增长 19.4%。第 2 梯队，2014 年，广西和广东早稻产量都在 500 万吨以上，与 2013 年相比，广东虽然面积下降 1.3%，但产量增长 0.4%，单产增长 1.8%，而广西则是面积、单产和产量都下降；与 2003 年相比，两省共同表现为面积下降，但产量和单产都增长。第 3 梯队为湖北、安徽和福建，2014 年产量在 100 万吨左右，与 2013 年相比，湖北产量和面积都增长 7.0%以上，安徽和福建面积、产量都下降但单产增长；与 2003 年相比，湖北产量、面积和单都增长，安徽面积下降、产量和单产增长，福建面积和产量都下降但单产增长。第 4 梯队是海南、浙江和云南，2014 年，海南面积下降但产量和单产增长，浙江面积增加但产量和单产下降，只有云南三要素都增长；与 2003 年相比，海南和浙江两省面积下降但产量和单产都增长，只有云南三要素都下降。

(2)早稻在水稻生产中重要性变化比较。2013 年(2014 年分省的水稻生产数据尚未公布)全国 10 个早稻生产省份与其水稻生产及其过去相比，已经发生了重大变化，下面列表给出 2013 年早稻占水稻的比重以及与 2003 年相比的变化数据(见表 6-7)。

表 6-7　2013 年各地早稻占水稻比重变化比较

		2013 年早稻			2013 年早稻占水稻			2013 年比 2003 年占比变动		
		面积(千公顷)	产量(万吨)	单产(公斤/公顷)	面积(%)	产量(%)	单产(%)	面积(%)	产量(%)	单产(%)
	全国	5804.4	3413.5	5881	19.1	16.8	0.88	−1.94	−1.59	0.01
1	湖南	1446.7	860.5	5948	35.4	33.6	0.95	1.01	3.58	0.08
2	江西	1397.7	828.0	5924	41.9	41.3	0.99	1.51	2.09	0.01
3	广西	927.9	555.2	5983	45.3	48.0	1.06	−2.13	−1.77	0.01
4	广东	905.4	521.1	5755	47.4	49.9	1.05	−0.43	1.13	0.03
5	湖北	385.6	222.8	5778	18.4	13.3	0.72	1.84	1.18	−0.01
6	安徽	235.5	130.8	5554	10.6	9.6	0.90	−2.55	−2.85	−0.04
7	福建	196.1	117.6	5997	24.0	23.4	0.98	−5.68	−6.68	−0.04
8	海南	144.9	79.7	5500	46.5	53.2	1.14	0.09	2.84	0.06
9	浙江	115.1	71.7	6229	13.9	12.4	0.89	0.68	1.55	0.07
10	云南	48.7	25.8	5298	4.2	3.9	0.91	−1.40	−2.32	−0.18

数据来源:《中国统计年鉴》(2014 年和 2004 年)。

从早稻产量占水稻产量比重来看,2013 年,最高为海南 53.2%,与 2003 年相比比重提高了 2.84 个百分点;其次是广东和广西,2013 年分别为 49.9%和 48.0%,与 2003 年相比,广东上升了 1.13 个百分点,而广西下降了 1.77 个百分点。第三是江西和湖南,2013 年,产量占比分别为 41.3%和 33.6%,与 2003 年相比,分别上升了 2.09 个和 3.58 个百分点。第四是福建,2013 年产量占比 23.4%,比 2003 年下降了 6.68 个百分点。第五是湖北和浙江,2013 年占比分别为 13.3%和 12.4%,与 2003 年相比,分别上升了 1.18 个和 1.55 个百分点。第六是云南,2013 年占比 3.9%,比 2003 年下降 2.32 个百分点。

6.4　水稻产业支持政策评价

随着我国进一步对外开放和世界粮食安全变局增加,国家粮食安全越发重要,水稻生产更是重中之重。2013 年 11 月 12 日中国共产党第十八届中央委员会第三次全体会议通过《中共中央关于全面深化改革若干重大问题的决定》,2014 年 1 月 9 日发布中央一号文件《关于全面深化农村改革加快推进农业现代化的若干意见》,表明 2014 年我国水稻产业发展具有更强的市场性和政策性。下面对事关水稻产业发展大局的中央政策精神、水稻价格支持和水稻生产补贴政策等重要方面作简要分析。

6.4.1　中央新政开启全面深化改革

(1)全面深化改革,提振四化同步建设。党的十八届三中全会作出《中共中央关于全面深化改革若干重大问题的决定》(以下称《决定》),表明我国已经进入现代化建设的历史新起点，必须要有更大的勇气和历史责任感，面对过去改革开放过程中积累下来而没能深入改革下去的全面、深化、综合改革的问题，更加注重改革的系统性、整体性、协同性，加快发展社会主义市场经济、民主政治、先进文化、和谐社会、生态文明，让一切劳动、知识、技术、管理、资本的活力竞相迸发。

一是市场化制度建设。紧紧围绕使市场在资源配置中起决定性作用深化经济体制改革，坚持和完善基本经济制度，加快完善现代市场体系、宏观调控体系、开放型经济体系，加快转变经济发展方式，加快建设创新型国家，推动经济更有效率、更加公平、更可持续发展。

二是明确经济体制改革是全面深化改革的重点。经济体制改革的核心问题是处理好政府与市场的关系，使市场在资源配置中起决定性作用和更好地发挥政府作用。市场决定资源配置是市场经济的一般规律，健全社会主义市场经济体制必须遵循这条规律，着力解决市场体系不完善、政府干预过多和监管不到位等问题。

三是深化产权制度改革。公有制为主体、多种所有制经济共同发展的基本经济制度，是中国特色社会主义制度的重要支柱，也是社会主义市场经济体制的根基。完善产权保护制度，产权是所有制的核心。健全归属清晰、权责明确、保护严格、流转顺畅的现代产权制度。公有制经济财产权不可侵犯，非公有制经济财产权同样不可侵犯。建立城乡统一的建设用地市场。在符合规划和用途管制前提下，允许农村集体经营性建设用地出让、租赁、入股，实行与国有土地同等入市、同权同价。缩小征地范围，规范征地程序，完善对被征地农民合理、规范、多元保障机制。扩大国有土地有偿使用范围，减少非公益性用地划拨。建立兼顾国家、集体、个人的土地增值收益分配机制，合理提高个人收益。完善土地租赁、转让、抵押二级市场。

四是在城乡二元结构改革中保护三农利益。城乡二元结构是制约城乡发展一体化的主要障碍。必须健全体制机制，形成以工促农、以城带乡、工农互惠、城乡一体的新型工农城乡关系，让广大农民平等参与现代化进程、共同分享现代化成果。加快构建新型农业经营体系，坚持家庭经营在农业中的基础性地位，推进家庭经营、集体经营、合作经营、企业经营等共同发展的农业经营方式创新。着力体现赋予农民更多财产权利，保障农民集体经济组织成员权利，积极发展农民股份合作，赋予农民对集体资产股份占有、收益、有偿退出及抵押、担保、继承权。保障农户宅基地用益物权，改革完善农村宅基地制度，选择若干试点，慎重稳妥推进农民住房财产权抵押、担保、转让，探索农民增加财产性收入渠道。建立农村产权流转交易市场，推动农村产权流转交易公开、公正、规范运行。要加强推进城乡要素平等交换和公共资源均衡配置，维护农民生产要素权益，保障农民工同工同酬，保障农民公平分享土地增值收益，保障金融机构农村存款主要用于农业农村。健全农业支持保护体系，改革农业补贴制度，完善粮食主产区利益补偿机制。完善农业保险制度。鼓励社会资本投向农村建设，允许企业和社会组织在农村兴办各类事业。统筹城乡基础设施建设和社区建设，推进城乡基本公共服务均等化。

(2)深化农村综合改革，加速农业现代化建设进程。2014年中央一号文件对加速农业现代化发展的紧迫性指出，我国经济社会发展正处在转型期，农村改革发展面临的环境更加复杂，困难挑战增多。工业化、信息化、城镇化快速发展对同步推进农业现代化的要求更为紧迫，保障粮食等重要农产品供给与资源环境承载能力的矛盾日益尖锐，经济社会结构深刻变化对创新农村社会管理提出了亟待破解的课题。必须全面贯彻落实党的十八大和十八届三中全会精神，进一步解放思想，稳中求进，改革创新，坚决破除体制机制弊端，坚持农业基础地位不动摇，加快推进农业现代化。

一是坚持家庭经营为基础与多种经营形式共同发展，传统精耕细作与现代物质技术装备相辅相成，实现高产高效与资源生态永续利用协调兼顾，加强政府支持保护与发挥市场配置资源决定性作用功能互补。要以解决好地怎么种为导向加快构建新型农业经营体系，以解决好地少水缺的资源环境约束为导向深入推进农业发展方式转变，以满足吃得好吃得安全为导向大力发展优质安全农产品，努力走出一条生产技术先进、经营规模适度、市场竞争力强、生态环境可持续的中国特色新型农业现代化道路。

二是一些重要的政策为2014年水稻产业发展与改革指明了方向。再次明确提出完善国家粮食安全保障体系，抓紧构建新形势下的国家粮食安全战略。任何时候都不能放松国内粮食生产，严守耕地保护红线，划定永久基本农田，不断提升农业综合生产能力，确保谷物基本自给、口粮绝对安全。更加积极地利用国际农产品市场和农业资源，有效调剂和补充国内粮食供给。在重视粮食数量的同时，更加注重品质和质量安全；在保障当期供给的同时，更加注重农业可持续发展。加大力度落实“米袋子”省长负责制，进一步明确中央和地方的粮食安全责任与分工，主销区也要确立粮食面积底线，保证一定的口粮自给率。增强全社会节粮意识，在生产流通消费全程推广节粮减损设施和技术。

三是合理利用国际农产品市场。抓紧制定重要农产品国际贸易战略，加强进口农产品规划指导，优化进口来源地布局，建立稳定可靠的贸易关系。有关部门要密切配合，加强进出境动植物检验检疫，打击农产品进出口走私行为，保障进口农产品质量安全和国内产业安全。加快实施农业走出去战略，培育具有国际竞争力的粮棉油等大型企业。

四是强化农业支持保护制度，健全“三农”投入稳定增长机制和农业补贴政策。完善财政支农政策，增加“三农”支出。公共财政要坚持把“三农”作为支出重点，中央基建投资继续向“三农”倾斜，优先保证“三农”投入稳定增长。拓宽“三农”投入资金渠道，充分发挥财政资金引导作用，通过贴息、奖励、风险补偿、税费减免等措施，带动金融和社会资金更多投入农业农村。完善农业补贴政策。按照稳定存量、增加总量、完善方法、逐步调整的要求，积极开展改进农业补贴办法的试点试验。继续实行种粮农民直接补贴、良种补贴、农资综合补贴等政策，新增补贴向粮食等重要农产品、新型农业经营主体、主产区倾斜。在有条件的地方开展按实际粮食播种面积或产量对生产者补贴试点，提高补贴精准性、指向性。加大农机购置补贴力度，完善补贴办法，继续推进农机报废更新补贴试点。强化农业防灾减灾稳产增产关键技术补助。继续实施畜牧良种补贴政策。

五是推进农业科技创新。深化农业科技体制改革，对具备条件的项目，实施法人责任制和专员制，推行农业领域国家科技报告制度。明晰和保护财政资助科研成果产权，创新成果转化机制，发展农业科技成果托管中心和交易市场。采取多种方式，引导和支持科研机构与企业联合研发。加大农业科技创新平台基地建设和技术集成推广力度，推动发展国家农业科技园区协同创新战略联盟，支持现代农业产业技术体系建设。加强以分子育种为重点的基础研究和生物技术开发，建设以农业物联网和精准装备为重点的农业全程信息化和机械化技术体系，推进以设施农业和农产品精深加工为重点的新兴产业技术研发，组织重大农业科技攻关。继续开展高产创建，加大农业先进适用技术推广应用和农民技术培训力度。发挥现代农业示范区的引领作用。加强农用航空建设。将农业作为财政科技投入优先领域，引导金融信贷、风险投资等进入农业科技创新领域。推行科技特派员制度，发挥高校在农业科研和农技推广中的作用。

六是深化农村土地制度改革，构建新型农业经营体系。发展多种形式规模经营。鼓励有条件的农户流转承包土地的经营权，加快健全土地经营权流转市场，完善县乡村三级服务和管理网络。探索建立工商企业流转农业用地风险保障金制度，严禁农用地非农化。有条件的地方，可对流转土地给予奖补。土地流转和适度规模经营要尊重农民意愿，不能强制推动。扶持发展新型农业经营主体。鼓励发展专业合作、股份合作等多种形式的农民合作社，引导规范运行，着力加强能力建设。允许财政项目资金直接投向符合条件的合作社，允许财政补助形成的资产转交合作社持有和管护，有关部门要建立规范透明的管理制度。推进财政支持农民合作社创新试点，引导发展农民专业合作社联合社。按照自愿原则开展家庭农场登记。鼓励发展混合所有制农业产业化龙头企业，推动集群发展，密切与农户、农民合作社的利益联结关系。在国家年度建设用地指标中单列一定比例专门用于新型农业经营主体建设配套辅助设施。鼓励地方政府和民间出资设立融资性担保公司，为新型农业经营主体提供贷款担保服务。加大对新型职业农民和新型农业经营主体领办人的教育培训力度。落实和完善相关税收优惠政策，支持农民合作社发展农产品加工流通。

(3)2014年水稻产业支持政策简述。根据国家农业部计划(2014年50条)关于支持粮食生产增加农民收入的基本政策规定，对2014年在支持水稻生产增加稻农收入方面的政策计划作出简要描述(2014年国家深化农村改革、支持粮食生产、促进农民增收政策措施)。

一是加大政策支持力度，实行直接补贴政策。2014年中央财政“四补”达到1527亿元。种粮直补151亿元(2014年1月已由中央预拨)，农资综合补贴1071亿元(2014年1月已由中央预拨)，良种补贴(水稻良种补贴每亩15元，采取现金直接补贴办法)推算全国68亿元，农机购置补贴236.5亿元(财政部数据)。进一步分析，农业部2014年50项惠农政策中“四补”超千亿元，补贴资金规模达到1600亿元。包括以2014年明确的资金数和2013年基数统计，“四补”金额为1638亿元。除了对农民直补，每年会对产粮产油大县实施奖励政策，2013年，中央财政安排产粮(油)大县奖励320亿元，2014年中央财政将继续加大奖励力度，对产猪大县的补贴预计也会达到2013年35亿的规模。仅以上这几项资金，2014年农业补贴总额就达到2000亿元的规模。

二是提高水稻最低收购价政策。这一政策已经实施10年，2014年比2013年综合提高2.27%。为保护农民种粮积极性，促进粮食生产发展，国家继续在粮食主产区实行最低收购价政策，并适当提高2014年粮食最低收购价水平。2014年生产的早籼稻(三等，下同)、中晚籼稻和粳稻最低收购价格分别提高到每50公斤135元、138元和155元，比2013年分别提高3元、3元和5元，提价幅度分别为2.3%、2.2%和3.3%。稻谷最低收购的保护价变化轨迹及其实现情况，在后面再作深入分析。

三是其他多项政策继续实施或新出台。农机报废更新补贴试点政策、新增补贴向新型农业经营主体和主产区倾斜政策、产粮油大县奖励政策(2013年中央财政安排产粮油大县奖励资金320亿元)、农业防灾减灾稳产增产关键技术补助政策(2013年，中央财政安排农业防灾减灾稳产增产关键技术补助60.5亿元)、深入推进粮棉油糖高产创建支持政策(2013年，中央财政安排专项资金20亿元)、测土配方施肥补贴政策(2014年中央财政安排测土配方施肥专项资金7亿元)、土壤有机质提升补助政策(2014年，中央财政安排专项资金8亿元)、做大做强育繁推一体化种子企业支持政策、农产品追溯体系建设支持政策(要求大米等7类产品做到:责任主体有备案、生产过程有记录、主体责任可溯源、产品流向可追踪、监管信息可共享)、农业标准化生产支持政策、国家现代农业示范区建设支持政策(2014年全国示范区158个,每个0.1亿元奖励)、农村改革试验区建设支持政策、农产品产地初加工支持政策、培育新型职业农民政策、基层农技推广体系改革与示范县建设政策(2014年,中央财政安排基层农技推广体系改革与建设补助项目26亿元)、阳光工程政策(2014年,国家将继续组织实施农村劳动力培训阳光工程,以提升综合素质和生产经营技能为主要目标,对务农农民免费开展专项技术培训、职业技能培训和系统培训)、培养农村实用人才政策(2014年继续开展农村实用人才带头人和大学生村官示范培训,增选一批农村实用人才培训基地)、发展新型农村合作金融组织政策(2014年,国家将在管理民主、运行规范、带动力强的农民合作社和供销合作社基础上,培育发展农村合作金融,选择部分地区进行农民合作社开展信用合作试点,丰富农村地区金融机构类型)、农业保险支持政策(2014年,国家进一步加大农业保险支持力度,提高中央、省级财政对主要粮食作物保险的保费补贴比例,逐步减少或取消产粮大县县级保费补贴,不断提高稻谷、小麦、玉米三大粮食品种保险的覆盖面和风险保障水平)、村级公益事业一事一议财政奖补政策(中央财政2013年安排奖补资金238亿元)、扶持家庭农场发展政策、扶持农民合作社发展政策(2013年,中央财政扶持农民合作组织发展资金规模达18.5亿元)、发展多种形式适度规模经营政策、健全农业社会化服务体系政策、完善农村土地承包制度政策、推进农村产权制度改革政策等。

6.4.2 稻谷价格支持政策及其实施评价

稻谷作为农产品商品,显然,稻谷价格是由供求关系决定的。稻谷价格的决定机制,市场起基础作用和主要作用。鉴于我国水稻生产的特别重要性,我国稻谷价格则是由市场和政府(政策调节)双重决定,最终在市场交易中形成买卖价格。

自2004年以来,国家对水稻这种重要商品实行市场最低价政府保护收购政策(简称最低保护价)的价格支持政策以来,对于稻谷价格稳定和提升发挥了重要作用。尽管在现实中的具体执行会有所不同,但作用应该充分肯定。

(1)最低保护价变化轨迹。从2004年到2014年,我国稻谷最低保护价格收购政策已经连续实施11年,按照国家最低保护价计算,以各类最低保护价格综合计算,2014年与2007年相比,最低保护价格由1447元/吨上升到2853元/吨,增长了97.2%,年递增率高达10.2%。我国稻谷保护价格变化情况见表6-8。

表6-8 我国稻谷保护价格变化

	保护价格(元/公斤)			保护价格变化(%)			平均稻谷保护价格	
	早籼稻	中晚籼稻	粳稻	早籼稻	中晚籼稻	粳稻	(元/吨)	变化
2004	1.40	1.44	1.50	—	—	—	1447	—
2005	1.40	1.44	1.50	0	0	0	1447	0
2006	1.40	1.44	1.50	0	0	0	1447	0
2007	1.40	1.44	1.50	0	0	0	1447	0

续表

	保护价格(元/公斤)			保护价格变化(%)			平均稻谷保护价格	
	早籼稻	中晚籼稻	粳稻	早籼稻	中晚籼稻	粳稻	(元/吨)	变化
2008	1.50	1.52	1.58	7.14	5.56	5.33	1533	5.99
2009	1.80	1.84	1.90	20.00	21.05	20.25	1847	20.43
2010	1.86	1.94	2.10	3.33	5.43	10.53	1967	6.50
2011	2.04	2.14	2.56	9.68	10.31	21.90	2247	14.24
2012	2.40	2.50	2.80	17.65	16.82	9.38	2567	14.24
2013	2.64	2.70	3.00	10.00	8.00	7.14	2780	8.31
2014	2.70	2.76	3.10	2.27	2.22	3.33	2853	2.64

数据来源:《中国统计年鉴》(2014 年和 2004 年)。

我国实行稻谷保护价收购政策以来,特别是自 2007 年世界粮食危机出现以来,从 2008 年开始连续 6 年出台保护价政策,与前些大幅度提高保护价相比,2014 年比 2013 年保护价提高 2.64%。显然,我国的稻谷保护价政策,客观上通过政策手段,让农民可以按照更高的实际价格销售稻谷,让农民获得切切实实的经济收入。仅按 2014 年保护价计算,2014 年因保护价格使农民收入增加 150 亿元。

(2)稻谷价格保护程度。国家稻谷保护价格政策实施以来,稻农扩大水稻生产,努力提高水稻产量,产量增加的结果,在保护价收购和市场供求关系双重作用下,市场实际价格提高速度放慢。以下给出我国各类稻谷保护价和稻农销售价格比较的有关数据(见表 6-9)。

表 6-9　我国稻谷价格保护政策绩效评价

	保护价(A)			收购价(B)			保护程度(A/B)		
	早籼稻	中籼稻	粳稻	早籼稻	中籼稻	粳稻	早籼稻	中籼稻	粳稻
2004	1400	1440	1500	—	—	—	—	—	—
2005	1400	1440	1500	1399	1459	1800	0.04	−1.33	−16.66
2006	1400	1440	1500	1418	1487	1820	−1.28	−3.16	−17.57
2007	1400	1440	1500	1579	1613	1703	−11.33	−10.73	−11.92
2008	1500	1520	1580	1888	1873	1676	−20.56	−18.86	−5.72
2009	1800	1840	1900	1848	1875	2049	−2.62	−1.87	−7.27
2010	1860	1940	2100	1958	2026	2515	−5.01	−4.27	−16.50
2011	2040	2140	2560	2418	2519	2857	−15.63	−15.05	−10.39
2012	2400	2500	2800	2630	2751	2897	−8.74	−9.13	−3.33
2013	2640	2700	3000	2626	2679	2939	0.53	0.78	2.06
2014	2700	2760	3100	2677	2702	3031	0.85	2.16	2.26

数据来源:《中国统计年鉴》(2014 年和 2004 年)。

从 2004 年开始实行保护价政策,因为市场价格远远高于保护价,因此,实际实施最低价收购始于2008年。通过保护价格与农民销售价格(即收购价)计算国家稻谷收购保护程度，计算公式如下：

价格保护程度(C)＝保护价格(A)/收购价格(B)×100－100

上式表明，如果保护价格高于收购价格，存在实际的保护作用，即有正向保护作用；如果保护价格低于收购价格，就不存在保护作用，即负向保护作用。价格保护程度，用百分率表示。表6-8最后三栏数据是依据上式计算的价格保护程度(百分率)，数据表明，从2005年到2014年，国家对三种稻谷的价格保护程度有较大差异。

从时间上看，早籼稻保护程度在中间几年是负保护，即实际上没有发挥保护价的实际作用，只有2005年保护程度为0.04%，2013年和2014年保护程度分别为0.53%和0.85%。中籼稻谷价格保护程度，2013年为0.78%，2014年2.16%。粳稻保护程度最高，2013年为2.06%，2014年提高到2.26%。

6.4.3 水稻生产机械化购机补贴政策及其效果

我国水稻生产正在发生重大变化，水稻生产的变化与国家工业化、城市化快速推进，与国民收入再分配政策有密切关系，而在全国层面全面实行水稻生产补贴政策，对于弥补农业生产(尤其是水稻生产)中的农民自身投入不足发挥了重要作用，是国家实行产业协同发展和国民经济利益调整的重要手段。

2014年，农机购置补贴政策已连续实施了11年。我国水稻生产补贴是国家对农业的财政补贴的重要手段，具体到水稻生产中补贴并没有准确的数据，这里通过农机补贴及其对水稻生产发展与提升作出进一步分析。

(1)农机购置补贴政策演变。农机具购置补贴，又称农机购置补贴，是指国家对农民个人、农场职工、农机专业户和直接从事农业生产的耕地作业农机作业服务组织，在购置和更新农业生产所需的农机具时给予的补贴，目的是促进提高农业机械化水平和农业生产效率。农机购置补贴是国家“三补贴”强农惠农政策的重要内容，是贯彻落实中央一号文件的重要举措，对改善农业装备结构、提高农机化水平、增强农业综合生产能力、发展现代农业、繁荣农村经济具有重要意义。为了鼓励、扶持农民和农业生产经营组织使用先进适用的农业机械，促进农业机械化，建设现代农业制度，中华人民共和国第十届全国人民代表大会常务委员会第十次会议于2004年6月25日通过了《中华人民共和国农业机械化促进法》，该法规共计八章三十五条，2004年11月1日施行。《中华人民共和国农业机械化促进法》第二十七条规定：“中央财政、省级财政应当分别安排专项资金，对农民和农业生产经营组织购买国家支持推广的先进适用的农业机械给予补贴。补贴资金的使用应当遵循公平、公开、公正、及时、有效的原则，可以向农民和农业生产经营组织发放，也可以采用贴息方式支持金融机构向农民和农业生产经营组织购买先进适用的农业机械提供贷款。具体办法由国务院规定。”

按照党中央国务院的部署，财政部、农业部于2004年共同启动实施了农机购置补贴政策，当年安排了补贴资金0.7亿元在66个县实施。此后，中央财政不断加大投入力度，补贴资金规模连年大幅度增长，实施范围扩大到全国所有农牧县和农场。2004—2009年，中央财政累计安排农机购置补贴资金199.7亿元，其中2009年安排130亿元，比2008年增加90亿元，增长225%。从2009年实施情况看，全年共补贴各类农机具超过343万台套，受益农户逾300万户。农机购置补贴政策实施以来，推动了全国农机总动力快速增长，耕种收综合机械化水平持续提高，为保障我国粮食安全和农民增收，巩固农业在国民经济中的基础地位发挥了重要作用。

(2)2014年农机购置补贴。据农业部统计数据，2014年中央财政农机购置补贴资金达到237.5亿元，比上年增加20亿元。2014年2月12日，农业部发布《2014年农业机械购置补贴实施指导意见》，财政部已于2013年9月27日提前下达2014年中央财政农机购置补贴资金170亿元。农业部根据全国农业发展需要和国家产业政策，并充分考虑各省地域差异和农业机械化发展实际情况，确定中央财政资金补贴机具种类范围为：耕整地机械、种植施肥机械、田间管理机械、收获机械、收获后处理机械、农产品初加工机械、排灌机械、畜牧水产养殖机械、动力机械、农田基本建设机械、设施农业设备和其他机械等12大类48个小类175个品目机具。除上述175个品目外，各地可在12大类内自行增加不超过30个其他品目的机具列入中央资金补贴范围。为提高资金使用效益，各地应严格控制自选品目数量，所有自选品目须向农业部备案，阐明补贴理由、每个品目涉及的生产厂家数量、产品型号、市场平均销售价格、补贴额等。

补贴标准。中央财政农机购置补贴资金实行定额补贴，即同一种类、同一档次农业机械在省域内实行统一的补贴标准。通用类农机产品最高补贴额由农业部统一确定。纳入多个省份补贴范围的非通用类农机产品最高补贴额由农业部委托牵头省组织，有关省份参加共同确定；其他非通用类和自选品目农机产品补贴额由各省自行确定。要按照“分档科学合理直观、定额就低不就高”的原则，科学制定非通用类和自选品目机具分类分档办法并测算补贴额，严禁以农机企业的报价作为平均销售价格测算补贴额。测算每档次农机产品补贴额时，总体应不超过此档产品近三年平均销售价格的30%，重点血防区主要农作物耕种收及植保等大田作业机械和四川芦山、甘肃岷县和漳县地震受灾严重地区补贴额测算比例不超过50%。相邻省份应加强沟通、相互协调，防止出现同类产品补贴额差距过大。各省要按程序向社会公布补贴机具补贴额一览表。

要组织开展补贴产品市场销售情况调查摸底，动态跟踪市场供需及价格变化情况，特别是对新增补贴档次的产品，要从质量、使用、服务等方面加强监管。对于同一档次内大多数产品价格总体下降幅度较大的，要适时调整此档机具补贴额，并按调整后的补贴额结算。一般机具单机补贴限额不超过5万元；挤奶机械、烘干机单机补贴限额可提高到12万元；100马力以上大型拖拉机、高性能青饲料收获机、大型免耕播种机、大型联合收割机、水稻大型浸种催芽程控设备单机补贴限额可提高到15万元；200马力以上拖拉机单机补贴限额可提高到25万元；甘蔗收获机单机补贴限额可提高到20万元，广西壮族自治区可提高到25万元；大型棉花采摘机单机补贴限额可提高到30万元，新疆维吾尔自治区和新疆生产建设兵团可提高到40万元。

在2015年1月14日举行的全国农机化工作会议上，农业部副部长张桃林指出，2014年，全国农业机械总动力达10.76亿千瓦，同比增长3.57%；农机化水平达到61%以上，提前一年实现“十二五”规划目标。全年累计完成深松整地作业面积1.5亿亩，超额完成2014年政府工作报告提出的1亿亩目标。61%的农机化率意味着我国农业生产方式已实现了由人力畜力为主向机械作业为主的历史性跨越。2004年底，我国农机化发展史上第一部法律《农业机械化促进法》正式实施。此后农机化发展迎来了黄金十年，中央财政农机购置补贴

10年累计投入超过1200亿元,补贴农机具超过3500万台(套)。农机化水平增幅超过《农业机械化促进法》实施之前35年的总和,农机工业总产值从854亿元增加到3571亿元。

(3)2014年水稻机械化水平进一步提高。在农民购机补贴和农业机械化促进政策指引下,我国水稻机械化作业水平显著提高,水稻农机化率水平提高到一个新的高度。这一变化过程如表6-10所示。

表6-10 我国水稻作业机械化水平变化

	机耕(%)	栽插(%)	收获(%)	综合(%)
2001	47.4	5.6	18.0	23.7
2002	47.1	6.1	20.6	24.6
2003	46.9	6.0	23.4	25.4
2004	48.9	6.3	27.3	27.5
2005	50.2	7.1	33.5	30.3
2006	58.4	9.0	39.3	35.5
2007	63.9	11.1	46.2	40.4
2008	70.9	13.5	51.2	45.2
2009	76.0	16.5	56.7	49.7
2010	81.6	20.4	64.5	55.5
2011	87.9	26.2	69.3	61.1
2012	93.8	31.7	73.7	66.4
2013	94.4	33.4	76.4	68.1
2014	95.1	38.1	80.2	71.1

数据来源:《中国农业机械化年鉴》(2014年以前各个年度)。

2001年到2014年,全国水稻作业机械化率综合水平已由23.7%提高到71.1%,其中水稻生产耕整田的水稻机耕率由47.4%提高到95.1%,水稻插(播)秧等环节的水稻机插秧率由5.6%提高到38.1%,水稻收获机械化率由18.0%提高到80.2%。

另一方面,水稻产业化过程中国家收获后补贴政策广泛实施,水稻机械化烘干事业快速发展,一场稻谷机械化烘干的"革命"正如过去水稻田间作业机械化"革命"一样已经来临。在国家购机政策支持下,不仅水稻产业中的田间作业环节机械化提高很快,在相应的收获后处理环节也正在发生改变,体现在稻谷烘干机械化发展。从全国总体来看,目前谷物烘干机拥有量已经初具规模。2013年全国谷物烘干机拥有量已经达到4.28万台。

据调查,2014年浙江全省粮食烘干机械总量已经达到5233台,批次粮食烘干能力已经超过5.4万吨,年机械化烘干稻麦超过250万吨。由此计算,浙江省粮食机烘率达到40%,居全国首位。浙江省稻麦烘干机的发展,可以概括为三个方面的原因:一是争取政策支持,激发稻农购置和使用粮食烘干机的积极性。自2009年起,全省对购置粮食烘干机械,在国家购机补贴的基础上省级财政再累加补贴30%,将粮食烘干中心建设纳入传统农机化发展工程项目予以扶持。浙江省内不少地方还因地制宜出台地市级和县级扶持政策措施,比如杭州市余杭区出台 120 元/吨的订单粮食机械化烘干补贴政策。二是集中发展区域性粮食烘干中心，推进粮食烘干服务社会化，鼓励支持合作社、家庭农场、农机服务组织等建设区域性粮食烘干服务中心，开展多种形式的粮食烘干社会化服务。目前，浙江省已建立区域性粮食烘干服务中心 996 个。三是协调有关部门，强化土地等要素保障，支持粮食烘干机械化发展。省农业部门（包括农机部门）积极协调国土资源、石油供应等政府职能部门，切实保障粮食烘干机械用地、用油等要素供应，比如联合中石化浙江分公司推出农机用油“三优一免”的惠农便民服务措施，有效促进了稻农购置烘干机的积极性，切实降低了稻农机械化粮食烘干成本，提高了粮农收益。

6.5　小　结

国家增产增收政策持续发挥作用，我国水稻生产总体上持续发展，已经稳定在 2 亿吨的新平台。综合 21 世纪以来我国水稻生产发展变化，水稻增产的面积贡献率 50.3%，超过了粮食增产的面积贡献率 32.7%。水稻增产的单产水平贡献率 43.5%，低于粮食单产变化贡献率 59.31%。实践表明，在我国水稻科技持续作用下，稳定水稻面积对于水稻增产的作用不可低估。

2014 年，全国水稻产量和单产水平再创新高，但面积下降应予以关注，全国早稻生产首次出现面积、单产和产量的“三降”状况更需引起高度重视。在区域层面上，各地在“米袋子”省长负责制的制度安排下，一些地方竭力稳定水稻生产，但一些地方仍然出现种植面积减少和产量下降的局面，各个地区的变化对全国水稻生产形势影响不同，需要中央和地方特别重视。

2014 年在党的十八大和中央一号文件精神指引下，我国水稻产业继续相对平稳发展，从上至下贯彻落实中央和国家“三农”政策，尤其是国家粮食安全政策，特别是水稻产业支持政策发挥了重要作用。许多政策对于稳定持续发展水稻产业发挥了积极作用，而旨在增加稻农收入的稻谷最低价保护政策和稻农购机补贴在水稻产业机械化发展所起的作用更为突出。

第7章 2014年中国稻谷生产者价格变化

自国家实行最低收购价政策以来，国家政策激励与保底收购，对增加水稻产量的各方有正向激励，因此，农民生产积极性普遍较高，水稻生产供给总量总体上保持了增长态势，水稻种植制度虽然有所调整，不同类型的稻谷产量结构亦有所调整，但各类稻谷销售价格（农民初次销售稻谷的价格，即生产者价格，国外称为农场门槛价格或农场价格）总体上呈增长态势，但增长趋势开始弱化。本章利用收集的比较系统的监测数据，首先描述稻谷价格年度变化，其次分析2014年价格的对比变化，然后按照月度详细分析我国稻谷价格变化轨迹，旨在充分揭示我国稻谷价格的变化规律和主要特征。

7.1 稻谷价格长期变化趋势

从近年市场变化总体来看，我国稻谷生产者价格（即农民销售价格，或粮食企业收购价格）经历了快速上涨到缓慢增长的变化过程，目前已经处在一个缓慢增长的过程之中，价格波动幅度相对较小。

7.1.1 稻谷价格变化趋势

近年来，稻谷价格上涨仍是总体态势，但近年价格上涨乏力，上涨幅度明显放缓，但年度间价格波动率缩小。

按照四种类型稻谷价格平均，2005年全国稻谷平均价格为每吨1542.2元，到2014年上升到2773.0元，9年间价格上涨了79.8%。全国稻谷价格变化轨迹如图7-1所示。

2005年以来，全国稻谷生产者价格在年度间的波动变化较大，但近年波动幅度缩小，波动率有所降低。2006年的波动率为（即2006年比2005年价格上涨百分比）0.5%，2007年上升到4.7%，2008年为11.0%，2009年为6.6%，2010年比上年上涨11.5%，2011年上涨幅度最大达到19.3%，2012年继续上涨8.0%，2013年首次下降1.5%，2014年则由负向变为正向波动，波动率上涨1.6%。2006年到2014年年度价格波动率变化曲线如图7-2所示。

7.1.2 稻谷分类价格变化趋势

（1）四种类型稻谷价格变化。从2005年以来，全国粳稻、早籼稻、中籼稻和晚籼稻四种

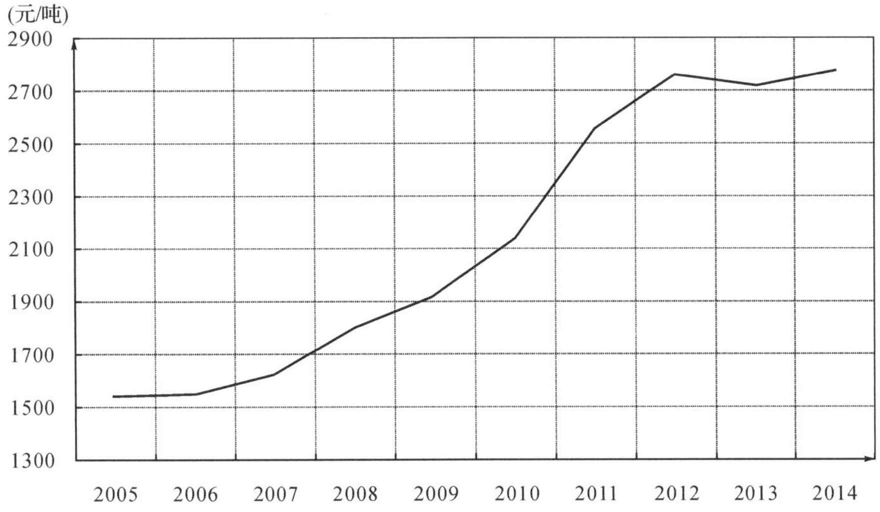

图 7-1　全国稻谷生产者价格变化

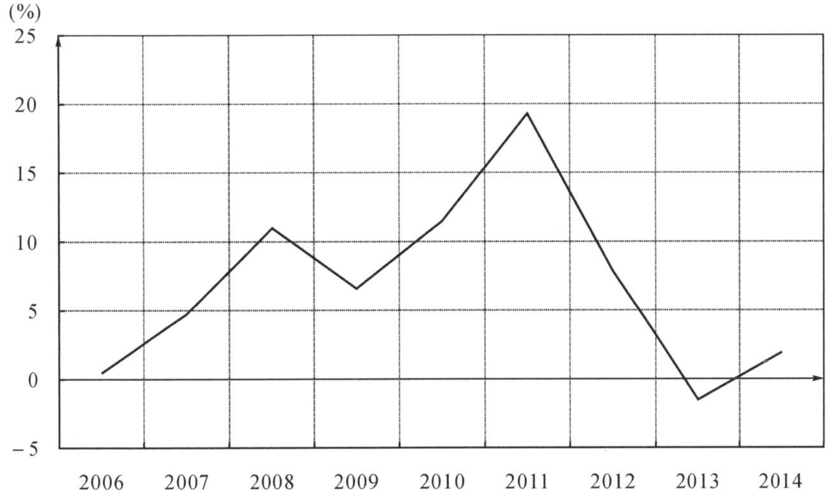

图 7-2　全国稻谷生产者价格年度波动率

类型的稻谷价格变化总体明显上涨，但粳稻和籼稻有所不同，三种籼稻之间也有所差别，具体变化过程如图 7-3 所示。

①粳稻价格最高。2005 年，全国粳稻价格平均每吨 1799.8 元，与各类稻谷中的最低价格早籼稻相比，品种差价率 28.6%。到 2014 年，全国粳稻价格平均每吨 3021.3 元，9 年间价格上涨了 67.9%，与仍然保持在最低价格的早籼稻价格相比，品种差价率缩小到 13.7%。

②晚籼稻价格相对稳定。2005 年，全国晚籼稻价格平均每吨 1460.1 元，与各类稻谷中最低的早籼稻和最高的粳稻相比，差价率分别为 4.3%和－18.9%。到 2014 年，全国晚籼稻价格平均每吨 2676.7 元，9 年间价格上涨了 83.3%，是籼稻中价格上涨幅度最小的一种稻谷类型，2014 年与早籼稻和粳稻相比的差价率分别变为 0.8%和－2.2%。相比，晚籼稻价格与早籼稻价格差距显著缩小，与粳稻相比也在不断缩小。

③中籼稻谷价格适中。2005 年，全国中籼稻价格平均每吨 1458.8 元，与各类稻谷中处

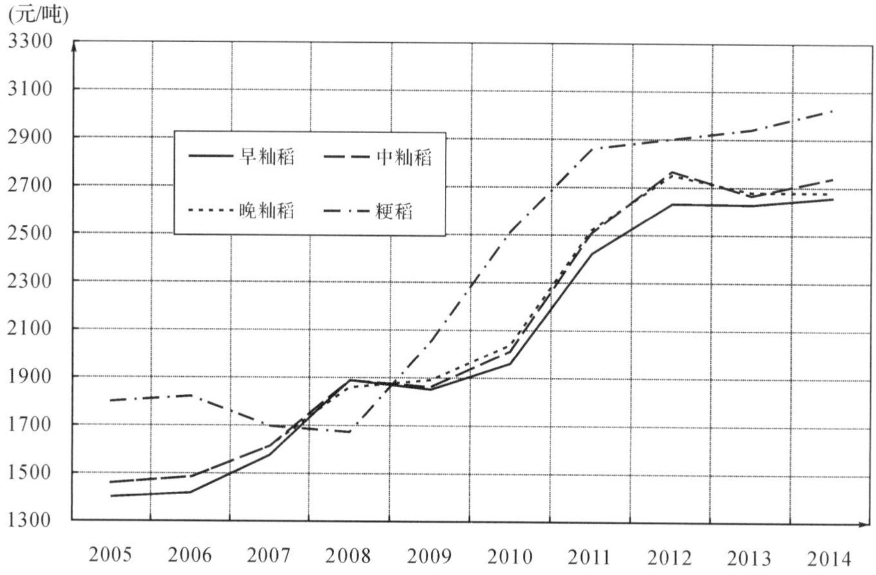

图 7-3 全国各类稻谷生产者价格变化

在最低价格的早籼稻相比,品种差价率 4.2%。到 2014 年,全国中籼稻价格平均每吨 2737.4 元,9 年间价格上涨了 87.6%,是上涨幅度较大的一种稻谷类型,2014 年与仍然保持在最低价格的早籼稻价格相比,差价率缩小到 3.0%。

④早籼稻谷价格一路上扬。2005 年,全国早籼稻价格平均每吨 1399.5 元,与各类稻谷中最高的粳稻和籼型稻谷最高的晚籼稻相比,品种差价率分别为-22.2%和-4.1%。到 2014 年,全国早籼稻价格平均每吨 2656.6 元,9 年间价格上涨了 89.8%,是四类稻谷中价格上涨幅度最大的一个品种类型,2014 年与粳稻和晚籼稻相比的差价率分别变为-12.1%和-0.8%。相比,早籼稻与粳稻相比价格差距显著缩小,与晚籼稻相比价格差距也明显缩小。

(2)四种类型稻谷价格波动率。自 2006 年以来,全国粳稻、早籼稻、中籼稻和晚籼稻四种类型的稻谷价格年度间波动率变化如图 7-4 所示。

综合各类稻谷价格年度变化,价格波动呈现出明显的阶段性。

①粳稻价格波动率呈阶段性变化。在 2006 年到 2014 年间,粳稻价格总体变化率并不是四类稻谷中最大的,在 2006—2008 年三年间向下波动,中间在 2009—2010 年在高位上波动,在 2012 年以后在低位上相对稳定地处在低波动率水平上。

②晚籼稻价格波动一般处在比较低的水平上。在 2006 年到 2014 年间,晚籼稻价格总体变化率 2006—2008 年是籼稻中最低的,2009—2011 年在籼稻中的波动较高,2012 年以后在低位上处在低波动率的水平上。

③中籼稻谷价格波动处在各类稻谷中间水平。在 2006 年到 2014 年间,中籼稻价格总体变化率 2006—2008 年是籼稻中的中间水平,2009—2011 年则处在籼稻中的波动最高位置,2013 年以后的波动率处在最高水平上。

④早籼稻谷价格波动较大。在 2006 年到 2014 年间,早籼稻价格总体变化率 2006—2008 年是四种类型中波动率最高的,2009—2011 年则处在籼稻中波动最低的位置,2012 年

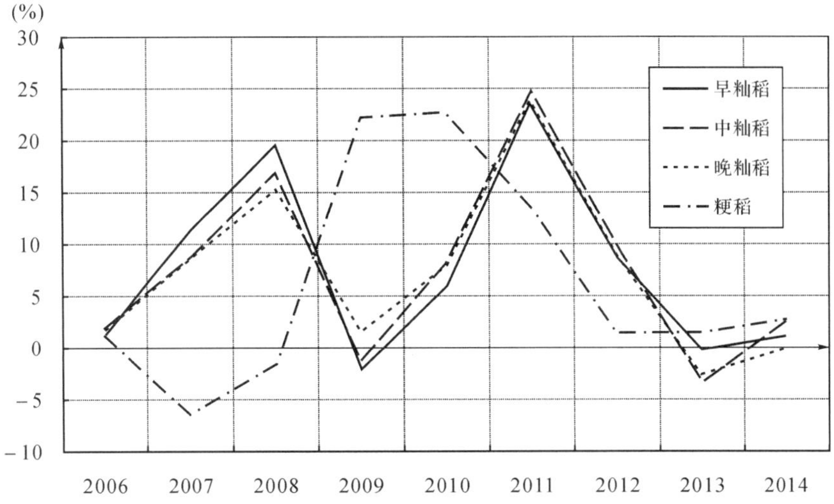

图 7-4　全国各类稻谷生产者价格年度波动率

以后的波动率处在各种籼稻水平较高位置上。

7.2　2014 年稻谷价格变化

2014 年是价格缓慢变化的一年，与 2013 年相比，不管是稻谷平均价格还是各类稻谷价格，变化都比较平缓，且保持了总体上扬的态势。

7.2.1　稻谷综合价格平均上涨 2.3%

2014 年，在 2013 年稻谷价格有所下降之后出现过度性回升，这是处在较高价格水平上呈现出恢复性缓慢上扬的态势。2013—2014 年全国稻谷价格变化情况如表 7-1 所示。

表 7-1　全国稻谷生产者价格变化(2013—2014 年)

	稻谷平均	早籼稻	中籼稻	晚籼稻	粳稻
2013 年(元/吨)	2719.8	2626.0	2669.1	2679.2	2939.5
2014 年(元/吨)	2763.4	2645.9	2741.2	2660.5	3006.0
2013 年变化率(%)	−1.5	−0.1	−3.4	−2.6	1.5
2014 年变化率(%)	1.6	0.8	2.7	−0.7	2.3

数据来源：国家水稻产业经济数据库(Rice Data)。

如图 7-5 所示，2014 年稻谷综合平均价格承接 2013 年下半年新谷上市价格上涨之后在上半年有一个缓慢下降的过程，经过新谷上市前后的盘整，到 8 月跌到新低(而 2013 年 8 月价格却是全年最低)，此后开始上扬，到 11 月已经达到 2014 年次高水平，12 月持续了缓慢上涨态势。

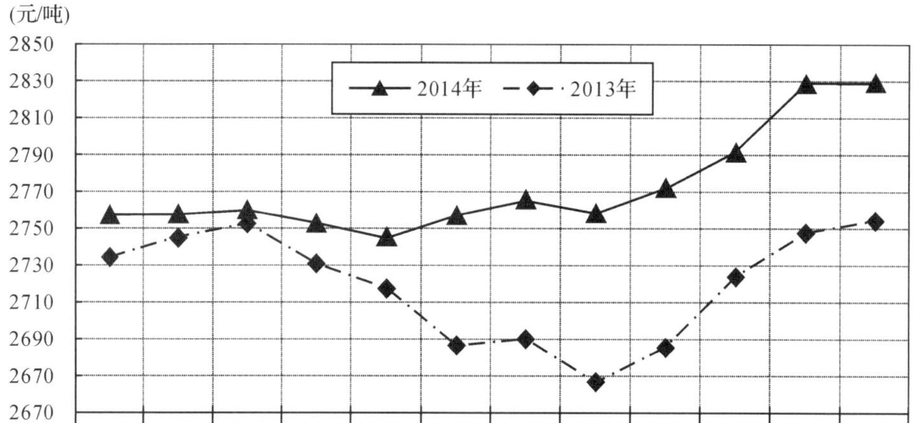

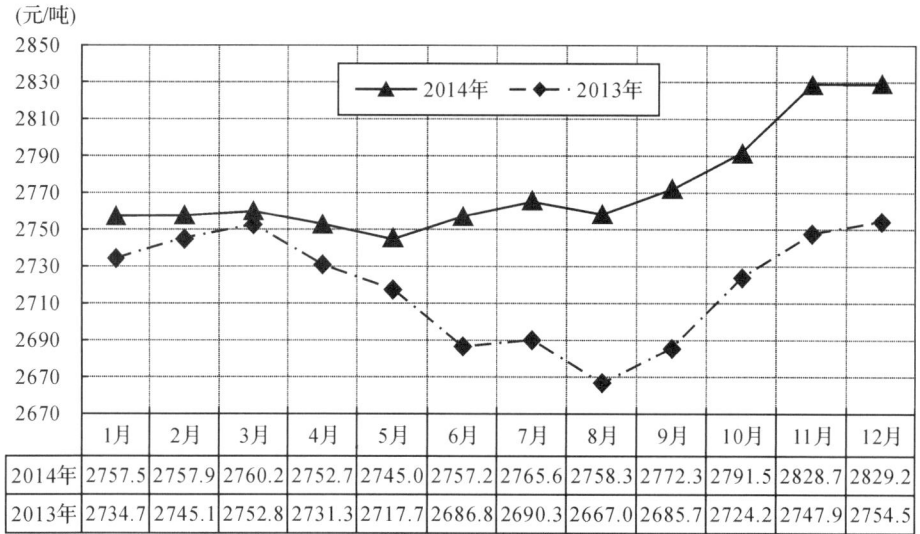

	1月	2月	3月	4月	5月	6月	7月	8月	9月	10月	11月	12月
2014年	2757.5	2757.9	2760.2	2752.7	2745.0	2757.2	2765.6	2758.3	2772.3	2791.5	2828.7	2829.2
2013年	2734.7	2745.1	2752.8	2731.3	2717.7	2686.8	2690.3	2667.0	2685.7	2724.2	2747.9	2754.5

图 7-5　全国稻谷综合价格走势(2014 年与 2013 年)

7.2.2　早稻价格恢复性上涨 1.95%

2014 年,全国早稻销售价格(生产者价格)经历了下跌、上涨和相对缓慢上升 3 个变化过程。在年初价格下降时期,延续了 2013 年新谷上市后的下降过程,2014 年 1 月到 4 月的下降使早稻价格跌到比 2013 年同期更低的价格水平。从 5 月止跌后,早稻价格一直上升到 8 月,上涨幅度较大,当然这是一个较强的恢复性增长。此后进入一个缓慢上升的通道,但是 12 月价格下降仍然使我国早稻价格进入类似 2013 年的年末的"低尾"状态。2014 年与 2013 年对比的变化过程如图 7-6 所示。

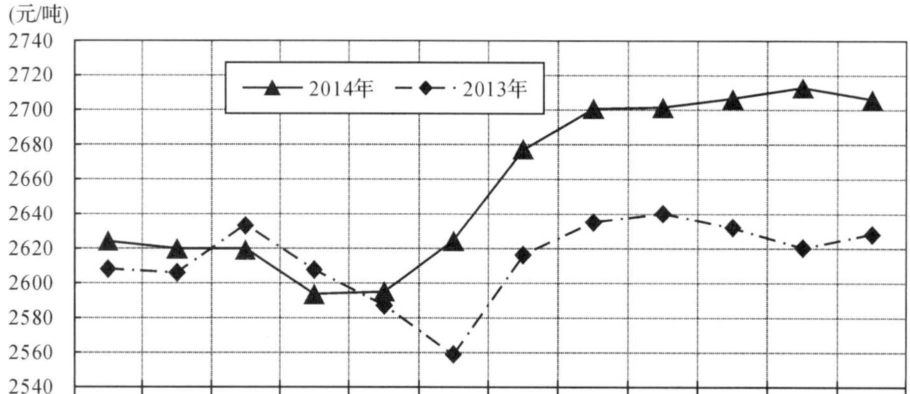

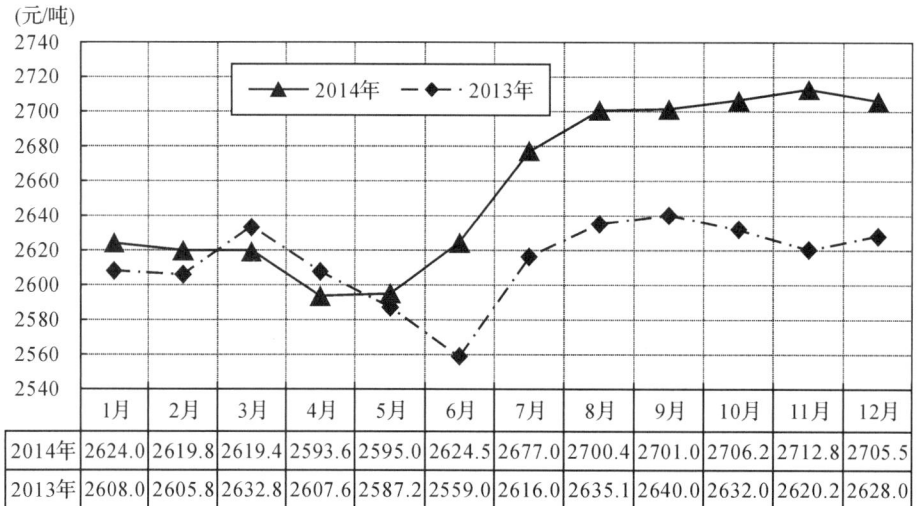

	1月	2月	3月	4月	5月	6月	7月	8月	9月	10月	11月	12月
2014年	2624.0	2619.8	2619.4	2593.6	2595.0	2624.5	2677.0	2700.4	2701.0	2706.2	2712.8	2705.5
2013年	2608.0	2605.8	2632.8	2607.6	2587.2	2559.0	2616.0	2635.1	2640.0	2632.0	2620.2	2628.0

图 7-6　全国早籼稻收购价格走势(2014 年与 2013 年)

7.2.3　中籼稻价格上涨 2.18%

2014 年，全国中籼稻价格变化较大，按照全年样本点和样本价格每日价格平均计算，当年价格 2727 元/吨，与上年相比，价格上涨 2.18%。如图 7-7 所示，2014 年价格经过了两轮波动过程。第一波是上半年 1—5 月，第二波是 5—10 月，从 10 月开始上升，但 11 月和 12 月持平。2014 年与 2013 年全国中籼稻价格走势明显不同，2013 年走势是一个大“V”字形轨迹，而 2014 年则是循着向上的惯性围绕平均价格沿中位线总体向上的走势。

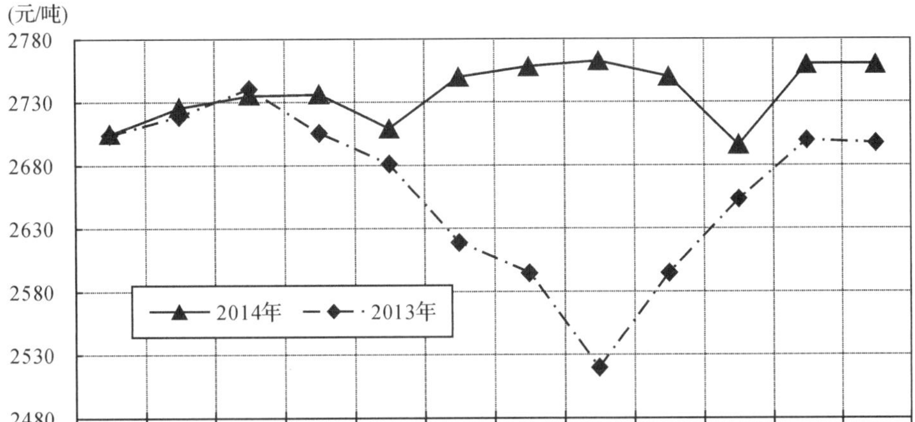

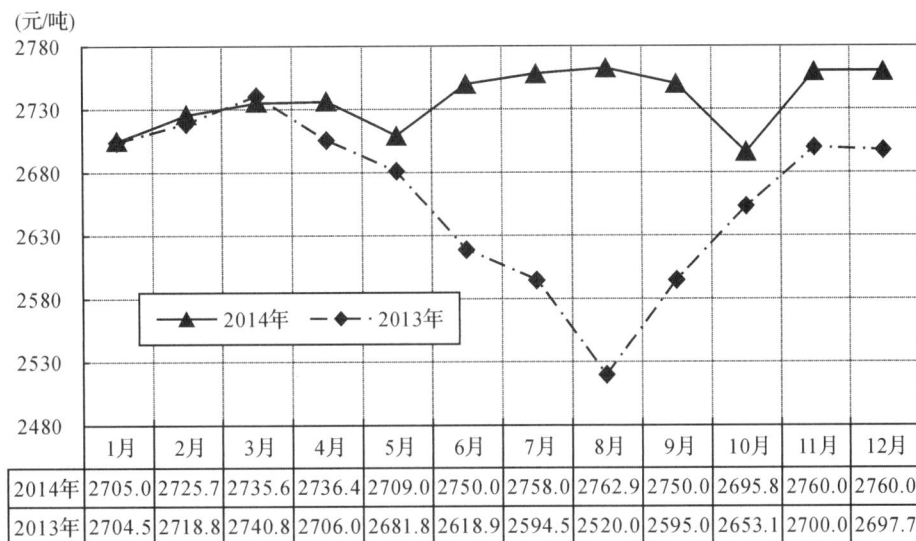

	1月	2月	3月	4月	5月	6月	7月	8月	9月	10月	11月	12月
2014年	2705.0	2725.7	2735.6	2736.4	2709.0	2750.0	2758.0	2762.9	2750.0	2695.8	2760.0	2760.0
2013年	2704.5	2718.8	2740.8	2706.0	2681.8	2618.9	2594.5	2520.0	2595.0	2653.1	2700.0	2697.7

图 7-7　全国中籼稻收购价格走势(2014 年与 2013 年)

7.2.4　晚籼稻价格上涨 0.84%

我国晚籼稻包括部分迟熟型的中籼稻和连作籼型双季晚稻。按照每日监测的样本点和每日平均价格计算，2014 年，全国晚籼稻收购价格平均 2702 元/吨，比上年上涨 22.45 元，上涨幅度 0.84%。2014 年与上年对比的变化过程如图 7-8 所示。

2014 年，全国晚籼稻收购价格走势表现为先低后高的市场行情。2014 年上半年开始出现几乎连续下跌的走势，直到 8 月降至当年谷底，但在 1—6 月价格几乎都低于 2013 年同期价格，2014 年 6 月之后，扭转了与 2013 年相比同期价格更低的局面，已经高于 2013 年同期价格，但 2014 年价格仍然继续下跌直到 8 月，然后强势反弹到 10 月，进入继续上升但上升速度比较缓慢的上升通道。

7.2.5　粳稻价格上涨 3.13%

粳米是我国南北方地区城乡居民最重要的主食口粮之一，粳稻价格是其全产业链的基础价格。2014 年，按照监测样本点和每日粳稻最初收购价格计算，全国粳稻收购价格平均 3031 元/吨，比 2013 年上涨 92 元/吨，上涨幅度 3.13%。2014 年与上年对比的变化过程如图 7-9 所示。

2014 年，与其他稻谷收购价格相比，全国粳稻价格走出了一条各月均高于 2013 年价格

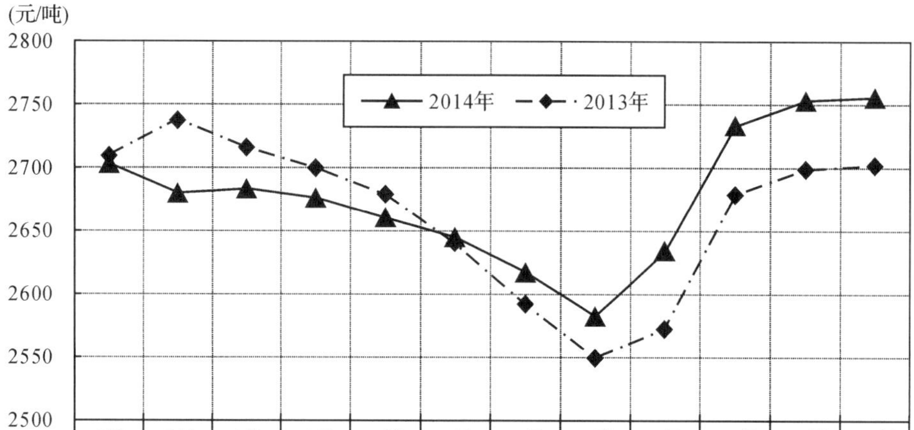

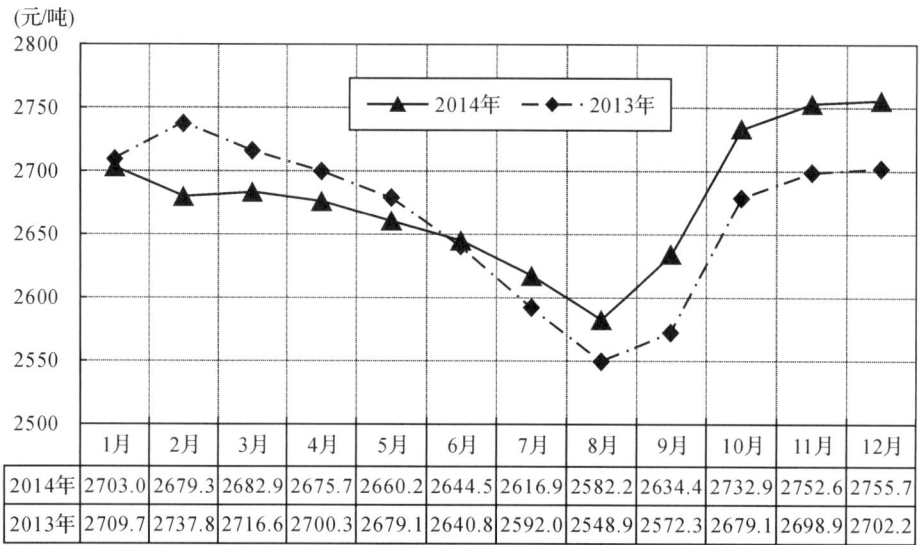

	1月	2月	3月	4月	5月	6月	7月	8月	9月	10月	11月	12月
2014年	2703.0	2679.3	2682.9	2675.7	2660.2	2644.5	2616.9	2582.2	2634.4	2732.9	2752.6	2755.7
2013年	2709.7	2737.8	2716.6	2700.3	2679.1	2640.8	2592.0	2548.9	2572.3	2679.1	2698.9	2702.2

图 7-8　全国中晚籼稻收购价格走势(2014 年与 2013 年)

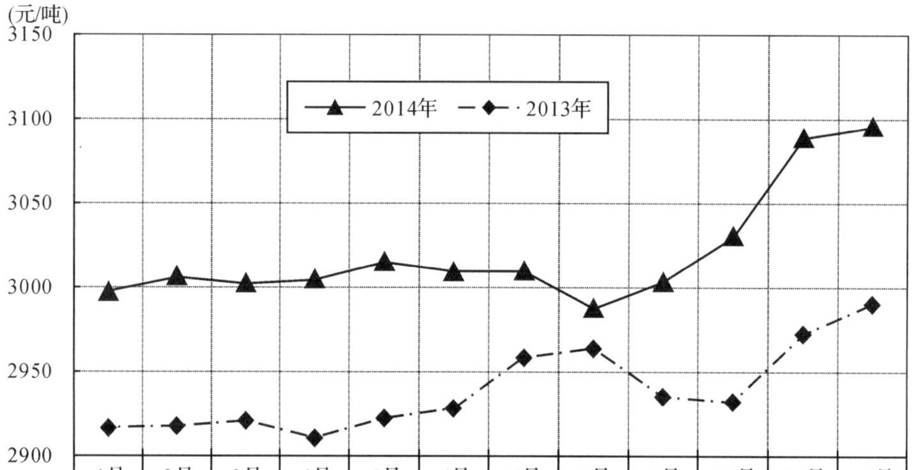

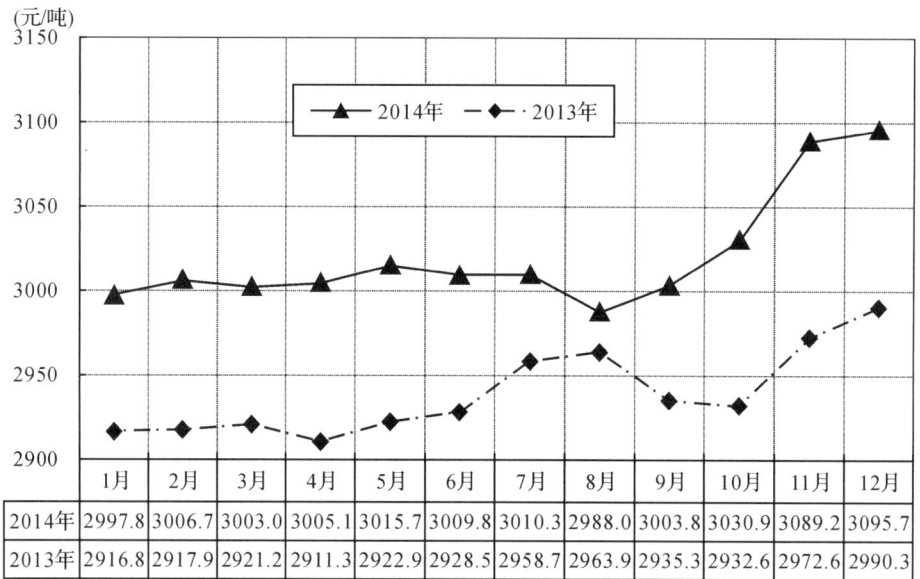

	1月	2月	3月	4月	5月	6月	7月	8月	9月	10月	11月	12月
2014年	2997.8	3006.7	3003.0	3005.1	3015.7	3009.8	3010.3	2988.0	3003.8	3030.9	3089.2	3095.7
2013年	2916.8	2917.9	2921.2	2911.3	2922.9	2928.5	2958.7	2963.9	2935.3	2932.6	2972.6	2990.3

图 7-9　全国粳稻收购价格走势(2014 年与 2013 年)

的轨迹。与 2013 年相比,2014 年全国粳稻价格在 8 月有所下降并成为全年最低价格点,但此后经历了一个上升过程,在 11—12 月这两个月中,粳稻价格进入缓慢上升通道,但相对而言,粳稻价格仍然坚挺。

7.3　2014 年稻谷价格监测月度分析

根据监测数据,以一个年度的全部月份为标准,分析从 2013 年 10 月到 2014 年 9 月全部 12 个月稻谷价格的月度环比变化和月度同比变化情况，简述四种稻谷类型价格月度变化的基本情况。

7.3.1 1 月份价格平均上涨 0.11%

根据全国四类稻谷产地收购情况统计，2014 年 1 月，全国水稻生产者价格（即销售价格）综合平均（按照算术平均方法计算）每吨 2757.5 元，与上一个月相比，每吨价格上涨 2.9 元，环比涨幅 0.11%。与 2013 年 1 月同期相比，全国水稻综合平均价格上涨 22.7 元，同比涨幅 0.83%。全国稻谷综合收购价格从 2013 年 1 月到 2014 年 1 月的走势变化情况详见图 7-10。

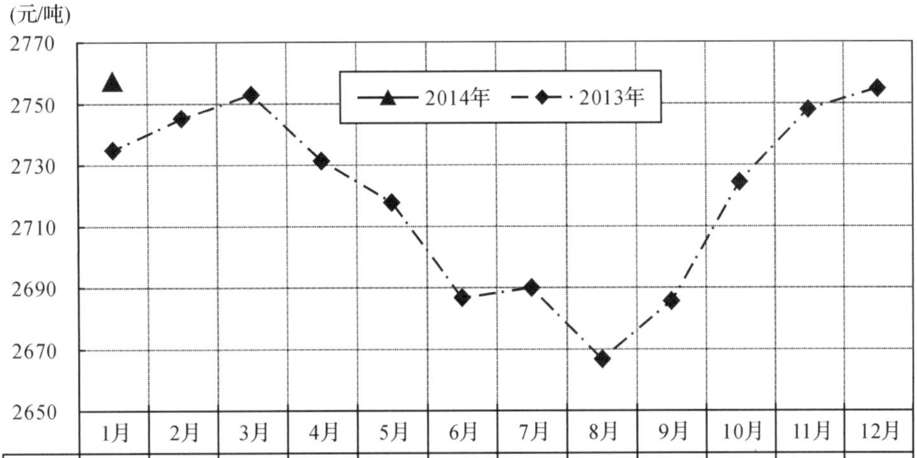

	1月	2月	3月	4月	5月	6月	7月	8月	9月	10月	11月	12月
2014年	2757.5											
2013年	2734.7	2745.1	2752.8	2731.3	2717.7	2686.8	2690.3	2667.0	2685.7	2724.2	2747.9	2754.5

图 7-10 2014 年 1 月全国稻谷综合收购价格走势（2014 年与 2013 年）

（1）早籼稻收购价格下降 0.15%。根据全国调查点 120 个样本监测统计，2014 年 1 月全国早籼稻收购价格平均每吨 2624.0 元，比上一个月下降 4.0 元，环比降幅 0.15%。与 2013 年 1 月同期相比，全国早籼稻收购价格上涨 16.0 元，同比涨幅 0.61%。

（2）中籼稻收购价格上涨 0.27%。根据全国调查点 20 个样本监测统计，2014 年 1 月全国中籼稻收购价格平均每吨 2705.0 元，比上一个月上涨 7.3 元，环比涨幅 0.27%。与 2013 年 1 月同期相比，全国中籼稻收购价格上涨 0.5 元，同比涨幅 0.02%。

（3）晚籼稻收购价格上涨 0.03%。根据全国调查点 999 个样本监测统计，2014 年 1 月份全国晚籼稻收购价格平均每吨 2703.0 元，比上一个月上涨 0.8 元，环比涨幅 0.03%。与 2013 年 1 月同期相比，全国晚籼稻收购价格下降 6.7 元，同比下降 0.25%。

（4）粳稻收购价格上涨 0.25%。根据全国调查点 437 个样本监测统计，2014 年 1 月全国粳稻收购价格平均每吨 2997.8 元，比上一个月上涨 7.5 元，环比涨幅 0.25%。与 2013 年 1 月相比，全国粳稻收购价格上涨 81.1 元，同比涨幅 2.78%。

7.3.2 2 月份价格平均上涨 0.02%

根据全国四类稻谷产地收购情况统计，2014 年 2 月，全国水稻生产者价格（即销售价格)综合平均(按照算术平均方法计算)每吨 2757.9 元,与上一个月相比,每吨价格上涨 0.4 元,环比涨幅 0.02%。与 2013 年 2 月同期相比,全国水稻综合平均价格上涨 12.8 元,同比涨幅 0.47%。全国稻谷综合收购价格从 2013 年 1 月到 2014 年 2 月的走势变化情况详见图 7-11。

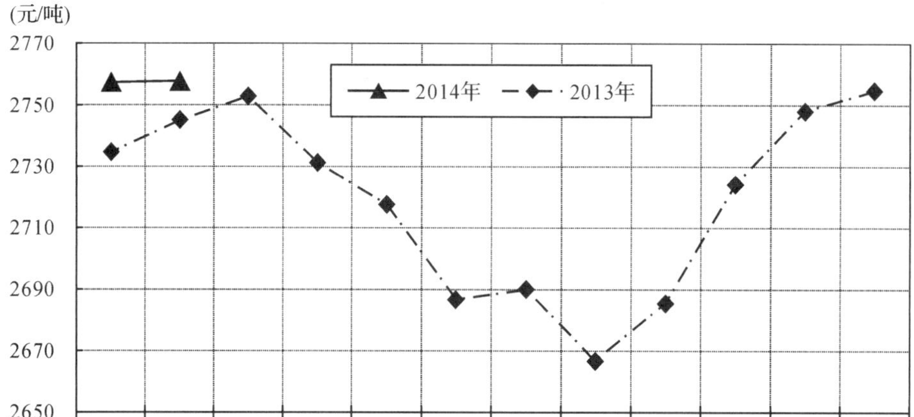

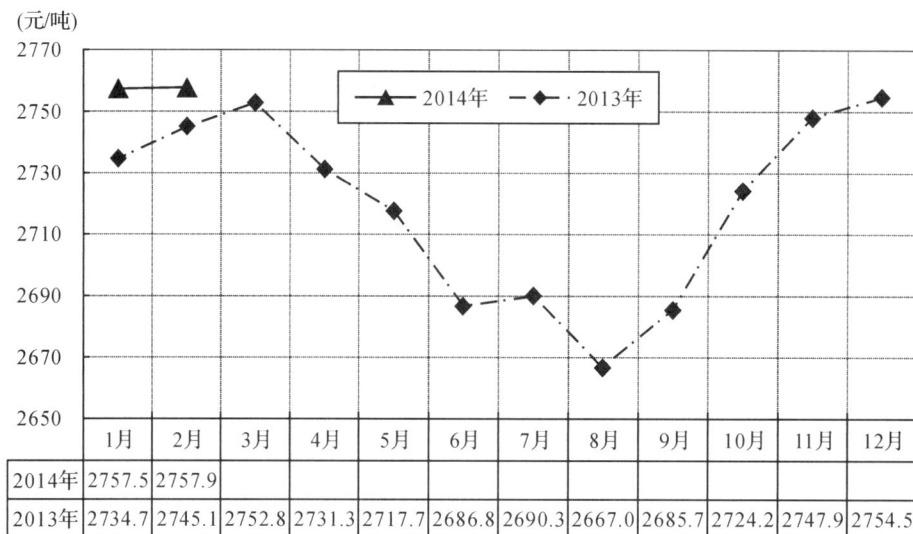

	1月	2月	3月	4月	5月	6月	7月	8月	9月	10月	11月	12月
2014年	2757.5	2757.9										
2013年	2734.7	2745.1	2752.8	2731.3	2717.7	2686.8	2690.3	2667.0	2685.7	2724.2	2747.9	2754.5

图 7-11　2014 年 2 月全国稻谷综合收购价格走势(2014 年与 2013 年)

(1)早籼稻收购价格下降 0.16%。根据全国调查点 113 个样本监测统计,2014 年 2 月全国早籼稻收购价格平均每吨 2619.8 元,比上一个月下降 4.2 元,环比降幅 0.16%。与 2013 年 2 月同期相比,全国早籼稻收购价格上涨 14.0 元,同比涨幅 0.54%。

(2)中籼稻收购价格上涨 0.77%。根据全国调查点 7 个样本统计,2014 年 2 月全国中籼稻收购价格平均每吨 2725.7 元,比上一个月上涨 20.7 元,环比涨幅 0.77%。与 2013 年 2 月同期相比,全国中籼稻收购价格上涨 6.9 元,同比涨幅 0.25%。

(3)晚籼稻收购价格下降 0.88%。根据全国调查点 406 个样本监测统计,2014 年 2 月全国晚籼稻收购价格平均每吨 2679.3 元,比上一个月下降 23.7 元,环比降幅 0.88%。与 2013 年 2 月同期相比,全国晚籼稻收购价格下降 58.4 元,同比下降 2.13%。

(4)粳稻收购价格上涨 0.30%。根据全国调查点 296 个样本监测统计,2014 年 2 月全国粳稻收购价格平均每吨 3006.7 元,比上一个月上涨 8.9 元,环比涨幅 0.30%。与 2013 年 2 月同期相比,全国粳稻收购价格上涨 88.8 元,同比涨幅 3.04%。

7.3.3　3 月份价格平均上涨 0.08%

根据全国四类稻谷产地销售样本监测统计,2014 年 3 月,全国水稻生产者价格(即销售价格)综合平均(按照算术平均方法计算)每吨 2760.2 元,与上一个月相比,每吨价格上涨 2.31 元,环比涨幅 0.08%。与 2013 年 3 月同期相比,全国水稻综合平均价格上涨 7.76 元,同比涨幅 0.28%。全国稻谷综合收购价格从 2013 年 1 月到 2014 年 3 月的走势变化情况详见图 7-12。

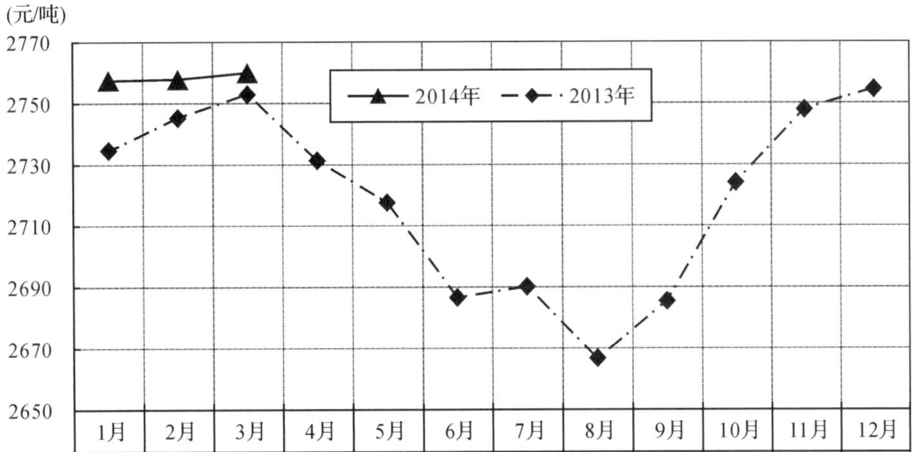

	1月	2月	3月	4月	5月	6月	7月	8月	9月	10月	11月	12月
2014年	2757.5	2757.9	2760.2									
2013年	2734.7	2745.1	2752.8	2731.3	2717.7	2686.8	2690.3	2667.0	2685.7	2724.2	2747.9	2754.5

图 7-12　2014 年 3 月全国稻谷综合收购价格走势(2014 年与 2013 年)

(1)早籼稻收购价格下降 0.02%。根据全国调查点 130 个样本监测统计,2014 年 3 月份全国早籼稻收购价格平均每吨 2619.4 元,比上一个月下降 0.44 元,环比降幅 0.02%。与 2013 年 3 月同期相比,全国早籼稻收购价格下降 13.39 元,同比降幅 0.51%。

(2)中籼稻收购价格上涨 0.36%。根据全国调查点 9 个样本监测统计,2014 年 3 月全国中籼稻收购价格平均每吨 2735.6 元,比上一个月上涨 9.84 元,环比涨幅 0.36%。与 2013 年 3 月同期相比,全国中籼稻收购价格下降 3.68 元,同比降幅 0.13%。

(3)晚籼稻收购价格上涨 0.13%。根据全国调查点 543 个样本监测统计,2014 年 3 月全国晚籼稻收购价格平均每吨 2682.9 元,比上一个月上涨 3.57 元,环比涨幅 0.13%。与 2013 年 3 月同期相比,全国晚籼稻收购价格下降 33.72 元,同比降幅 1.24%。

(4)粳稻收购价格下降 0.12%。根据全国调查点 412 个样本监测统计,2014 年 3 月全国粳稻收购价格平均每吨 3003.0 元,比上一个月下降 3.74 元,环比降幅 0.12%。与 2013 年 3 月同期相比,全国粳稻收购价格上涨 81.82 元,同比涨幅 2.80%。

7.3.4　4 月份价格平均下降 0.27%

根据全国四类稻谷产地销售样本监测统计,2014 年 4 月,全国水稻生产者价格(即销售价格)综合平均(按照算术平均方法计算)每吨 2752.7 元,与上一个月相比,每吨价格下降 7.52 元,环比下降 0.27%。与 2013 年 4 月同期相比,全国水稻综合平均价格上涨 21.40 元,同比涨幅 0.78%。全国稻谷综合收购价格从 2013 年 1 月到 2014 年 4 月的走势变化情况详见图 7-13。

(1)早籼稻收购价格下降 0.99%。根据全国调查点 115 个样本监测统计,2014 年 4 月全国早籼稻收购价格平均每吨 2593.6 元,比上一个月下降 25.82 元,环比降幅 0.99%。与 2013 年 4 月同期相比,全国早籼稻收购价格下降 14.01 元,同比降幅 0.54%。

(2)中籼稻收购价格下降 0.03%。根据全国调查点 11 个样本监测统计,2014 年 4 月全

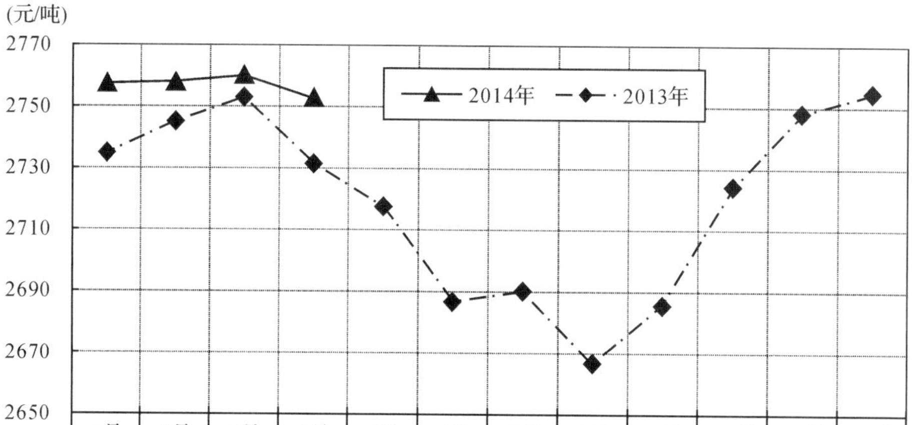

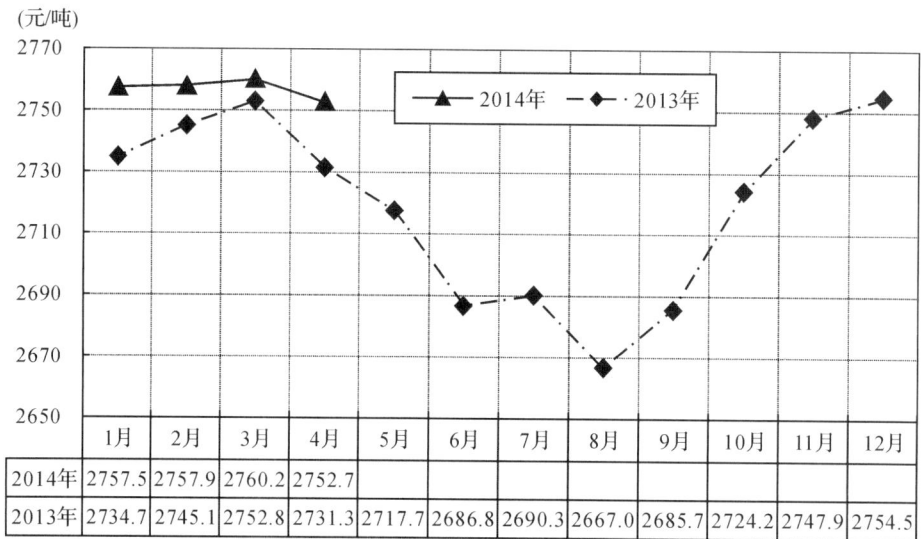

	1月	2月	3月	4月	5月	6月	7月	8月	9月	10月	11月	12月
2014年	2757.5	2757.9	2760.2	2752.7								
2013年	2734.7	2745.1	2752.8	2731.3	2717.7	2686.8	2690.3	2667.0	2685.7	2724.2	2747.9	2754.5

图 7-13　2014 年 4 月全国稻谷综合收购价格走势(2014 年与 2013 年)

国中籼稻收购价格平均每吨 2736.4 元,比上一个月上涨 0.81 元,环比涨幅 0.03%。与 2013 年 4 月同期相比,全国中籼稻收购价格上涨 30.36 元,同比涨幅 1.12%。

(3)晚籼稻收购价格下降 0.27%。根据全国调查点 564 个样本监测统计,2014 年 4 月全国晚籼稻收购价格平均每吨 2675.7 元,比上一个月下降 7.17 元,环比降幅 0.27%。与 2013 年 4 月同期相比,全国晚籼稻收购价格下降 24.57 元,同比降幅 0.91%。

(4)粳稻收购价格上涨 0.07%。根据全国调查点 166 个样本监测统计,2014 年 4 月全国粳稻收购价格平均每吨 3005.1 元,比上一个月上涨 2.12 元,环比涨幅 0.07%。与 2013 年 4 月同期相比,全国粳稻收购价格上涨 93.83 元,同比涨幅 3.22%。

7.3.5　5 月份价格平均下降 0.28%

根据全国四类稻谷产地销售样本监测统计,2014 年 5 月,全国水稻生产者价格(即销售价格)综合平均(按照算术平均方法计算)每吨 2745.0 元,与上一个月相比,每吨价格下降 7.72 元,环比下降 0.28%。与 2013 年 5 月同期相比,全国水稻综合平均价格上涨 27.23 元,同比涨幅 1.00%。全国稻谷综合收购价格从 2013 年 1 月到 2014 年 5 月的走势变化情况详见图 7-14。

(1)早籼稻收购价格上涨 0.06%。根据全国调查点 114 个样本监测统计,2014 年 5 月全国早籼稻收购价格平均每吨 2595.0 元,比上一个月上涨 1.43 元,环比涨幅 0.06%。与 2013 年 5 月同期相比,全国早籼稻收购价格下降 7.78 元,同比降幅 0.30%。

(2)中籼稻收购价格下降 1.00%。根据全国调查点 10 个样本监测统计,2014 年 5 月全国中籼稻收购价格平均每吨 2709.0 元,比上一个月下降 27.36 元,环比降幅 1.00%。与 2013 年 5 月同期相比,全国中籼稻收购价格上涨 27.18 元,同比涨幅 1.01%。

(3)晚籼稻收购价格下降 0.58%。根据全国调查点 464 个样本监测统计,2014 年 5 月全国晚籼稻收购价格平均每吨 2660.2 元,比上一个月下降 15.50 元,环比降幅 0.58%。与

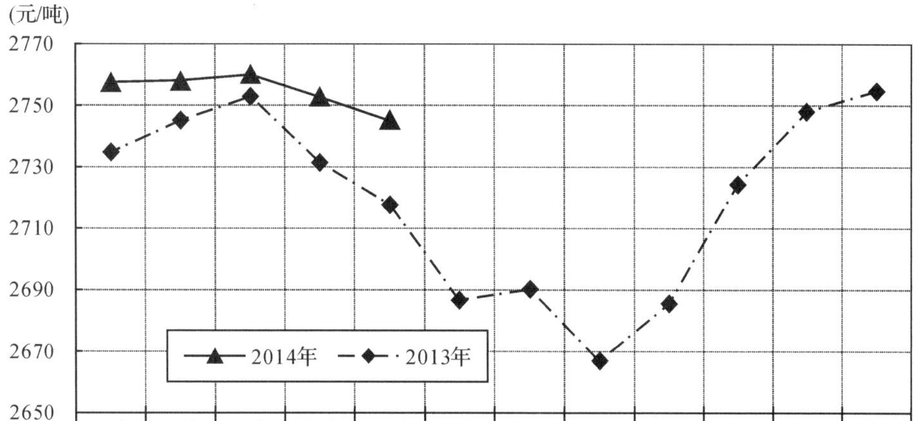

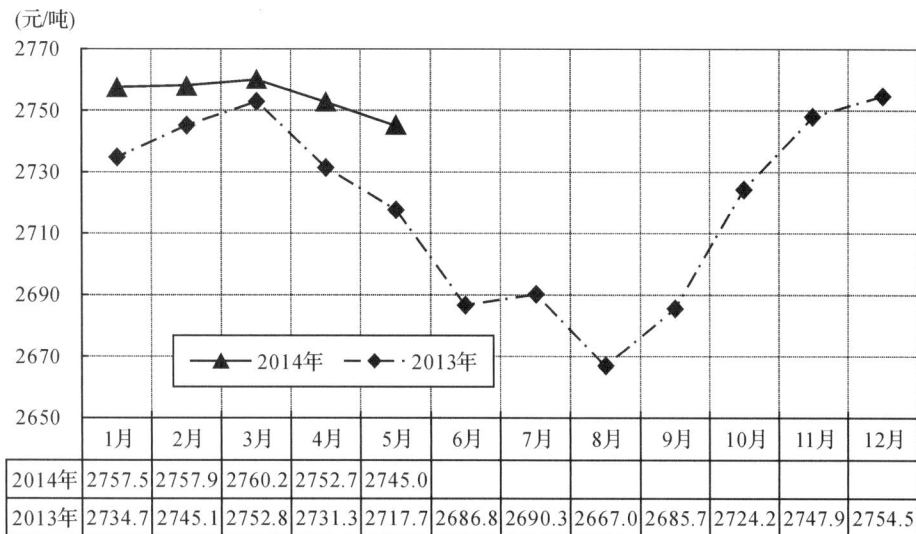

	1月	2月	3月	4月	5月	6月	7月	8月	9月	10月	11月	12月
2014年	2757.5	2757.9	2760.2	2752.7	2745.0							
2013年	2734.7	2745.1	2752.8	2731.3	2717.7	2686.8	2690.3	2667.0	2685.7	2724.2	2747.9	2754.5

图 7-14　2014 年 5 月全国稻谷综合收购价格走势(2014 年与 2013 年)

2013 年 5 月同期相比,全国晚籼稻收购价格下降 18.82 元,同比下降 0.70%。

(4)粳稻收购价格上涨 0.35%。根据全国调查点 145 个样本监测统计,2014 年 5 月全国粳稻收购价格平均每吨 3015.7 元,比上一个月上涨 10.53 元,环比涨幅 0.35%。与 2013 年 5 月同期相比,全国粳稻收购价格上涨 92.78 元,同比涨幅 3.17%。

7.3.6　6 月份价格平均上涨 0.45%

根据全国四类稻谷产地销售样本监测统计,2014 年 6 月,全国水稻生产者价格(即销售价格)综合平均(按照算术平均方法计算)每吨 2757.2 元,与上一个月相比,每吨价格上涨 12.25 元,环比上涨 0.45%。与 2013 年 6 月同期相比,全国水稻综合平均价格上涨 70.43 元,同比涨幅 2.62%。全国稻谷综合收购价格从 2013 年 1 月到 2014 年 6 月的走势变化情况详见图 7-15。

(1)早籼稻收购价格上涨 1.14%。根据全国调查点 110 个样本监测统计,2014 年 6 月全国早籼稻收购价格平均每吨 2624.5 元,比上一个月上涨 29.55 元,环比涨幅 1.14%。与 2013 年 6 月同期相比,全国早籼稻收购价格上涨 85.57 元,同比涨幅 1.14%。

(2)中籼稻收购价格上涨 1.51%。根据全国调查点 8 个样本监测统计,2014 年 6 月全国中籼稻收购价格平均每吨 2750.0 元,比上一个月上涨 41.00 元,环比涨幅 1.51%。与 2013 年 6 月同期相比,全国中籼稻收购价格上涨 131.11 元,同比涨幅 5.01%。

(3)晚籼稻收购价格下降 0.59%。根据全国调查点 341 个样本监测统计,2014 年 6 月全国晚籼稻收购价格平均每吨 2644.5 元,比上一个月下降 15.72 元,环比降幅 0.59%。与 2013 年 6 月同期相比,全国晚籼稻收购价格上涨 3.68 元,同比涨幅 0.14%。

(4)粳稻收购价格下降 0.19%。根据全国调查点 129 个样本监测统计,2014 年 6 月全国粳稻收购价格平均每吨 3009.8 元,比上一个月下降 5.81 元,环比降幅 0.19%。与 2013 年 6 月同期相比,全国粳稻收购价格上涨 81.38 元,同比涨幅 2.78%。

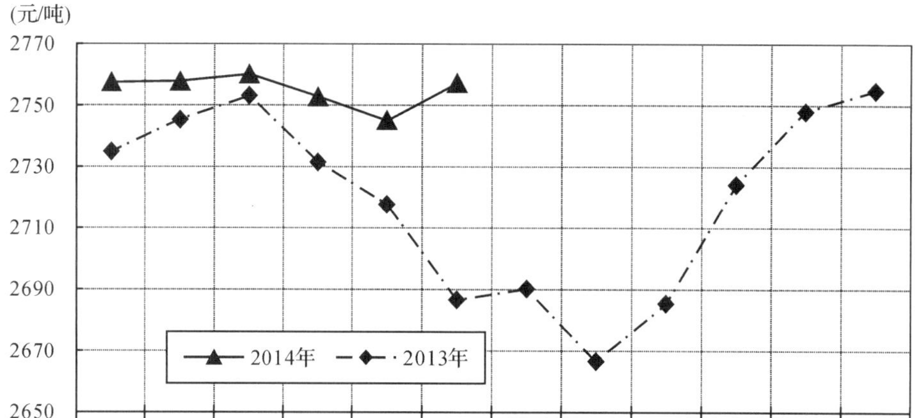

	1月	2月	3月	4月	5月	6月	7月	8月	9月	10月	11月	12月
2014年	2757.5	2757.9	2760.2	2752.7	2745.0	2757.2						
2013年	2734.7	2745.1	2752.8	2731.3	2717.7	2686.8	2690.3	2667.0	2685.7	2724.2	2747.9	2754.5

图 7-15　2014 年 6 月全国稻谷综合收购价格走势(2014 年与 2013 年)

7.3.7　7 月份价格平均上涨 0.30%

根据全国四类稻谷产地销售样本监测统计,2014 年 7 月,全国水稻生产者价格(即销售价格)综合平均(按照算术平均方法计算)每吨 2765.6 元,与上一个月相比,每吨价格上涨 8.32 元,环比上涨 0.30%。与 2013 年 7 月同期相比,全国水稻综合平均价格上涨 75.24 元,同比涨幅 2.80%。全国稻谷综合收购价格从 2013 年 1 月到 2014 年 7 月的走势变化情况详见图 7-16。

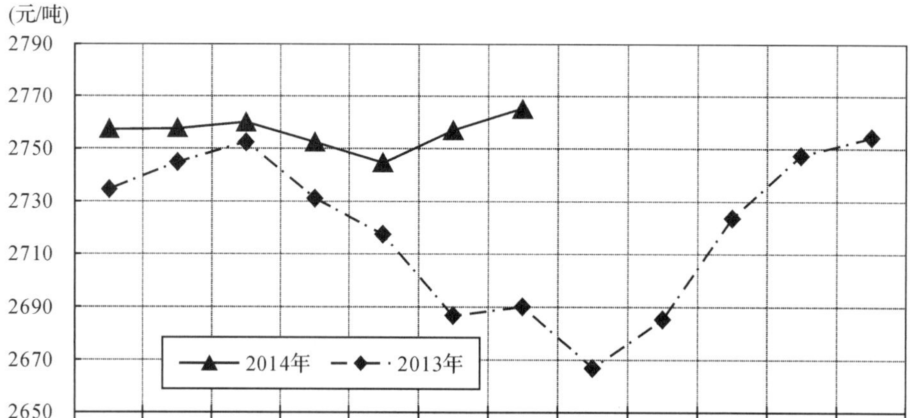

	1月	2月	3月	4月	5月	6月	7月	8月	9月	10月	11月	12月
2014年	2757.5	2757.9	2760.2	2752.7	2745.0	2757.2	2765.6					
2013年	2734.7	2745.1	2752.8	2731.3	2717.7	2686.8	2690.3	2667.0	2685.7	2724.2	2747.9	2754.5

图 7-16　2014 年 7 月全国稻谷综合收购价格走势(2014 年与 2013 年)

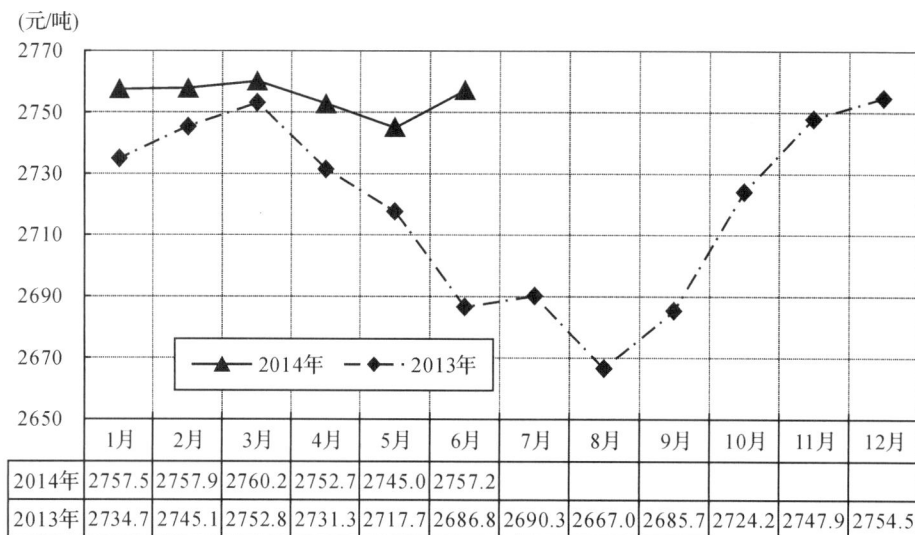

(1)早籼稻收购价格上涨 2.00%。根据全国调查点 306 个样本监测统计,2014 年 7 月

全国早籼稻收购价格平均每吨 2677.0 元，比上一个月上涨 52.48 元，环比涨幅 2.00%。与 2013 年 7 月同期相比，全国早籼稻收购价格上涨 61.03 元，同比涨幅 2.33%。

(2)中籼稻收购价格上涨 0.29%。根据全国调查点 10 个样本监测统计，2014 年 7 月全国中籼稻收购价格平均每吨 2758.0 元，比上一个月上涨 8.00 元，环比涨幅 0.29%。与 2013 年 7 月同期相比，全国中籼稻收购价格上涨 163.45 元，同比涨幅 6.30%。

(3)晚籼稻收购价格下降 1.04%。根据全国调查点 312 个样本监测统计，2014 年 7 月全国晚籼稻收购价格平均每吨 2616.9 元，比上一个月下降 27.63 元，环比降幅 1.04%。与 2013 年 7 月同期相比，全国晚籼稻收购价格上涨 24.86 元，同比涨幅 0.96%。

(4)粳稻收购价格上涨 0.01%。根据全国调查点 140 个样本监测统计，2014 年 7 月全国粳稻收购价格平均每吨 3010.3 元，比上一个月上涨 0.44 元，环比涨幅 0.01%。与 2013 年 7 月同期相比，全国粳稻收购价格上涨 51.62 元，同比涨幅 1.74%。

7.3.8　8 月份价格平均下降 0.26%

根据全国四类稻谷产地销售样本监测统计，2014 年 8 月，全国水稻生产者价格(即销售价格)综合平均(按照算术平均方法计算)每吨 2758.3 元，与上一个月相比，每吨价格下降 7.30 元，环比下降 0.26%。与 2013 年 8 月同期相比，全国水稻综合平均价格上涨 91.37 元，同比涨幅 3.43%。全国稻谷综合收购价格从 2013 年 1 月到 2014 年 8 月的走势变化情况详见图 7-17。

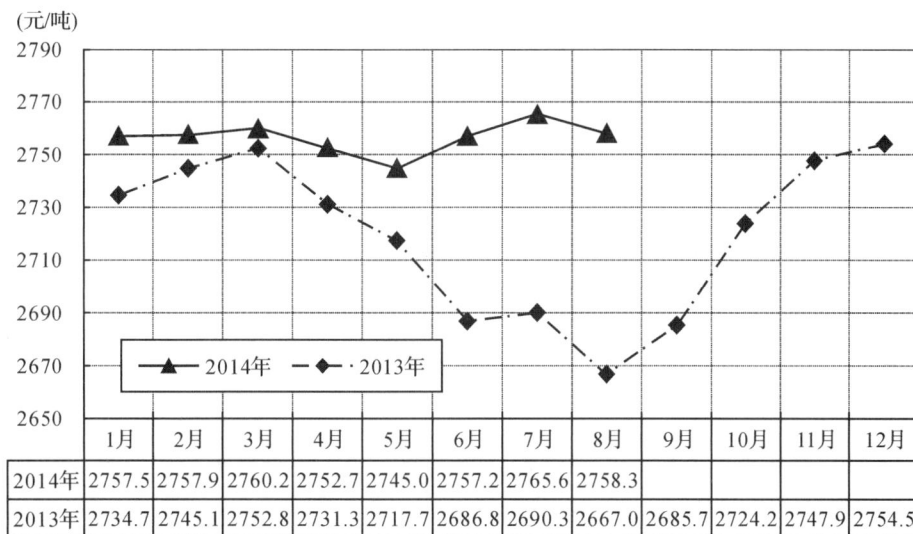

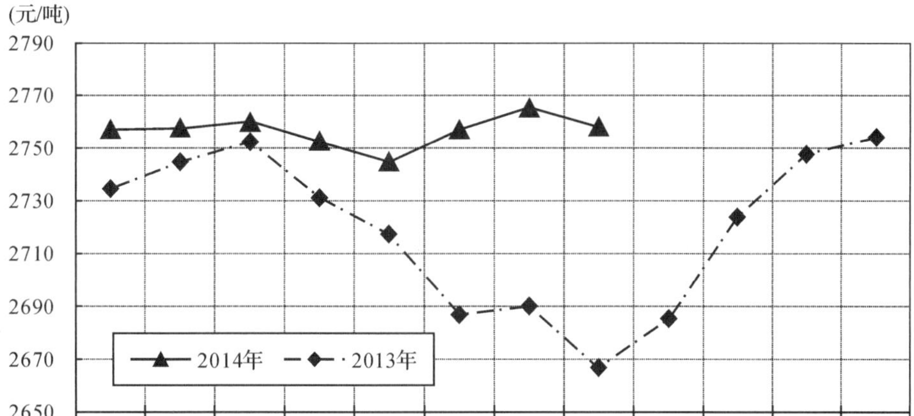

	1月	2月	3月	4月	5月	6月	7月	8月	9月	10月	11月	12月
2014年	2757.5	2757.9	2760.2	2752.7	2745.0	2757.2	2765.6	2758.3				
2013年	2734.7	2745.1	2752.8	2731.3	2717.7	2686.8	2690.3	2667.0	2685.7	2724.2	2747.9	2754.5

图 7-17　2014 年 8 月全国稻谷综合收购价格走势(2014 年与 2013 年)

(1)早籼稻收购价格上涨 0.87%。根据全国调查点 870 个样本监测统计，2014 年 8 月全国早籼稻收购价格平均每吨 2700.4 元，比上一个月上涨 23.35 元，环比涨幅 0.87%。与 2013 年 8 月同期相比，全国早籼稻收购价格上涨 65.28 元，同比涨幅 2.48%。

(2)中籼稻收购价格上涨 0.18%。根据全国调查点 7 个样本监测统计，2014 年 8 月全国中籼稻收购价格平均每吨 2762.9 元，比上一个月上涨 4.86 元，环比涨幅 0.18%。与

2013 年 8 月同期相比,全国中籼稻收购价格上涨 242.86 元,同比涨幅 9.64%。

(3)晚籼稻收购价格下降 1.33%。根据全国调查点 170 个样本监测统计,2014 年 8 月全国晚籼稻收购价格平均每吨 2582.2 元,比上一个月下降 37.41 元,环比降幅 1.33%。与 2013 年 8 月同期相比,全国晚籼稻收购价格上涨 33.24 元,同比涨幅 1.30%。

(4)粳稻收购价格下降 0.74%。根据全国调查点 109 个样本监测统计,2014 年 8 月全国粳稻收购价格平均每吨 2988.0 元,比上一个月下降 22.30 元,环比降幅 0.74%。与 2013 年 8 月同期相比,全国粳稻收购价格上涨 24.10 元,同比涨幅 0.81%。

7.3.9 9 月份价格平均上涨 0.64%

根据全国四类稻谷产地销售样本监测统计,2014 年 9 月,全国水稻生产者价格(即销售价格)综合平均(按照算术平均方法计算)每吨 2776.1 元,与上一个月相比,每吨价格上涨 17.72 元,环比上涨 0.64%。与 2013 年 9 月同期相比,全国水稻综合平均价格上涨 90.42 元,同比涨幅 3.37%。全国稻谷综合收购价格从 2013 年 1 月到 2014 年 9 月的走势变化情况详见图 7-18。

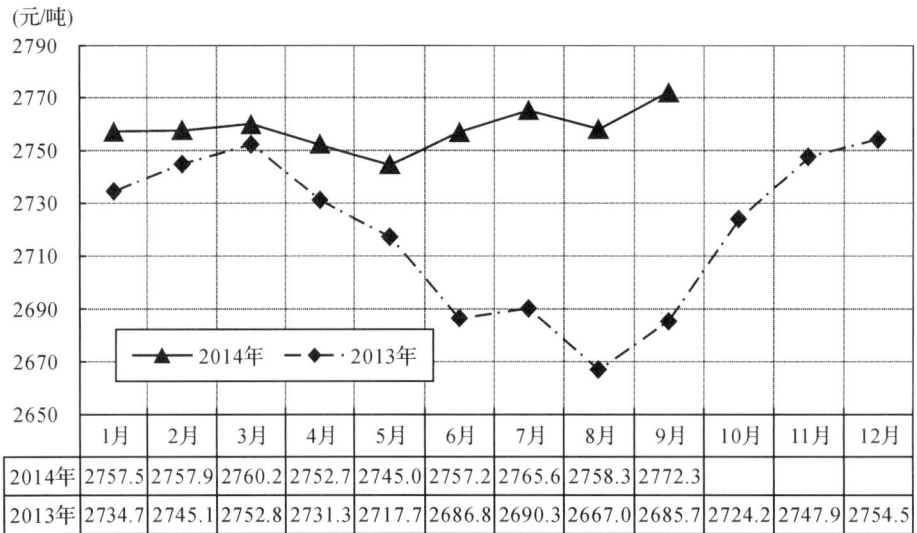

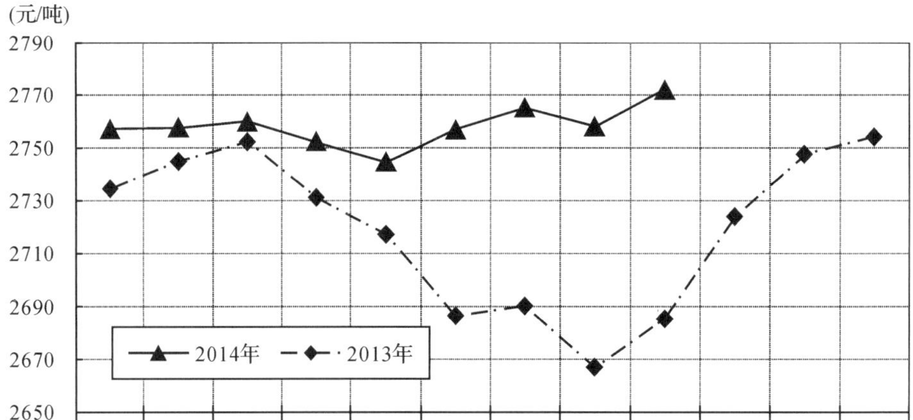

	1月	2月	3月	4月	5月	6月	7月	8月	9月	10月	11月	12月
2014年	2757.5	2757.9	2760.2	2752.7	2745.0	2757.2	2765.6	2758.3	2772.3			
2013年	2734.7	2745.1	2752.8	2731.3	2717.7	2686.8	2690.3	2667.0	2685.7	2724.2	2747.9	2754.5

图 7-18　2014 年 9 月全国稻谷综合收购价格走势(2014 年与 2013 年)

(1)早籼稻收购价格上涨 0.02%。根据全国调查点 643 个样本监测统计,2014 年 9 月全国早籼稻收购价格平均每吨 2701.0 元,比上一个月上涨 0.65 元,环比涨幅 0.02%。与 2013 年 9 月同期相比,全国早籼稻收购价格上涨 61.07 元,同比涨幅 2.31%。

(2)中籼稻收购价格上涨 0.08%。根据全国调查点 3 个样本监测统计,2014 年 9 月全国中籼稻收购价格平均每吨 2765.0 元,比上一个月上涨 2.14 元,环比涨幅 0.08%。与 2013 年 9 月同期相比,全国中籼稻收购价格上涨 170.00 元,同比涨幅 6.55%。

(3)晚籼稻收购价格上涨 2.02%。根据全国调查点 330 个样本监测统计,2014 年 9 月全国晚籼稻收购价格平均每吨 2634.4 元,比上一个月上涨 52.25 元,环比涨幅 2.02%。与 2013 年 9 月同期相比,全国晚籼稻收购价格上涨 62.09 元,同比涨幅 2.41%。

(4)粳稻收购价格上涨 0.53%。根据全国调查点 128 个样本监测统计,2014 年 9 月全国粳稻收购价格平均每吨 3003.8 元，比上一个月上涨 15.85 元，环比涨幅 0.53%。与 2013 年 9 月同期相比，全国粳稻收购价格上涨 68.49 元，同比涨幅 2.33%。

7.3.10　10 月份价格平均上涨 0.69%

根据全国四类稻谷产地销售样本监测统计，2014 年 10 月，全国水稻生产者价格（即销售价格）综合平均（按照算术平均方法计算）每吨 2791.5 元，与上一个月相比，每吨价格上涨 19.14 元，环比上涨 0.69%。与 2013 年 10 月同期相比，全国水稻综合平均价格上涨 57.27 元，同比涨幅 2.47%。全国稻谷综合收购价格从 2013 年 1 月到 2014 年 10 月的走势变化情况详见图 7-19。

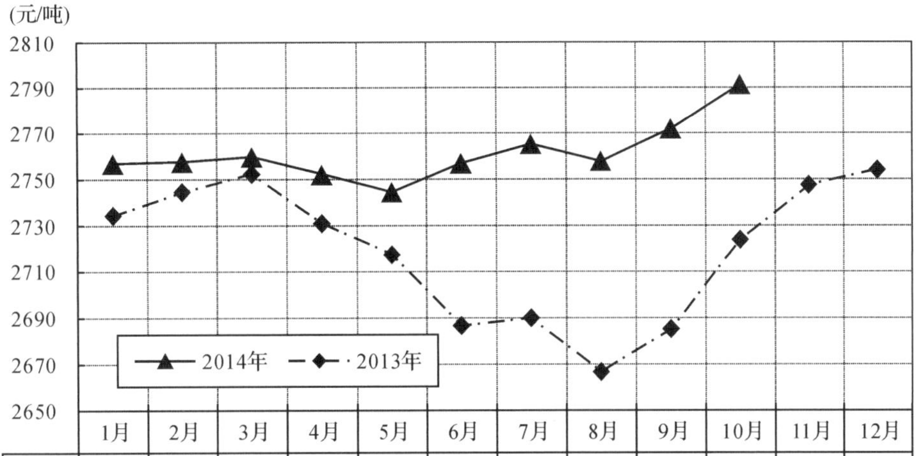

	1月	2月	3月	4月	5月	6月	7月	8月	9月	10月	11月	12月
2014年	2757.5	2757.9	2760.2	2752.7	2745.0	2757.2	2765.6	2758.3	2772.3	2791.5		
2013年	2734.7	2745.1	2752.8	2731.3	2717.7	2686.8	2690.3	2667.0	2685.7	2724.2	2747.9	2754.5

图 7-19　2014 年 10 月全国稻谷综合收购价格走势（2014 年与 2013 年）

（1）早籼稻收购价格上涨 0.19%。根据全国调查点 148 个样本监测统计，2014 年 10 月全国早籼稻收购价格平均每吨 2706.2 元，比上一个月上涨 5.19 元，环比涨幅 0.19%。与 2013 年 10 月同期相比，全国早籼稻收购价格上涨 74.23 元，同比涨幅 2.82%。

（2）中籼稻收购价格下降 1.97%。根据全国调查点 19 个样本监测统计，2014 年 10 月全国中籼稻收购价格平均每吨 2695.8 元，比上一个月下降 54.21 元，环比降幅 1.97%。与 2013 年 10 月同期相比，全国中籼稻收购价格上涨 42.71 元，同比涨幅 1.61%。

（3）晚籼稻收购价格上涨 3.74%。根据全国调查点 746 个样本监测统计，2014 年 10 月全国晚籼稻收购价格平均每吨 2732.9 元，比上一个月上涨 98.51 元，环比涨幅 3.74%。与 2013 年 10 月同期相比，全国晚籼稻收购价格上涨 63.81 元，同比涨幅 2.01%。

（4）粳稻收购价格上涨 0.90%。根据全国调查点 121 个样本监测统计，2014 年 10 月全国粳稻收购价格平均每吨 3030.9 元，比上一个月上涨 27.08 元，环比涨幅 0.90%。与 2013 年 10 月同期相比，全国粳稻收购价格上涨 98.33 元，同比涨幅 3.35%。

7.3.11　11 月份价格平均上涨 1.33%

根据全国四类稻谷产地销售样本监测统计，2014 年 11 月，全国水稻生产者价格（即销售价格)综合平均(按照算术平均方法计算)每吨2828.7元,与上一个月相比,每吨价格上涨37.20元,环比上涨1.33%。与2013年11月份同期相比,全国水稻综合平均价格上涨80.74元,同比涨幅2.94%。全国稻谷综合收购价格从2013年1月到2014年11月的走势变化情况详见图7-20。

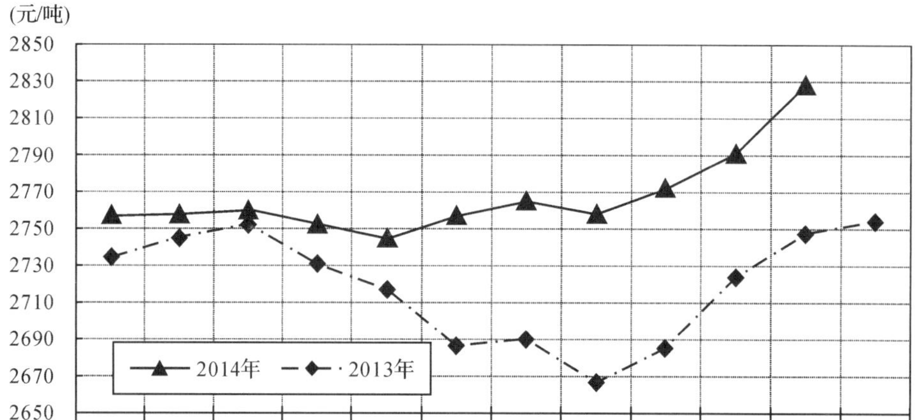

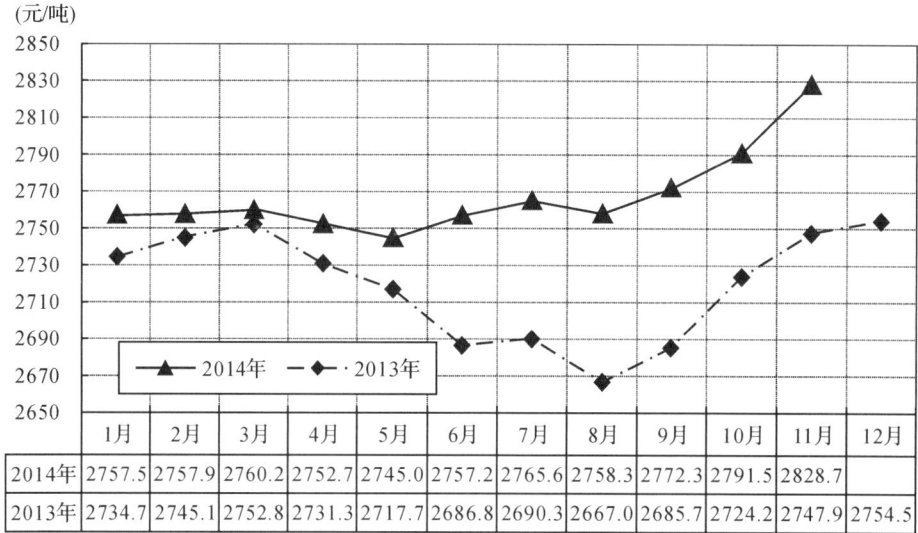

	1月	2月	3月	4月	5月	6月	7月	8月	9月	10月	11月	12月
2014年	2757.5	2757.9	2760.2	2752.7	2745.0	2757.2	2765.6	2758.3	2772.3	2791.5	2828.7	
2013年	2734.7	2745.1	2752.8	2731.3	2717.7	2686.8	2690.3	2667.0	2685.7	2724.2	2747.9	2754.5

图7-20 2014年11月全国稻谷综合收购价格走势(2014年与2013年)

(1)早籼稻收购价格上涨0.24%。根据全国调查点78个样本监测统计,2014年11月全国早籼稻收购价格平均每吨2712.8元,比上一个月上涨6.60元,环比涨幅0.24%。与2013年11月同期相比,全国早籼稻收购价格上涨92.64元,同比涨幅3.54%。

(2)中籼稻收购价格上涨2.38%。根据全国调查点4个样本监测统计,2014年11月全国中籼稻收购价格平均每吨2760.0元,比上一个月上涨64.21元,环比涨幅2.38%。与2013年11月同期相比,全国中籼稻收购价格上涨60.00元,同比涨幅2.22%。

(3)晚籼稻收购价格上涨0.72%。根据全国调查点1103个样本监测统计,2014年11月全国晚籼稻收购价格平均每吨2752.6元,比上一个月上涨19.66元,环比涨幅0.72%。与2013年11月同期相比,全国晚籼稻收购价格上涨53.67元,同比涨幅1.99%。

(4)粳稻收购价格上涨1.92%。根据全国调查点248个样本监测统计,2014年11月全国粳稻收购价格平均每吨3089.2元,比上一个月上涨58.32元,环比涨幅1.92%。与2013年11月同期相比,全国粳稻收购价格上涨98.33元,同比涨幅3.35%。

7.3.12 12月份价格平均上涨0.02%

根据全国四类稻谷产地收购情况统计,2014年12月,全国水稻生产者价格(即销售价格)综合平均(按照算术平均方法计算)每吨2829元,与上一个月相比,每吨价格上涨0.57元,环比涨幅0.02%。与2013年12月同期相比,全国水稻综合平均价格上涨74.71元,同比涨幅2.71%。2014年全年稻谷综合平均价格2773.0元/吨,比2013年全年平均价格2719.8元/吨上涨53.16元,涨幅1.95%。

(1)早籼稻收购价格下降0.27%。根据全国调查点88个样本监测统计,2014年12月全国早籼稻收购价格平均每吨2705.5元，比上一个月下降7.37元，环比降幅0.27%。与2013年12月同期相比，全国早籼稻收购价格上涨77.5元，同比涨幅2.95%。2014年全年早籼稻综合平均价格2656.6元/吨，比2013年全年平均价格2626.0元/吨上涨30.56元，涨幅1.16%。

(2)中籼稻收购价格持平。根据全国调查点3个样本监测统计，2014年12月全国中籼稻收购价格平均每吨2760.0元，与上一个月相比持平。与2013年12月份同比，全国中籼稻收购价格上涨62.31元，同比涨幅2.31%。2014年全年中籼稻综合平均价格2737.36元/吨，比2013年全年平均价格2669.11元/吨上涨68.25元，涨幅2.56%。

(3)晚籼稻收购价格上涨0.11%。根据全国调查点1123个样本监测统计，2014年12月全国中晚籼稻收购价格平均每吨2755.7元，比上一个月上涨3.11元，环比涨幅0.11%。与2013年12月同期相比，全国晚籼稻收购价格上涨53.49元，同比涨幅1.98%。2014年全国中晚籼稻平均价格2676.71元/吨，比2013年全年平均价格2679.22元/吨下降2.51元，降幅0.09%。

(4)粳稻平均价格上涨0.21%。根据全国调查点623个样本监测统计，2014年12月份全国粳稻收购价格平均每吨3095.79元，比上一个月上涨6.55元，环比涨幅0.21%。与2013年12月同期相比，全国粳稻收购价格上涨105.53元，同比涨幅3.53%。2014年全国粳稻平均价格3021.35元/吨，比2013年全年平均价格2939.49元/吨上涨81.86元，涨幅2.78%。

7.4　小　结

2014年，是实行国家最低收购价格保护制度重要的一年。在最低收购价格政策保护下，全国稻谷平均保持上涨1.95%。相比于长期收购价格变化，与2005年相比，全国稻谷价格平均上涨79.81%，年平均上涨幅度相当于每年上涨137元/吨，每年上涨幅度平均达到15%。与2013年相比，全国稻谷价格上涨59元/吨，上涨幅度只有1.95%，与以前上涨幅度相比已经大为下降，处在平缓上涨时期。

2014年，是我国稻谷收获收购价格出现重大转折的一年。与上年相比，2014年早稻价格上涨1.95%，是过去几年增长较缓的一年；中籼稻价格上涨2.18%，上涨幅度比较有限；晚籼稻价格上涨幅度只有0.84%，是过去几年上涨幅度最低的一年；粳稻价格上涨3.13%，是价格上升通道较为正常的水平。

综合来看，我国水稻生产者价格已经走过了高增长时代，目前开始步入缓慢上升时期，也将正式进入一个正常的价格调整期。这是转变水稻产业增长方式、调整发展格局的重要标志，对2015年水稻产业发展有重要影响。

第 8 章　2014 年水稻生产投入品数量与价格变化

我国已经进入水稻生产投入品量价双高的运行时期，2014 年似乎有所转变。本章利用多渠道收集的比较系统的有关资料和监测数据。首先描述分析水稻生产各业主要投入品数量及其价格的年度变化，然后分析 2014 年五类生产投入品月度价格变化轨迹和重要特征，旨在充分揭示我国水稻生产过程中的投入品数量和价格变化的规律与主要特征。

8.1　主要投入品量价长期变化趋势

本节应用国家统计局的公开数据，分析 2002 年到 2013 年农业生产资料价格变化情况。

8.1.1　农资价格总指数长期变化趋势

2002 年到 2013 年，全国农业生产资料价格指数年度间变化（环比）较大，农资价格指数环比变化轨迹如图 8-1 所示。

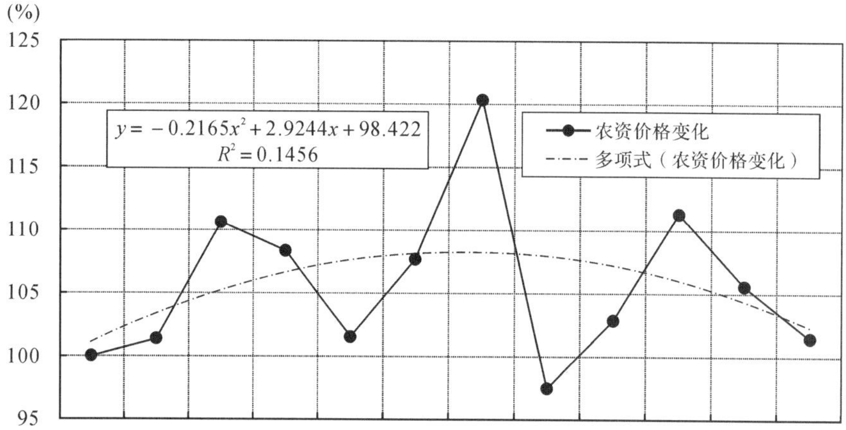

图 8-1　全国农资价格总指数变化（2002—2013）

图 8-1 表明，在 2002 年到 2013 年的整个时期内，以 2002 年为基础，除 2009 年全国农资总体价格平均下降 2.51%以外，其他 10 年全国农资价格都是上涨的。从图中环比轨迹可见，2004 年、2008 年和 2011 年 3 个年份农资价格环比上涨都超过 10%，其他一些年份也

有一定的增长，2013 年仍然比 2012 年上涨 1.4％。期间最高上涨是 2008 年，涨幅达 20.3％，最低是 2009 年，增幅－2.5％。

考察 2002 年到 2013 年 12 年内的长期变化，全国农资价格总体上涨了 90.88％，年平均递增率 6.05％。似乎高价格上涨的时期已经过去，按照所拟合的二次曲线来看，经过高点的 2008 年之后，目前处在涨势下降阶段，但 2013 年价格指数环比实际值与模拟值相比已经下降得比较多了（处在模拟曲线的下方）。

8.1.2　农资分类价格指数变化趋势

（1）化肥价格指数年平均增长 6.11％。考察 2002 年到 2013 年 12 年内的长期变化，全国化肥价格指数上涨了 92.04％，年平均递增率 6.11％。过去 11 年，涨幅超过 10％的有 4 个年份，跌价的有 3 个年份，自 2011 年以后连续 3 年价格下跌，似乎高价上涨的时期已经过去。按照所拟合的二次曲线来看，经过高点的 2008 年之后，目前处在价格涨势下降阶段，但 2013 年价格指数环比实际值与模拟值相比已经下降得比较多了（处在模拟曲线的下方）。2002 年以来全国化肥价格指数年度变化轨迹如图 8-2 所示。

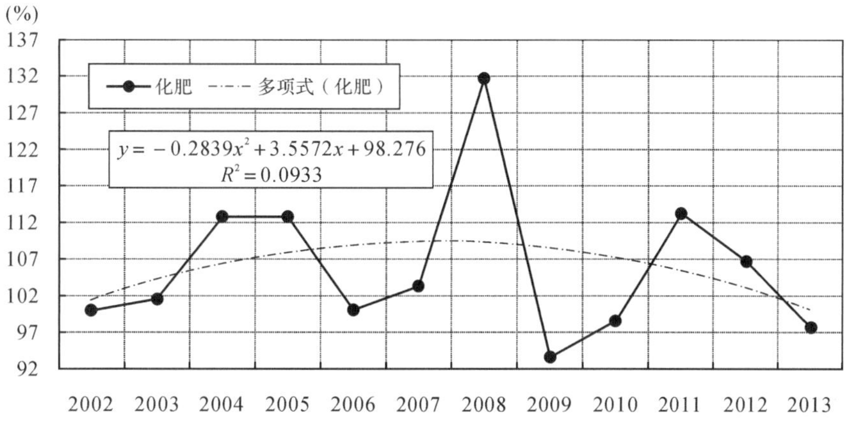

图 8-2　全国化肥价格指数年度变化（2002—2013）

（2）农药价格指数年平均上涨 2.27％。考察 2002 年到 2013 年 12 年度内的长期变化，全国农药价格指数上涨了 27.97％，年平均递增率 2.27％。过去 12 年，涨幅最高为 2008 年度的 8.0％，下降的年份只有 2003 年，自 2011 年以后连续 2 年价格下跌，似乎高价上涨的时期已经过去。按照所拟合的二次曲线来看，经过高点的 2008 年之后，经历 2009 年和 2010 年价格几乎没有上涨之后，2011 年到 2013 年价格涨幅都很小。2002 年以来全国农药价格指数年度变化轨迹如图 8-3 所示。

（3）农机具价格指数年均上涨 3.00％。考察 2002 年到 2013 年 12 年内的长期变化，全国农机具价格指数（包括农用手工工具、半机械化农具和机械化农具三类价格指数按照算术平均方法计算得到农机具价格指数）上涨了 38.48％，年平均递增率 3.00％。过去 12 年，涨幅最高为 2008 年的 9.8％，下降的年份只有 2003 年，自 2011 年以后连续 2 年价格下跌，似乎高价上涨的时期已经过去。按照所拟合的二次曲线来看，经过高点的 2008 年之后，2011 年到 2013 年价格涨幅越来越小。2002 年以来全国农机具价格指数年度变化轨迹如图 8-4 所示。

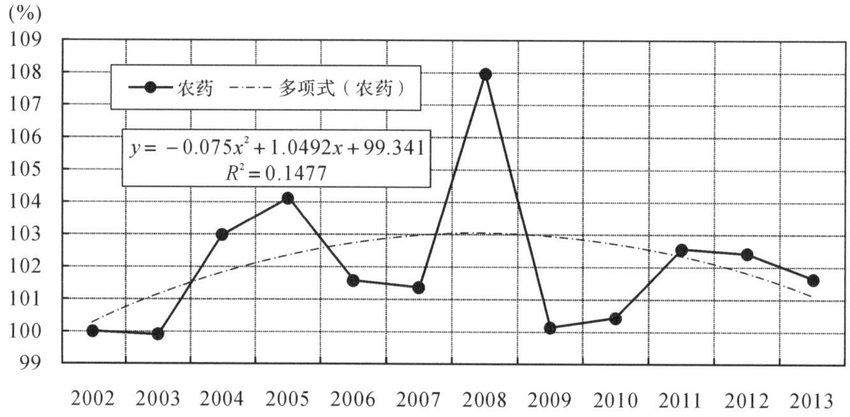

图 8-3 全国农药价格指数年度变化(2002—2013)

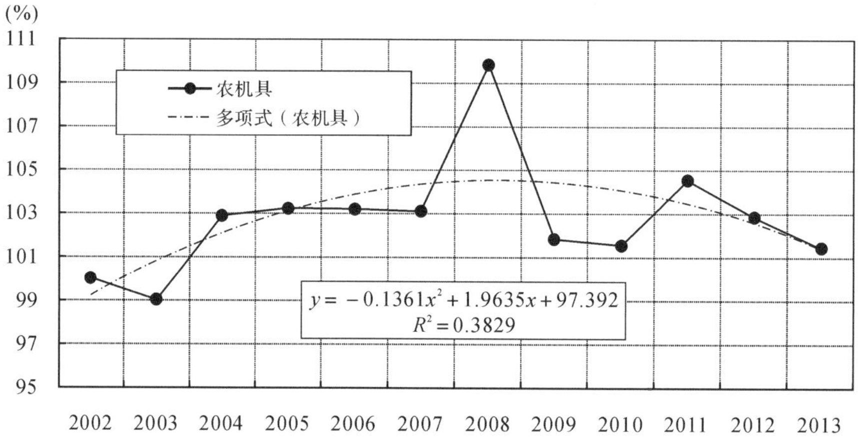

图 8-4 全国农机具价格指数年度变化(2002—2013)

(4)农机用油价格年均增长 7.05%。考察 2002 年到 2013 年 12 年内的长期变化,全国农机用油价格指数上涨了 111.59%,年平均递增率 7.05%。在过去的 11 年中,涨幅最高为 2006 年的 13.4%,涨幅超过 10%的有 5 年,下跌的只有 2009 年,自 2010 年和 2011 年连续 2 年按照 10%以上的速度上涨后,2012 年和 2013 年连续 2 年下跌,似乎高价上涨的时期已经过去。按照所拟合的二次曲线来看,经过高点的 2008 年之后,2013 年价格涨幅已经很小。2002 年以来全国农机用油价格指数年度变化轨迹如图 8-5 所示。

(5)农业生产服务价格年均上涨 7.05%。考察 2005 年到 2013 年 9 年内的长期变化,全国农业生产服务价格指数上涨了 83.21%,年平均递增率 7.05%。在过去的 9 年中,涨幅最高为 2008 年的 10.3%,涨幅最低为 2010 年的 4.3%,其他多数年份都在 8%左右。从模拟曲线来看,2012 年和 2013 年涨幅仍然偏高(在模拟曲线上方)。2002 年以来全国农业生产服务价格指数年度变化轨迹如图 8-6 所示。

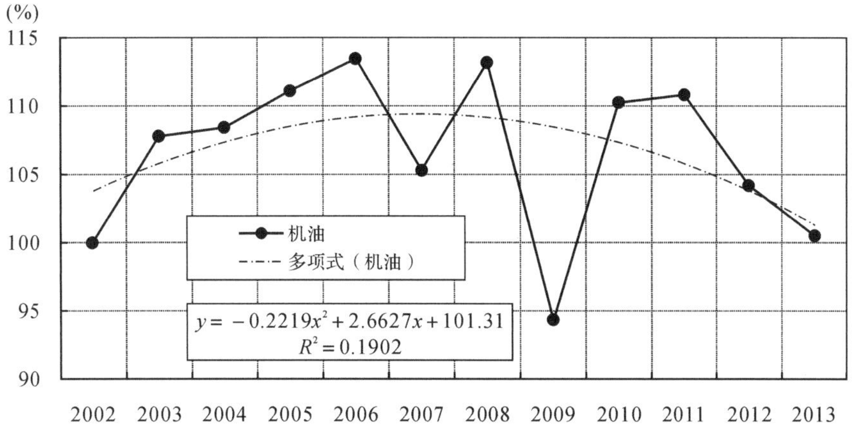

图 8-5　全国农机用油价格指数年度变化(2002—2013)

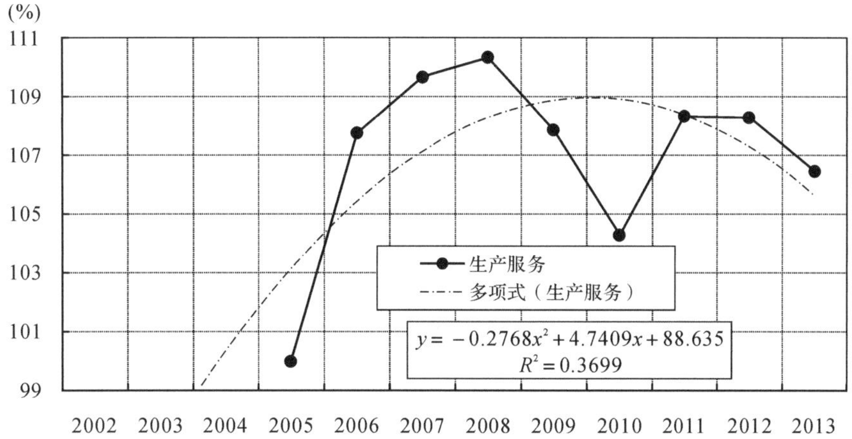

图 8-6　全国农业生产服务价格指数年度变化(2005—2013)

8.2　水稻生产投入品量价变化趋势分析

为了更加全面地测算我国水稻生产主要投入品使用量及其价格变化，这里采用国家发改委成本收益数据资料，可以作连续时间序列分析，从而判断这些投入品数量和成本的变化规律及其主要特征。

8.2.1　稻农种子用量与价格变化

从 1978 年到 2013 年，全国水稻生产平均稻谷种子用量由 7.82 公斤/亩下降到 2.83 公斤/亩，期间最高是 1978 年 7.82 公斤/亩，最低是 2007 年 2.60 公斤/亩，自 2004 年以来下降到 3 公斤/亩以下之后，近年有所反弹。1990 年到 2013 年，全国水稻总体平均的用种量和种子单位价格变化轨迹如图 8-7 所示。将用种量拟合成对数函数，将单位种子价格拟合成二次曲线，可以较好地描绘二者的变化轨迹。

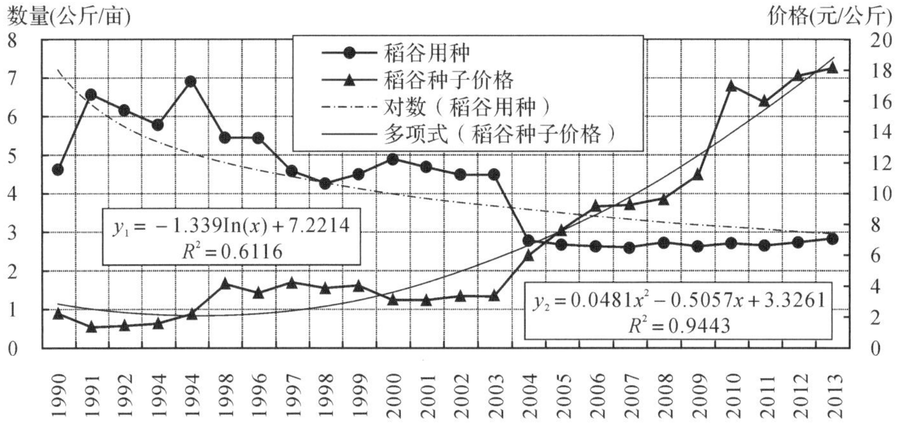

图 8-7　全国水稻生产稻谷种子数量与价格年度变化(1990—2013)

与单位面积用种量相反,稻谷种子单位价格却出现相反变化。根据用种量和种子费用计算的种子平均价格,由 1978 年的 0.61 元/公斤上升到 2013 年的 18.22 元/公斤。期间,虽然有波动,但单位价格提高的趋势却十分明显。尤其是自 2004 年以后,价格上升趋势十分突出。

(1)早籼稻种子数量与价格变化。从 1978 年到 2013 年,全国早稻生产平均用种量由 7.14 公斤/亩下降到 3.42 公斤/亩,期间最高是 1994 年 8.18 公斤/亩,最低是 2007 年 2.92 公斤/亩,近年有所反弹,但一般在 4 公斤/亩左右。1990 年到 2013 年全国早籼稻总体平均的用种量和种子单位价格变化轨迹如图 8-8 所示。将用种量拟合成对数函数,将单位种子价格拟合成二次曲线,可以较好地描绘二者的变化轨迹。

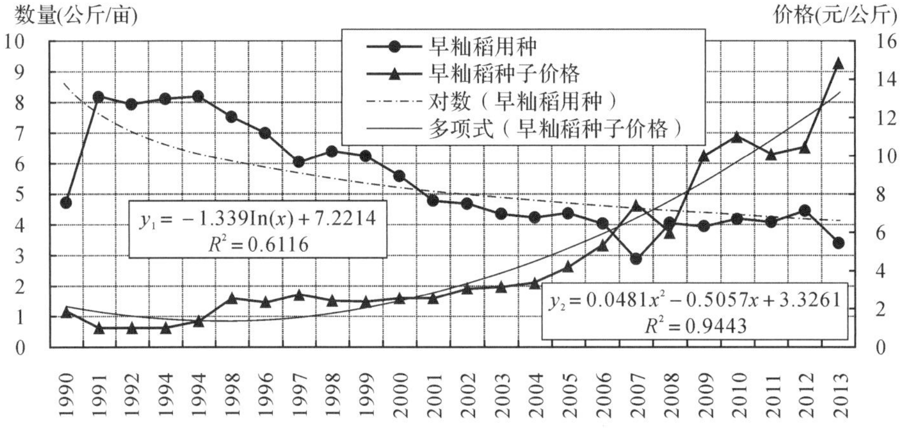

图 8-8　全国早籼稻单位面积用种量与价格年度变化(1990—2013)

与单位面积用种量相反,早籼稻生产用种的单位价格却出现相反变化。根据用种量和种子费用计算的种子平均价格,由 1978 年的 0.63 元/公斤上升到 2013 年的 14.87 元/公斤。期间,虽然有波动,但单位价格提高的趋势却十分明显。尤其是自 2005 年以后,价格上升趋势十分突出。

(2)中籼稻种子数量与价格变化。从 1978 年到 2013 年,全国中籼稻生产平均用种量由

4.50 公斤/亩下降到 1.00 公斤/亩，期间最高是 1992 年 4.82 公斤/亩，最低是 2013 年 1.00 公斤/亩，近年来虽然有所反弹，但一般降到 1.10 公斤/亩以下。1990 年到 2013 年全国中籼稻总体平均的用种量和种子单位价格变化轨迹如图 8-9 所示。将用种量拟合成对数函数，将单位种子价格拟合成二次曲线，可以较好地描绘二者的变化轨迹。

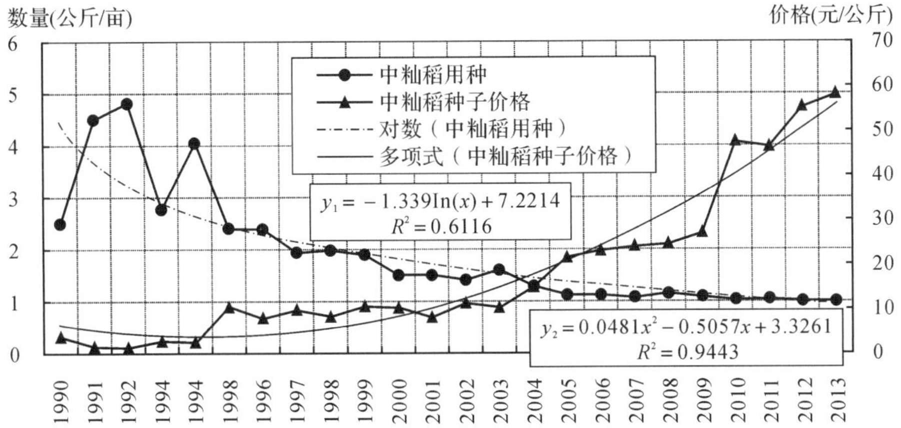

图 8-9　全国中籼稻单位面积用种量与价格年度变化(1990—2013)

与单位面积用种量相反，中籼稻生产用种的单位价格却出现相反变化。根据用种量和种子费用计算的种子平均价格，由 1978 年的 0.53 元/公斤上升到 2013 年的 58.16 元/公斤。期间，虽然有波动，但单位价格提高的趋势却十分明显。尤其是自 2010 年以后，价格上升趋势十分突出。

(3)全国晚籼稻单位面积用种量与价格变化。从 1978 年到 2013 年，全国晚籼稻生产平均用种量由 6.49 公斤/亩下降到 1.77 公斤/亩，期间最高是 1978 年 6.49 公斤/亩，最低是 2009 年 1.78 公斤/亩，近年来虽然有所反弹，但已经降到 2 公斤/亩以下。1990 年到 2013 年全国晚籼稻总体平均的用种量和种子单位价格变化轨迹如图 8-10 所示。将用种量拟合成对数函数，将单位种子价格拟合成二次曲线，可以较好地描绘二者的变化轨迹。

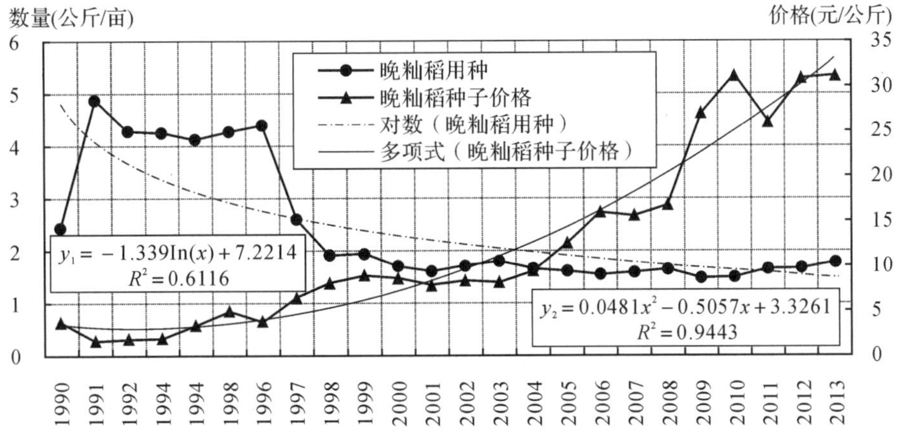

图 8-10　全国晚籼稻单位面积用种量与价格年度变化(1990—2013)

与单位面积用种量相反，晚籼稻生产用种的单位价格却出现相反变化。根据用种量和种子费用计算的种子平均价格，由 1978 年的 0.42 元/公斤上升到 2013 年的 31.21 元/公斤。期间，虽然有波动，但单位价格提高的趋势却十分明显。尤其是自 2010 年以后，价格上升趋势十分突出。

(4)全国粳稻单位面积用种量与价格变化。从 1978 年到 2013 年，全国粳稻生产平均用种量由 9.84 公斤/亩下降到 5.13 公斤/亩，期间最高是 1994 年的 9.95 公斤/亩，最低是 2005 年的 4.70 公斤/亩，近年来虽然有所反弹，但一般都在 5 公斤/亩左右。1990 年到 2013 年全国粳稻总体平均的用种量和种子单位价格变化轨迹如图 8-11 所示。可以将用种量拟合成对数函数，将单位种子价格拟合成二次曲线，可以较好地描绘二者的变化轨迹。

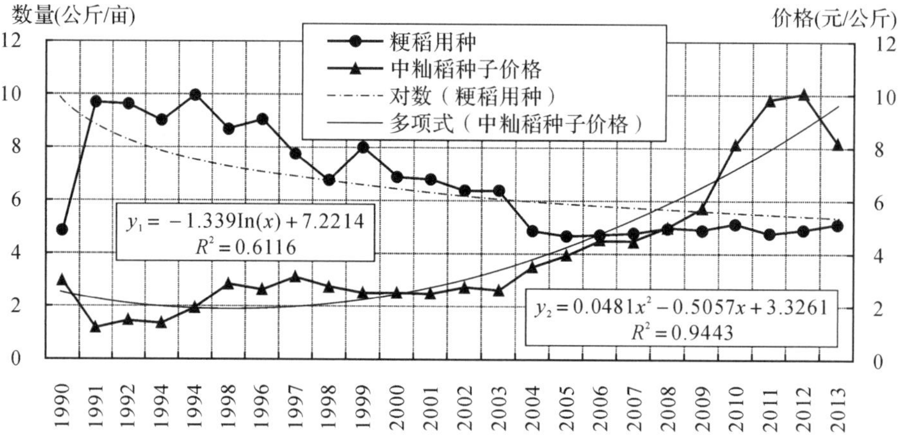

图 8-11　全国粳稻单位面积用种量与价格年度变化(1990—2013)

与单位面积用种量相反，粳稻生产用种的单位价格却出现相反变化。根据用种量和种子费用计算的种子平均价格，由 1978 年的 0.52 元/公斤上升到 2013 年的 8.19 元/公斤。期间，虽然有波动，但单位价格提高的趋势却十分明显。尤其是自 2010 年以后，价格上升趋势十分突出。

8.2.2　稻农化肥用量与价格变化

从 1978 年到 2013 年，全国稻谷生产平均化肥用量由 17.8 公斤/亩增加到 21.6 公斤/亩。从 1990 年到 2013 年连续时间序列来看，期间最高是 1990 年 44.2 公斤/亩，最低是 1997 年 18.4 公斤/亩。近年来，虽然化肥用量有所反弹，但一般都在 20 公斤/亩左右。1990 年到 2013 年全国稻谷平均平均化肥用量和化肥价格变化轨迹如图 8-12所示。将化肥用量和化肥价格拟合成二次曲线，可以较好地描绘二者的变化轨迹。

从过去 24 年连续时间序列来看，在水稻生产总体层面，全国水稻生产过程中化肥价格(名义价格，下同)与单位面积化肥用量有所不同，二者表现为量减价增态势，随着化肥用量呈阶段性下降的变化，化肥单价随着时间变化而有所提高。全国水稻用化肥平均价格，由 1990 年的 0.94 元/公斤上升到 2013 年的 6.06 元/公斤，期间最低价格是起点 1990 年，最高价格是 2011 年和 2012 年的 6.75 元/公斤。整个时期虽然有波动，但单位价格提高的趋势却十分明显，尤其是自 2008 年以后，价格上升趋势十分突出，详见图 8-12。

(1)早籼稻化肥用量与价格变化。从 1978 年到 2013 年，全国早稻生产平均化肥用量由

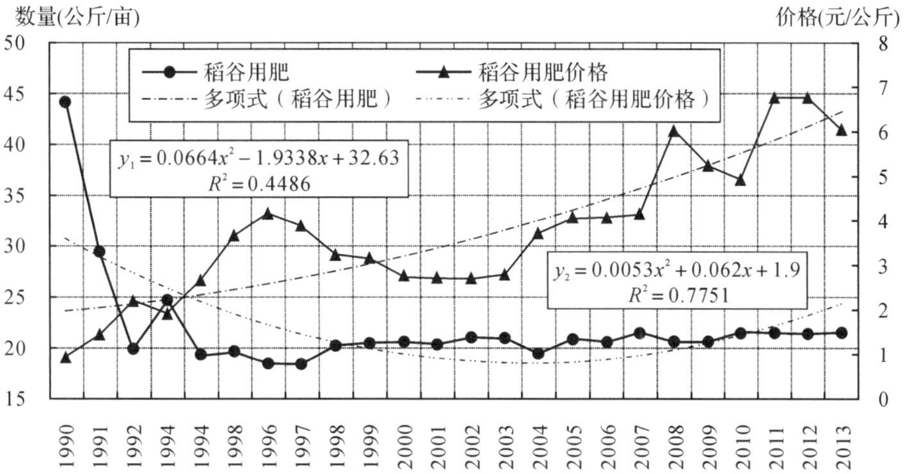

图 8-12　全国稻谷用肥量与价格走势(1990—2013)

14.4 公斤/亩上升到 21.4 公斤/亩。从 1990 年到 2013 年连续时间序列看，期间最高是 1990 年 45.9 公斤/亩，最低是 1994 年 17.4 公斤/亩。近年来，虽然化肥用量有所反弹，但一般都在 20 公斤/亩左右。1990 年到 2013 年全国稻谷平均平均化肥用量和化肥价格变化轨迹如图 8-13 所示。将化肥用量和化肥价格拟合成二次曲线，可以较好地描绘二者的变化轨迹。

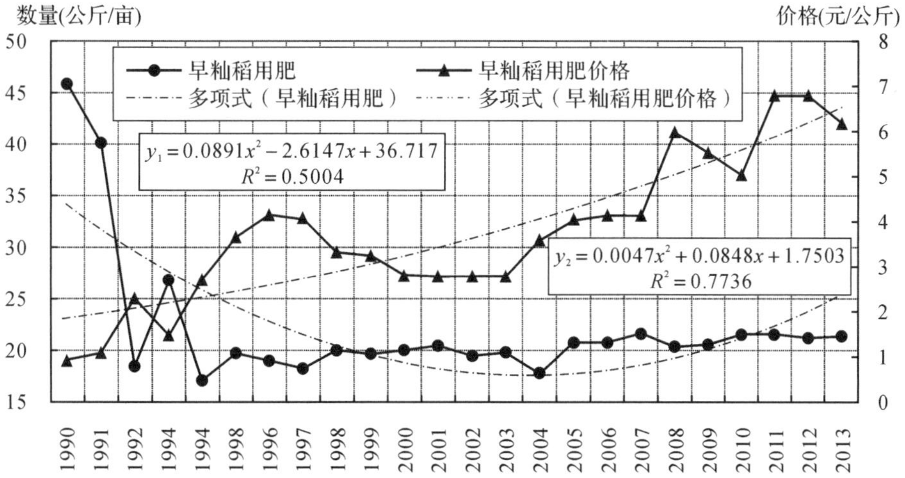

图 8-13　全国早籼稻用肥量与价格走势(1990—2013)

从过去 24 年连续时间序列来看，在全国早稻生产过程中，早稻化肥价格(名义价格，下同)与单位面积化肥用量有所不同，二者表现为量减价增态势，随着化肥用量呈阶段性下降的变化，化肥单价随着时间变化而有所提高。全国早稻施用化肥的平均价格，由 1990 年的 0.93 元/公斤上升到 2013 年的 6.21 元/公斤，期间的最低价格是起点 1990 年，最高价格是 2011 年和 2012 年，均为 6.81 元/公斤。整个时期虽然有波动，但单位价格提高的趋势却十分明显。尤其是自 2008 年以后，价格上升趋势十分突出。

(2)中籼稻化肥用量与价格变化。从 1978 年到 2013 年，全国中籼稻生产平均化肥用量由 17.0 公斤/亩上升到 19.3 公斤/亩。从 1990 年到 2013 年连续时间序列看,期间最高是 1990 年的 29.2 公斤/亩,最低是 1997 年的 14.9 公斤/亩。近年来,虽然化肥用量有所反弹,但一般都在 19 公斤/亩左右。1990 年到 2013 年全国中籼稻平均化肥用量和化肥价格变化轨迹如图 8-14 所示。将化肥用量和化肥价格拟合成二次曲线,可以较好地描绘二者的变化轨迹。

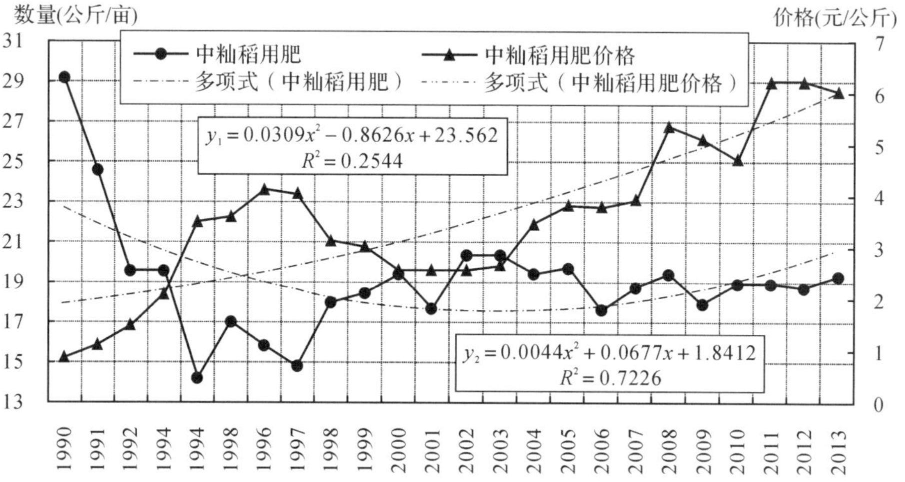

图 8-14　全国中籼稻用肥量与价格走势(1990—2013)

从过去 24 年连续时间序列来看,在全国中籼稻生产过程中,中籼稻化肥价格(名义价格,下同)与单位面积化肥用量有所不同,二者表现为量减价增态势,随着化肥用量呈阶段性下降的变化,化肥价格随着时间变化而有所提高。全国中籼稻施用化肥的平均价格,由 1990 年 0.87 元/公斤到 2013 年上升到 6.04 元/公斤,期中的最低价格是起点 1990 年,最高价格是 2011 年和 2012 年 6.23 元/公斤,整个时期虽然有波动,但单位价格提高的趋势却十分明显,尤其是自 2008 年以后,价格上升趋势十分突出。

(3)晚籼稻化肥用量与价格变化。从 1978 年到 2013 年,全国晚籼稻生产平均化肥用量由 14.9 公斤/亩到 2013 年上升至 21.6 公斤/亩。从 1990 年到 2013 年连续时间序列看,期间最高是 1990 年 44.4 公斤/亩,最低是 1996 年 17.9 公斤/亩。近年来,虽然化肥用量有所反弹,但一般都在 21 公斤/亩左右。1990 年到 2013 年全国晚籼稻平均化肥用量和化肥价格变化轨迹如图 8-15 所示。将化肥用量和化肥价格拟合成二次曲线,可以较好地描绘二者的变化轨迹。

从过去 23 年连续时间序列来看,在全国晚籼稻生产过程中,晚籼稻化肥价格(名义价格,下同)与单位面积化肥用量有所不同,二者表现为量减价增态势,随着化肥用量呈阶段性下降的变化,化肥价格随着时间变化而有所提高。全国晚籼稻施用化肥的平均价格,由 1990 年的 1.00 元/公斤上升到 2013 年的 6.14 元/公斤,这一时期最低价格是起点 1990 年,最高价格是 2011 年和 2012 年的 6.87 元/公斤,整个时期虽然有波动,但单位价格提高的趋势却十分明显,尤其是自 2008 年以后,价格上升趋势十分突出。

(4)粳稻化肥用量与价格变化。从 1978 年到 2013 年,全国粳稻生产平均化肥用量由 24.4 公斤/亩变化到 24.0 公斤/亩。从 1990 年到 2013 年连续时间序列看,期间最高是

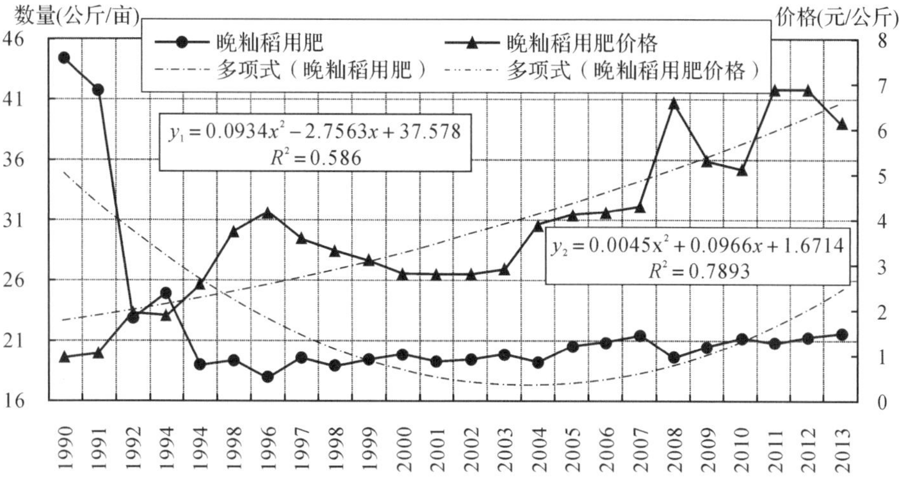

图 8-15　全国晚籼稻用肥量与价格走势(1990—2013)

1990 年 48.4 公斤/亩，最低是 1992 年 19.2 公斤/亩。近年来，虽然化肥用量有所反弹，但一般都在 24 公斤/亩以上。1990 年到 2013 年全国粳稻平均化肥用量和化肥价格变化轨迹如图 8-16 所示。将化肥用量和化肥价格拟合成二次曲线，可以较好地描绘二者的变化轨迹。

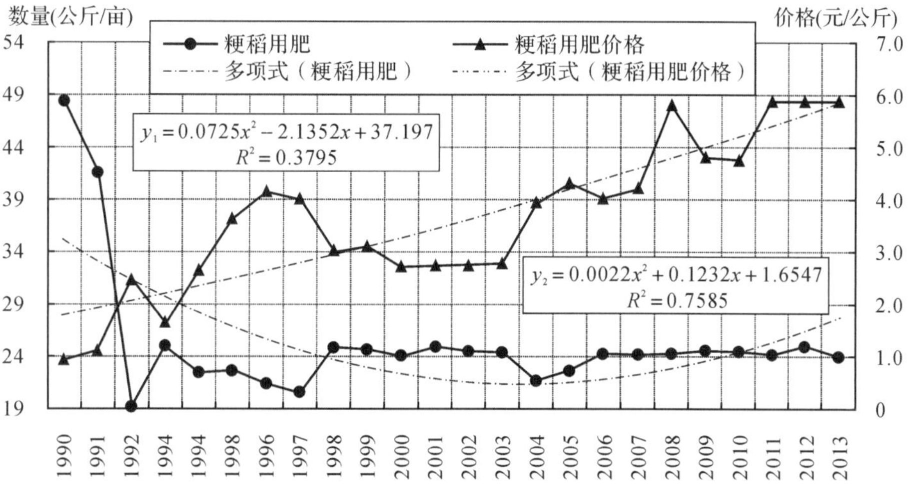

图 8-16　全国粳稻用肥量与价格走势(1990—2013)

从过去 24 年连续时间序列来看，在全国粳稻生产过程中，粳稻化肥价格(名义价格，下同)与单位面积化肥用量有所不同，二者表现为量减价增态势，随着化肥用量呈阶段性下降的变化，化肥价格随着时间变化而有所提高。全国粳稻施用化肥的平均价格，由 1990 年的 0.93 元/公斤上升到 2013 年的 5.89 元/公斤，1990 年和 2013 年也是化肥价格最低和最高的 2 个时点。在整个时期，虽然价格有所波动，但单位价格提高的趋势却十分明显。尤其是自 2008 年以后，价格上升趋势十分突出。

8.3 2014年主要投入品价格监测月度分析

根据监测数据,以一个年度的全部月份为标准,分析2014年1月到12月水稻生产过程中主要投入品的价格状况,以旬为基础,描述各个月份的月度价格变化轨迹和价格变化重要特征。

8.3.1 1月份价格平均下降3.15%

2014年1月,对月份内3次旬价作加总计算算术平均数,1月份全国农资综合平均价格11890.7元/吨,1月下旬比上旬价格下降3.15%。按照1月上旬定基价格计算旬度价格指数,1月旬度价格指数为98.6点,1月价格下降1.4个点,下降1.38%。全国农资投入品综合平均价格2014年1月旬度走势如图8-17所示。

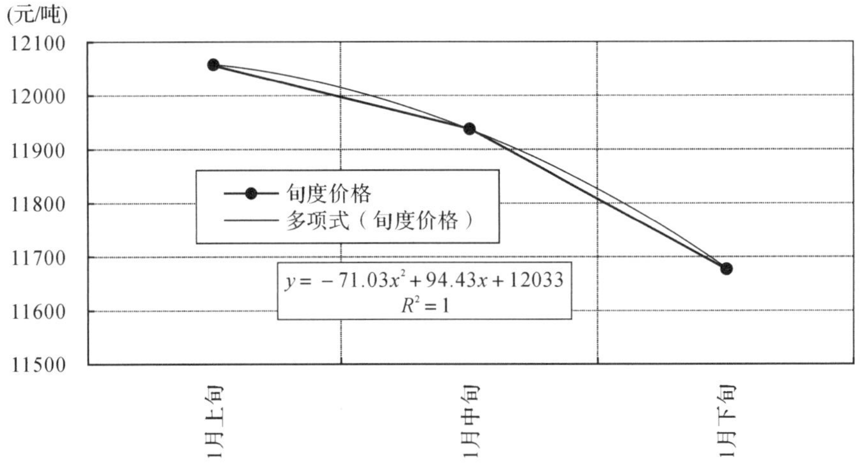

图8-17 2014年1月全国农资旬度价格走势

(1)尿素价格下降0.02%。根据全国重要农资价格监督统计,全国尿素(小颗粒肥料,总氮≥46%,水分≤1.0%)在2014年1月3个旬度,平均销售价格综合平均(按照算术平均方法计算)每吨1733.1元,1月下旬与1月上旬相比,每吨价格下降0.30元,下降0.02%。

(2)复合肥价格下降0.91%。根据全国重要农资价格监督统计,2014年1月,全国复合肥料(硫酸钾复合肥,氮磷钾含量45%)平均销售价格综合平均(按照算术平均方法计算)每吨2937.0元,1月下旬与1月上旬相比,每吨价格下降27.0元,下降0.91%。

(3)农药价格下降3.53%。根据全国重要农资价格监督统计,2014年1月,全国农药(草甘膦,95%原药,即草甘膦质量分数≥95%)平均销售价格综合平均(按照算术平均方法计算)每公斤34.89元,1月下旬与1月上旬相比,每公斤价格下降1.25元,下降3.53%。

(4)柴油价格下降3.71%。根据全国重要农资价格监督统计,2014年1月,全国柴油(0#柴油,凝点不高于0℃,国Ⅲ标准)平均销售价格综合平均(按照算术平均方法计算)每吨8105.1元,1月上旬与下旬相比,每吨价格下降306.2元,下降3.71%。

8.3.2　2 月份价格平均下降 2.58%

2014 年 2 月，对月份内 3 次旬价作加总计算算术平均数，2 月全国农资综合平均价格 11584.2 元/吨，2 月份价格比 1 月份价格平均下降 2.58%。按照 1 月上旬定基价格计算旬度价格指数，2 月旬度价格指数为 96.1 点，2 月价格下降 2.54 点，下降 2.58%。全国农资投入品综合平均价格 2014 年 2 月旬度走势如图 8-18 所示。

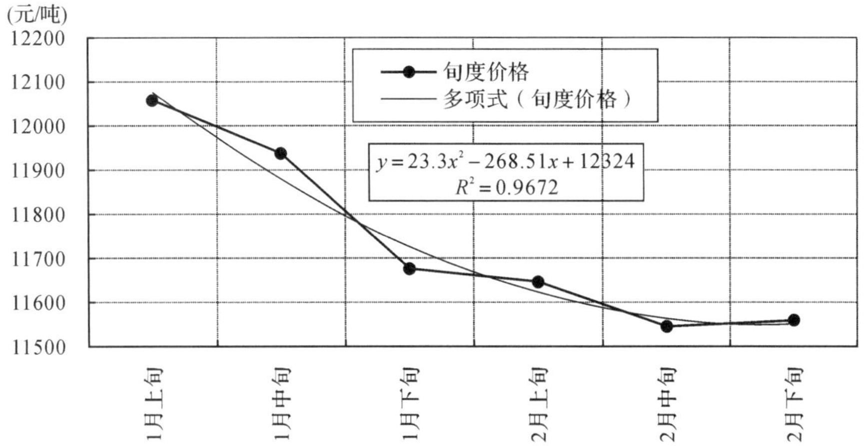

图 8-18　2014 年 2 月全国农资旬度价格走势

(1)尿素价格下降 0.42%。根据全国重要农资价格监督统计，2014 年 2 月，全国尿素(小颗粒肥料，总氮≥46%，水分≤1.0%)平均销售价格综合平均(按照算术平均方法计算)每吨 1725.9 元，与上一个月相比，每吨价格下降 7.3 元，环比下降 0.42%。

(2)复合肥价格上涨 0.65%。根据全国重要农资价格监督统计，2014 年 2 月，全国复合肥料(硫酸钾复合肥，氮磷钾含量 45%)平均销售价格综合平均(按照算术平均方法计算)每吨 2956.0 元，与上一个月相比，每吨价格上涨 19.0 元，环比上涨 0.65%。

(3)农药价格下降 2.26%。根据全国重要农资价格监督统计，2014 年 2 月，全国农药(草甘膦，95%原药，即草甘膦质量分数≥95%)平均销售价格综合平均(按照算术平均方法计算)每公斤 34.13 元，与上一个月相比，每公斤价格下降 0.79 元，环比下降 2.26%。

(4)柴油价格下降 3.44%。根据全国重要农资价格监督统计，2014 年 2 月，全国柴油(0＃柴油，凝点不高于 0℃，国Ⅲ标准)平均销售价格综合平均(按照算术平均方法计算)每吨 7826.6 元，与上一个月相比，每吨价格下降 278.5 元，环比下降 3.44%。

8.3.3　3 月份价格平均上涨 1.72%

2014 年 3 月，对月份内 3 次旬价作加总计算算术平均数，3 月农资综合平均价格 11783.2 元/吨，比上一个月上涨 1.72%。按照 1 月上旬定基价格计算旬度价格指数，3 月旬度价格指数为 97.7 点；按照 1 月定基价格计算月度价格指数，3 月月度价格指数为 99.1 点，价格指数分别上涨 1.65%和 1.72%。全国农资投入品综合平均价格 2014 年 3 月旬度走势如图 8-19 所示。

(1)尿素价格下降 4.15%。根据全国重要农资价格监督统计，2014 年 3 月，全国尿素

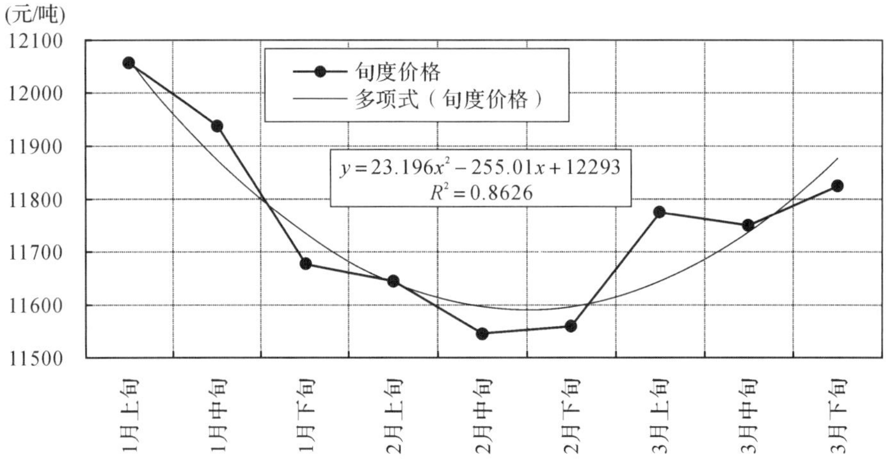

图 8-19　2014 年 3 月全国农资旬度价格走势

(小颗粒肥料,总氮≥46%,水分≤1.0%)平均销售价格综合平均(按照算术平均方法计算)每吨 1654.3 元,与上一个月相比,每吨价格下降 71.6 元,环比下降 4.15%。

(2)复合肥价格上涨 0.34%。根据全国重要农资价格监督统计,2014 年 3 月,全国复合肥料(硫酸钾复合肥,氮磷钾含量 45%)平均销售价格综合平均(按照算术平均方法计算)每吨 2966.0 元,与上一个月相比,每吨价格上涨 10.0 元,环比上涨 0.34%。

(3)农药价格上涨 3.23%。根据全国重要农资价格监督统计,2014 年 3 月,全国农药(草甘膦,95%原药,即草甘膦质量分数≥95%)平均销售价格综合平均(按照算术平均方法计算)每公斤 35.2 元,与上一个月相比,每公斤价格上涨 1.1 元,环比上涨 3.23%。

(4)柴油价格上涨 1.95%。根据全国重要农资价格监督统计,2014 年 3 月,全国柴油(0#柴油,凝点不高于 0℃,国Ⅲ标准)平均销售价格综合平均(按照算术平均方法计算)每吨 7979.4 元,与上一个月相比,每吨价格上涨 152.8 元,环比上涨 1.95%。

8.3.4　4 月份价格平均下降 0.04%

2014 年 4 月,对月份内 3 次旬价作加总计算算术平均数,4 月全国农资投入品综合平均价格 11778.9 元/吨,与上一个月相比,价格下降 4.4 元/吨,环比下降 0.04%。按照 1 月上旬定基价格计算旬度价格指数,4 月旬度价格指数 97.7 点;按照 1 月定基价格计算月度价格指数,4 月月度价格指数为 99.1 点,价格指数下降 0.04%。全国农资投入品综合平均价格 2014 年 4 月旬度价格走势如图 8-20 所示。

(1)尿素价格下降 2.06%。根据全国重要农资价格监督统计,2014 年 4 月,全国尿素(小颗粒肥料,总氮≥46%,水分≤1.0%)平均销售价格综合平均(按照算术平均方法计算)每吨 1620.2 元,与上一个月相比,每吨价格下降 34.1 元,环比下降 2.06%。

(2)复合肥价格下降 0.05%。根据全国重要农资价格监督统计,2014 年 4,全国复合肥料(硫酸钾复合肥,氮磷钾含量 45%)平均销售价格综合平均(按照算术平均方法计算)每吨 2964.6 元,与上一个月相比,每吨价格下降 1.4 元,环比下降 0.05%。

(3)农药价格上涨 0.85%。根据全国重要农资价格监督统计,2014 年 4 月,全国农药(草甘膦,95%原药,即草甘膦质量分数≥95%)平均销售价格综合平均(按照算术平均方法

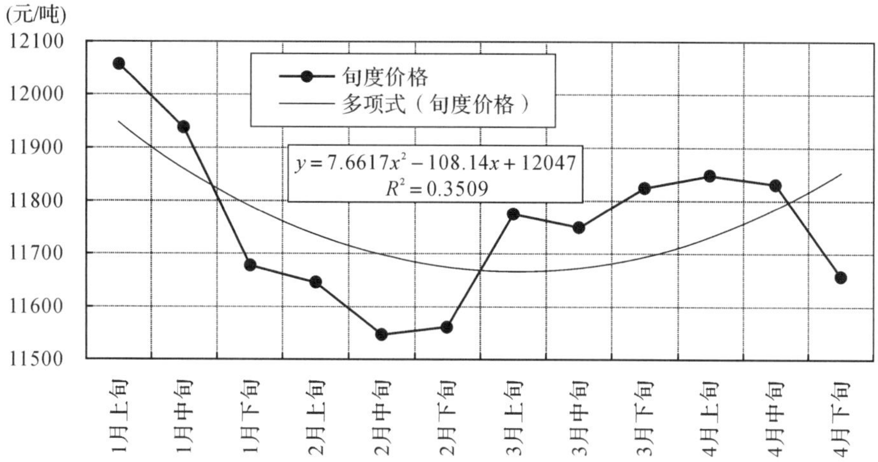

图 8-20　2014 年 4 月全国农资旬度价格走势

计算）每公斤 35.5 元，与上一个月相比，每公斤价格上涨 0.3 元，环比上涨 0.85%。

(4)柴油价格下降 3.57%。根据全国重要农资价格监督统计，2014 年 3 月，全国柴油(0＃柴油，凝点不高于 0℃，国Ⅲ标准）平均销售价格综合平均（按照算术平均方法计算）每吨 7694.8 元，与上一个月相比，每吨价格下降 284.5 元，环比下降 3.57%。

8.3.5　5 月份价格平均下降 4.22%

2014 年 5 月，对月份内 3 次旬价作加总计算算术平均数，全国 5 月农资投入品综合平均价格 11282.3 元/吨，与上一个月相比，价格下降 496.6 元/吨，环比下降 4.22%。按照 1 月上旬定基价格计算旬度价格指数，5 月旬度价格指数为 93.6 点；按照 1 月定基价格计算月度价格指数，5 月月度价格指数为 94.9 点，价格指数下降 4.22%。全国农资投入品综合平均价格 2014 年 5 月旬度价格走势如图 8-21所示。

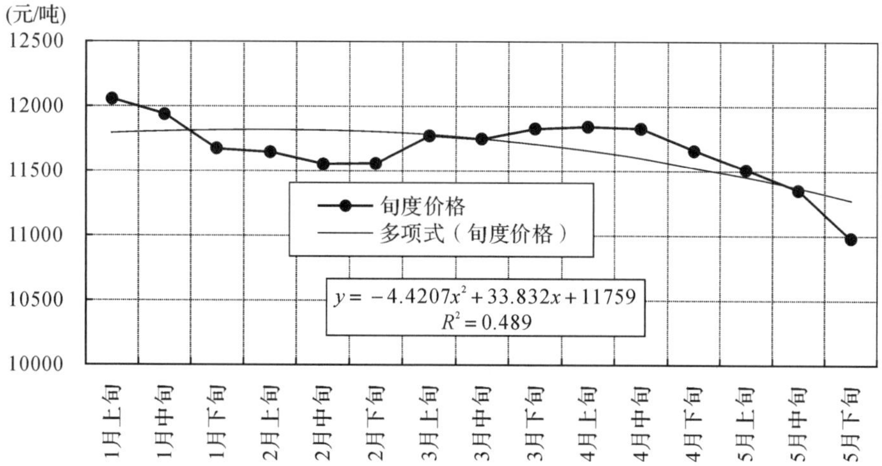

图 8-21　2014 年 5 月全国农资旬度价格走势

(1)尿素价格下降 3.32%。根据全国重要农资价格监督统计，2014 年 5 月，全国尿素

(小颗粒肥料,总氮≥46%,水分≤1.0%)平均销售价格综合平均(按照算术平均方法计算)每吨1566.5元,与上一个月相比,每吨价格下降53.7元,环比下降3.32%。

(2)复合肥价格下降1.01%。根据全国重要农资价格监督统计,2014年5,全国复合肥料(硫酸钾复合肥,氮磷钾含量45%)平均销售价格综合平均(按照算术平均方法计算)每吨2936.0元,与上一个月相比,每吨价格下降30.0元,环比下降1.01%。

(3)农药价格下降3.18%。根据全国重要农资价格监督统计,2014年5月,全国农药(草甘膦,95%原药,即草甘膦质量分数≥95%)平均销售价格综合平均(按照算术平均方法计算)每公斤34.37元,与上一个月相比,每公斤价格下降1.13元,环比下降3.18%。

(4)柴油价格下降0.57%。根据全国重要农资价格监督统计,2014年5月,全国柴油(0#柴油,凝点不高于0℃,国Ⅲ标准)平均销售价格综合平均(按照算术平均方法计算)每吨7650.8元,与上一个月相比,每吨价格下降44元,环比下降0.57%。

8.3.6 6月份价格平均下降4.48%

2014年6月,对月份内3次旬价作加总计算算术平均数,全国6月农资投入品综合平均价格10777.0元/吨,与上一个月相比,价格下降505.2元/吨,环比下降4.48%。按照1月上旬定基价格计算旬度价格指数,6月旬度价格指数为89.4点;按照定基价格计算月度价格指数,6月月度价格指数为90.6点,价格指数下降4.48%。全国农资投入品综合平均价格2014年6月旬度价格走势如图8-22所示。

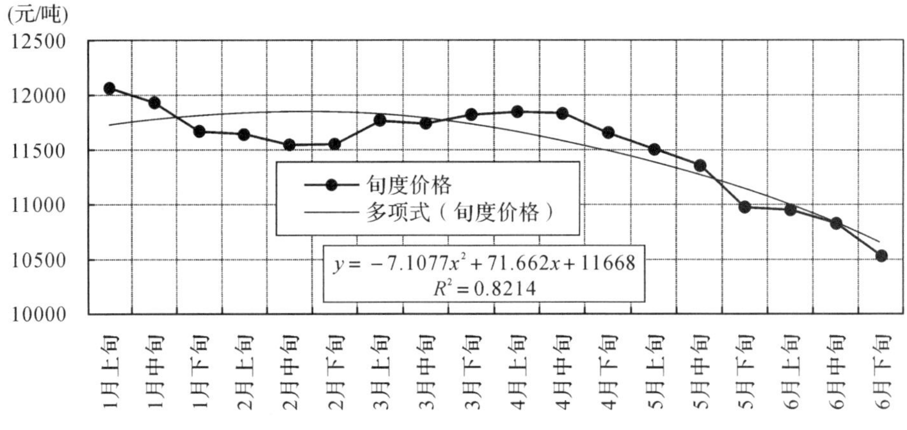

图8-22 2014年6月全国农资旬度价格走势

(1)尿素价格上涨0.8%。根据全国重要农资价格监督统计,2014年6月,全国尿素(小颗粒肥料,总氮≥46%,水分≤1.0%)销售价格综合平均(按照算术平均方法计算)每吨1579.1元,与上一个月相比,每吨价格上涨12.6元,环比上涨0.8%。

(2)复合肥价格无变化。根据全国重要农资价格监督统计,2014年6月,全国复合肥料(硫酸钾复合肥,氮磷钾含量45%)销售价格综合平均(按照算术平均方法计算)每吨2936.0元,与上一个月相同,每吨价格持平。

(3)农药价格下降13.6%。根据全国重要农资价格监督统计,2014年6月,全国农药(草甘膦,95%原药,即草甘膦质量分数≥95%)销售价格综合平均(按照算术平均方法计算)每公斤29.69元,与上一个月相比,每公斤价格下降4.68元,环比下降13.6%。

(4)柴油价格上涨 1.95%。根据全国重要农资价格监督统计,2014 年 6 月,全国柴油(0#柴油,凝点不高于 0℃,国Ⅲ标准)销售价格综合平均(按照算术平均方法计算)每吨 7704.0 元,与上一个月相比,每吨价格上涨 53.2 元,环比上涨 1.95%。

8.3.7　7 月份价格平均下降 3.14%

2014 年 7 月,对月份内 3 次旬价作加总计算算术平均数,全国 7 月农资投入品综合平均价格 10438.5 元/吨,与上一个月相比,价格下降 338.5 元/吨,环比下降 4.14%。按照 1 月上旬定基价格计算旬度价格指数,7 月旬度价格指数为 86.6 点;按照 1 月定基价格计算月度价格指数,7 月月度价格指数为 87.8 点,价格指数下降 3.14%。全国农资投入品综合平均价格 2014 年 7 月旬度价格走势如图 8-23 所示。

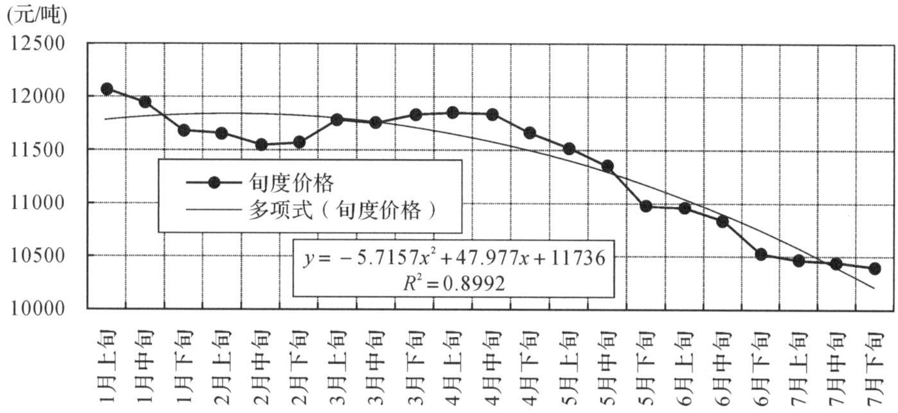

图 8-23　2014 年 7 月全国农资旬度价格走势

(1)尿素价格下降 0.22%。根据全国重要农资价格监督统计,2014 年 7 月,全国尿素(小颗粒肥料,总氮≥46%,水分≤1.0%)销售价格综合平均(按照算术平均方法计算)每吨 1575.5 元,与上一个月相比,每吨价格下降 3.5 元,环比下降 0.23%。

(2)复合肥价格下降 0.05%。根据全国重要农资价格监督统计,2014 年 7 月,全国复合肥料(硫酸钾复合肥,氮磷钾含量 45%)销售价格综合平均(按照算术平均方法计算)每吨 2934.5 元,与上一个月相同,每吨价格下降 1.5 元,环比下降 0.05%。

(3)农药价格下降 5.62%。根据全国重要农资价格监督统计,2014 年 7 月,全国农药(草甘膦,95%原药,即草甘膦质量分数≥95%)销售价格综合平均(按照算术平均方法计算)每公斤 28.02 元,与上一个月相比,每公斤价格下降 1.67 元,环比下降 5.62%。

(4)柴油价格下降 0.23%。根据全国重要农资价格监督统计,2014 年 7 月,全国柴油(0#柴油,凝点不高于 0℃,国Ⅲ标准)销售价格综合平均(按照算术平均方法计算)每吨 7686.4 元,与上一个月相比,每吨价格下降 17.7 元,环比下降 0.23%。

8.3.8　8 月份价格平均下降 0.14%

2014 年 8 月,对月份内 3 次旬价作加总计算算术平均数,全国 8 月农资投入品综合平均价格 10424.1 元/吨,与上一个月相比,价格下降 14.4 元/吨,环比下降 0.14%。按照 1 月上旬定基价格计算旬度价格指数,8 月旬度价格指数为 86.5 点;按照 1 月定基价格计算月度价格指数,8 月计算月度价格指数为 87.7 点,价格指数下降 0.14%。全国农资投入品综合平均价格 2014 年 8 月旬度价格走势如图 8-24 所示。

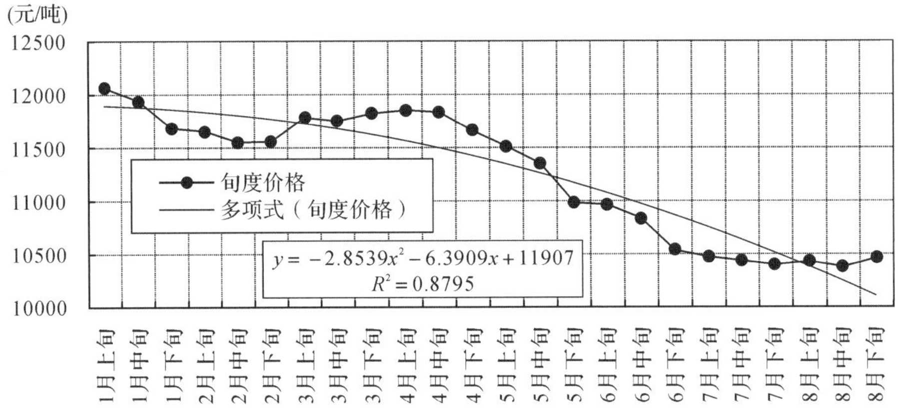

图 8-24　2014 年 8 月全国农资旬度价格走势

(1)尿素价格上涨 2.29%。根据全国重要农资价格监督统计,2014 年 8 月,全国尿素(小颗粒肥料,总氮≥46%,水分≤1.0%)销售价格综合平均(按照算术平均方法计算)每吨 1611.6 元,与上一个月相比,每吨价格上涨 36.1 元,环比上涨 2.29%。

(2)复合肥价格下降 2.02%。根据全国重要农资价格监督统计,2014 年 8 月,全国复合肥料(硫酸钾复合肥,氮磷钾含量 45%)销售价格综合平均(按照算术平均方法计算)每吨 2875.2 元,与上一个月相比,每吨价格下降 59.3 元,环比下降 2.02%。

(3)农药价格上涨 1.38%。根据全国重要农资价格监督统计,2014 年 8 月,全国农药(草甘膦,95%原药,即草甘膦质量分数≥95%)销售价格综合平均(按照算术平均方法计算)每公斤 28.41 元,与上一个月相比,每公斤价格上涨 0.39 元,环比上涨 1.39%。

(4)柴油价格下降 2.33%。根据全国重要农资价格监督统计,2014 年 8 月,全国柴油(0#柴油,凝点不高于 0℃,国Ⅲ标准)销售价格综合平均(按照算术平均方法计算)每吨 7507.2 元,与上一个月相比,每吨价格下降 179.2 元,环比下降 2.33%。

8.3.9　9 月份价格平均下降 1.44%

2014 年 9 月,对月份内 3 次旬价作加总计算算术平均数,全国 9 月农资投入品综合平均价格 10274.0 元/吨,与上一个月相比,价格下降 150.1 元/吨,环比下降 1.44%。按照 1 月上旬定基价格计算旬度价格指数,9 月旬度价格指数为 85.2 点;按照 1 月定基价格计算月度价格指数,9 月月度价格指数为 86.4 点,价格指数下降 1.44%。全国农资投入品综合平均价格 2014 年 9 月旬度价格走势如图 8-25 所示。

(1)尿素价格上涨 4.22%。根据全国重要农资价格监督统计,2014 年 9 月,全国尿素(小颗粒肥料,总氮≥46%,水分≤1.0%)销售价格综合平均(按照算术平均方法计算)每吨 1679.7 元,与上一个月相比,每吨价格上涨 68.1 元,环比上涨 4.22%。

(2)复合肥价格下降 0.39%。根据全国重要农资价格监督统计,2014 年 9 月,全国复合肥料(硫酸钾复合肥,氮磷钾含量 45%)销售价格综合平均(按照算术平均方法计算)每吨 2864.0 元,与上一个月相比,每吨价格下降 11.2 元,下降幅度 0.39%。

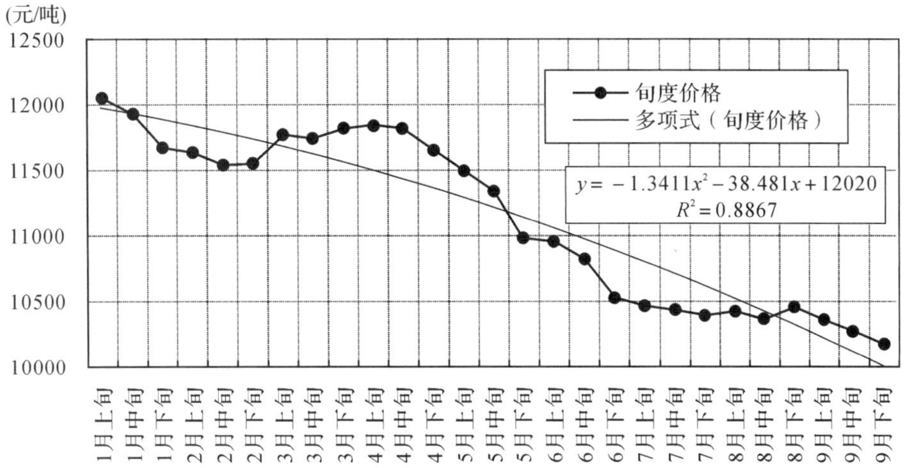

图 8-25 2014 年 9 月全国农资旬度价格走势

(3)农药价格下降 0.77%。根据全国重要农资价格监督统计,2014 年 9 月,全国农药(草甘膦,95%原药,即草甘膦质量分数≥95%)销售价格综合平均(按照算术平均方法计算)每公斤 28.19 元,与上一个月相比,每公斤价格下降 0.22 元,环比下降 0.77%。

(4)柴油价格下降 1.76%。根据全国重要农资价格监督统计,2014 年 9 月,全国柴油(0#柴油,凝点不高于 0℃,国Ⅲ标准)销售价格综合平均(按照算术平均方法计算)每吨 7375.2 元,与上一个月相比,每吨价格下降 132.0 元,环比下降 1.76%。

8.3.10 10 月份价格平均下降 2.71%

2014 年 10 月,对月份内 3 次旬价作加总计算算术平均数,全国 10 月农资投入品综合平均价格 9996.0 元/吨,与上一个月相比,价格下降 278.0 元/吨,环比下降 2.71%。按照 1 月上旬定基价格计算旬度价格指数,10 月旬度价格指数为 82.9 点;按照 1 月定基价格计算月度价格指数,10 月度价格指数为 84.1 点,价格指数下降 2.71%。全国农资投入品综合平均价格 2014 年 10 月旬度价格走势如图 8-26 所示。

(1)尿素价格下降 0.70%。根据全国重要农资价格监督统计,2014 年 10 月,全国尿素(小颗粒肥料,总氮≥46%,水分≤1.0%)销售价格综合平均(按照算术平均方法计算)每吨 1667.9 元,与上一个月相比,每吨价格下降 11.8 元,环比下降 0.70%。

(2)复合肥价格持平。根据全国重要农资价格监督统计,2014 年 10 月,全国复合肥料(硫酸钾复合肥,氮磷钾含量 45%)销售价格综合平均(按照算术平均方法计算)每吨 2864.0 元,与上一个月相比,每吨价格持平。

(3)农药价格下降 3.14%。根据全国重要农资价格监督统计,2014 年 10 月,全国农药(草甘膦,95%原药,即草甘膦质量分数≥95%)销售价格综合平均(按照算术平均方法计算)每公斤 27.29 元,与上一个月相比,每公斤价格下降 0.89 元,环比下降 3.16%。

(4)柴油价格下降 1.38%。根据全国重要农资价格监督统计,2014 年 10 月,全国柴油(0#柴油,凝点不高于 0℃,国Ⅲ标准)销售价格综合平均(按照算术平均方法计算)每吨 7273.2 元,与上一个月相比,每吨价格下降 102.0 元,环比下降 1.38%。

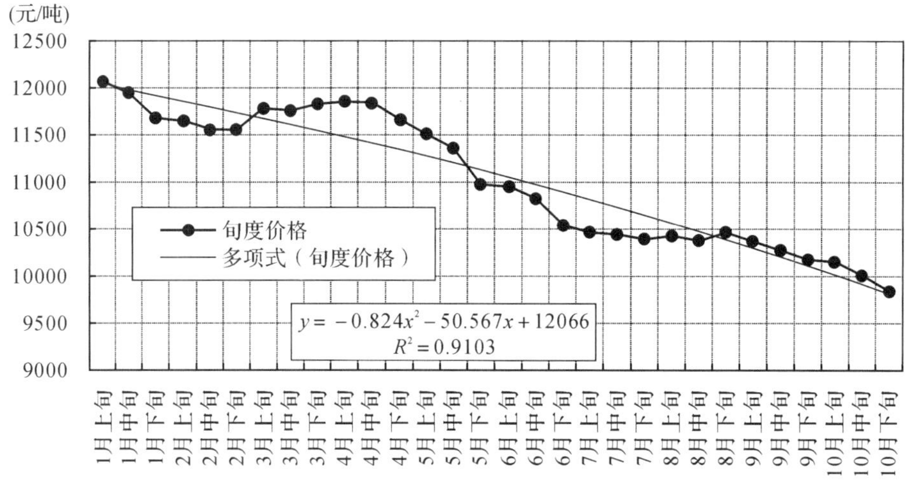

图 8-26　2014 年 10 月全国农资旬度价格走势

8.3.11　11 月份价格平均下降 5.25%

2014 年 11 月，对月份内 3 次旬价作加总计算算术平均数，全国 11 月农资投入品综合平均价格 9470.9 元/吨，与上一个月相比，价格下降 525.1 元/吨，环比下降 5.25%。按照 1 月上旬定基价格计算旬度价格指数，11 月旬度价格指数为 78.6 点；按照 1 月定基价格计算月度价格指数，11 月月度价格指数为 79.6 点，价格指数下降 5.25%。全国农资投入品综合平均价格 2014 年 11 月旬度价格走势如图 8-27 所示。

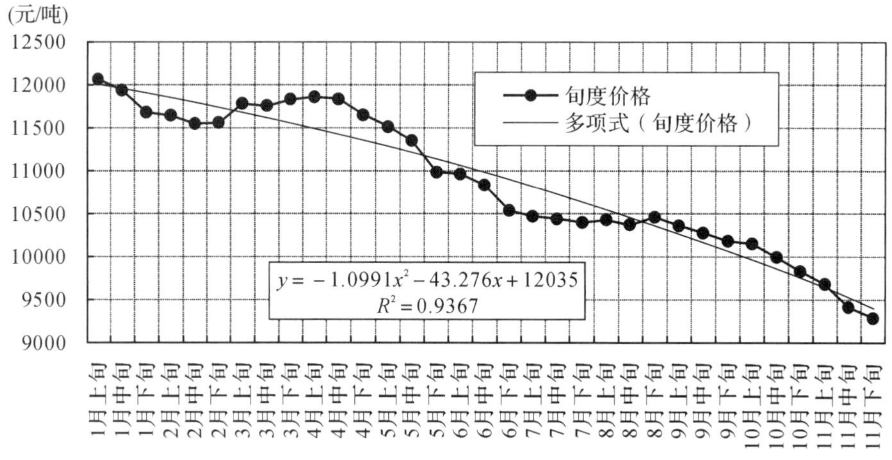

图 8-27　2014 年 11 月全国农资旬度价格走势

(1)尿素价格下降 3.74%。根据全国重要农资价格监督统计，2014 年 11 月，全国尿素(小颗粒肥料，总氮≥46%，水分≤1.0%)销售价格综合平均(按照算术平均方法计算)每吨 1605.4 元，与上一个月相比，每吨价格下降 62.4 元，环比下降 3.74%。

(2)复合肥价格持平。根据全国重要农资价格监督统计，2014 年 11 月，全国复合肥料(硫酸钾复合肥，氮磷钾含量 45%)销售价格综合平均(按照算术平均方法计算)每吨 2864.0

元，与上一个月相比，每吨价格持平。

(3)农药价格下降 8.07%。根据全国重要农资价格监督统计，2014 年 11 月，全国农药(草甘膦，95%原药，即草甘膦质量分数≥95%)销售价格综合平均(按照算术平均方法计算)每公斤 25.09 元，与上一个月相比，每公斤价格下降 2.2 元，环比下降 8.07%。

(4)柴油价格下降 4.41%。根据全国重要农资价格监督统计，2014 年 11 月，全国柴油(0＃柴油，凝点不高于 0℃，国Ⅲ标准)销售价格综合平均(按照算术平均方法计算)每吨 6952.7 元，与上一个月相比，每吨价格下降 320.5 元，环比下降 4.41%。

(5)农膜(原料)价格下降 0.36%。根据全国重要农资价格监督统计，2014 年 11 月，全国农膜(原料)(即农用薄膜，以聚乙烯(LLDPE，7042)原料价格为准)销售价格综合平均(按照算术平均方法计算)每吨 10842.3 元，与上一个月相比，每吨价格下降 38.7 元，环比下降 0.36%。

8.3.12　12 月份价格平均下降 6.41%

2014 年 12 月，对月份内 3 次旬价作加总计算算术平均数，全国 12 月农资投入品综合平均价格 8864.0 元/吨，与上一个月相比，价格下降 606.9 元/吨，下降幅度 6.41%。按照 1 月上旬定基价格计算旬度价格指数，12 月旬度价格指数为 73.5 点；按照 1 月定基价格计算月度价格指数，12 月月度价格指数为 74.5 点，价格指数下降 6.41%。全国农资投入品综合平均价格 2014 年 12 月旬度价格走势如图 8-28 所示。

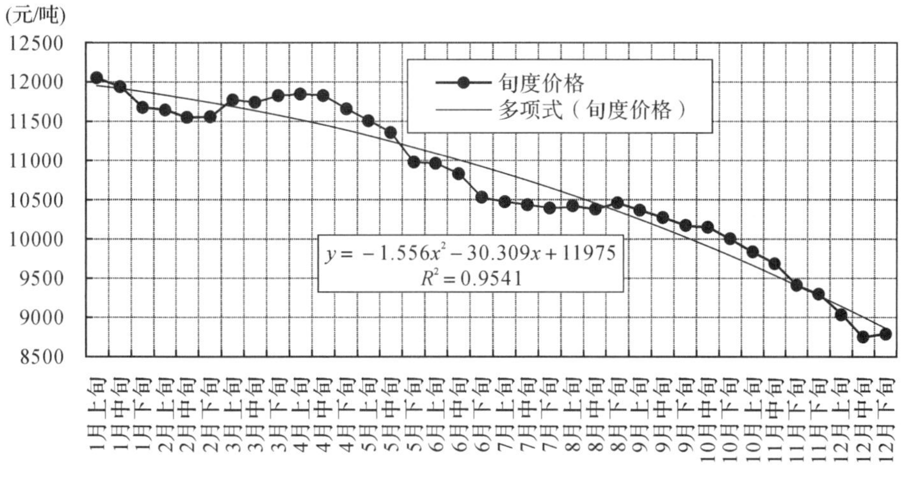

图 8-28　2014 年 12 月全国农资旬度价格走势

(1)尿素价格上涨 1.03%。根据全国重要农资价格监督统计，2014 年 12 月，全国尿素(小颗粒肥料，总氮≥46%，水分≤1.0%)销售价格综合平均(按照算术平均方法计算)每吨 1621.9 元，与上一个月相比，每吨价格上涨 16.5 元，环比上涨 1.03%。

(2)复合肥价格下降 0.03%。根据全国重要农资价格监督统计，2014 年 12 月，全国复合肥料(硫酸钾复合肥，氮磷钾含量 45%)销售价格综合平均(按照算术平均方法计算)每吨 2863.1 元，与上一个月相比，每吨价格下降 0.9 元，环比下降 0.03%。

(3)农药价格下降 6.36%。根据全国重要农资价格监督统计，2014 年 12 月，全国农药(草甘膦，95%原药，即草甘膦质量分数≥95%)销售价格综合平均(按照算术平均方法计算算)每公斤23.49元,与上一个月相比,每公斤价格下降1.6元,环比下降6.36%。

(4)柴油价格下降5.88%。根据全国重要农资价格监督统计,2014年12月,全国柴油(0#柴油,凝点不高于0℃,国Ⅲ标准)销售价格综合平均(按照算术平均方法计算)每吨6543.6元,与上一个月相比,每吨价格下降409.1元,环比下降5.88%。

(5)农膜(原料)价格下降9.64%。根据全国重要农资价格监督统计,2014年12月,全国农膜(原料)(即农用薄膜,以聚乙烯(LLDPE,7042)原料价格为准)销售价格综合平均(按照算术平均方法计算)每吨9796.6元,与上一个月相比,每吨价格下降1045.7元,环比下降9.64%。

8.4 小　结

水稻生产涉及多项物质投入品(可变投入)和社会服务性投入。年度比较分析结果表明,近年生产投入数量明显增加,投入品价格亦有增无减。在水稻生产规模化扩大情形下,社会化服务性投入显著增加。水稻生产用种数量因为生产技术的改善而使用种量下降,但单位面积的化肥用量仍不断增加。可变投入的增加,抬高了水稻生产成本,压缩了稻农获利空间。2014年5项投入品月度监测进一步表明,投入品价格普遍下降,但月度间价格波动较大。

综合来看,我国水稻生产投入量已经很高,生产投入分类价格变化使生产成本结构发生明显变化,各类生产用投入品价格的变化改变了要素投入比较价格格局并诱致水稻技术创新和生产方式转变。水稻生产劳动节约型和水稻全程机械化投入支出增长态势还将继续,水稻生产成本增加和要素结构的变化,必将为我国水稻生产R&D技术创新和生产支持政策调整提供新的发展方向和新的政策空间。

第9章　2014年国内大米市场流通价格变化

我国已经进入稻米产业高价运行时期，稻米价格高位运行将成为稻米产业新常态。大米批发作为稻米产业链的一个重要环节，其批发价格也已经处在一个高位水平。本章利用收集的比较系统的监测数据，首先描述大米批发价格年度变化，其次分析2014年价格的对比变化，然后按照月度详细分析我国大米流通环节的价格变化轨迹和重要特征，旨在充分揭示我国大米流通环节价格的变化规律和主要特征。

9.1　大米价格长期变化趋势

从近年市场变化总体来看，我国大米流通价格（即一级市场批发价格，或粮食市场流通价格）经历了快速上涨到缓慢增长的变化过程，目前处在一个缓慢增长的过程之中，价格波动幅度相对较小。

9.1.1　大米价格变化趋势

从1996年到2014年的长期变化来看，我国大米批发价格经历了20世纪末期的下降、21世纪初期00年代的快速上涨和21世纪10年代的缓慢上涨的长期变化过程。但近年价格上涨乏力，上涨幅度明显放缓，年度间价格波动率也趋于缩小。

按照四种类型大米批发价格平均计算，1996年全国大米市场平均价格3153元/吨，2014年上升到将近4400元/吨，按照长期变化计算，18年间大米流通价格上涨将近40%。全国大米价格变化轨迹详见图9-1。

从1996年以来的价格来看，全国大米批发价格年度间的波动变化较大，但近年波动幅度明显缩小，波动率有所降低。1997年波动率（即1997年比1996年价格变化百分比）为－26.3%，因为价格导致波动率在0线以下变化，但波动幅度逐年降低。从2001年开始价格上升并致波动反转，一直到2004年价格波动率创新高达到47.6%，次年几乎是零波动率。然后再次经历波动率上升过程，到2011年价格波动率上升到次高点，达到29.5%，继而在2012—2014年波动率在1.3%和2.5%之间徘徊。1996年到2014年大米流通价格年度波动率变化曲线如图9-2所示。

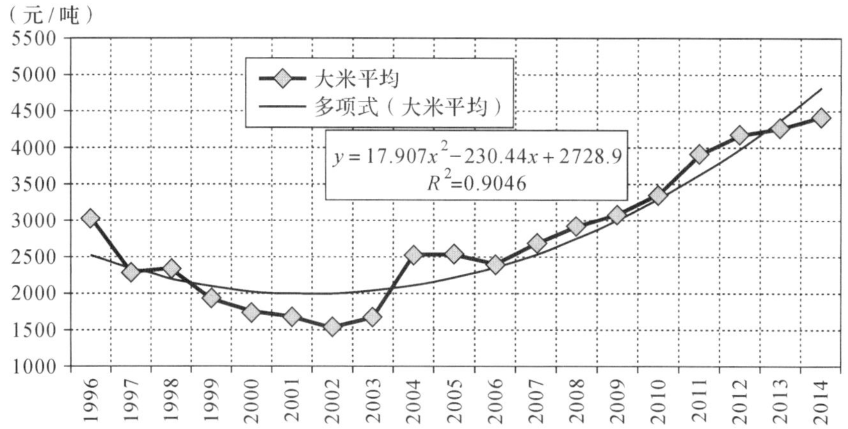

图 9-1　全国大米流通价格变化

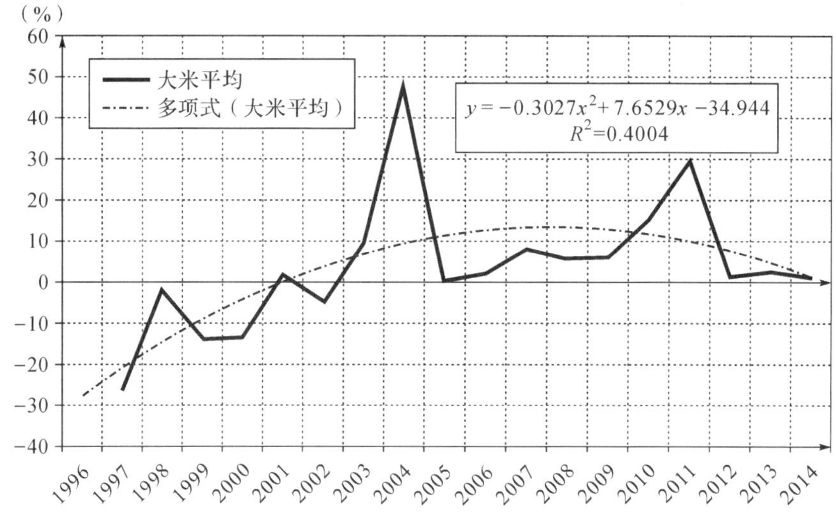

图 9-2　全国大米流通价格年度波动率

9.1.2　大米分类价格变化趋势

1996 年以来,全国晚籼米、粳米、糯米和其他米四种类型的大米批发价格变化总体明显上涨,除糯米只有 4 年数据、其他米只有 12 年数据外,晚籼米和粳米都有 19 年数据。由图 9-3 可见,这四种类型的大米价格有高有低,除糯米数据少,看不出长期趋势以外,其他三种大米长期价格都经历了不同程度的上涨。1996 年到 2014 年四种类型大米流通价格波动率变化曲线如图 9-3 所示。

(1)糯米价格最高。2011 年到 2014 年间,全国糯米价格平均由 6505 元/吨变为 6303 元/吨,表明在最近 3 年内,我国糯米价格下降了 3.11%。同期,与各类大米价格相比,糯米价格仍然是最高的,但走势却与其他三种类型的大米方向相反。这种现象也是近年来我国大米市场流通价格走势绝无仅有的。

(2)其他米价格次之。2003 年,全国其他米价格平均每吨 1985 元,与晚籼米相比,差价

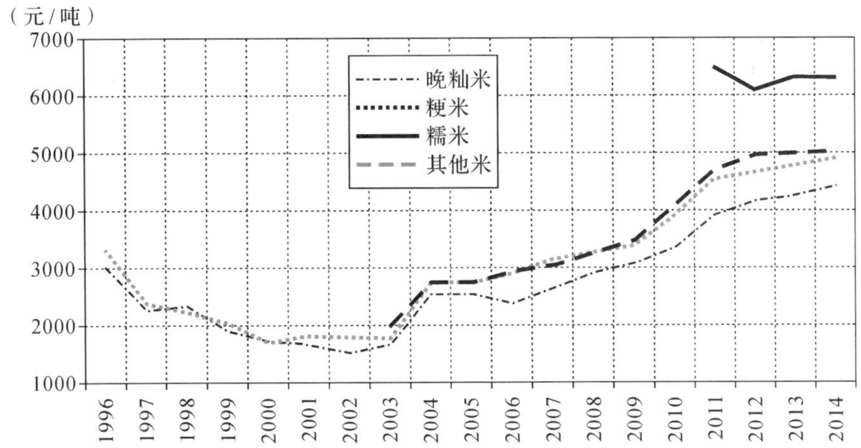

图 9-3　全国四种类型大米市场流通价格价格变化

率为 11.7%，比粳米价格高了 18.7%。到 2014 年，全国其他米价格平均每吨 5028 元，2003 年到 2014 年价格上涨了 153.4%，是大米中价格上涨幅度最小的一种类型。2014 年全国其他米价格与晚籼米和粳米价格相比，差价率分别变为 14.0%和 2.6%，与 2003 年差价率 18.7%和 11.7%相比，其他米价格与晚籼米和粳米的价格差距显著缩小，尤其是与粳米价格相比差价率就更小了。

(3)粳米价格居中。粳米作为国民主食，越来越受到天南海北人民的喜爱，市场流通价格也越来越高。早在 1996 年，粳米批发价格 3294 元/吨，于 2003 年跌到谷底，价格下降到 1777 元/吨，次年快速提高，2014 年上涨到 4901 元/吨。1996 年，粳米价格与晚籼米价格相比的品种差价率为 9.3%；2003 年，粳米价格与晚籼米、其他米价格相比，差价率为 6.3%和 −10.4%；2014 年，粳米与晚籼米、其他米和糯米价格相比，差价率变为 11.1%、−2.5%和 −22.2%。可见，粳米与晚籼米差价经过 2003 年前后缩小之后有明显放大，与其他米的差价呈现快速缩小的趋势，与糯米的差价率也在迅速缩小。

(4)晚籼米价格最低。晚籼米既是多数国民直接食用的主食，也是重要的米制品主原料，相比早籼米更广泛地受到人民喜爱。1996 年，全国晚籼米价格平均每吨 3013 元，与粳米价格相比，品种差价率为 −8.5%。在 2002 年最低时的价格为 1528 元/吨，2003 年恢复到 1672 元/吨，2003 年晚籼米与粳米和其他米的价格差率分别为 −5.9%和 −15.8%。2014 年，全国晚籼米价格平均每吨 4410 元，从 1996 年到 2014 年价格上涨了 46.4%，2014 年晚籼米与粳米、其他米和糯米价格相比，差价率分别为 −10.0%、−12.2%和 −30.0%。除价格较低时的 2002 年前后，相比之下，晚籼米与粳米相比价格差距有所缩小，与其他米和糯米相比价格差距也明显缩小。

1996 年以来，全国粳米、晚籼米、其他米和糯米四种类型的大米批发价格年度间波动率变化如图 9-4 所示。

综合各类大米批发价格年度变化，价格波动呈现出明显的阶段性，各类大米流通价格波动率变化有如下特点。

(1)粳米价格波动率最大，阶段性变化明显。在 1996 年到 2002 年间，除个别年份外，总体上由负向高位波动向零线接近，波动幅度逐步缩小。2003 年到 2008 年间，波动率逐步扩

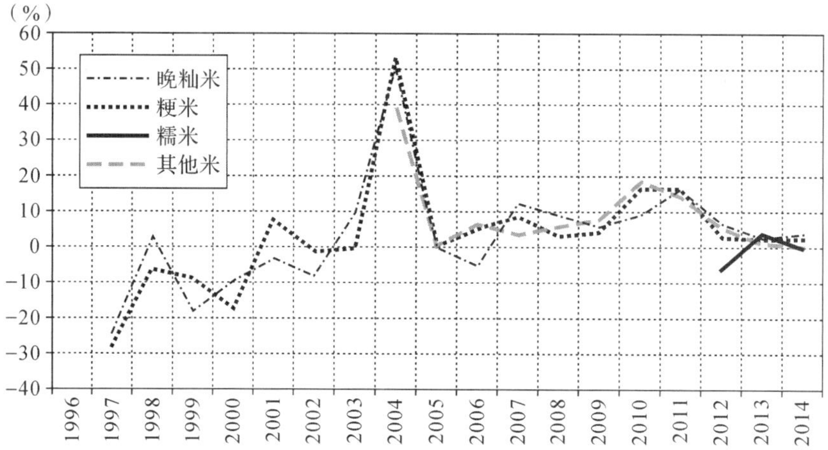

图 9-4 中国各类大米价格年度波动率

大到最高时 2004 年的 53.7%,然后趋于零但未到零。在 2011 年和 2012 年经过两个高波动率之后,波动率迅速缩小,目前处在低波动率阶段。

(2)晚籼米价格波动较大。1996 年到 2014 年间,晚籼米价格总体变化率经历了初期小幅度负向波动、在 2004 前后在巨幅波动和 2010 年前后正向小幅度波动的过程,目前处在低波动率水平上。

(3)其他米价格波动处在中间状态。在 2003 年到 2014 年间,其他米价格总体变化率居中间水平,但在 2010 年的变化率却高达 18.6%,是三种大米中变化率最高的。在此后几年间,其他米价格波动率越来越接近零线水平。

(4)糯米价格波动最大。2011 年到 2014 年间,糯米价格两度出现负波动率,是四类大米中下降幅度最大的一种类型。

9.2 2014 年大米价格变化

2014 年是价格缓慢变化的一年,与 2013 年相比,不管是稻谷平均价格还是各类稻谷价格变化都比较平缓,且保持了总体上扬的态势。

9.2.1 大米综合平均价格上涨 1.32%

在 2013 年大米价格持续低增长基础上,2014 年全国大米综合平均价格上升态势不减,但上涨势头明显减弱,与 2013 年大米综合价格上涨 2.45%相比,2014 年价格上涨幅度仅为 1.32%。2014 年与 2013 年相比近两年大米综合平均及各类大米批发价格变化情况如表 9-1所示。

如图 9-5 所示,2014 年全国大米综合平均批发价格继续 2013 年下半年大米价格上扬较强的上涨态势,于 2 月达到全年最高价格之后开始了一波下降的过程,从 4 月开始反转步入上升通道,到 8 月上升到一个新的高度,此后开始下降,到 11 月下降到一个新的低点后,12 月价格再次上涨。

表 9-1 全国大米综合及各类大米批发价格变化(2013—2014 年)

	大米综合	粳 米	晚籼米	其他米	糯 米
2012 年 (元/吨)	4972	4679.6	4162.0	4949.5	6096.1
2013 年 (元/吨)	5094	4788.0	4249.0	5010.4	6326.6
2014 年 (元/吨)	5160	4901.1	4409.8	5028.2	6302.8
2013 年变化率 (%)	2.45	2.32	2.09	1.23	3.78
2014 年变化率 (%)	1.32	2.36	3.78	0.36	−0.38

数据来源:国家水稻产业经济数据库(Rice Data)。

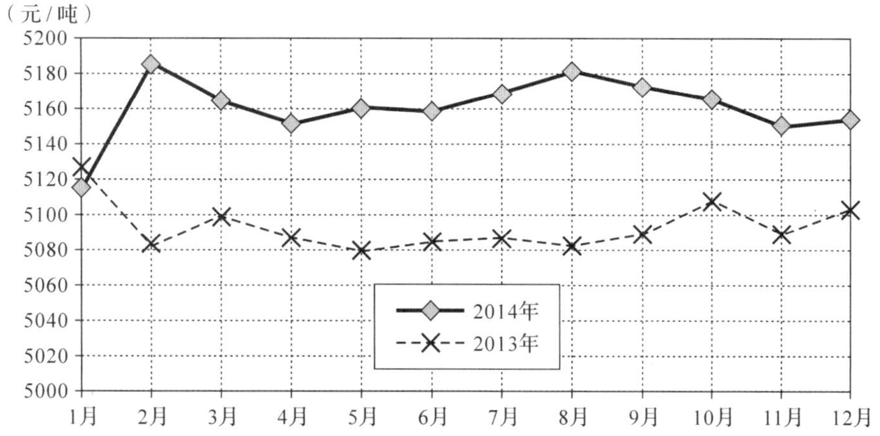

图 9-5 全国大米综合平均流通价格(2014 年与 2013 年)

9.2.2 粳米价格上涨 2.36%

2014 年,全国早稻销售价格(生产者价格)经历了下跌、上涨和相对缓慢上升 3 个变化过程。在年初价格下降时期,延续了 2013 年新谷上市后的下降过程,2014 年 2 月到 4 月持续下降。从 5 月止跌后,早稻价格一直上升到 8 月,上涨幅度较大,这是一个较强的恢复性增长。此后进入一个缓慢上升的通道,但是 12 月价格下降仍然使我国早稻价格进入到类似 2013 年的年末的"低尾"状态,如图 9-6所示。

9.2.3 晚籼米价格上涨 3.78%

2014 年,总体来看,全国晚籼米价格变化不大,按照全年样本点和每日样本价格平均计算,全年价格 4410 元/吨,与上年相比,价格上涨 3.78%。2014 年价格经过年初(1 月份较大幅度的上涨)上涨直到 9 月,开始下降,此过程基本维持到 12 月,大致上经历了上升和下降的一个完整变化过程,走出了一条平缓的 U 形过程。2014 年全年各月晚籼米流通价格变动过程详见图 9-7。

9.2.4 糯米价格下降 0.38%

全国糯米价格虽然一直处于高位,但 2014 年市场批发价格却走了一波下降行情,全年

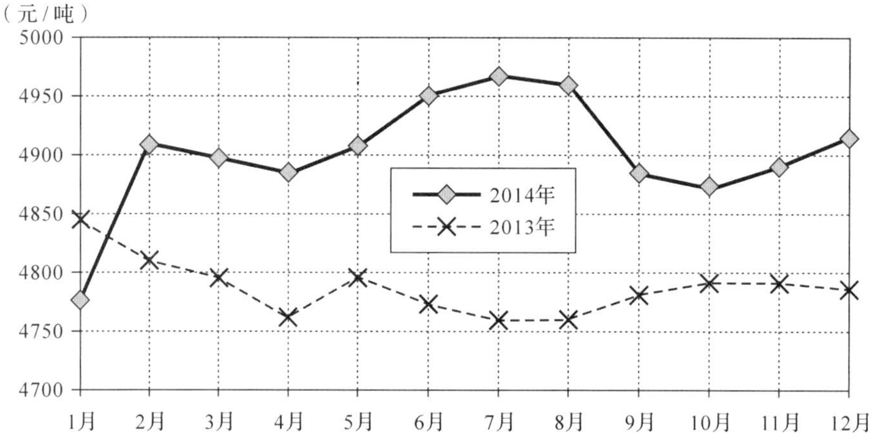

图 9-6 全国粳米流通价格走势(2014 年与 2013 年)

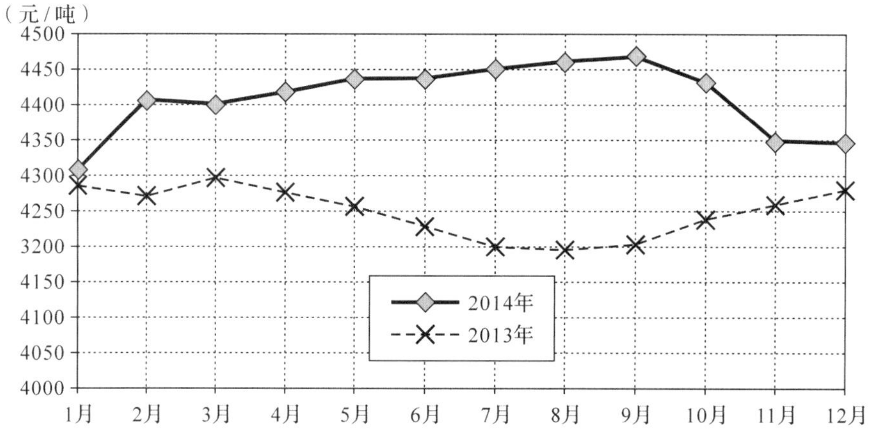

图 9-7 全国晚籼米流通价格走势(2014 年与 2013 年)

平均价格下降 0.38%。与 2013 年相比,2014 年全国糯米批发价格走势表现为开年的 1 月价格走低,在 2 月达到全年最高价格之后连续 3 个月下降到全年最低点,在 4 月至 8 月之间表现为缓慢上升,此后到 12 月在小幅波动中缓慢下行。2014 年全年各月糯米流通价格变动过程详见图 9-8。

9.2.5 其他米价格上涨 0.36%

其他米是国人比较喜爱的一种类型,在各类大米价格中居于第二位。2014 年,按照监测样本和每日其他米一级批发价格计算,全国其他米价格平均为 5028 元/吨,比 2013 年价格上涨 17.88/吨,上涨幅度 0.36%。2014 年与 2013 年相比,全国其他米市场流通价格变化轨迹如图 9-9 所示。

2014 年,不同于另外三种大米,与 2013 年相比,全国其他米各个月份一级批发市场平均价格走出了一条起伏不定、波动幅度较大的变化轨迹。与 2013 年相比,2014 年全国其他米批发价格延续上年 12 月价格上升趋势,经 2 月短暂下降后连续 3 个月上涨至 5 月份,然后下探至 7 月成为全年价格最低点,开始反转直到 11 月成为全年价格最高点,12 月价格回落。

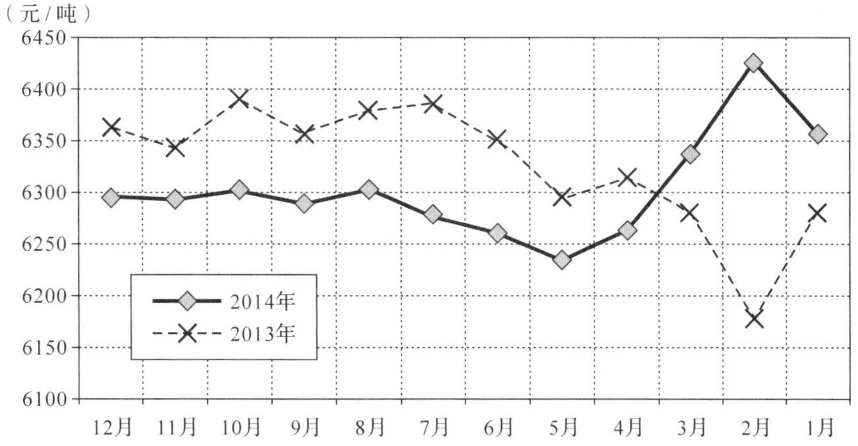

图 9-8　全国糯米流通价格走势(2014 年与 2013 年)

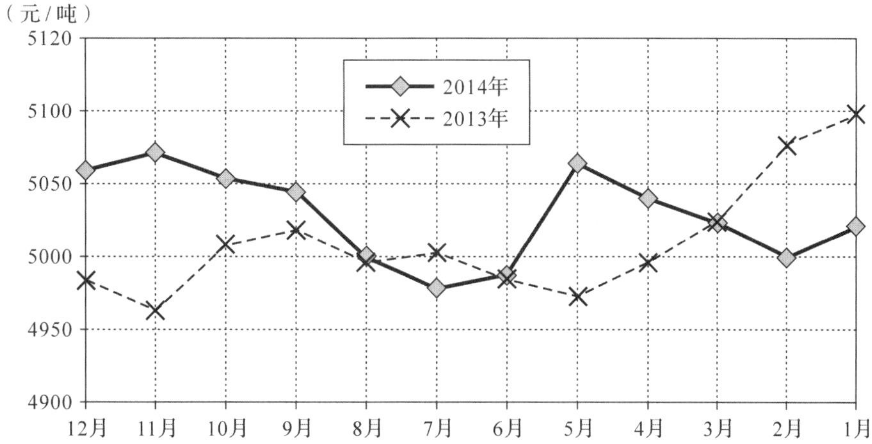

图 9-9　全国其他米流通价格走势(2014 年与 2013 年)

9.3　2014 年大米价格监测月度分析

根据监测数据，以一个年度的全部月份为标准，分析从 2013 年 1 月到 2014 年 12 月全部对照的 12 个月大米批发价格月度环比变化和月度同比变化情况，简述四种类型大米价格月度变化的基本情况。

9.3.1　1 月份价格平均上涨 0.11%

2014 年 1 月，全国大米初级市场总体走势有所恢复，但仍属恢复性上涨。按照四种类型大米计算算术平均数，1 月份全国大米综合平均价格每吨 5115 元，与上一个月相比，上涨 11.7 元，环比涨幅 0.23%。与 2013 年 1 月相比，大米综合批发价格下降 12.3 元，同比下降 0.24%。全国大米批发综合平均价格 2013 年 1 月至 2014 年 11 月的走势如图 9-10 所示。

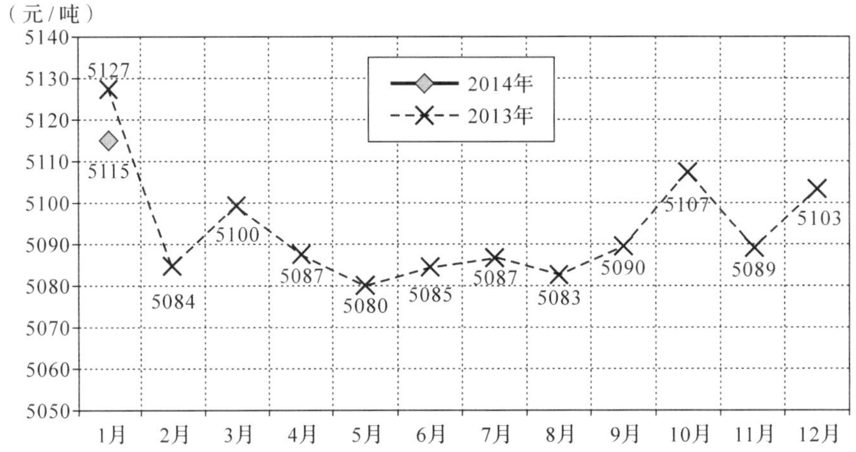

图 9-10　1 月全国大米批发综合平均价格比较(2014 年与 2013 年)

(1)粳米价格下降 0.24%。2014 年 1 月,据对全国 31 个交易日 750 个样本计算,全国粳米初级市场批发价格环比略有下降。1 月,全国粳米批发平均价格每吨 4774.9 元,与上一个月相比,下降 11.3 元,环比跌幅 0.24%。与 2013 年 1 月相比,粳米批发价格下跌 70.2 元,同比下降 1.45%。

(2)籼米价格上涨 0.67%。2014 年 1 月,据对全国 31 个交易日 402 个样本计算,全国籼米初级市场批发价格环比略有上涨。1 月,全国籼米(晚籼米)批发平均价格每吨 4308.2 元,与上一个月相比,上涨 28.6 元,环比涨幅 0.67%。与 2013 年 1 月相比,籼米批发价格上涨 22.6 元,同比涨幅 0.53%。

(3)糯米价格下降 0.12%。2014 年 1 月,据对全国 31 个交易日 243 个样本计算,全国糯米初级市场批发价格略有上涨。1 月,全国糯米批发平均价格每吨 6356.0 元,与上一个月相比,下降 7.4 元,环比降幅 0.12%。与 2013 年 1 月相比,糯米批发价格上涨 74.9 元,同比涨幅 1.19%。

(4)其他米价格上涨 0.74%。2014 年 1 月,据对全国 31 个交易日 824 个样本计算,全国其他米初级市场批发价格有所上升。1 月,全国其他米批发平均价格每吨 5020.9 元,与上一个月相比,上涨 36.8 元,环比涨幅 0.74%。与 2013 年 1 月相比,其他米批发价格下降 76.7 元,同比下降 1.50%。

9.3.2　2 月份价格平均上涨 1.37%

2014 年 2 月,全国大米初级市场总体走势有所恢复,但仍属恢复性上涨。按照四种类型大米计算算术平均数,2 月,全国大米综合平均价格每吨 5185.2 元,与上一个月相比,上涨 70.2 元,环比涨幅 1.37%。与 2013 年 2 月相比,大米综合批发价格上涨 101.4 元,同比涨幅 2.00%。全国大米批发综合平均价格 2013 年 1 月至 2014 年 2 月的走势如图 9-11 所示。

(1)粳米价格上涨 2.81%。2014 年 2 月,据对全国 28 个交易日 604 个样本计算,全国粳米初级市场批发价格环比上涨。2 月,全国粳米批发平均价格每吨 4907.3 元,与上一个月相比,上涨 134.4 元,环比涨幅 2.81%。与 2013 年 2 月相比,粳米批发价格上涨 98.2 元,同比涨幅 2.04%。

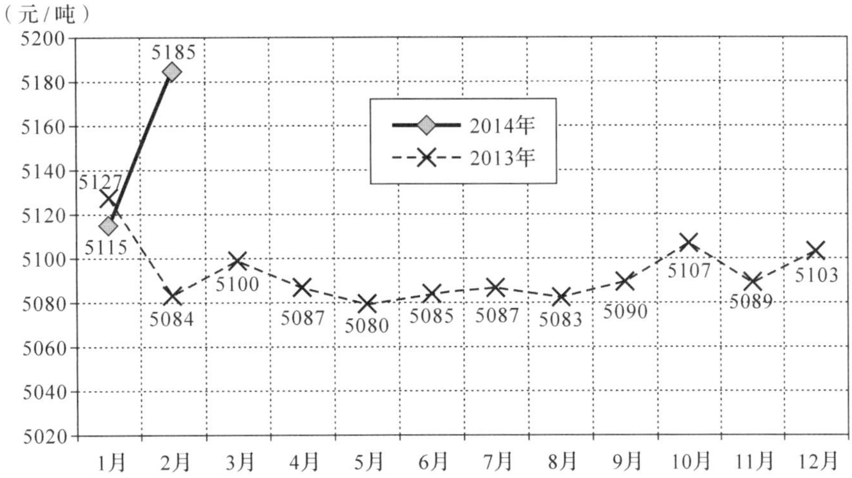

图 9-11　2 月全国比较大米批发综合平均价格比较(2014 年与 2013 年)

(2)籼米价格上涨 2.29%。2014 年 2 月,据对全国 28 个交易日 347 个样本计算,全国籼米初级市场批发价格环比上涨。2 月,全国籼米(晚籼米)批发平均价格每吨 4407.2 元,与上一个月相比,上涨 98.8 元,环比涨幅 2.29%。与 2013 年 2 月相比,籼米批发价格上涨 137.3 元,同比涨幅 3.21%。

(3)糯米价格上涨 1.08%。2014 年 2 月,据对全国 28 个交易日 217 个样本计算,全国糯米初级市场批发价格上涨。2 月,全国糯米批发平均价格每吨 6425.0 元,与上一个月相比,上涨 68.9 元,环比上涨 1.08%。与 2013 年 2 月相比,糯米批发价格上涨 246.9 元,同比涨幅 4.00%。

(4)其他米价格下降 0.43%。2014 年 2 月,据对全国 28 个交易日 694 个样本计算,全国其他米初级市场批发价格有所下降。2 月,全国其他米批发平均价格每吨 4999.5 元,与上一个月相比,下降 21.4 元,环比下降 0.43%。与 2013 年 2 月相比,其他米批发价格下降 76.6 元,同比下降 1.51%。

9.3.3　3 月份价格平均下降 0.40%

2014 年 3 月,全国大米初级市场总体走势有所下降。按照四种类型大米计算算术平均数,3 月,全国大米综合平均价格每吨 5164.5 元,与上一个月相比,下降 20.8 元,环比降幅 0.40%。与 2013 年 3 月相比,大米综合批发价格上涨 65.0 元,同比涨幅 1.27%。全国大米批发综合平均价格 2013 年 1 月至 2014 年 3 月的走势如图 9-12 所示。

(1)粳米价格下降 0.24%。2014 年 3 月,据对全国 31 个交易日 769 个样本计算,全国粳米市场批发价格环比有所下降。3 月,全国粳米批发平均价格每吨 4897.6 元,与上一个月相比,下降 11.7 元,环比下降 0.24%。与 2013 年 3 月相比,粳米批发价格上涨 101.5 元,同比涨幅 2.12%。

(2)籼米价格下降 0.16%。2014 年 3 月,据对全国 31 个交易日 432 个样本计算,全国籼米市场批发价格环比有所下降。3 月,全国籼米(晚籼米)批发平均价格每吨 4400.4 元,与上一个月相比,下降 6.8 元,环比下降 0.16%。与 2013 年 3 月相比,籼米批发价格上涨

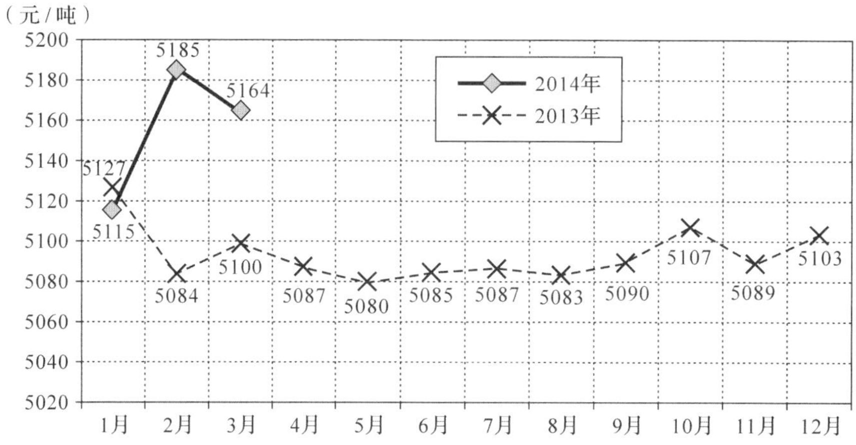

图 9-12　3 月全国大米批发综合平均价格比较(2014 年与 2013 年)

103.3 元,同比涨幅 2.40%。

(3)糯米价格下降 1.37%。2014 年 3 月,据对全国 31 个交易日 262 个样本计算,全国糯米市场批发价格环比有所下降。3 月,全国糯米批发平均价格每吨 6336.8 元,与上一个月相比,下降 88.2 元,环比下降 1.37%。与 2013 年 3 月相比,糯米批发价格上涨 56.4 元,同比涨幅 0.90%。

(4)其他米价格上涨 0.47%。2014 年 3 月,据对全国 31 个交易日 887 个样本计算,全国其他米市场批发价格环比有所上涨。3 月,全国其他米批发平均价格每吨 5023.1 元,与上一个月相比,上涨 23.6 元,环比上涨 0.47%。与 2013 年 3 月同比,其他米批发价格下降 1.4 元,同比下降 0.03%。

9.3.4　4 月份价格平均下降 0.25%

2014 年 4 月,全国大米初级市场总体走势有所下降。按照四种类型大米计算算术平均数,4 月,全国大米综合平均价格每吨 5151.5 元,与上一个月相比,环比下降 12.9 元,降幅 0.25%。与 2013 年 4 月相比,大米综合批发价格上涨 64.2 元,同比涨幅 1.26%。全国大米批发综合平均价格 2013 年 1 月以来的月度走势如图 9-13 所示。

(1)粳米价格下降 0.27%。2014 年 4 月,据对全国 30 个交易日 770 个样本计算,全国粳米市场批发价格环比下降。4 月,全国粳米批发平均价格每吨 4884.5 元,与上一个月相比,下降 13.1 元,环比下降 0.27%。与 2013 年 4 月相比,粳米批发价格上涨 122.4 元,同比涨幅 2.57%。

(2)籼米价格上涨 0.41%。2014 年 4 月,据对全国 30 个交易日 414 个样本计算,全国籼米市场批发价格环比有所上升。4 月,全国籼米(晚籼米)批发平均价格每吨 4418.6 元,与上一个月相比,上涨 18.2 元,环比上涨 0.41%。与 2013 年 4 月相比,籼米批发价格上涨 142.2 元,同比涨幅 3.33%。

(3)糯米价格下降 1.16%。2014 年 4 月,据对全国 30 个交易日 256 个样本计算,全国糯米市场批发价格有所下降。4 月,全国糯米批发平均价格每吨 6263.1 元,与上一个月相比,下降 73.7 元,环比下降 1.16%。与 2013 年 4 月相比,糯米批发价格下降 51.8 元,同比

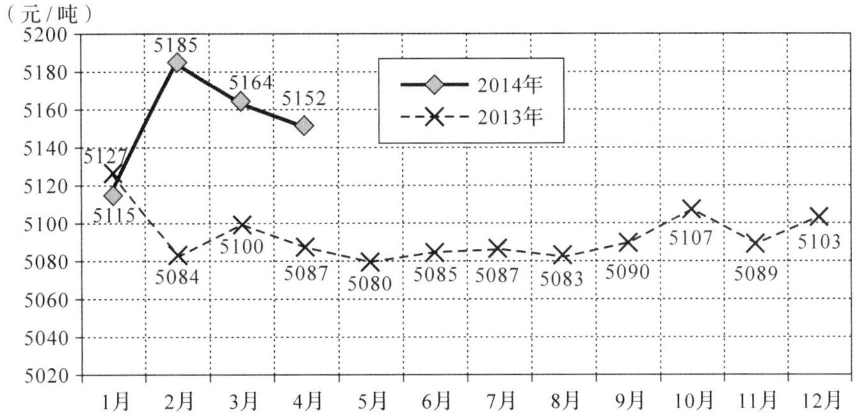

图 9-13　4 月全国大米批发综合平均价格比较(2014 年与 2013 年)

下降 0.82%。

(4)其他米价格上涨 0.34%。2014 年 4 月,据对全国 30 个交易日 855 个样本计算,全国其他米市场批发价格有所上涨。4 月,全国其他米批发平均价格每吨 5040.0 元,与上一个月相比,上涨 16.9 元,环比上涨 0.34%。与 2013 年 4 月相比,其他米批发价格上涨 44.0 元,同比上涨 0.88%。

9.3.5　5 月份价格平均上涨 0.17%

2014 年 5 月,全国大米初级市场总体走势有所下降。按照四种类型大米计算算术平均数,5 月,全国大米综合平均价格每吨 5160.3 元,与上一个月相比,上涨 8.8 元,环比上涨 0.17%。与 2013 年 5 月相比,大米综合批发价格上涨 80.5 元,同比涨幅 1.58%。全国大米批发综合平均价格自 2013 年 1 月以来的月度走势如图 9-14 所示。

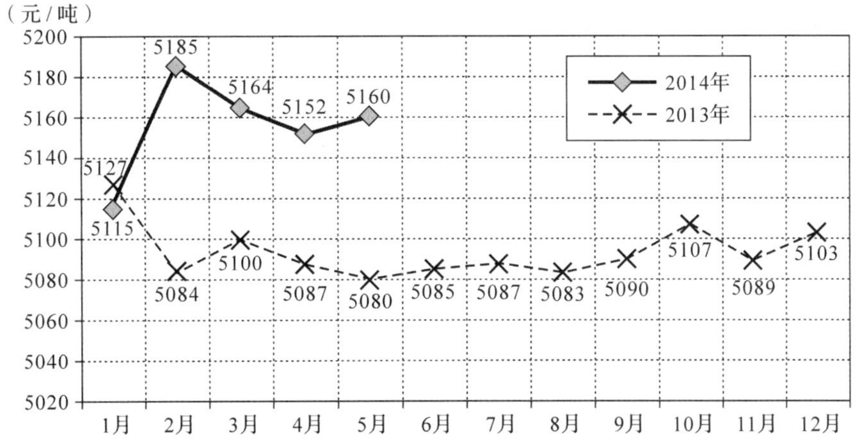

图 9-14　5 月全国大米批发综合平均价格比较(2014 年与 2013 年)

(1)粳米价格上涨 0.47%。2014 年 5 月,据对全国 31 个交易日 824 个样本计算,全国粳米市场批发价格环比上涨。5 月,全国粳米批发平均价格每吨 4907.7 元,与上一个月相比,上涨 23.1 元,环比上涨 0.47%。与 2013 年 5 月份相比,粳米批发价格上涨 110.9 元,同比涨幅2.31%。

(2)籼米价格上涨0.41%。2014年5月,据对全国31个交易日439个样本计算,全国籼米市场批发价格环比有所上升。5月,全国籼米(晚籼米)批发平均价格每吨4436.7元,与上一个月相比,上涨18.2元,环比上涨0.41%。与2013年5月相比,籼米批发价格上涨180.2元,同比涨幅4.23%。

(3)糯米价格下降0.47%。2014年5月,据对全国31个交易日266个样本计算,全国糯米市场批发价格有所下降。5月,全国糯米批发平均价格每吨6233.5元,与上一个月相比,下降29.6元,环比下降0.47%。与2013年5月相比,糯米批发价格下降60.3元,同比下降0.96%。

(4)其他米价格上涨0.46%。2014年5月,据对全国31个交易日897个样本计算,全国其他米市场批发价格有所上涨。5月,全国其他米批发平均价格每吨5063.4元,与上一个月相比,上涨23.3元,环比上涨0.46%。与2013年5月相比,其他米批发价格上涨91.9元,同比上涨1.83%。

9.3.6 6月份价格平均下降0.03%

2014年6月,全国大米初级市场总体走势继续下降。按照四种类型大米计算算术平均数,6月,全国大米综合平均价格每吨5158.8元,与上一个月相比,下降1.53元,环比下降0.03%。与2013年6月相比,大米综合批发价格上涨74.08元,同比涨幅1.46%。全国大米批发综合平均价格自2013年1月以来的月度走势如图9-15所示。

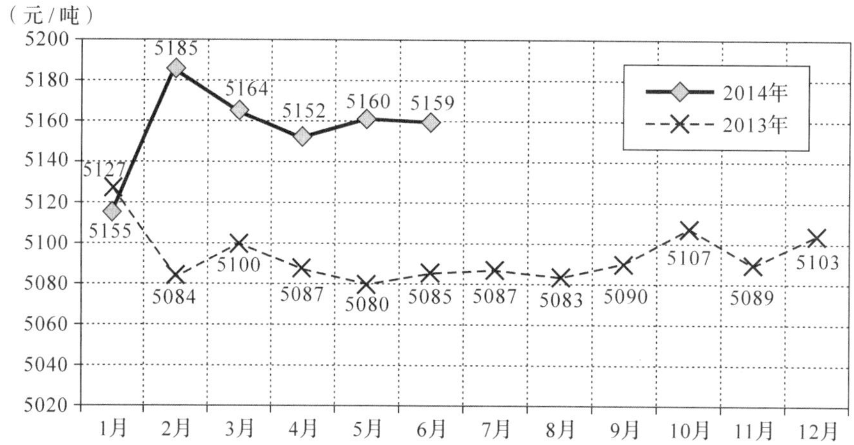

图9-15 6月全国大米批发综合平均价格比较(2014年与2013年)

(1)粳米价格上涨0.87%。2014年6月,据对全国30个交易日790个样本计算,全国粳米市场批发价格环比上涨。6月,全国粳米批发平均价格每吨4950.4元,与上一个月相比,上涨42.68元,环比上涨0.87%。与2013年6月相比,粳米批发价格上涨176.49元,同比涨幅3.70%。

(2)籼米价格上涨0.02%。2014年6月,据对全国31个交易日427个样本计算,全国籼米市场批发价格环比有所上升。6月,全国籼米(晚籼米)批发平均价格每吨4437.7元,与上一个月相比,上涨0.93元,环比上涨0.02%。与2013年6月相比,籼米批发价格上涨

208.47 元,同比涨幅 4.93%。

(3)糯米价格上涨 0.43%。2014 年 6 月,据对全国 30 个交易日 262 个样本计算,全国糯米市场批发价格有所下降。6 月,全国糯米批发平均价格每吨 6260.3 元,与上一个月相比,上涨 26.79 元,环比上涨 0.43%。与 2013 年 6 月相比,糯米批发价格下降 91.22 元,同比下降 1.44%。

(4)其他米价格下降 1.51%。2014 年 6 月,据对全国 30 个交易日 882 个样本计算,全国其他米市场批发价格有所上涨。6 月,全国其他米批发平均价格每吨 4986.8 元,与上一个月相比,下降 76.54 元,环比下降 1.51%。与 2013 年 6 月相比,其他米批发价格上涨 2.58 元,同比上涨 0.05%。

9.3.7　7 月份价格平均上涨 0.18%

2014 年 7 月,全国大米初级市场总体走势有所上升。按照四种类型大米计算算术平均数,7 月,全国大米综合平均价格每吨 5168.3 元,与上一个月相比,上涨 9.53 元,环比上涨 0.18%。与 2013 年 7 月相比,大米综合批发价格上涨 81.54 元,同比涨幅 1.60%。全国大米批发综合平均价格自 2013 年 1 月以来的月度走势如图 9-16 所示。

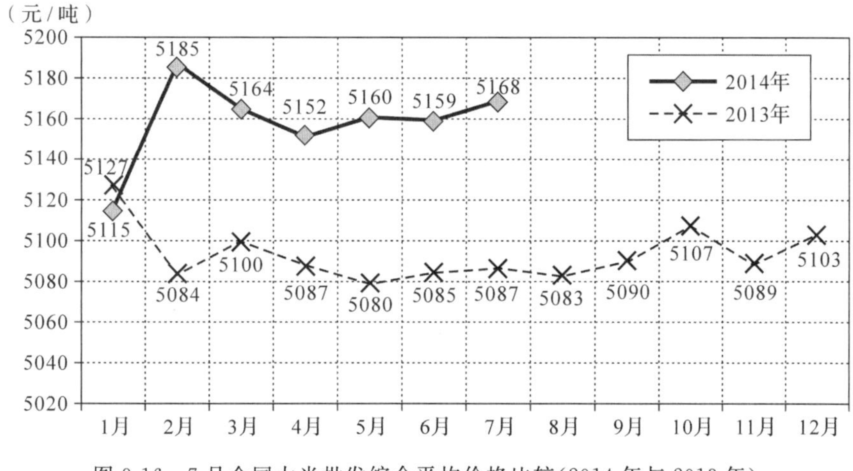

图 9-16　7 月全国大米批发综合平均价格比较(2014 年与 2013 年)

(1)粳米价格上涨 0.32%。2014 年 7 月,据对全国 31 个交易日 805 个样本计算,全国粳米市场批发价格环比上涨。7 月,全国粳米批发平均价格每吨 4966.3 元,与上一个月相比,上涨 15.94 元,环比上涨 0.32%。与 2013 年 7 月相比,粳米批发价格上涨 206.91 元,同比涨幅 4.35%。

(2)籼米价格上涨 0.32%。2014 年 7 月,据对全国 31 个交易日 421 个样本计算,全国籼米市场批发价格环比有所上升。7 月,全国籼米(晚籼米)批发平均价格每吨 4452.0 元,与上一个月相比,上涨 14.39 元,环比上涨 0.32%。与 2013 年 7 月相比,籼米批发价格上涨 253.34 元,同比涨幅 6.03%。

(3)糯米价格上涨 0.27%。2014 年 7 月,据对全国 31 个交易日 263 个样本计算,全国糯米市场批发价格有所上升。7 月,全国糯米批发平均价格每吨 6277.2 元,与上一个月相比,上涨 16.89 元,环比上涨 0.27%。与 2013 年 7 月相比,糯米批发价格下降 108.91 元,同比下降 1.71%。

(4)其他米价格下降 0.18%。2014 年 7 月,据对全国 31 个交易日 899 个样本计算,全国其他米市场批发价格有所下降。7 月,全国其他米批发平均价格每吨 4977.7 元,与上一个月相比,下降 9.12 元,环比下降 0.18%。与 2013 年 7 月相比,其他米批发价格下降 25.16 元,同比下降 0.50%。

9.3.8 8 月份价格平均上涨 0.24%

2014 年 8 月,全国大米初级市场总体走势有所上升。按照四种类型大米计算算术平均数,8 月,全国大米综合平均价格每吨 5180.7 元,与上一个月相比,上涨 12.43 元,环比上涨 0.24%。与 2013 年 8 月相比,大米综合批发价格上涨 97.86 元,同比涨幅 1.93%。全国大米批发综合平均价格自 2013 年 1 月以来的月度走势如图 9-17 所示。

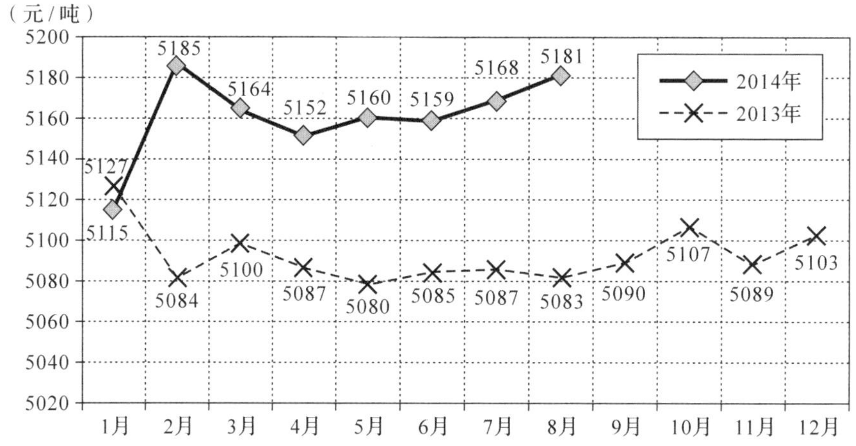

图 9-17 8 月全国大米批发综合平均价格比较(2014 年与 2013 年)

(1)粳米价格下降 0.14%。2014 年 8 月,据对全国 31 个交易日 785 个样本计算,全国粳米市场批发价格环比有所下降。8 月,全国粳米批发平均价格每吨 4959.4 元,与上一个月相比,下降 6.85 元,环比下降 0.14%。与 2013 年 8 月相比,粳米批发价格上涨 199.47 元,同比涨幅 4.19%。

(2)籼米价格上涨 0.21%。2014 年 8 月,据对全国 31 个交易日 417 个样本计算,全国籼米市场批发价格环比有所上升。8 月,全国籼米(晚籼米)批发平均价格每吨 4461.4 元,与上一个月相比,上涨 9.37 元,环比上涨 0.21%。与 2013 年 8 月相比,籼米批发价格上涨 262.98 元,同比涨幅 6.34%。

(3)糯米价格上涨 0.40%。2014 年 8 月,据对全国 31 个交易日 266 个样本计算,全国糯米市场批发价格有所上升。8 月,全国糯米批发平均价格每吨 6302.2 元,与上一个月相比,上涨 25.08 元,环比上涨 0.40%。与 2013 年 8 月相比,糯米批发价格下降 77.98 元,同比下降 1.22%。

(4)其他米价格上涨 0.44%。2014 年 8 月,据对全国 31 个交易日 905 个样本计算,全国其他米市场批发价格有所上升。8 月,全国其他米批发平均价格每吨 4999.9 元,与上一个月相比,上涨 22.14 元,环比上涨 0.44%。与 2013 年 8 月相比,其他米批发价格上涨

3.98 元，同比上涨 0.08%。

9.3.9　9 月份价格平均下降 0.17%

2014 年 9 月，全国大米初级市场总体走势有所下降。按照四种类型大米计算算术平均数，9 月，全国大米综合平均价格每吨 5171.9 元，与上一个月相比，下降 8.85 元，环比下降 0.17%。与 2013 年 9 月相比，大米综合批发价格上涨 82.08 元，同比涨幅 1.61%。全国大米批发综合平均价格自 2013 年 1 月以来的月度走势如图 9-18 所示。

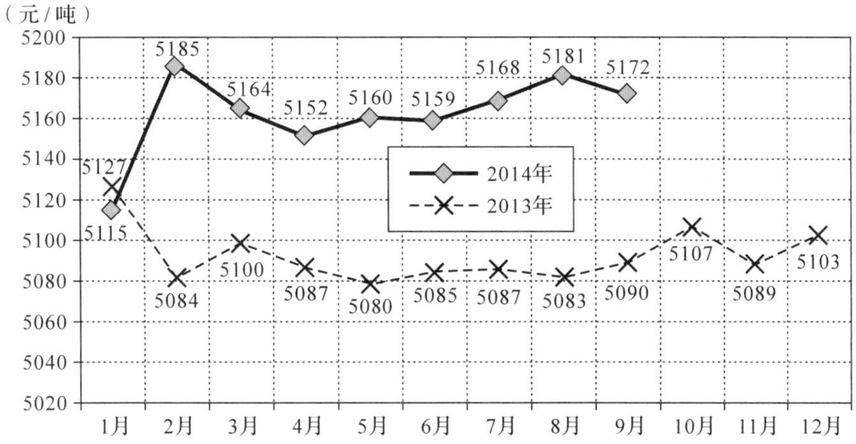

图 9-18　9 月全国大米批发综合平均价格比较（2014 年与 2013 年）

（1）粳米价格下降 1.51%。2014 年 9 月，据对全国 30 个交易日 752 个样本计算，全国粳米市场批发价格环比有所下降。9 月，全国粳米批发平均价格每吨 4884.8 元，与上一个月相比，下降 74.69 元，环比下降 1.51%。与 2013 年 9 月相比，粳米批发价格上涨 102.85 元，同比涨幅 2.15%。

（2）籼米价格上涨 0.18%。2014 年 9 月，据对全国 30 个交易日 415 个样本计算，全国籼米市场批发价格环比有所上升。9 月，全国籼米（晚籼米）批发平均价格每吨 4469.3 元，与上一个月相比，上涨 7.92 元，环比上涨 0.18%。与 2013 年 9 月相比，籼米批发价格上涨 266.46 元，同比涨幅 6.34%。

（3）糯米价格下降 0.21%。2014 年 9 月，据对全国 30 个交易日 257 个样本计算，全国糯米市场批发价格有所上升。9 月，全国糯米批发平均价格每吨 6289.3 元，与上一个月相比，下降 12.98 元，环比下降 0.21%。与 2013 年 9 月相比，糯米批发价格下降 66.61 元，同比下降 1.05%。

（4）其他米价格上涨 0.89%。2014 年 9 月，据对全国 30 个交易日 863 个样本计算，全国其他米市场批发价格有所上升。9 月，全国其他米批发平均价格每吨 5044.2 元，与上一个月相比，上涨 44.33 元，环比上涨 0.89%。与 2013 年 9 月相比，其他米批发价格上涨 25.62 元，同比上涨 0.51%。

9.3.10　10 月份价格平均下降 0.13%

2014 年 10 月，全国大米初级市场总体走势有所下降。按照四种类型大米计算算术平均数,10 月全国大米综合平均价格每吨 5165.3 元,与上一个月相比,下降 6.59 元,环比下降 0.13%。与 2013 年 10 月相比,大米综合批发价格上涨 57.83 元,同比涨幅 1.13%。全国大米批发综合平均价格自 2013 年 1 月以来的月度走势如图 9-19 所示。

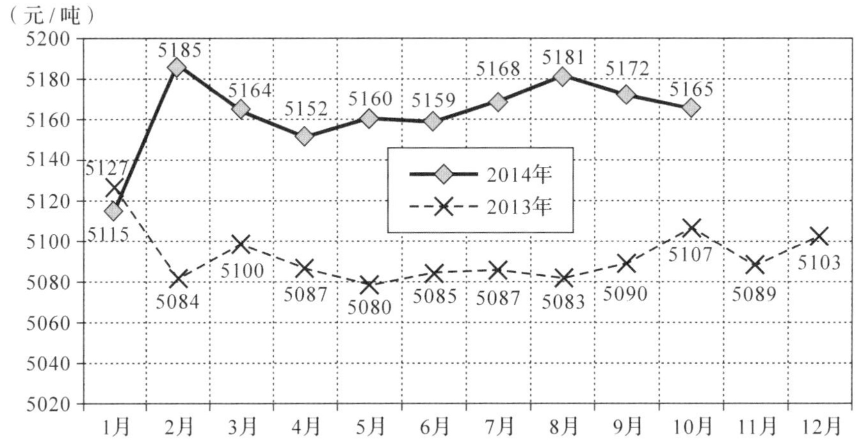

图 9-19　10 月全国大米批发综合平均价格比较(2014 年与 2013 年)

(1)粳米价格下降 0.26%。2014 年 10 月,据对全国 31 个交易日 748 个样本计算,全国粳米市场批发价格环比有所下降。10 月,全国粳米批发平均价格每吨 4872.2 元,与上一个月相比,下降 12.53 元,环比下降 0.26%。与 2013 年 10 月相比,粳米批发价格上涨 80.75 元,同比涨幅 1.69%。

(2)籼米价格下降 0.82%。2014 年 10 月,据对全国 31 个交易日 415 个样本计算,全国籼米市场批发价格环比有所下降。10 月,全国籼米(晚籼米)批发平均价格每吨 4432.6 元,与上一个月相比,下降 36.70 元,环比下降 0.82%。与 2013 年 10 月相比,籼米批发价格上涨 194.50 元,同比涨幅 4.59%。

(3)糯米价格上涨 0.22%。2014 年 10 月,据对全国 31 个交易日 259 个样本计算,全国糯米市场批发价格有所上升。10 月,全国糯米批发平均价格每吨 6302.3 元,与上一个月相比,上涨 13.55 元,环比上涨 0.22%。与 2013 年 10 月相比,糯米批发价格下降 88.35 元,同比下降 1.38%。

(4)其他米价格上涨 0.18%。2014 年 10 月,据对全国 31 个交易日 878 个样本计算,全国其他米市场批发价格有所上升。10 月,全国其他米批发平均价格每吨 5053.5 元,与上一个月相比,上涨 9.33 元,环比上涨 0.18%。与 2013 年 10 月相比,其他米批发价格上涨 44.42 元,同比上涨 0.89%。

9.3.11　11 月份价格平均下降 0.29%

2014 年 11 月,全国大米初级市场总体走势有所下降。按照四种类型大米计算算术平均数,11 月份全国大米综合平均价格每吨 5150.4 元,与上一个月相比,下降 14.90 元,环比下降 0.29%。与 2013 年 11 月相比,大米综合批发价格上涨 61.26 元,同比涨幅 1.20%。全国大米批发综合平均价格自 2013 年 1 月以来的月度走势如图 9-20 所示。

(1)粳米价格上涨 0.37%。2014 年 11 月,据对全国 30 个交易日 701 个样本计算,全国

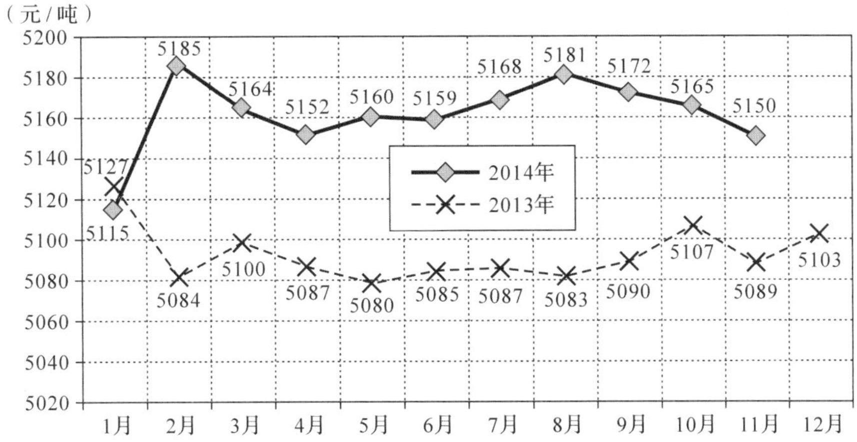

图 9-20　11 月全国大米批发综合平均价格比较（2014 年与 2013 年）

粳米市场批发价格环比有所上涨。11 月，全国粳米批发平均价格每吨 4890.4 元，与上一个月相比，上涨 118.21 元，环比上涨 0.37%。与 2013 年 11 月相比，粳米批发价格上涨 98.20 元，同比涨幅 2.05%。

（2）籼米价格下降 1.91%。2014 年 11 月，据对全国 30 个交易日 402 个样本计算，全国籼米市场批发价格环比有所下降。11 月，全国籼米（晚籼米）批发平均价格每吨 4347.9 元，与上一个月相比，下降 84.72 元，环比下降 1.91%。与 2013 年 11 月相比，籼米批发价格上涨 89.31 元，同比涨幅 2.10%。

（3）糯米价格下降 0.16%。2014 年 11 月，据对全国 30 个交易日 251 个样本计算，全国糯米市场批发价格有所下降。11 月，全国糯米批发平均价格每吨 6292.5 元，与上一个月相比，下降 10.32 元，环比下降 0.16%。与 2013 年 11 月相比，糯米批发价格下降 50.35 元，同比下降 0.79%。

（4）其他米价格上涨 0.34%。2014 年 11 月，据对全国 30 个交易日 824 个样本计算，全国其他米市场批发价格有所上升。11 月，全国其他米批发平均价格每吨 5070.8 元，与上一个月相比，上涨 17.23 元，环比上涨 0.34%。与 2013 年 11 月相比，其他米批发价格上涨 107.87 元，同比上涨 2.12%。

9.3.12　12 月份价格平均上涨 0.07%

2014 年 12 月，按照四种类型大米计算算术平均数，全国大米综合平均价格每吨 5154 元，与上一个月相比，上涨 3.39 元，环比上涨 0.07%。与 2013 年 12 月相比，大米综合批发价格上涨 50.40 元，同比涨幅 0.99%。2014 年全年大米批发价格平均 5160.49 元/吨，比 2013 年的 5093.51 元/吨上涨 1.32%。

（1）粳米价格上涨 0.51%。2014 年 12 月，据对全国 31 个交易日 763 个样本计算，全国粳米市场批发价格环比有所上涨。12 月，全国粳米批发平均价格每吨 4915 元，与上一个月相比，上涨 24.71 元，环比上涨 0.51%。与 2013 年 12 月相比，粳米批发价格上涨 128.92 元，同比涨幅 2.69%。2014 年全年粳米批发价格平均 4901.06 元/吨，比 2013 年的 4788.02 元/吨上涨 2.36%。

(2)籼米价格下降0.05%。2014年12月,据对全国31个交易日440个样本计算,全国籼米市场批发价格环比有所下降。12月,全国籼米(晚籼米)批发平均价格每吨4346元,与上一个月相比,下降2.19元,环比下降0.05%。与2013年12月相比,籼米批发价格上涨65.93元,同比涨幅1.54%。2014年全年籼米批发价格平均4409.84元/吨,比2013年的4249.03元/吨上涨3.78%。

(3)糯米价格上涨0.05%。2014年12月,据对全国31个交易日262个样本计算,全国糯米市场批发价格有所上涨。12月,全国糯米批发平均价格每吨6295元,与上一个月相比,上涨2.80元,环比上涨0.04%。与2013年12月相比,糯米批发价格下降68.18元,同比下降1.07%。2014年全年糯米批发价格平均6302.82元/吨,比2013年的6326.61元/吨下降0.38%。

(4)其他米价格下降0.23%。2014年12月,据对全国31个交易日887个样本计算,全国其他米市场批发价格有所下降。12月,全国其他米批发平均价格每吨5059元,与上一个月相比,下降11.77元,环比下降0.23%。与2013年12月相比,其他米批发价格上涨74.91元,同比上涨1.50%。2014年全年其他大米批发价格平均5028.24元/吨,比2013年的5010.36元/吨上涨0.36%。

9.4 小 结

2014年,我国继续规范批发市场整顿和秩序建设,作为大宗农产品和国计民生性质的大米一级批发市场经营更加有序。然而,水稻生连续11年的增产效应,加上进口低价大米数量和种类继续增加,导致国内一级批发市场容量几近极限,因此,批发市场大米价格处在平缓上涨时期。

2014年,国内大米批发市场因不同的种类有着不同价格表现。与2013年相比,2014年大米综合平均价格上涨67元/吨,涨幅1.32%,是过去几年增长速度较缓的一年。其中,粳米价格上涨113元/吨,涨幅2.36%,是几类大米中上涨幅度居于第二的一种;晚籼米稻价格上涨160.8元/吨,涨幅3.78%,是涨幅最大的一种;糯米价格下降23.8元/吨,下降幅度0.38%,是唯一下降的一种;其他米价格上涨17.9元/吨,是涨幅最小的一种。

综合来看,全国大米流通价格已经走过了高速上升阶段,目前开始步入缓慢上升时期,标示着我国国内大米市场稳定和正常的价格调整期,与稻谷收购者价格变化相适应,表示我国稻米市场在增长方式和发展格局进入到一个正常的运行阶段,而且将对2015年稻米产业经济发展产生十分重要的影响。

第10章　2014年中国稻米国际贸易变化

中国是世界重要的稻米贸易国家之一。然而，随着国内稻米供求局势变化和世界重要产稻国家水稻生产水平迅速提高，国际稻米市场开始发生区域性变化。在国际稻米市场变化过程中，我国稻米贸易格局开始发生重大转变。这种转变，是我国水稻产业发展必须要高度重视和密切关注的。本章在描述我国稻米国际贸易长期趋势和规律基础上，重点分析2014年我国稻米贸易新变化，然后根据稻米进出口监测数据对2014年各个月份的进出口贸易状况开展月度变化轨迹分析。

10.1　稻米国际贸易长期趋势

从近年国际稻米市场情况看，我国进口稻米数量倍增，一跃成为世界第一大进口国。自2012年开始，连续3年进口量稳定在200万吨以上，2014年再创新高。与进口相比，出口数量严重萎缩，净进口量已经超过200万吨。

10.1.1　稻米净贸易长期趋势

长期来看，我国稻米净贸易（根据出口量与进口量之差计算而成）状况有了根本性变化。从过去长期来看，如图10-1所示，我国稻米净贸易量由正而负，正量越来越小，负值越来越大，我国在国际稻米市场的地位与作用已经发生了重大转变。

从1980年到2014年，如图10-1揭示的总变化轨迹，以出口大于进口的正年份为主，负年份不多。我国稻米净贸易量年份统计分析表明，在过去35年中，净贸易量为正的年份有28年，占80%，净贸易量为负的年份有7年，占20%。

在过去稻米净贸易的各个年份中，正贸易年份分为两个时期：一是1995年以前的第一阶段，正贸易量一般在100万吨以下，经历过1989年负贸易后一路上升。二是始于1995年的第二个阶段，经历了下降之后，于1998年净贸易量创下历史最高值的350万吨，经过2003年净贸易量高达236万吨之后净贸易量再次下降到100万吨以下。

从净贸易量长期趋势来看，值得特别重视的是，在1989年、1995—1996年两个阶段中有3个年份出现负贸易年，而且1995年负贸易量高达159万吨，但应该都是过程性的。然而最近时期始于2011年后连续4年负贸易年将可能使我国从此进入负贸易国家，而且这次贸易量绝对值高达－200万吨左右。

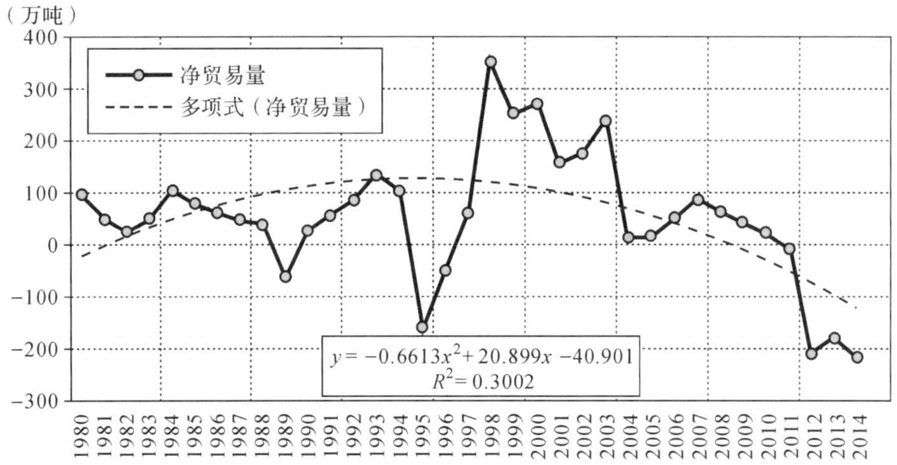

图 10-1　中国稻米净贸易量年度变化(1980—2014)

在过去的 35 年中,我国稻米净贸易量年度之间的变化也很大,稳定性较差。以过去负贸易年起始年份为标志的波动率表明,正波动率在 1998 年高达 490%,在 2012 年更是冲高到 2445%。图 10-2 描绘了过去 35 年间的年度波动率变化轨迹。

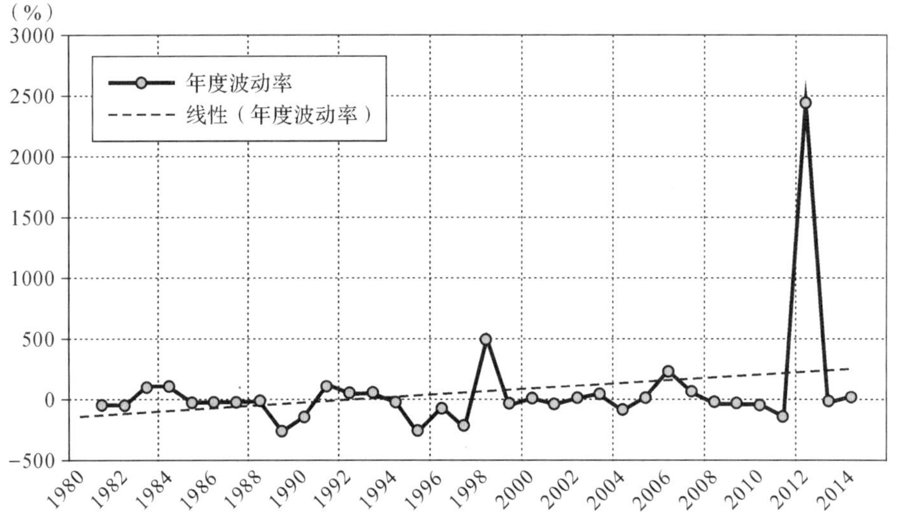

图 10-2　中国稻米净贸易量年度波动率变化(1980—2014)

10.1.2　稻米出口长期趋势

长期以来,中国一直是世界重要的稻米出口国家之一。纵观 1980 年到 2014 年,平均每年出口稻米 109 万吨。但近年来,中国稻米出口量急剧下降,目前出口稻米不足 50 万吨。图 10-3 描绘了 1980 年以来中国稻米出口量变化轨迹。

纵观我国稻米出口贸易历史,有 3 个关键时点特别应该重视。1997 年以前,中国稻米出口量在 150 万吨以下;从 1998 年开始到 2003 年,中国稻米出口在 200 万吨以上;最近几年出口数量仅 50 万吨以下。

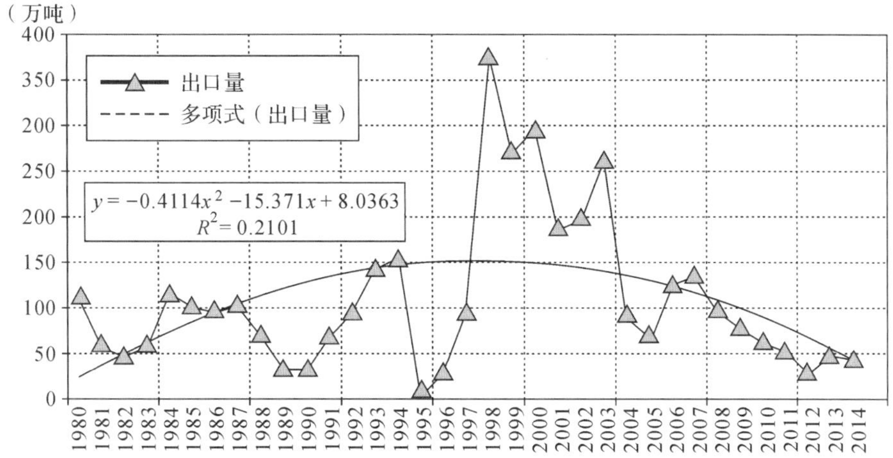

图 10-3　中国稻米出口量时间序列

从中国稻米出口量年度波动来看，近年来波动幅度有所缩小，波动率有所降低。2006 年的波动率(即 2006 年比 2005 年价格上涨百分比)为 0.5%，2007 年上升到 4.7%，2008 年为 11.0%，2009 年为 6.6%，2010 年比上年上涨 11.5%，2011 年上涨幅度最大达到 19.3%，2012 年继续上涨 8.0%，2013 年首次下降 1.5%，2014 年则由负变为正向波动，波动率上涨 1.6%。1980 年到 2014 年中国稻米出口量年度波动率变化曲线如图 10-4 所示。

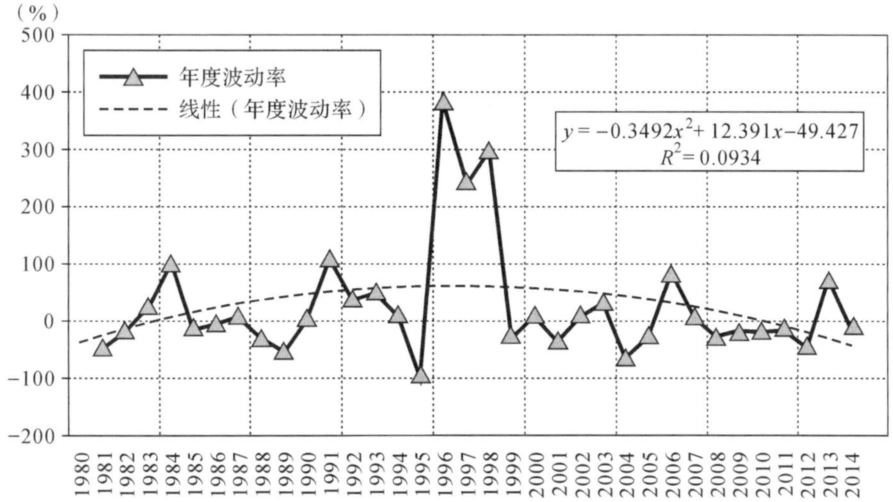

图 10-4　中国稻米出口量年度波动率变化

10.1.3　稻米进口长期趋势

(1)稻米进口数量长期变化。中国稻米进口变化在过去并不十分突出，显得较为平缓，而近年贸易格局却发生了最为突出的激烈变化，出口剧增是影响稻米净贸易负增长的重要因素。从 1980 年到 2014 年，中国稻米进口量变化的长期趋势变化如图 10-5 所示。

在过去的 35 年中，中国稻米进口经历了 4 个变化过程。第一个过程是改革开放到 1989 年，稻米进口量增长到接近 100 万吨的水平，但年度平均进口量多数年份在 50 万吨之

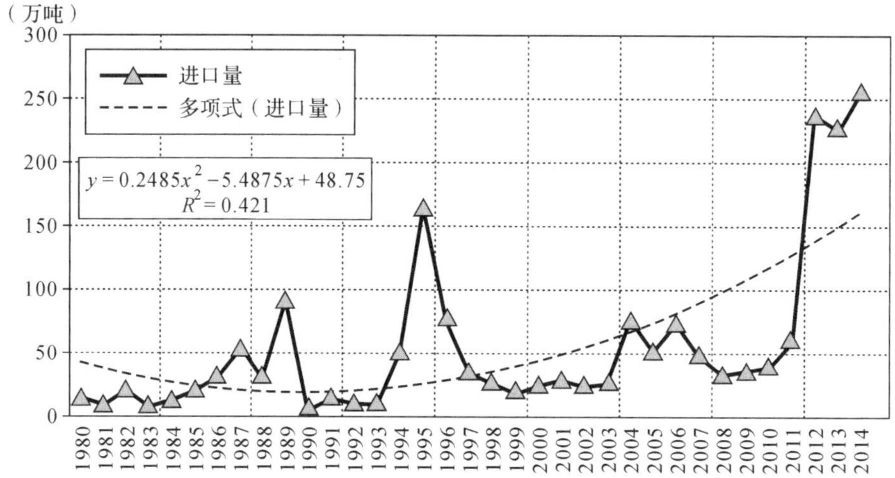

图 10-5　中国稻米进口量长期变化趋势

内。第二个上升过程是 1995 年进口量超过 150 万吨然后进口量逐年下降到 1998 年。第三个上升过程是从 1998 年开始几年的少量进口到 2005 年和 2007 年的小幅度上升后的下降,直到 2009 年不足 50 万吨。目前处在第四个上升过程中,这次上升过程的程度和上升的持续时间为历史最长,目前的上升几乎是连续 6 年的上升过程,而且最近几年的进口量都保持在 210 万吨以上,这是过去历史上绝无仅有的一个现象。

(2)稻米进口长期变化率。在过去 35 年间,我国稻米进口量年度间的波动较大,年度间的波动率变化如图 10-6 所示。

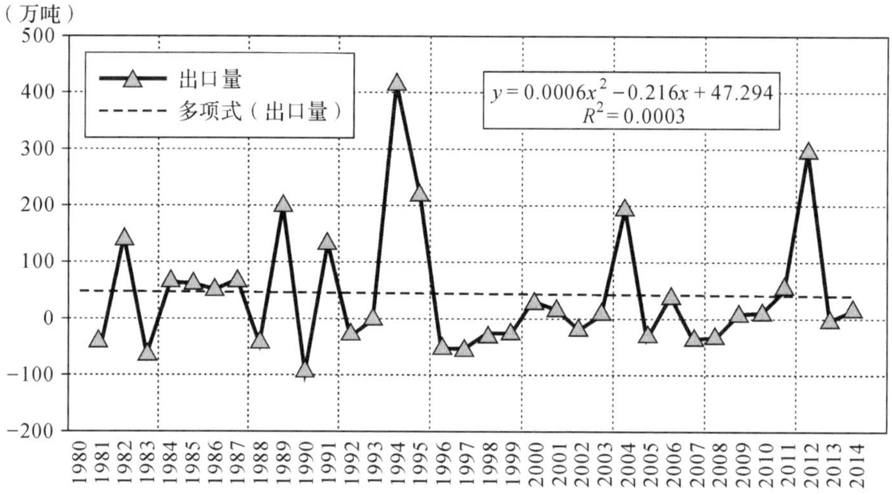

图 10-6　中国稻米进口量年度波动率变化

由图 10-6 大致可以看出,在过去 35 年中,我国稻米进口量总体上围绕“零”模拟线变化,但也表现了一些特征。一是在巨型波峰的 1994 年之前,基本上表现为围绕 47%的平均波动率而出现升降变化。1994 年之后的三个年度波动率都在 200%左右,但总体上多数年份的波动率为负向波动。

(3)稻米进口价格长期变化。按照当年进口入关的到岸价格(CIF,包括稻米入口货价、对方 FOB 价格之后的包装费、入关运费、保险费、进口运输过程中的劳务费等费用)计算我国进口稻米平均价格,得到自 1996 年以后 19 年的可用数据,年度时间序列数据如图 10-7 所示。

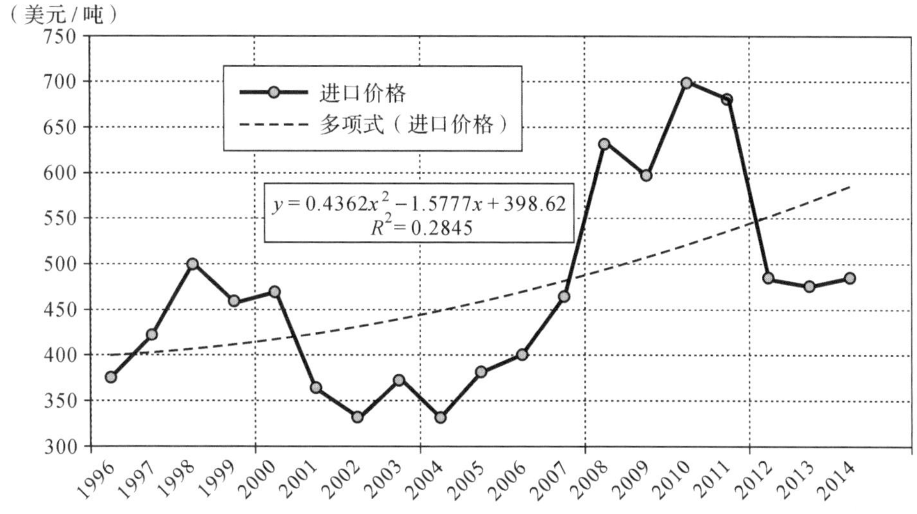

图 10-7　中国稻米进口价格年度变化(1996—2014)

在过去 19 年间,中国稻米进口价格经历了两个大的变化时期。一是 1998 年前后由升而降的变化过程。这一时期,进口稻米价格变化可能主要与国内产量在以前的下降而引发,到 1998 年上升到 431.5 美元/吨,直到 2004 年下降到最低的 334 美元/吨。二是此后进入到长达 6 年几乎连续上升的涨价过程,直到 2010 年高达 699 美元/吨,然后有长达 4 年几乎是连续下降的价格下跌过程,在这一波过程中,2013 年价格跌至 477 美元/吨,这一时期稻米进口价格变化主要是由 2008 年前后世界粮食危机(严格意义讲是世界粮食价格危机)造成的。

按照汇率中间价格折算成人民币,中国稻米进口价格,1996 年为 3134 元/吨,1998 年升至 4141 元/吨,2004 年跌到 2760 元/吨,2008 年上升到 4390 元/吨并于 2010 年继续上涨到 4732 元/吨,然后经历了一个下降过程,到 2013 年下降到 2986 元/吨。从过去长期来看,与国内价格相比,近年来我国进口稻米价格确实已经下降到一个很低的水平上。具体的年度价格如图 10-8 所示。

10.2　近期稻米国际贸易年度变化

2014 年,中国稻米国际贸易持续新一波变化行情。中国稻米贸易变化,对世界稻米市场的影响不可小觑,这种现象也引起了国内外的广泛关注。

10.2.1　稻米净贸易年度变化

2014 年,我国稻米净贸易量－216 万吨,按照月度平均为－18.0 万吨/月。将进口量与

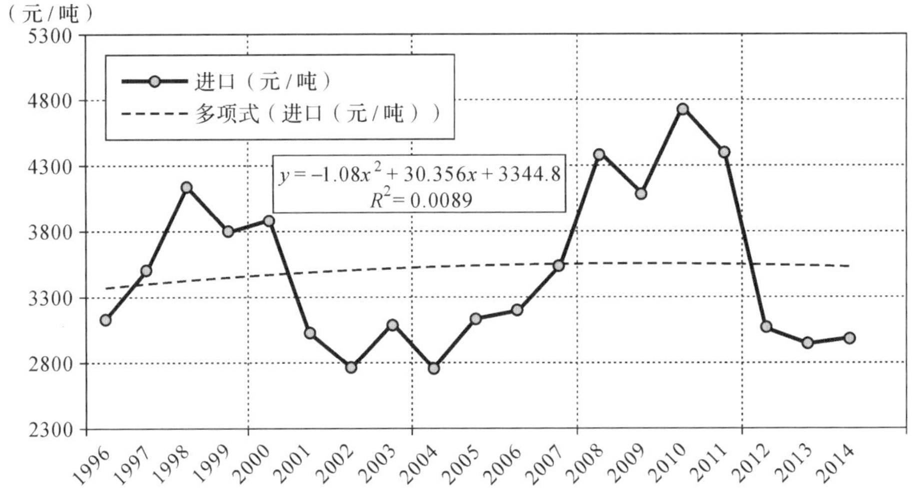

图 10-8　按人民币折算的中国稻米进口价格年度变动(1996—2014)

出口量相比计算进出口比率(出口量=1)，已经高达 6.15∶1。图 10-9 描绘了我国稻米净贸易量自 2010 年以来到 2014 年 12 月连续 5 年来月度走势轨迹。

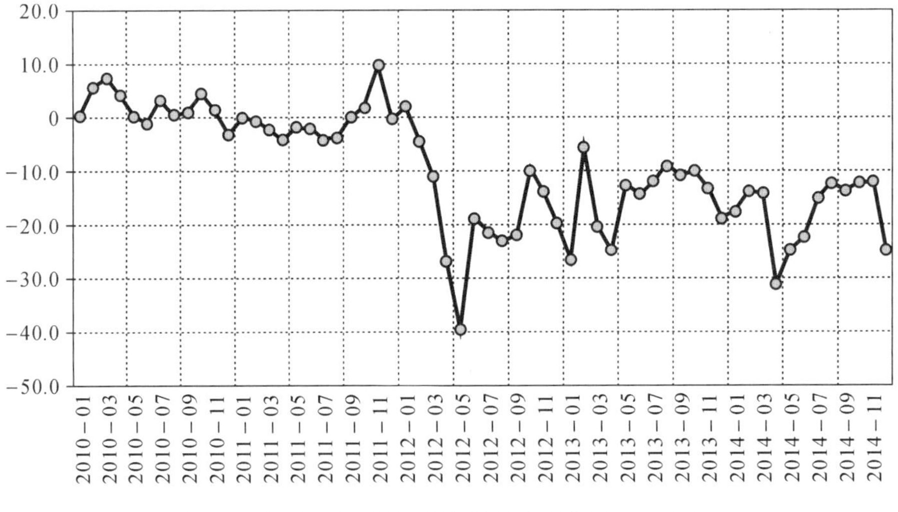

图 10-9　近年来中国稻米净贸易月度变化(2010—2014)

图 10-9 变化轨迹表明，自 2012 年 1 月以前，净贸易量有些月份是正值，而此后净贸易量全部为负值，其中在 2012 年 5 月达到最大负值，2014 年 5 月和 2014 年 12 月也有很大的负值。

与 2013 年相比，我国稻米净贸易量增量为－36.8 万吨，环比年度增长率为－20.5%。按照月度计算，平均－3.1 万吨/月，年度波动度达到 34.7 万吨，而进出口比率由 4.75∶1 提高到 6.15∶1，比率提高了 1.4，比率提高幅度达到 29.7%。2014 年与 2013 年相比近两年中国稻米净贸易量变化情况如表 10-1 所示。

表 10-1　中国稻米净贸易年度量变化(2013—2014 年)

	净贸易量(万吨)		年度波动率	进出口比率(出口＝1)
	年度合计	月度平均	(%)	年　度
2013	－179.0	－14.9	－14.2	4.75
2014	－216.0	－18.0	20.5	6.15
增量(万吨)	－36.8	－3.1	34.7	1.4
增长率(%)	－20.5	－20.5	－244.6	29.7

数据来源:国家水稻产业经济数据库。

按照月度计算,2014 年 12 个月平均稻米净贸易量－18.0 万吨,与 2013 年平均－14.9 万吨相比,2014 年平均每月增量为－3.1 万吨,比 2013 年增长－20.5%。从月度来看,2014 年各个月份净贸易量均为负值,同 2013 年各个月份一样,但 2014 年除 1 月、3 月和 11 月以外,其他各个月份净贸易均为负增长,即净贸易量有 9 个月超过了 2013 年净贸易量水平。2014 年与 2013 年各个月份净贸易量数据及其变动和变化率详见表 10-2。

表 10-2　中国稻米净贸易量月度变化(2013—2014 年)

	净贸易量(万吨)		2014 年变化	
	2014 年	2013 年	变动(万吨)	变化率(%)
1 月	－17.7	－26.7	9.0	－33.9
2 月	－13.9	－5.7	－8.2	142.5
3 月	－14.3	－20.5	6.2	－30.2
4 月	－31.0	－24.8	－6.2	25.0
5 月	－24.7	－12.7	－12.0	94.1
6 月	－22.3	－14.3	－8.0	56.3
7 月	－15.1	－12.0	－3.1	25.6
8 月	－12.4	－9.2	－3.2	34.6
9 月	－13.7	－10.8	－2.8	26.3
10 月	－12.3	－10.1	－2.1	21.3
11 月	－12.1	－13.4	1.3	－9.4
12 月	－24.6	－18.8	－5.8	30.9
全年	－216.1	－179.3	－36.8	－20.5
年均	－18.0	－14.9	－3.1	－20.5

数据来源:国家水稻产业经济数据库。

10.2.2　稻米出口年度变化

2014 年,中国稻米出口 419205 吨,是自 2011 年以后连续 3 年低于 50 万吨的年份。相对 2013 年,出口量继续下降,出口量减少 59296 吨,全年稻米出口量下降了 12.4%。

2014 年是我国稻米出口量持续低于 50 万吨的一年，与 20 世纪末年出口 300 多万吨(1998 年稻米出口量 376 万吨)相比，与 21 世纪初年出口 200 多万吨(2003 年出口 262 万吨)相比，与 2006—2008 年平均出口百万吨相比，目前我国稻米出口规模明显下滑，并且已经降到一个很小的规模。我国稻米出口在国际市场上已经显得无足轻重，对于国家稻米贸易的重要性也下降到比较次要的地位。下面给出中国稻米出口 2010—2014 年 5 年来月度连续走势图。该图说明近年来我国稻米出口量在 2011 年 11 月和 2014 年 11 月最大在 10 万吨以上，而 2014 年 2 月则很少出口，而且许多年份都是在 1 万吨至 5 万吨之间。图 10-10 描绘了我国稻米出口量自 2010 年以来到 2014 年 12 月连续 5 年的月度走势轨迹。

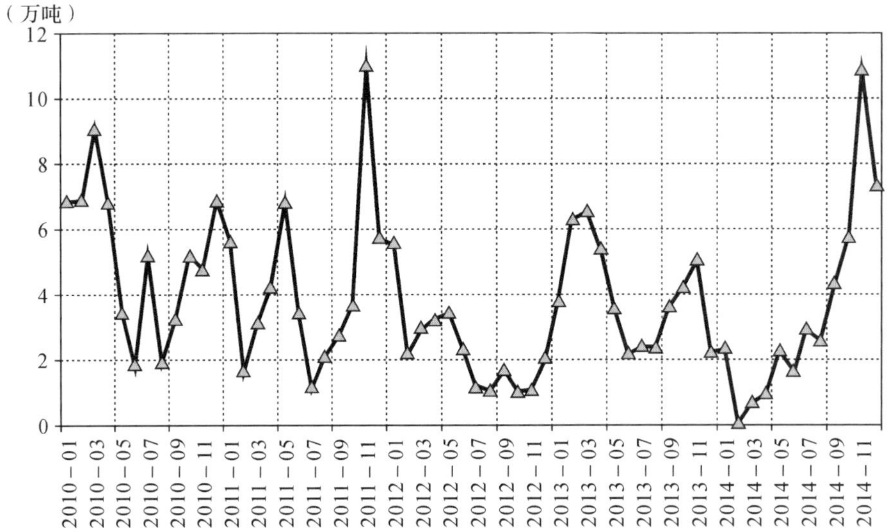

图 10-10　近年来中国稻米出口月度变化(2010—2014)

2014 年与 2013 年相比，2014 年稻米出口量在 1 月基本上是维持 2013 年 12 月出口量，2 月是全年出口量最低的一个月，出口稻米只有 641 吨，然后逐月增加到 8 月达到 2 万吨之后开始有一个明显的增加过程，到 11 月的出口量为年内最高，达到 108917 吨。2014 年稻米出口量月度走势，前半年与 2013 年相反，而且多数月份低于 2013 年，但后半年的月度走势与 2013 年的月度走势大致类似，几乎自 7 月开始各个月都要高于上一年。各月份稻米出口量变化如图 10-11 所示。

10.2.3　稻米进口年度变化

2014 年进口量增长 13.6%。2014 年继续了新时期进口增长的态势，年度进口量达到 258 万吨，比上年增加 31 万吨，增长 13.6%。这种增长的态势，自 2010 年以来已有表现，而暴涨态势则是始于 2012 年，此后 3 年持续在 200 万吨以上，而 2014 年并没有延续 2013 年的下降反而增加了。图 10-12 描绘了近 5 年来中国稻米进口量月度连续变化轨迹。

表 10-3 是近 5 年来中国稻米进口量按照月度统计的连续变化的数据。表中的数据说明，2010 年和 2011 年几乎所有月份进口量都不足 10 万吨，而 2012 年到 2014 年间绝大多数月份进口量都在 10 万吨以上。表中最后两列给出了 2014 年各个月份的月度环比变化和与 2013 年相同月份相比的同比变化。

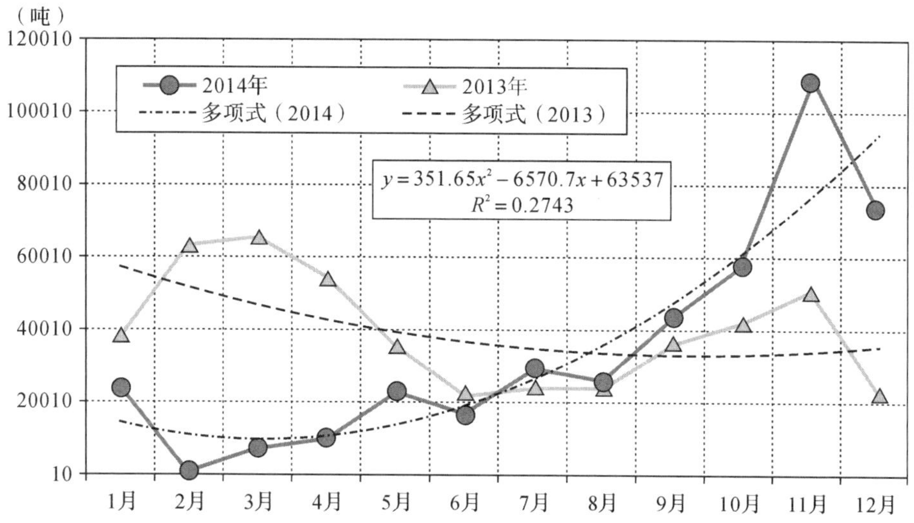

图 10-11　中国稻米出口量月度变化(2014 年与 2013 年)

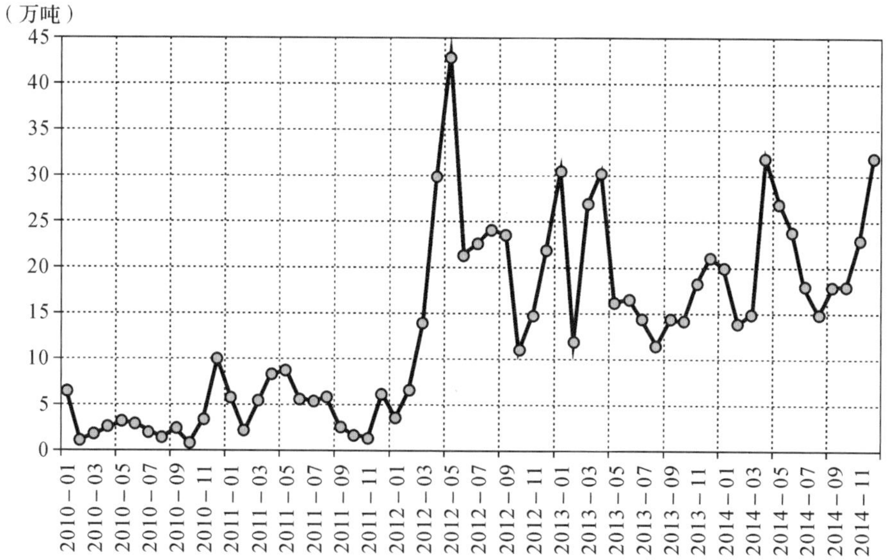

图 10-12　近年来中国稻米进口量月度变化(2010—2014)

表 10-3　中国稻米进口量月度变化(2010—2014 年)　　(单位:万吨)

	2010	2011	2012	2013	2014	2014 环比(%)	2014 同比(%)
1 月	6.5	5.8	3.7	30.5	20	－5.0	－34.4
2 月	1.2	2.3	6.6	12.1	14	－30.0	16.1
3 月	1.8	5.4	14.0	27.1	15	7.1	－44.6
4 月	2.7	8.4	30.0	30.2	32	113.3	5.9
5 月	3.2	8.8	42.8	16.3	27	－15.6	65.7
6 月	3.0	5.6	21.4	16.5	24	－11.1	45.4

续表

	2010	2011	2012	2013	2014	2014 环比(%)	2014 同比(%)
7 月	2.0	5.5	22.6	14.4	18	—25.0	25.0
8 月	1.5	5.8	24.1	11.6	15	—16.7	29.1
9 月	2.4	2.7	23.5	14.5	18	20.0	24.6
10 月	0.9	1.8	11.1	14.3	18	0.0	25.8
11 月	3.5	1.5	14.9	18.4	23	27.8	24.8
12 月	10.0	6.2	21.8	21.1	32	39.1	52.0
全年	38.8	59.8	236.9	227.1	258	13.6	13.6

数据来源:国家水稻产业经济研究室。

2014 年与 2013 年相比,2014 年总体上月度进口量类似,但 2014 年进口量数据更高,只有 1 月和 3 月数据低于 2013 年,确实体现了 2014 年进口量增长的态势。2014 年进口量月度变化见图 10-13。

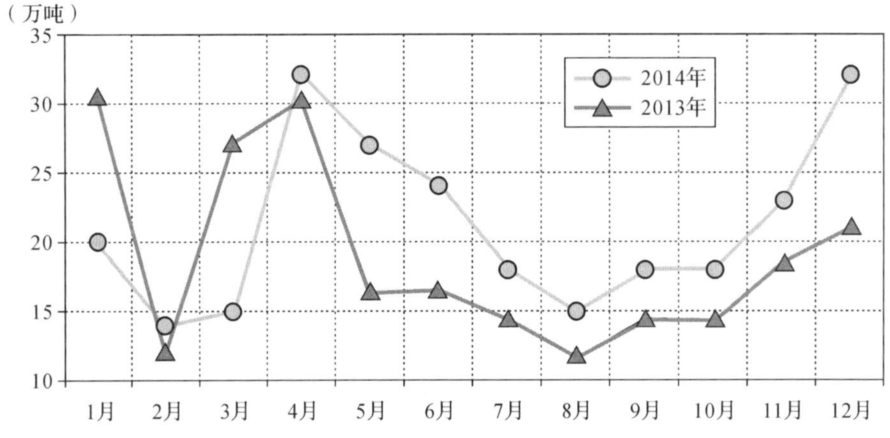

图 10-13　中国稻米进口量月度变化(2014 年与 2013 年)

10.2.4　稻米进口价格进入低价时代

(1)以美元计价的 2014 年价格上涨 1.94%。按照到岸价格(CIF)平均计算,2014 年中国稻米进口平均价格 486.1 美元/吨,比上年上涨了 1.94%。从年度来看,2014 年是自 2010 年高达 700 美元/吨之后在 2012 年价格“跳水”的情况下近年急剧下降到 500 美元/吨之年。目前仍然维持在低价位进口稻米的一种市场状态。

回顾最近几年我国稻米进口价格变化,在年度间有着不同的变化轨迹。2010 年各月价格表现为年中下降,低至 9 月 539.3 美元/吨,10 月急速上升到 808.9 美元/吨,11 月有所回落,但 12 月又涨至 810.3 美元/吨。在 2011 年年初继续高涨并于 5 月跌到 545.8 美元/吨,此后一路上升到 12 月的 921.0 美元/吨。2012 年开年的 1 月下跌到 748.0 美元/吨,此后一路走低,到 5 月下降到 457.7 美元/吨,然后上扬到年底的 12 月涨至 542.0 美元/吨。2013 年总体上继续下降,到 6 月降至 439.1 美元/吨。2014 年年初延续了 2013 年下半年价格回升趋势，走出了一个下降和回复的轨迹，但全年最高为 1 月 532.7 美元/吨，最低是 6 月 447.3 美元/吨，到下半年的 12 月上升到 507.4 美元/吨。

2014 年价格变化比较突出。表 10-4 最后两列给出了 2014 年各个月份与其上一个月相比价格环比变化率和与 2013 年相比的价格同比变化率。从 2014 年环比变化率来看，年内只有 3 月、7 月、9 月和 12 月共 4 个月的价格环比有所上升，其他 8 个月环比均为下降。从最后一列数据可以看出，与 2013 年同月相比，2014 年价格在多数月份表现为上涨，只有 5 月和 12 月表现为下降。因此，2014 年比 2013 年价格总体上是上涨的，全年平均上涨 1.94%。

表 10-4　中国稻米进口美元价格月度变化(2010—2014 年)　(单位:万吨)

	2010	2011	2012	2013	2014	2014 环比变化率(%)	2014 比上年同比变化率(%)
1 月	767.7	828.7	748.0	483.8	532.7	−5.40	10.09
2 月	704.7	802.2	631.5	469.8	494.0	−7.26	5.16
3 月	718.4	702.0	531.5	468.8	504.2	2.06	7.54
4 月	678.5	578.8	466.3	459.5	467.6	−7.27	1.75
5 月	590.1	544.8	457.7	487.8	466.1	−0.32	−4.46
6 月	565.9	585.5	462.2	439.1	447.3	−4.03	1.86
7 月	562.0	613.1	457.9	448.6	497.6	11.26	10.93
8 月	596.5	625.9	462.6	471.8	484.8	−2.57	2.77
9 月	539.3	682.1	459.2	469.2	508.5	4.88	8.39
10 月	808.9	819.7	492.5	450.3	502.3	−1.23	11.55
11 月	676.9	920.9	510.3	482.0	487.0	−3.05	1.03
12 月	810.3	921.0	542.0	563.1	507.4	4.20	−9.89
全年	699.0	681.9	486.9	476.9	486.1	1.94	1.94

数据来源：国家水稻产业经济研究室。

(2)按人民币折算 2014 年价格上涨 1.14%。人民币兑美元的汇率变化，影响到进口稻米的价格表现和与国内大米价格相比的实际购买力。近年来，人民币汇率中间价兑美元结算价格有一定变化，总体上是人民币走强，美元走弱，人民币升值，美元贬值。仅从 2010 年到 2014 年年度平均价格来看，人民币升值 9.24%，其中 2014 年比 2013 年升值 0.81%，比 2012 年升值 2.69%，比 2011 年升值 4.89%。在按照美元支付的国际贸易中，中国稻米进口价格在美元与人民币转换中，实际上相当于以相同的美元支付更少的人民币。在美元持续贬值与人民币升值的结汇交易过程中，世界稻米市场价格走低的情况，更有利于中国进口稻米。

按照每日美元中间价计算汇率得到月度平均汇率并折算成人民币价格，表 10-5 给出了 2010 年到 2014 年中国进口稻米的人民币月度平均价格及 2014 年月度环比和与 2013 年同月相比变化率。

表 10-5　按人民币计算的中国进口稻米价格月度变化(2010—2014 年)　(单位:万吨)

	2010	2011	2012	2013	2014	2014 年环比变化率(%)	2014 年同比变化率(%)
1 月	5241	5472	4724	3038	3252	−5.6	7.0
2 月	4811	5282	3978	2952	3020	−7.1	2.3
3 月	4904	4609	3360	2942	3094	2.4	5.2
4 月	4632	3779	2936	2871	2878	−7.0	0.3
5 月	4029	3540	2886	3023	2873	−0.2	−5.0
6 月	3857	3793	2920	2710	2753	−4.2	1.6
7 月	3809	3961	2896	2769	3064	11.3	10.6
8 月	4051	4011	2933	2911	2987	−2.5	2.6
9 月	3638	4364	2911	2889	3129	4.7	8.3
10 月	5398	5211	3110	2764	3086	−1.4	11.6
11 月	4495	5839	3212	2958	2991	−3.1	1.1
12 月	5390	5828	3410	3444	3107	3.9	−9.8
全年	4731	4405	3074	2952	2986	1.14	1.14

数据来源:国家水稻产业经济研究室。

由上表数据可见,我国进口稻米 2014 年相当于 2986 元/吨,仅比 2013 年上涨 1.14%,但比 2010 年下降 36.9%,比 2011 年下降 32.2%,比 2012 年下降 2.9%。

2014 年,以及 2014 年与 2013 年相比按照美元价格计算和兑换成人民币的价格变化,详见图 10-14 和图 10-15。

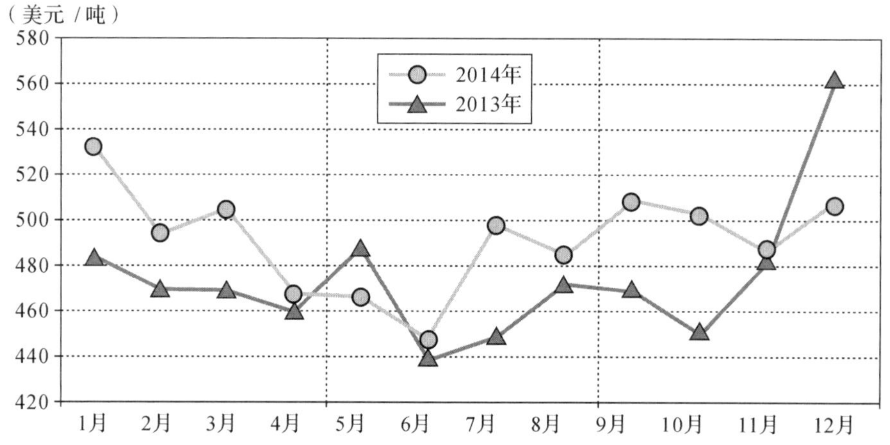

图 10-14　中国稻米进口价格月度变化(2014 年与 2013 年)

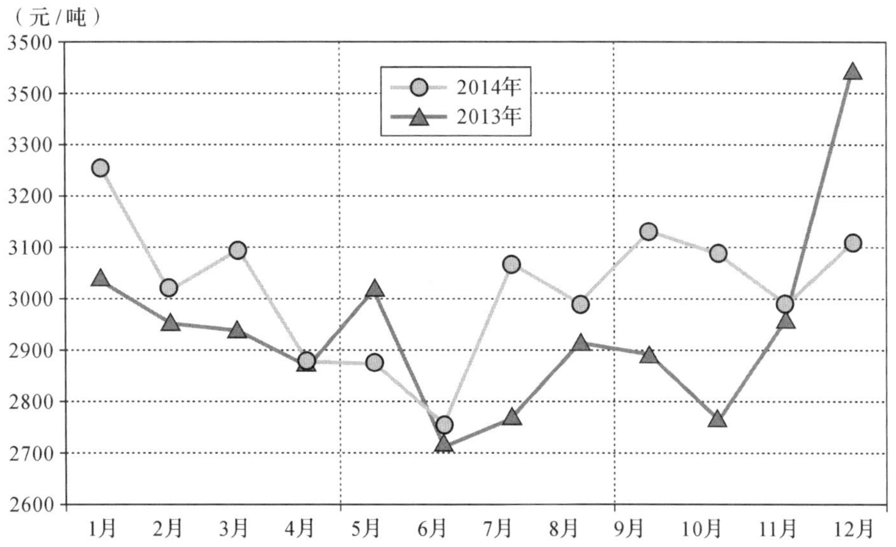

图 10-15　中国稻米进口价格月度变化(2014 年与 2013 年)

10.3　2014 年稻米贸易监测月度分析

根据监测数据,以 2014 年各个月份为分析单位,监测分析从 2014 年 1 月到 2014 年 12 月全部 12 个月稻米价格月度环比变化和月度同比(当年当月与上年同月相比)变化情况,简述我国稻米净贸易状况,以及出口和进口的月度变化情况。

10.3.1　1 月份进口量下降 34.3%

(1)2014 年 1 月中国稻米出口增长 5.0%。根据中国海关统计数据,2014 年 1 月,中国出口稻米 23541 吨,出口额 1656 万美元,平均价格每吨 830.9 美元。与上一个月相比,稻米出口量、出口额和单位价格环比变化分别为 5.0%、-25.1%和-28.7%。与 2013 年 1 月相比,大米出口量同比下降 38.4%,大米出口额同比下降 49.0%,大米出口单价同比下降 17.1%。

(2)2014 年 1 月中国稻米进口量增长 7.1%。根据中国海关统计数据,2014 年 1 月,中国进口稻米 20 万吨,进口额 10658 万美元,平均价格每吨 532.7 美元。与 2013 年 12 月相比,稻米进口量、进口额和单位价格环比变化分别为 8.6%、20.0%和 10.5%。与 2013 年 1 月相比,稻米进口量同比下降 34.3%,进口额同比下降 27.8%,进口单价同比上涨 10.1%。2014 年 1 月中国稻米进口量月度走势变化如图 10-16 所示。

10.3.2　2 月份进口量下降 30.0%

(1)2014 年 2 月中国稻米出口量下降 97.3%。根据中国海关统计数据,2014 年 2 月,中国出口稻米 641 吨,出口额 87 万美元,平均价格每吨 1361.9 美元。与上一个月相比,稻米出口量、出口额和单位价格环比变化分别为-97.3%、-95.5%和 63.9%。与 2013 年 2

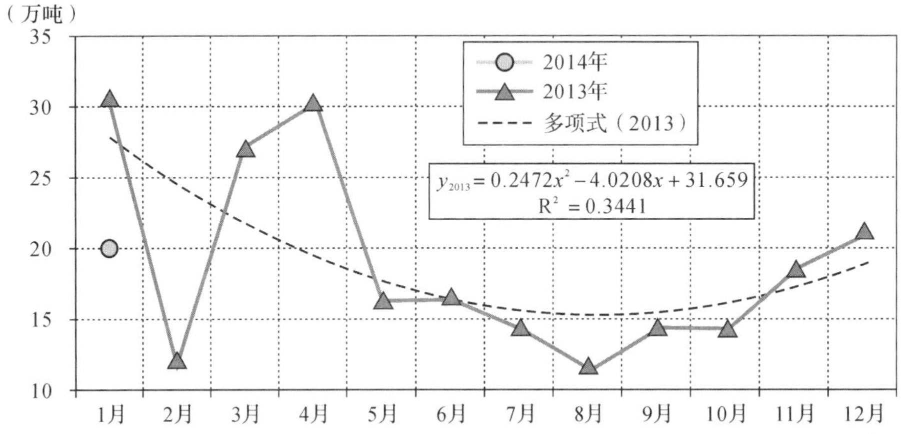

图 10-16　2014 年 1 月中国稻米进口量月度走势变化比较(2014 年与 2013 年)

月相比,稻米出口量同比下降 99.0%,出口额同比下降 98.3%,出口单价同比上涨 63.4%。

(2)2014 年 2 月中国稻米进口量下降 30.0%。根据中国海关统计数据,2014 年 2 月,中国进口稻米 14 万吨,进口额 6916 万美元,平均价格每吨 494.0 美元。与 2014 年 1 月环比,稻米进口量、进口额和单位价格环比变化分别为－30.0%、－35.1%和－7.3%。与 2013 年 2 月相比,稻米进口量变化率 16.1%,进口额变化率 22.1%,进口单价变化率 5.2%。2014 年 2 月中国稻米进口量月度走势变化如图 10-17 所示。

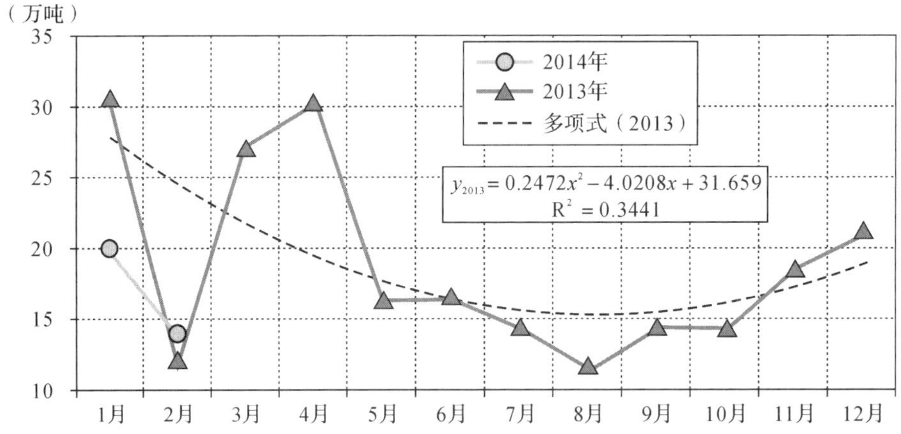

图 10-17　2014 年 2 月中国稻米进口量月度走势变化比较(2014 年与 2013 年)

10.3.3　3 月份进口量增长 7.1%

(1)2014 年 3 月中国稻米出口量增长 9.9 倍。根据中国海关统计数据,2014 年 3 月,中国出口稻米 7015 吨,出口额 1335.2 万美元,平均价格每吨 1897.5 美元。与上一个月相比,稻米出口量、出口额和单位价格环比变化分别为 994.4%、1424.9%和 39.3%。与 2013 年 3 月相比,稻米出口量同比下降 89.3%,出口额同比下降 75.3%,出口单价同比上涨 131.3%。

(2)2014 年 3 月中国稻米进口量增长 7.1%。根据中国海关统计数据,2014 年 3 月,中国进口稻米 15 万吨，进口额 7563 万美元，平均价格每吨 504.2 美元。与上一个月相比，稻米进口量、进口额和单位价格环比变化分别为 7.1%、9.4%和 2.1%。与 2013 年 3 月相比，稻米进口量同比下降 44.6%，进口额下降 40.4%，进口单价同比上涨 7.5%。2014 年 3 月中国稻米进口量月度走势变化如图 10-18 所示。

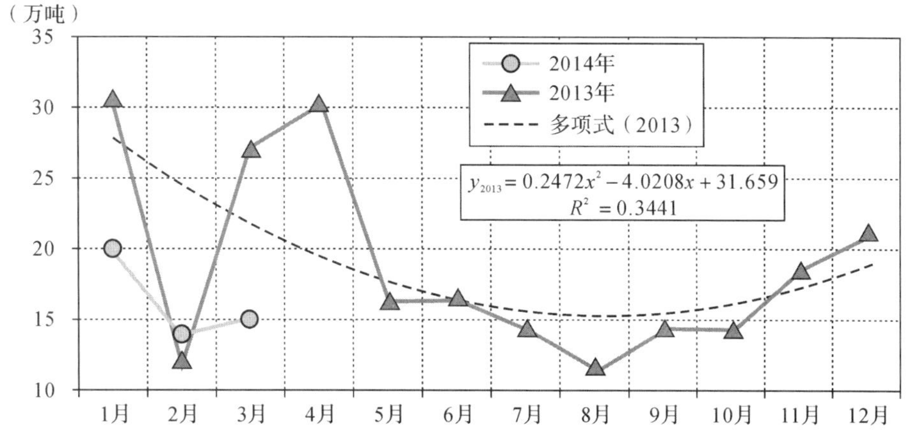

图 10-18　2014 年 3 月中国稻米进口量月度走势变化比较(2014 年与 2013 年)

10.3.4　4 月份进口量上涨 113.3%

(1)2014 年 4 月中国稻米出口量增长 39.6%。根据中国海关统计数据，2014 年 4 月，中国出口稻米 9792 吨，出口额 1266 万美元，平均价格每吨 1293.1 美元。与上一个月相比，稻米出口量、出口额和单位价格环比变化分别为 39.6%、−4.9%和−31.9%。与 2013 年 4 月相比，稻米出口量同比下降 451.6%，出口额同比下降 285.0%，出口单价同比上涨 43.3%。

(2)2014 年 4 月中国稻米进口量增长 113.3%。根据中国海关统计数据，2014 年 4 月，中国进口稻米 32 万吨，进口额 14962 万美元，平均价格每吨 467.6 美元。与上一个月相比，稻米进口量、进口额和单位价格环比变化分别为 113.3%、97.8%和−7.3%。与 2013 年 4 月同比，稻米进口量同比增长 5.9%，进口额同比增长 7.7%，进口单价同比上涨 1.8%。2014 年 4 月中国稻米进口量月度走势变化如图 10-19 所示。

10.3.5　5 月份进口量下降 15.6%

(1)2014 年 5 月中国稻米出口量增长 133.1%。根据中国海关统计数据，2014 年 5 月，中国出口稻米 22830 吨，出口额 2467 万美元，平均价格每吨 1080.6 美元。与上一个月相比，稻米出口量、出口额和单位价格环比变化率分别为 133.1%、94.8%和−16.4%。与 2013 年 5 月相比，稻米出口量变化率 451.6%，出口额变化率−19.9%，出口单价变化率 24.9%。

(2)2014 年 5 月中国稻米进口量下降 15.6%。根据中国海关统计数据，2014 年 5 月，中国进口稻米 27 万吨，进口额 12584 万美元，平均价格每吨 466.1 美元。与上一个月相比，大米进口量、进口额和单位价格环比变化率分别为−15.6%、−15.9%和−0.3%。与 2013 年 5 月相比，稻米进口量变化率 65.7%，进口额变化率 58.3%，进口单价变化率−4.5%。

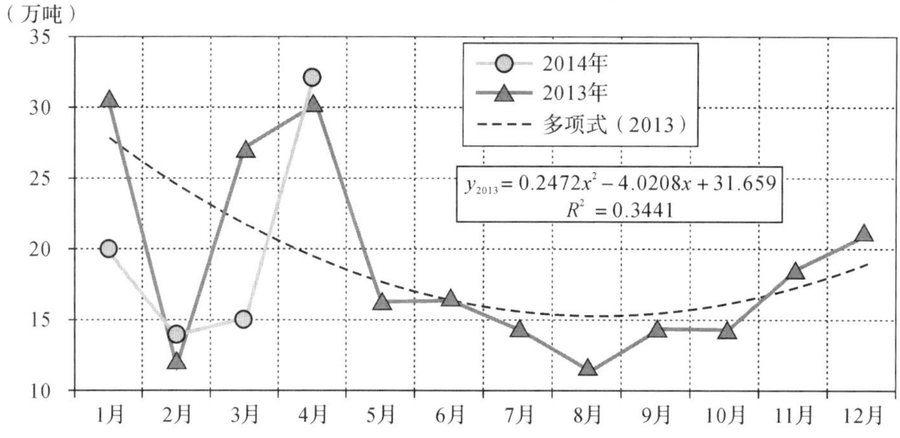

图 10-19　2014 年 4 月中国稻米进口量月度走势变化比较(2014 年与 2013 年)

2014 年 5 月中国稻米进口量月度走势变化如图 10-20 所示。

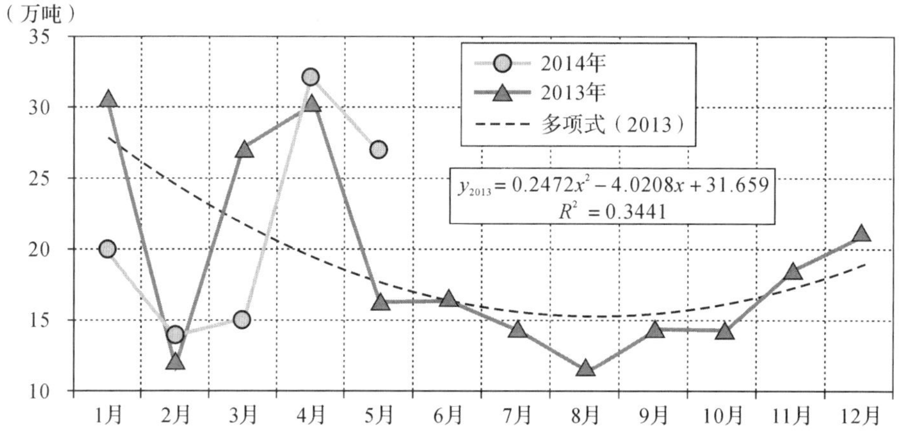

图 10-20　2014 年 5 月中国稻米进口量月度走势变化比较(2014 年与 2013 年)

10.3.6　6 月份进口量下降 11.1%

(1)2014 年 6 月中国稻米出口量下降 27.5%。根据中国海关统计数据,2014 年 6 月,中国出口稻米 16545 吨,出口额 1259 万美元,平均价格每吨 760.8 美元。与上一个月相比,稻米出口量、出口额和单位价格环比变化率分别为－27.5%、－49.0%和－29.6%。与 2013 年 6 月相比,稻米出口量同比下降 25.2%,出口额同比下降 24.2%,出口单价同比上涨 1.4%。

(2)2014 年 6 月中国稻米进口量下降 11.1%。根据中国海关统计数据,2014 年 6 月,中国进口稻米 24 万吨,进口额 10735 万美元,平均价格每吨 447.3 美元。与上一个月相比,稻米进口量、进口额和单位价格环比变化率分别为－11.1%、－14.7%和－4.0%。与 2013 年 6 月相比,稻米进口量、进口额和单位价格同比变化率分别为 45.4%、48.1 和 1.9%。2014 年 6 月中国稻米进口量月度走势变化如图 10-21 所示。

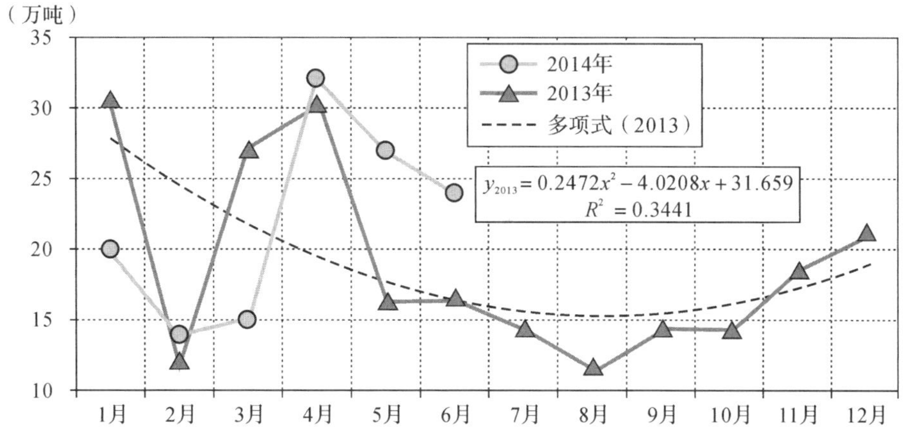

图 10-21　2014 年 6 月中国稻米进口量月度走势变化率比较(2014 年与 2013 年)

10.3.7　7 月份进口量下降 25.0%

(1)2014 年 7 月中国稻米出口量增长 78.1%。根据中国海关统计数据,2014 年 7 月,中国出口稻米 29461 吨,出口额 2011 万美元,平均价格每吨 716.7 美元。与上一个月相比,稻米出口量、出口额和单位价格环比变化率分别为 78.1%、67.7%和－5.8%。与 2013 年 7 月相比,稻米出口量同比增长 22.2%,出口额同比增长 18.0%,出口价格同比下降 3.3%。

(2)2014 年 7 月中国稻米进口量下降 25.0%。根据中国海关统计数据,2014 年 7 月,中国进口稻米 18 万吨,进口额 8958 万美元,平均价格每吨 497.6 美元。与上一个月相比,稻米进口量、进口额和单位价格的环比变化率分别为－25.0%、－16.6%和 11.3%。与 2013 年 7 月相比,稻米进口量、进口额和单位价格同比变化率分别为 25.0%、38.6%和 10.9%。2014 年 7 月中国稻米进口量月度走势变化如图 10-22 所示。

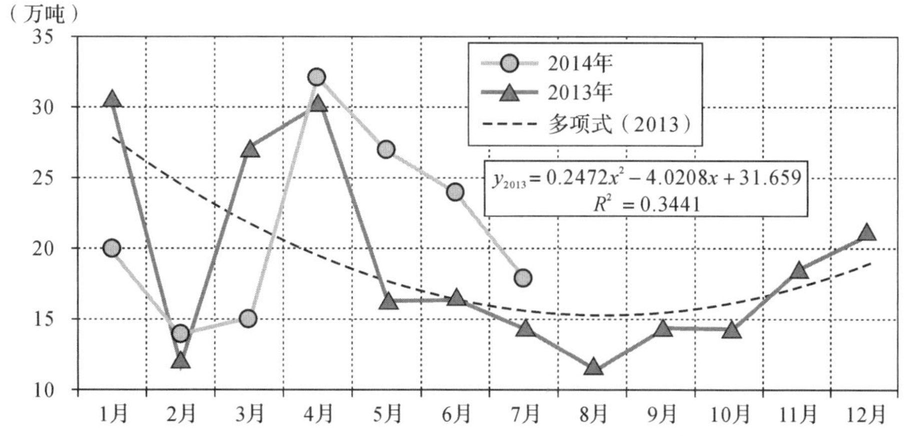

图 10-22　2014 年 7 月中国稻米进口量月度走势变化比较(2014 年与 2013 年)

10.3.8　8 月份进口量下降 16.7%

(1)2014 年 8 月中国稻米出口量下降 12.5%。根据中国海关统计数据,2014 年 8 月,中国出口稻米25779吨,出口额1756万美元,平均价格每吨681.1美元。与上一个月相比,稻米出口量、出口额和单位价格环比变化率分别为−12.5%、−16.8%和−5.0%。与2013年8月相比,稻米出口量同比增长7.8%,出口额同比下降2.2%,出口价格同比下降9.3%。

(2)2014年8月中国稻米进口量下降16.7%。根据中国海关统计数据,2014年8月,中国进口稻米15万吨,进口额7273万美元,平均价格每吨484.8美元。与上一个月相比,稻米进口量、进口额和单位价格的环比变化率分别为−16.7%、−18.8%和−2.6%。与2013年8月相比,稻米进口量、进口额和单位价格同比变化率分别为29.1%、32.7%和2.8%。2014年8月中国稻米进口量月度走势变化如图10-23所示

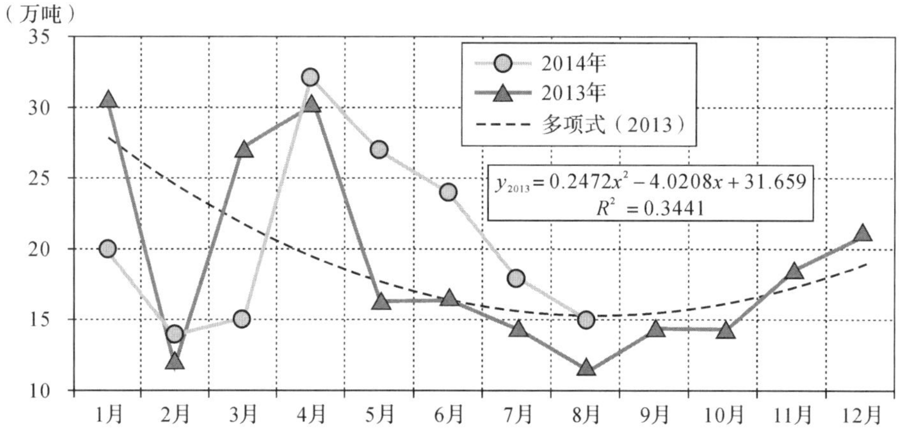

图10-23 2014年8月中国稻米进口量月度走势变化比较(2014年与2013年)

10.3.9 9月份进口量增长20.0%

(1)2014年9月中国稻米出口量增长68.7%。根据中国海关速报统计数据,2014年9月,中国出口稻米43489吨,出口额3492万美元,平均价格每吨802.9美元。与上一个月相比,稻米出口量、出口额和单位价格环比变化率分别为68.7%、98.9%和17.9%。与2013年9月相比,稻米出口量同比变化率为19.5%,出口额同比变化率27.3%,出口单价同比变化率6.4%。

(2)2014年9月中国稻米进口量增长20.0%。根据中国海关正式统计数据,2014年9月,中国进口稻米18万吨,进口额9153万美元,平均价格每吨508.5美元。与上一个月相比,稻米进口量、进口额和单位价格的环比变化率分别为20.0%、25.9%和4.9%。与2013年9月相比,稻米进口量、进口额和单位价格同比变化率分别为24.6%、35.0%和8.4%。2014年9月中国稻米进口量月度走势变化如图10-24所示。

10.3.10 10月份进口量与上月持平

(1)2014年10月中国稻米出口量增长32.2%。根据中国海关统计数据,2014年10月,中国出口稻米57492吨,出口额5030万美元,平均价格每吨875.0美元。与上一个月相比,稻米出口量、出口额和单位价格环比变化率分别为32.2%、44.1%和9.0%。与2013年10月相比,稻米出口量同比增长36.5%,出口额同比增长32.7%,出口价格同比下

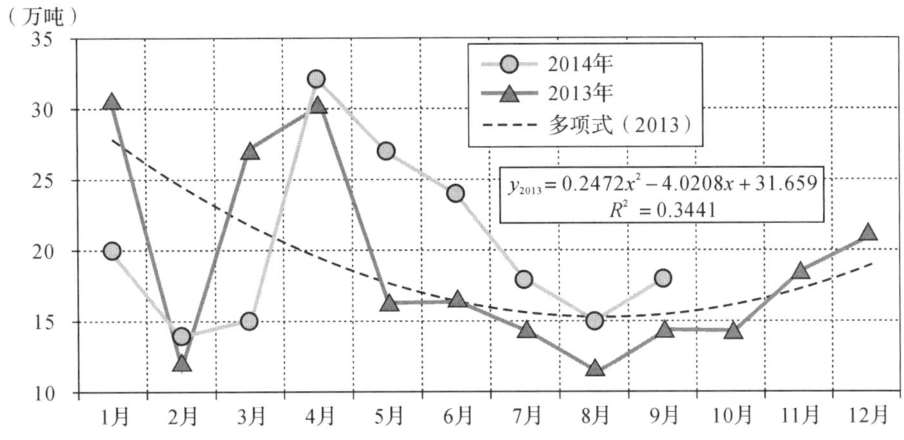

图 10-24　2014 年 9 月中国稻米进口量月度走势变化比较(2014 年与 2013 年)

降 2.8%。

(2)2014 年 10 月中国稻米进口量与上月持平。根据中国海关统计数据,2014 年 10 月,中国进口稻米 18 万吨,进口额 9040 万美元,平均价格每吨 502.3 美元。与上一个月相比,稻米进口量、进口额和单位价格环比变化率分别为 0%、-1.2%和-1.2%。与 2013 年 10 月相比,稻米进口量、进口额和单位价格同比变化率分别为 25.8%、40.3%和 11.5%。2014 年 10 月中国稻米进口量月度走势变化如图 10-25 所示。

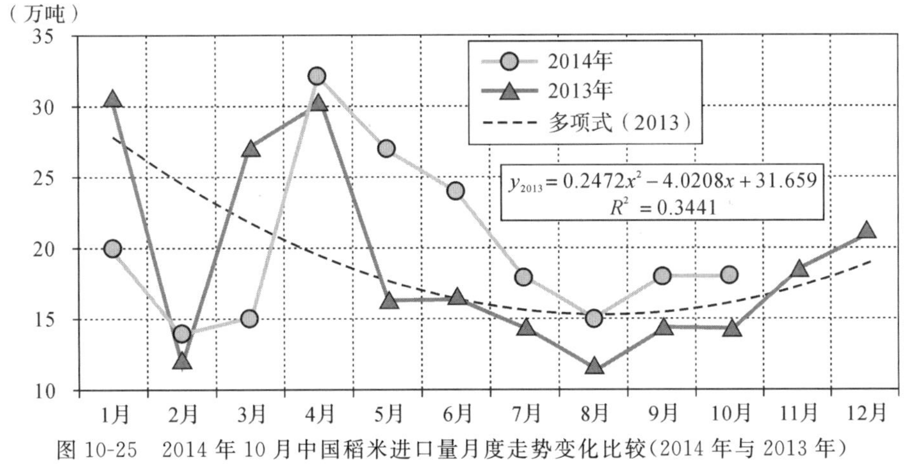

图 10-25　2014 年 10 月中国稻米进口量月度走势变化比较(2014 年与 2013 年)

10.3.11　11 月份进口量增长 27.8%

(1)2014 年 11 月中国稻米出口量增长 89.3%。根据中国海关速报统计数据,2014 年 11 月,中国出口稻米 108815 吨,出口额 10216.8 万美元,平均价格每吨 938.9 美元。与上一个月相比,稻米出口量、出口额和单位价格环比变化率分别为 89.3%、103.1%和 7.3%。与 2013 年 11 月相比,稻米出口量同比变化率为 36.5%,出口额同比变化率为 114.6%,出口单价同比变化率为 111.1%。

(2)2014 年 11 月中国稻米进口量增长 27.8%。根据中国海关统计数据,2014 年 11 月,中国进口稻米 23 万吨,进口额 11199 万美元,平均价格每吨 487.0 美元。与上一个月相比,稻米进口量、进口额和单位价格的环比变化率分别为 27.8%、23.9%和—3.0%。与 2013 年 11 月相比,稻米进口量、进口额和单位价格同比变化率分别为 24.8%、26.1%和 1.0%。2014 年 11 月中国稻米进口量月度走势变化如图 10-26 所示。

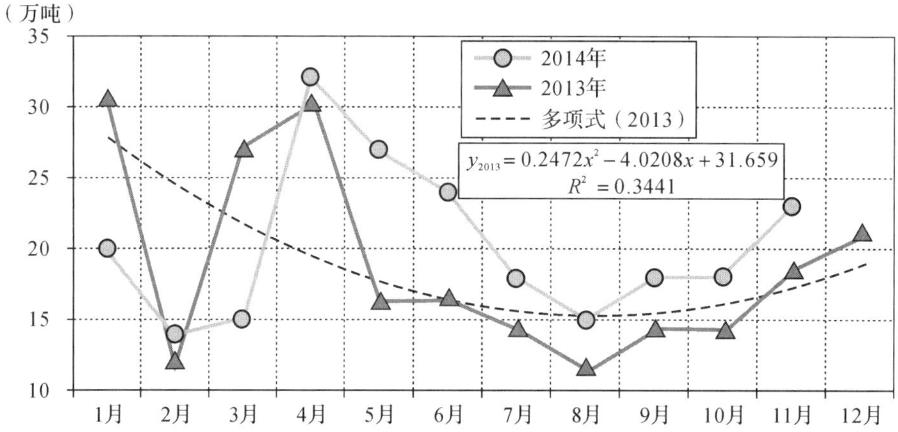

图 10-26 2014 年 11 月中国稻米月度进口量走势变化比较(2014 年与 2013 年)

10.3.12 12 月份进口量增长 39.1%

(1)2014 年 12 月中国稻米出口量下降 32.3%。根据中国海关统计数据,2014 年 12 月,中国出口稻米 73703 吨,出口额 6872 万美元,平均价格每吨 932.4 美元。与上一个月相比,稻米出口量、出口额和单位价格环比变化率分别为—32.3%、—32.8%和—0.7%。与 2013 年 12 月相比,稻米出口量同比增长 228.4%,出口额同比增长 162.9%,出口价格同比下降 19.9%。

(2)2014 年 12 月稻米进口量增长 39.1%。根据中国海关统计数据,2014 年 12 月,中国进口稻米 32 万吨,进口额 16237 万美元,平均价格每吨 507.4 美元。与上一个月相比,稻米进口量、进口额和单位价格环比变化率分别为 39.1%、45.0%和—4.2%。与 2013 年 12 月相比,稻米进口量、进口额和单位价格同比变化率分别为 52.0%、36.9%和—9.9%。2014 年 12 月中国稻米进口量月度走势变化如图 10-27 所示。

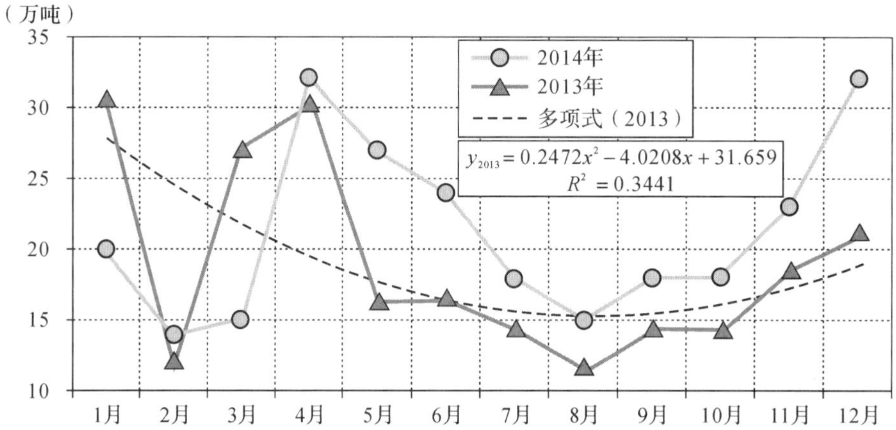

图 10-27 2014 年 12 月全国稻米进口量月度走势变化比较(2014 年与 2013 年)

10.4 小　结

我国稻米净贸易量再创历史新低。在国际稻米市场持续低迷、美元持续贬值、人民币升值的大背景下，2014 年中国稻米贸易持续走出了一条净贸易量再创新低的年度局势，净贸易量－216 万吨，比 2013 年减少 36.8 万吨，增长率为－20.5％。出口继续下降，进口继续上升。我国稻米出口仍处在低迷之中，出口量连续 3 年低于 50 万吨，2014 年比 2013 年下降 12.4％，对国家稻米贸易的影响也越来越低。我国稻米进口持续了近年高位增长的态势，进口量再创新高，2014 年进口达 258 万吨，比上年增长 13.6％，再次引起国家决策部门高度重视，持续大量进口问题值得深入研究。贸易价格略有上升。在国际市场稻米价格普遍走低的宏观背景下，我国进口稻米价格仍然处在低价位，2014 年平均 486 美元/吨，比上年上涨 1.94％，按照汇率折算成人民币的进口价格为 2986 元/吨，比上年上涨 1.11％。低价格进口稻米是好时机，但对国内稻米价格可能会带来冲击，需要继续关注和重视。利用月度监测数据为决策服务。重视和跟踪分析丰富的月度监测数据，有利于更好地把握我国稻米贸易行情的即时变化，可以为我国稻米贸易形势分析和贸易决策调整起预警作用。

第 11 章　2014 年中国农户水稻经济调查

2014 年，是我国在新世纪、新时期全面深化农村改革、加快推进农业现代化发展的第一年，中共中央、国务院于 2014 年 1 月 19 日印发《关于全面深化农村改革加快推进农业现代化的若干意见》，这是指导全国总体和各地在 2014 年“三农”发展的纲领性文件。中央一号文件首次体现我国农业现代化建设进入新常态，首次明确提出“以我为主、立足国内、确保产能、适度进口、科技支撑的国家粮食安全战略”。国家粮食安全新战略要求确保谷物基本自给，口粮绝对安全。我们通过农户调查，获得稻农所交的答卷，来检验 2014 年中央政策在农民生产过程中的体现和效果。

11.1　农户问卷设计

以水稻生产农户为对象，通过入户访谈，了解农户水稻生产经营状况是水稻产业经济研究的基本方法。为了更好地开展这项研究，作者设计了农户调查问卷，并逐步统一、完善、定型，形成了标准化的调查问卷。

调研思路由专题调研转向通用型调研。国家水稻产业经济功能研究室从 2009 年开始研发针对农户的水稻产业经济调查问卷，几年来不断完善，卓有成效地开展了农户调查工作。

在 2012 年以前，国家水稻产业经济功能研究室选择当年热点开展专题研究，由课题组成员结合自身研究课题，使用通用表并结合水稻产业经济各自的专题研究需要，在调查问卷基础上增加少量专题调研指标，分赴全国各地开展为期两个月的实地走访入户调查。对象逐步扩大，调查方式相对稳定。

2009 年农户调查。分别在浙江和湖南两省开展，涉及 9 个县(市、区)12 个镇 38 个行政村，共取得有效问卷 567 份，撰写并发表学术论文《农户水稻净收益影响因素分析——基于湖南、浙江农户的调查数据》。

2010 年农户调查。2010 年 5 月，在 2009 年调查实践基础上，结合 2010 年水稻产业经济研究工作特点，开发了《国家现代农业(水稻)农户问卷调查方案》(试用版)，作为国家水稻产业经济研究常年调研的基础。指导研究生在浙江省杭州市萧山区开展试调查，于当年 8 月正式定稿(正式试用版)。当年在浙江省金华市、江西省抚州市和山东省济宁市开展入户调查工作，取得 541 份有效调查问卷。

2011 年农户调查。在 2010 年正式试用版调查问卷基础上，进行修订完善，并正式定名为《国家现代农业与水稻产业经济农户调查表》(通用型，2011 版)。2011 年下半年，作者带领研究生在浙江省杭州市萧山区义桥镇、浙江省金华市武义县泉溪镇、金华市婺城区琅琊镇正式开展农户问卷调查，当年获得有效问卷 341 份。

2012 年农户调查。重点开展农户水稻技术经济效益专题调查，课题组先后三次开展农户问卷调查，分别到广东肇庆、广东江门、浙江金华、浙江嘉兴、安徽庐江、江西赣州开展水稻农户问卷调查，获得 436 个农户有效样本。

2013 年农户调查。自 2013 年开始，国家水稻产业经济功能研究室为了发挥"国家现代农业产业技术体系水稻产业技术体系"(简称"体系")在水稻产业不同方面的功能作用，尤其是体系内综合试验站最接"地气"的作用，与体系内一些试验站合作，共同完成了《国家现代农业与水稻产业经济农户调查表》(通用型，2013 版和 2014 版)。2013 年获得全国 12 个省(区)27 个地级市 54 个县(市、区)113 个乡镇共 1185 个水稻农户调查样本。

2014 年继续采用这种全国水稻农户问卷调查的方式。下面对 2014 年全国水稻农户问卷调查情况加以说明，并对全国调查的总体情况进行描述和分析。

11.2　2014 年全国农户问卷调查实施

2014 年，是国家水稻产业经济功能研究室持续开展全国水稻产业经济问卷调查的第五年，也是自 2013 年全国各地体系内综合试验站落实调查的第二年。2014 年全国水稻产业经济农户问卷调查(通用型，2014 版)的调查情况如下。

根据 2011 年 1 月农业部科技教育司审定通过的《国家现代农业产业技术体系任务书(2011—2015 年)》(编号：CARS-01)要求，2014 年水稻产业技术体系确定了 13 项重点任务，水稻产业经济功能研究室牵头实施体系重点任务"水稻产业发展与政策研究"(编号：CARS-01-13B)。该任务从研发背景、核心技术与实施内容、参加机构等方面作出规定，要求跟踪调查全国 12 个固定调查点，于 2014 年 10 月 26 日在国家现代农业产业技术体系平台发布调查方案与入户调查要求。

(1)调查方案。相关综合试验站(12 个)积极协助这次调查工作并确定调查负责人，组织调查小组，由调查负责人对调查组成员开展问卷培训。要求：将调查负责人和调查小组(实施成员)基本信息发至岗位专家杨万江的体系平台邮箱；每个试验站调查农户不少于 100 户，按照综合试验站 4～5 个示范县(区、市)各选 1～2 个乡镇、每个乡镇各选 1～2 个村、每村各选 20 个左右的水稻生产农户填写调查问卷，确保有效调查农户数在 100 户以上；调查完成时间为 2014 年 11 月 25 日，届时将完成的调查表纸质材料寄回。

(2)实施情况。根据国家现代农业产业技术体系的构成，水稻产业技术体系是我国最大的体系之一。体系主要由相关岗位专家和综合试验站两方面组成：水稻产业经济功能研究室是水稻产业技术体系 6 个功能研究室之一；全国水稻产业技术体系综合试验站共 49 个，根据任务书要求，其中 12 个综合试验站将这项农户问卷调查作为既定任务。另外，根据研究需要，水稻产业经济功能研究室于 2014 年下半年作了补充调查，宁波市农户问卷调查由水稻产业经济功能研究室课题组完成。

水稻产业技术体系综合试验站一般由省(区)或重要地区的地级市农科院(所)水稻科研示范单位牵头,并组织本地5个左右的示范县参加,共同组成综合试验站。本次农户问卷调查,一般由综合试验站团队成员负责实施调查,将问卷发到所属示范县负责人,由当地农技示范人员选点落实并作入户调查,专人填写问卷。问卷由综合试验站负责人审核后寄回,并由水稻产业经济功能研究室作数据录入和数据处理。

(3)问卷样本完成情况。2014年11月下旬开始,各地陆续返回纸质问卷(部分为电子版数据),共收回1358份有效问卷。2014年《国家现代农业与水稻产业经济农户调查表》(通用型,2014版)问卷调查样本在各地的分布情况详见表11-1。

表11-1　2014年中国水稻农户问卷调查样本分布

	试验站(研究室)	农户(户)	地区(个)	县(市、区)(个)	乡镇(个)	村(个)
福建	三明综合试验站	182	2	5	11	18
广东	肇庆综合试验站	101	1	5	8	9
广西	柳州综合试验站	113	1	5	7	10
贵州	贵州综合试验站	100	3	5	10	11
海南	海口综合试验站	106	5	5	14	15
黑龙江	黑龙江垦区综合试验站	100	3	4	5	26
湖北	武汉综合试验站	78	3	4	10	14
湖南	常德综合试验站	162	1	5	13	22
江苏	扬州综合试验站	141	4	5	10	16
江西	赣州综合试验站	98	1	5	7	14
四川	绵阳综合试验站	97	1	4	10	11
浙江	金华综合试验站	68	1	2	7	9
浙江	产业经济研究室	12	1	1	2	3
	合计	1358	27	55	114	178

数据来源:水稻产业经济功能研究室根据2014年农户问卷调查数据整理。

2014年问卷调查样本分布情况如下:

福建省调查样本农户182户,分布在三明市和龙岩市2个地级市共5个县(市、区,下同)、11个乡镇(乡、镇、街道,下同)18个村(行政村或自然村,下同),农户样本数占比13.4%。

广东省101户,分布在肇庆市5个县、8个乡镇、9个村,农户样本占比7.5%。

广西壮族自治区113户,分布在柳州市5个县、7个乡镇、10个村,农户样本占比8.3%。

贵州省100户,分布在黔南州、黔西南州和遵义市3个地级市,5个县,10个乡镇,11个村,农户占比7.4%。

海南省106户,分布在5个县、14个乡镇、15个村,农户样本占比7.8%。

黑龙江省100户,分布在鸡西、佳木斯市和双鸭山3个地级市,4个县,5个农场,26个村，农户占比 7.4%。

湖北省 78 户，分布在黄冈、荆门和襄阳 3 个地级市，4 个县，10 个乡镇，14 个村，农户占比 5.7%。

湖南省 162 户，分布在常德市 1 个地级市、5 个县、13 个乡镇、22 个村，农户占比 11.9%。

江苏省 141 户，分布在南通、泰州、徐州和扬州共 4 个地级市、5 个县、10 个乡镇、16 个村，农户占比 10.4%。

江西省 98 户，分布在赣州 1 个地级市、5 个县、7 个乡镇、14 个村，农户占比 7.2%。

四川省 97 户，分布在绵阳 1 个地级市、4 个县、10 个乡镇、11 个村，农户占比 7.1%。

浙江省 80 户，分布在金华和宁波 2 个地级市、3 个县、9 个乡镇、12 个村，农户占比 5.9%。

11.3　2014 年全国调查样本总体描述

根据 2014 年全国水稻农户问卷设计结构，将全国调查样本分别从五方面作总体统计分析和简要描述。

11.3.1　受访者个人基本情况

2014 年全国 12 个省(区)调查，共获得 1358 个样本农户。由于是以水稻农户为对象开展问卷调查，绝大多数受访者最近几年都种过水稻。受访者一般为水稻种植主要决策者，因此这些信息基本反映了农户家庭水稻生产决策的主要信息。表 11-2 给出受访者的基本数据。

表 11-2　2014 年全国水稻农户问卷调查受访者基本情况

		有效样本(个)	样本数(个)	占比(%)
样本	个	1358	1358	100.0
性别	男	1358	1261	92.9
	女		97	7.1
年龄	岁	1346	51.0	100
种稻时间	年	606	25.1	100
文化程度	文盲	1319	40	3.0
	小学		354	26.8
	初中		592	44.9
	高中或中专		306	23.2
	专科		15	1.1
	大学及以上		12	0.9

续表

		有效样本(个)	样本数(个)	占比(%)
种稻偏好	是	1170	983	84.0
	否		187	16.0
身体状况	健康	1312	1291	98.4
	不健康		21	1.6

数据来源:水稻产业经济功能研究室根据2014年农户问卷调查数据整理。

2014年共有有效样本农户1358个。根据问卷指标和选项,调查中并非每个受访者都回答所有问题,因此由个体指标项的实际回答数量为单项指标的有效样本(下面的分析相同,不再一一说明)。

(1)受访者性别以男性为主。本项指标调查回应样本1358个,男性1261人,占92.9%,女性97人,仅占7.1%。

(2)受访者年龄。本项指标问卷回应数1346个,平均年龄51.0岁。其中最小21岁,最大77岁。

(3)受访者种植水稻时间。回答本项指标的样本606个,平均种稻时间为25.1年,其中最少2年,最多61年。

(4)受访者文化程度分布。问卷设定6项指标,在1319个有效样本中,文盲占3.0%,小学占26.8%,即小学及以下文化程度者占29.8%,接近1/3。初中占44.9%,这是水稻种植者的主体。高中、专科、大学及以上所占比重分别为23.2%、1.1%和0.9%,可见高中及以上文化程度占25.2%。因此,目前中学以上文化程度人数占70.1%。

(5)种稻偏好状况。在我国主要稻作区,水稻生产作为经济活动的一项职业,农民有喜欢的,也有不喜欢的。在1170个有效样本中,喜欢种稻的占84.0%,不喜欢的只占16.0%。

(6)种稻人健康状况。根据1312个有效样本计算,身体健康者占98.4%,有残疾和慢性病等身体非健康者仅占1.6%。

11.3.2 样本农户家庭与农业生产

2014年农户问卷调查涉及农户家庭状况与农业生产基本情况,这些单项指标及获得的有效样本数据详见表11-3。

表11-3 2014年全国水稻农户家庭与农业生产基本情况

		有效样本(户)	样本合计或平均(数量)	农户平均(数量/户)
人口	人	1350	5973	4.42
劳动力	人	1348	4080	3.03
非农劳力	人	1241	1760	1.42
种稻劳力	人	1334	2688	2.01
上年收入	万元	1342	7.01	7.01
农业收入占比	%	1311	43.2	43.2

续表

		有效样本（户）	样本合计或平均（数量）	农户平均（数量/户）
人均纯收入	元	1344	13913	13913
承包土地	亩	1293	38.3	38.3
耕地	亩	1293	36.6	36.6
经营面积	亩	1342	39.7	39.7
承包耕地	亩	1342	38.0	38.0
耕地田块	块	1225	10.7	10.7
农作物面积	亩	1332	40.5	40.5
水稻面积	亩	1324	35.8	35.8

数据来源：水稻产业经济功能研究室根据 2014 年农户问卷调查数据整理。

(1)样本农户人口状况。在有效样本 1350 个农户中，农户家庭户均人口 4.42 人，其中最少 1 人，最多 10 人。

(2)样本农户劳动力状况。对劳动力标准，数据比较宽泛，原则上指有劳动能力的人数，不限年龄。在 1348 个有效样本中，劳动力户均 3.03 人，其中，非农劳动力人数户均 1.42 人。在 1334 个有效样本中，种稻劳动力户均 2.01 人。

(3)样本农户收入状况。家庭收入方面，在 1342 个有效样本中，平均总收入 7.01 万元/户。其中，1311 个有效样本中农业收入占家庭总收入的 43.2%，在人均纯收入有效回答中平均 13913 元/人。

(4)样本农户土地承包与经营状况。根据农户承包土地（不含山林和水面）情况，有 1293 个有效样本，户均承包 38.3 亩，其中户均承包耕地面积 36.6 亩。从实际经营的土地情况看，在经营面积 1342 个有效样本中，户均经营土地面积 39.7 亩，其中户均经营耕地面积 38.0 亩，耕地田块数量户均 10.7 块。

(5)样本户水稻生产总体情况。在 1332 个样本中，户均种植农作物面积 40.5 亩；在 1324 个有效样本中，户均经营水稻面积 35.8 亩。

11.3.3　农户水稻生产总体情况

2014 年农户问卷调查的最重要内容之一，是农户水稻生产总体情况。我们分别按照上年水稻情况、早稻生产情况、中稻/晚稻生产情况整理出调查结果。这些单项指标及获得的有效样本数据详见表 11-4。

表 11-4　2014 年全国水稻农户家庭与农业生产基本状况

		样本（户）	合计/平均（数量）	农户平均（数量/户）	样本选择		选择占比(%)	
					是	否	是	否
种植	上年种植种稻	1206			843	363	69.9	30.1
	上年种植双季稻	1138			596	542	52.4	47.6

续表

			样本(户)	合计/平均(数量)	农户平均(数量/户)	样本选择		选择占比	
						是	否	是	否
早稻	种植面积	亩	615	9931	16.1				
	种植田块	块	612	5724	9.4				
	收获产量	公斤	615	7073	438.1				
	是否杂交稻	是	594			386	191	66.9	33.1
	主栽品种种植年数	年	594	0.7					
	品种了解	是	587			504	83	85.9	14.1
	技术来源	自己	590			509	81	86.3	13.7
中/晚稻	种植面积	亩	1306	44954					
	种植田块	块	1264	9666.5					
	收获产量	公斤	1306	18934	550.1				
	是否杂交稻	是	1206			945	256	78.7	21.3
	主栽品种种植年数	年	1211	4211	3.5				
	品种了解	是	1204			995	209	82.6	17.4
	技术来源	自己	1204			954	256	78.8	21.2

数据来源:水稻产业经济功能研究室根据 2014 年农户问卷调查数据整理。

(1)农户水稻生产总体。2014 年调查农户与 2013 年相比,许多调查内容都有所进步。在 1206 个有效样本中,2013 年也种稻的农户占 69.9%,2013 年家庭没有种植水稻的农户占 30.1%。其中,在 1138 个受访者中,有 52.4%的农户种植双季稻,种植单季稻的农户占 47.6%。

(2)早稻生产情况。2014 年,从对 615 个有效农户调查来看,户均种植早稻 16.1 亩。据 612 个农户提供的数据,平均每户拥有 9.4 块田块。据 615 个农户提供的数据,户均收获早稻 7073 公斤,有效样本户均 438.1 公斤,与 2013 年 554 个有效样本相比每亩增产 0.16%。据对 594 个农户的调查来看,有 66.9%农户的早稻是杂交稻,33.1%为常规早稻。有 594 个农户回答对该早稻主栽品种种植只有 0.7 年,即多数主栽早稻品种为当年推出的新品种。对主栽早稻品种的了解程度回答的 587 个样本中,有 85.9%的农户认为了解其基本特性,有 14.1%的农户认为不了解。在对技术来源调查的 590 个样本中,有 86.3%的农户认为自己是了解早稻生产技术的,只有 13.7%的农户认为,自己掌握的早稻生产技术来自其他渠道。

(3)中稻或晚稻生产情况。对 1306 个有效样本统计,2014 年种植中稻/晚稻面积 44954 亩,1264 个有效样本涉及 9666.5 块田块。对 1306 个有效样本统计为:水稻 18934 公斤/户,平均稻谷 550.1 公斤/亩,与 2013 年 1127 个有效样本相比每亩增产 4.93%。2014 年 1206 个有效样本农户的主栽中晚稻品种中,有 78.7%的农户种植杂交水稻,另外 21.3%的农民种植常规稻。在 1211 个农户中,种植该品种的平均时间为 3.5 年。对于所种植的主要中晚稻品种,在 1204 个调查农户中,认为了解品种特性的农户占 82.6%,有 17.4%农户认为还不了解品种特性。对于中晚稻生产技术，在 1204 个农户中，有 79.2%的农户认为来自自己的积累和学习，另外 21.3%的农户认为自己通过其他途径学习和掌握中晚稻种植技术。

11.3.4　水稻生产要素投入统计

2014 年全国样本农户水稻生产投入实物指标详见表 11-5。

表 11-5　2014 年全国样本农户水稻生产投入实物指标

		样本(个)	单位指标		
			(单位/个)	(公斤/亩)	(公斤/吨)
用种量	公斤	1313	102.8	2.46	4.64
化肥量	公斤	1253	1157.7	26.4	49.9
农家肥	公斤	748	738.0	10.1	19.0
农药用量	公斤	857	39.07	0.61	1.15
租入面积	亩	437	83.0		
租期	年	374	5.4		
雇工量	人日	579	47.2		
工价	元/日	481	121.3		
自家工	人日	1043	48.2		

数据来源：水稻产业经济功能研究室根据 2014 年农户问卷调查数据整理。

(1)农户种子用量。2014 年，以户为单位获得 1313 个样本，平均每户使用稻种 102.8 公斤。以水稻种植面积为单位，平均样本 2.46 公斤/亩，生产稻谷用种量 4.64 公斤/吨稻谷。

(2)农户肥料用量。2014 年，调查获得 1253 个有效样本。计算结果，户均化肥使用量 1157.7 公斤。以水稻种植面积为单位，稻田每亩施用化肥 26.4 公斤，按照生产一定数量稻谷计算，化肥施用量为 49.9 公斤/吨稻谷。

(3)农户农家肥用量。2014 年，调查获得 748 个有效样本。计算结果，户均农家肥使用量 738 公斤。以水稻种植面积为单位计算结果表明，稻田每亩施用农家肥 10.1 公斤，按照生产一定数量稻谷计算，农家肥用量为 19.0 公斤/吨稻谷。

(4)农户农药用量。2014 年，调查获得 857 个有效样本。计算结果表明，户均农药使用量 39.07 公斤。以水稻种植面积为单位计算结果，稻田每亩施用农药 0.61 公斤，按照生产一定数量稻谷计算，农药用量为 1.15 公斤/吨稻谷。

(5)农户土地租入。2014 年，调查获得 437 个有效样本。计算结果表明，户均租入面积 83.0 亩。在 374 个有效样本中，平均租期 5.4 年。

(6)农户雇工。2014 年，对雇工量调查获得 579 个有效样本。户均雇工量 47 人日。对 481 个有效样本调查结果，用工价格为 121.3 元/工日，其中最低工价为 30 元/工日，最高工价为 300 元/工日。

2014 年全国样本农户水稻机械化作业与土地流转情况详见表 11-6。

表 11-6　2014 年全国样本农户水稻机械化作业与土地流转情况

		样本(个)	选择(个)		占比(%)	
			是	否	是	否
是否自有稻作机械	是=1,否=0	1134	419	715	36.9	63.1
是否畜力稻作	是=1,否=0	974	143	831	14.7	85.3
机械作业选择:整田	是=1,否=0	1099	980	119	89.2	10.8
机插	是=1,否=0	944	368	576	39.0	61.0
机收	是=1,否=0	1115	1061	54	95.2	4.8
机烘	是=1,否=0	842	100	742	11.9	88.1
是否租入稻田	是=1,否=0	814	307	506	37.7	62.3

数据来源:水稻产业经济功能研究室根据 2014 年农户问卷调查数据整理。

(1)农户农机拥有情况。2014 年,对 1134 个有效样本调查表明,有 36.9%的农户家庭自己拥有稻作机械(不管是单台机械还是多台或是配套机械,不管是乘座式机械还是手扶式、步行式机械,但必须是水稻生产专用类型,下同),没有稻作机械的农户占比高达 63.1%。水稻田间作业农机化发展很快,对 974 个农户家庭调查表明,有 14.7%的农户使用畜力进行稻作田间作业,有 85.3%的农户已经不使用畜力进行稻田作业操作。

(2)农户稻作机械化,包括自有农机化作业和有偿使用农机化作业。对 1099 个农户调查表明,农户稻田耕田整田的比例为 89.2%,不使用农机耕整作业的农户比例只有 10.8%。对 944 个农户样本分析表明,使用机插秧作业的农户比例为 39.0%,61.0%的农户没有使用机插秧作业。对 1115 个农户样本分析表明,有 95.2%的农户实行机械化稻谷收获作业,只有 4.8%的农户不使用收割机作业。对 842 个农户样本分析表明,有 11.9%的农户在稻谷收获后采用机械化烘干作业,有 88.1%的农户还是沿用传统方法对稻谷(即田间收获的湿稻谷)采用自然干燥方式作收获后处理(或者将湿稻谷直接在田间销售给上门收购具有谷物烘干机作业的经销商或米商厂家)。

(3)土地流转情况。对稻农流入(租入)土地(稻田)的 814 个农户样本分析表明,租入稻田的农户比例为 37.7%,有 62.3%的农户没有租入稻田。

2014 年全国样本农户水稻生产要素指标详见表 11-7。

表 11-7　2014 年全国样本农户水稻生产要素指标

			样本(个)	单位指标		
				(平均/个)	(平均/亩)	(平均/t)
1	种苗费	元	1258	2191.7	50.2	94.8
2	肥料费	元	1253	3541.3	80.8	152.6
3	农药费	元	1258	1734.3	39.8	75.0

续表

			样本(个)	单位指标		
				(平均/个)	(平均/亩)	(平均/t)
4	畜力费	元	289	138.8	0.7	1.4
5	用机费用	元	1061	4121.3	79.67	150.4
6	机械燃动修理折旧费	元	442	1789.3	14.41	27.2
7	雇工费	元	536	10182	99.43	187.7
8	用水与排灌费	元	778	945.9	13.41	25.3
9	承租费	元	395	23399	168.4	317.9
10	稻作分摊税费	元	266	17.8	0.1	0.2
11	技术服务费	元	270	6.9	0.0	0.1
	直接总成本	元/亩	1338	822.6	822.6	1552.6
	稻作其他成本	元/亩	614	92.9	92.9	175.3
	稻作总成本	元/亩	1338	915.4	915	1728
	估计你家去年水稻净赚	元/亩	1215	425.4	425.43	803.0

数据来源:水稻产业经济功能研究室根据2014年农户问卷调查数据整理。

(1)稻作总成本。对1338个农户有效样本分析,水稻生产总成本(不包括家庭成员和家庭内使用的成本在内,全部按照一年内种植两季的双季稻生产合计,包括生产总成本和稻作其他成本)平均915.4元/亩,比上年提高了2.96%,包括生产总成本和稻作其他成本分别比上年增长2.18%和10.40%。如果按照每吨稻谷产量计算,平均生产每吨稻谷总成本为1728元/吨。

(2)农户水稻生产营利。稻作生产获得收益(这里指净利润)由农户生产者估计,在1215个农户中,平均获得净利425.43元/亩,比2013年下降38.8%。如果按照每吨稻谷计算,获利为803.0元/吨。

(3)其他各项成本大不相同。表11-7所列11项成本,数据第1列为有效样本农户数量,第2列按照平均每户全年水稻水产各项成本平均,第3列折算成单位面积每亩的年平均成本,第4列折算成稻谷产量每吨的成本。11项成本具体数据详见表11-7,这里不再赘述。

11.3.5 农户稻谷销售、使用与流通

对农户回答关于销售与使用情况进行统计分析。2014年农户问卷调查的重要内容之一,是农户水稻生产后稻谷作为家庭产品的使用和分配情况。表11-8给出这些单项指标的统计数据。

表 11-8 2014 年全国样本农户水稻产出与稻谷使用统计

		样本(个)	平均
早稻销售量	公斤	687	18289
早稻售价	元/公斤	550	2.73
中稻/晚稻销售量	公斤	876	14842
中晚稻售价	元/公斤	859	2.79
留种	公斤	236	121.1
留口粮	公斤	1066	1067.6
其中早稻	公斤	601	346.8
其中中/晚稻	公斤	967	884.0
留饲料	公斤	376	125.7
去年购买口粮大米	公斤	425	92.6

数据来源:水稻产业经济功能研究室根据 2014 年农户问卷调查数据整理。

(1)早稻销售。2014 年,据 687 个农户有效样本分析,早稻销售量平均每户 18289 公斤,共有 550 个农户早稻销售平均价格为 2.73 元/公斤,比 2013 年上涨 7.13%。

(2)中晚稻销售。2014 年,据 876 个农户有效样本分析,户均销售稻谷 14842 公斤。859 个农户回答平均销售价格为 2.79 元/公斤,比 2013 年上涨 6.03%。

(3)稻谷使用。共有 236 个农户有稻谷留种,平均每户 121.1 公斤。留口粮的有 1066 个农户,平均 1067.6 公斤;留作饲料的有 376 个农户,平均 125.7 公斤。

(4)购买口粮大米。据 425 个农户回答,户均购买口粮大米 92.6 公斤,平均价格 4.34 元/公斤。

对 2014 年调查问卷中农户稻谷流通渠道进行统计分析。这方面的调查,主要包括销售渠道和销售价格。表 11-9 给出这些单项指标的统计数据。

表 11-9 2014 年全国样本农户稻谷流通渠道

		样本(个)	平 均
是否订单销售	是=1,否=0	922	221
订单量比重	%	266	56.4
销售到粮站	%	297	69.0
售价	元/公斤	261	2.71
销售给小贩	%	372	78.6
售价	元/公斤	520	2.54
销售给当地市场	%	125	59.4
售价	元/公斤	36	2.88
加工企业收购	%	224	64.0
售价	元/公斤	158	2.77

数据来源:水稻产业经济功能研究室根据 2014 年农户问卷调查数据整理。

从销售方式看，对 922 个农户样本分析表明，221 个的农户为订单销售稻谷，771 个农户为非订单销售。据 266 个样本农户平均，订单收购量占比为 56.4%。

从销售渠道看，农户销售稻谷，在一年中有多次销售行为，有着不同的销售渠道，本调查设计所列销售渠道仅从单项渠道考虑。

(1)销售到粮站。国有粮食部门在乡镇一般设有粮食收购站(即粮站)，有 297 个样本选择此选项，销售占比为 69.0%，261 个农户选填了销售到粮站的价格，平均销售价格为 2.71 元/公斤。

(2)销售给小贩。粮食收购商(小贩)走村串户，甚至直接到田间收购湿谷。有 372 个样本选择此选项，销售占比为 78.6%，520 个农户选填了销售给小贩的价格，平均销售价格为 2.54 元/公斤。

(3)销售给当地市场。有 125 个样本选择此选项，销售占比为 59.4%，仅 36 个农户选填了销售到市场的价格，平均销售价格为 2.88 元/公斤。

(4)加工企业收购。不同于国有粮食部门，一些碾米企业(米厂)会设置加工收购点收购农户稻谷，有 224 个样本选择此选项，销售占比为 64.0%，平均收购价格为2.77 元/公斤。

11.3.6 稻农技术获得与学习

随着水稻产业技术加速发展，在生产过程中，农户随时面对大量新品种、新技术、新方法。国家农业等有关部门在水稻技术推广与扩散，组织稻农学习与培训方面做了大量工作。调查中设计了这方面的调查项目和有关指标，以了解农户的参与情况。农户稻作技术来源调查的有关指标详见表 11-10。

表 11-10 2014 年全国样本农户稻作技术来源与培训情况

	样本(个)	选择(个)		占比(%)	
		是	否	是	否
实行驻村农技员制度	1236	889	347	71.9	28.1
开展稻作技术指导	1267	1108	159	87.5	12.5
2014 年参加水稻技术培训	1213	1028	185	84.7	15.3

数据来源：水稻产业经济功能研究室根据 2014 年农户问卷调查数据整理。

(1)实行农技员驻村制度。随着国家农技推广制度创新和基层农技推广制度改革，农技员下乡驻村实地现场指导农户，推广应用先进适用技术，已经成为我国农技应用的一项基本制度。对 1236 个农户调查，有 71.9%的农户认为确实在本村实行了这项制度，有 28.1%的农户认为没有实行这项制度。

(2)技术人员指导农户稻作技术。在 1267 个农户回答中，有 87.5%的农户认为享受到有关部门的稻作技术指导，有 12.5%的农户认为有关部门没有开展稻作技术指导。

(3)农户培训情况。技术培训作为农技推广与示范的技术服务日常工作，对 1213 个农户样本的分析表明，有 84.7%的农户参加了当年水稻技术培训，有 15.3%的农户没有参加任何稻作技术培训。

2014 年农户获得稻作技术来源和培训效果评价详见表 11-11。

表 11-11　2014 年全国样本农户稻作技术来源与培训效果评价

指　标	选　项	选择(个)	占比(%)
技术人员来源(1199 个)	乡镇	873	72.8
	县市	218	18.2
	其他	108	9.0
技术指导效果(1194 个)	好	1076	90.1
	一般	114	9.5
	差	4	0.3
主要技术来源(可重复,多选项)	农技员	1139	87.1
	村干部	901	73.9
	媒体	894	17.7
	农业部门	1104	63.7
	邻居亲朋	903	21.6
2014 年参加培训(1140 个)	0 次	79	6.9
	1 次	348	30.5
	2 次	205	18.0
	3 次及以上	508	44.6
2013 年参加培训(1122 个)	0 次	101	9.0
	1 次	356	31.7
	2 次	314	28.0
	3 次及以上	351	31.3

数据来源:水稻产业经济功能研究室根据 2014 年农户问卷调查数据整理。

(1)技术人员的来源渠道。根据 1199 个样本农户的调查,873 个农户认为,农技人员来自本地乡镇,占技术人员来源的 72.8%;218 个农户接受了来自县市农技人员指导,占 18.2%;108 个农户获得来自其他方面的技术人员指导,仅占农技人员来源的 9.0%。

(2)技术指导效果评价。农技推广和开展技术指导的工作效果如何?在 1194 个样本农户回答中,评价技术指导效果良好的占比为 90.1%,评价技术指导效果一般的占比为 9.5%,仅有 0.3%的农户认为效果差。

(3)农户技术来源。农户获得水稻生产技术是多方面、多渠道的,2014 年调查所得的具体分布情况:技术来自各级正式农技人员的比例为 87.1%,来自村干部(村干部是当地农技"二传手"和"土专家")的比例为 73.9%,来自各种媒体的比例为 17.7%,来自农业部门的推广、示范、宣传等活动所占比例为 63.7%,来自邻居、亲戚、朋友等其他渠道的比例为 21.6%。

(4)参加技术培训。农户参加技术培训已经成为水稻产业发展中农技推广和示范的重要方面,事实如何?受访的 1140 个农户,2014 年中没有参加任何技术培训的农户占 6.9%,参加 1 次的农户占 30.5%,参加 2 次的农户占 18.0%,参加 3 次及以上的农户占 44.6%。与 2013 年 1122 个农户调查结果相比,没有参加的农户占比下降,参加 3 次及以上比例的农户占比显著上升。

11.3.7　稻农对水稻生产经营与管理的认知

在水稻产业转型和快速发展过程中，农户在获得技术帮助的同时，还需要在组织化和内部运营等方面逐步提高，要求经营管理方式发生转变。把田地和水稻置于“企业”之下来经营，这也水稻产业现代化的必然要求。为此，2014 年问卷开展了这方面的调查，调查结果详见表 11-12。

表 11-12　2014 年全国样本农户关于水稻经营管理技术的认知

指标与选择标准		样本(个)	选择(个)		占比(%)	
			是	否	是	否
是否粮食专业合作社社员	是=1,否=0	1211	299	912	24.7	75.3
稻作中是否接受专业合作社服务	是=1,否=0	1174	531	643	45.2	54.8
种子	是=1,否=0	821	534	287	65.0	35.0
耕作	是=1,否=0	757	536	221	70.8	29.2
栽插	是=1,否=0	736	404	332	54.9	45.1
田管	是=1,否=0	719	399	320	55.5	44.5
收割	是=1,否=0	793	592	201	74.7	25.3
烘干	是=1,否=0	637	88	549	13.8	86.2
销售	是=1,否=0	702	258	444	36.8	63.2
水稻生产资金供给是否缺乏	缺乏=1,不缺=0	1185	877	308	74.0	26.0
专用生产资料仓库	有=1,否=0	1093	353	740	32.3	67.7
专用谷仓	有=1,否=0	1125	482	643	42.8	57.2
种稻目的性:盈利	是=1,否=0	1089	754	335	69.2	30.8
高产	是=1,否=0	1070	456	614	42.6	57.4
口粮	是=1,否=0	1219	926	293	76.0	24.0
不种可惜	是=1,否=0	953	266	687	27.9	72.1
被迫	是=1,否=0	911	40	871	4.4	95.6
其他	是=1,否=0	923	109	814	11.8	88.2
种稻需要专业技术	是=1,否=0	1210	1125	85	93.0	7.0
种稻需要经营管理知识	是=1,否=0	1231	1054	177	85.6	14.4
自己具备水稻经营管理能力	是=1,否=0	1218	881	337	72.3	27.7
愿意免费接受水稻经营管理知识培训	是=1,否=0	1267	1156	111	91.2	8.8

数据来源：水稻产业经济功能研究室根据 2014 年农户问卷调查数据整理。

(1)农户为何种稻？农户为何要辛苦从事水稻生产？目的是什么，当然是多方面的。但这些目的是什么？农户有何考虑？在 2014 年农户问卷调查中设定的这一选项得到了答案,这是一个多选项目,按照最重要的生产目的选择。一是为了获得利润,也就是主要是为了增加农户经济收入。在754个农户选择中,有69.2%的农户为盈利而生产水稻,而另外30.8%的农户并非为此原因进行水稻生产。二是为了获得产量、追求高产。因为这是农业部一再鼓励水稻高产再高产的"创高产"目标,具体到农户,在1070个农户回答中,有42.6%的农户选择正是此目的,有57.4%的农户认为不是为了高产目标,从事水稻生产的目的在其他方面。三是为了获得家庭口粮。在1219个农户选择中,有76.0%的农户认为确实是为了口粮而生产,有24.0%的农户则不是这样认为。四是不种可惜了。在953个农户中,有27.9%的农户认为确实不种可惜,有72.1%的农户不是这样的目的。五是被迫种植,例如当地有规定不得抛荒,又不愿意转出土地,在911个农户选择中,只有4.4%的农户属于这种情况。六是其他目的。在923个农户选择中,有11.8%的农户有其他原因。

(2)农户参加专业合作社情况。据1211个农户回答,参加粮食专业合作社成为合作社社员的农户占24.7%,没有参加任何粮食专业合作社的占75.3%。

(3)水稻生产接受合作社服务状况。据1174个样本农户统计,有45.2%的农户接受了其他专业合作社的服务,有54.8%的农户没有受到专业合作社的任何服务。其中,据821个农户回答,得到种子服务的占65.0%,未得到服务的占35.0%;据757个农户回答,得到耕作服务的占70.8%,未得到服务的占29.2%;据736个农户回答,得到水稻栽插(包括插秧等方式)服务的比例占54.9%,另外45.1%的农户基本上自己栽插完成这个环节;田间管理在水稻生长期中比较长,据719个农户回答,有55.5%农户接受了合作社提供的专项服务,44.5%的农户自己进行田间管理;据793个农户回答,得到稻谷收割服务的农户占74.7%,25.3%的农户没有得到这项服务;据637个农户回答,得到稻谷烘干服务的占13.8%,另外86.2%的农户没有获得这项服务;最后是销售环节,在702个农户回答中,有36.8%的农户得到合作服务,有63.2%的农户没有得到这项服务。

(4)水稻生产资金状况。随着传统水稻生产方式改造步伐加快,小规模分散化的水稻生产方式和经营方式已经开始发生重大变化,水稻生产资金逐渐成为现实生产中的一个问题。2014年调查表中设定了这一项目。据1185个农户回答,有74.0%的农户认为水稻生产资金供给已经显得不充分,有资金需求,只有26.0%的认为水稻生产资金自己供给没有问题。水稻农户资金需求可能会在两个方面存在问题:一是建设专用生产资料仓库,有1093个农户回答了该问题,其中建设生产资料仓库资金供给有问题的农户占32.3%,没有问题的占67.7%。二是专用稻谷仓库(谷仓),在1125个回答的农户中,认为缺乏资金供给的比例占42.8%,认为没有问题的占57.2%。

(5)种稻需要技术和管理知识吗?确实,我国农业生产中普遍存在重技术轻管理现象,尤其在粮食生产中这种现象更为普遍,也更为严重。那么水稻生产是这样的现实吗?在2014年调查中,对种稻是否需要专业技术的选项,有1210个农户回答,认为需要的农户占93.0%,认为仅凭经验就可以的农户占比只有7.0%。对种稻需要经营管理知识的选项,有1231个农户回答,认为确实需要的占85.6%,认为不需要的占14.4%。自己是否具备水稻经营管理能力的选项,有1218个农户回答,认为自己具备水稻经营管理能力的占72.3%,另有27.7%的农户认为自己不具备水稻经营管理能力。最后,如果有关部门加强经营管理能力的培训,而不是仅仅作技术培训,是否愿意免费接受水稻经营管理知识培训,有1267个农户回答,愿意的农户占比91.2%,有8.8%的农户回答不愿意。

11.3.8　稻农对水稻生产政策的认知和评价

水稻产业涉及产前到产后的各个重要环节，当然主要是生产环节，这也是目前我国发展水稻产业的重点所在。近年来我国大力实行扶持水稻发展的产业政策，并且鼓励各地有条件的地方加大地方支持力度，要求地方政策要与中央政策配套。为此，我们设计了这方面的调查，旨在了解我国目前农户层面的真实情况。先将单项指标列于表 11-13，然后再逐一进行分析。

表 11-13　农户对水稻生产政策的评价

	样本（个）	选择（个）		占比（%）	
		是	否	是	否
满意国家水稻政策	1231	1192	39	96.8	3.2
满意地方（县和乡镇）水稻政策	1221	1171	50	95.9	4.1
今年水稻各级各种补贴（元/亩）	1193	104.8			
去年补贴（元/亩）	1182	102.3			
预计明年补贴（元/亩）	848	107.9			
对目前水稻补贴金额是否满意	1203	1026	177	85.3	14.7
对补贴方式满意	1177	1070	107	90.9	9.1
当地是否实行水稻保险	1242	1020	222	82.1	17.9
你家加入了吗	1223	809	414	66.1	33.9
是否应该加强水稻保险	1247	1063	184	85.2	14.8
明年水稻种植计划是否扩大	1318	118	1200	9.0	91.0

数据来源：水稻产业经济研究室根据 2014 年度农户问卷调查数据整理。

（1）政策满意度评价。2014 年，1231 个农户有效样本回答了这个问题，认为国家水稻政策满意的比例占 96.8%，不满意的占 3.2%。除中央和省级制定实施的有关政策以外，当地的地方政策（主要是基层地方政策）也很重要，据 1221 个有效样本统计，有 95.9%的农户认为满意，有 4.1%的农户认为不满意。

（2）现实补贴状况和预期。各级政府对水稻生产的补贴是最直接、最现实的政策体现，在 2014 年的调查中，我们对农户获得政府支持补贴开展了调查。有 1193 个农户回答，每户平均得到补贴 104.8 元/亩，1182 个农户回答了 2013 年补贴平均为 102.3 元/亩，2014 年比 2013 年上升了 2.39%。848 个农户希望或者估计 2015 年的补贴将增长到 107.9 元/亩，预计比 2014 年上升 2.95%。

对于政府补贴的金额，有 1203 个农户回答，认为满意的占 85.3%，认为不满意的占 14.7%。对于政府补贴的方式，有 1177 个有效农户回答，认为满意的占 90.9%，认为不满意的占 9.1%。

（3）水稻生产保险状况。水稻生产风险来自多方面，其中自然和气候风险仍然对水稻生产有重大影响。自 2013 年高温热害对许多地方水稻生产不利影响以来，水稻生产保险也有了新的发展。2014 年水稻生产保险的实际情况实施得如何,稻农是如何看待的?对 1242 个有效样本分析表明,有 82.1%的农户认为在当地已经实行了保险制度,有 17.9%的农户认为没有实行水稻生产保险。对 1223 个农户调查可知,水稻生产已经投保的农户占 66.1%,另有 33.9%农户家庭没有参加水稻生产保险。进而调查了 1247 个农户,其中认为应该加强水稻保险制度建设和推进实施的农户占 85.2%,另有 14.8%的农户认为没有必要。

(4)2015 年水稻种植计划。关于 2015 年水稻种植是否计划扩大种植面积,对 1318 个农户有效样本分析表明,有 9.0%的农户认为会扩大,91.0%的农户没有扩大生产的计划。另外,计划保持不变的农户占 82.9%,计划缩小的农户占 7.4%,计划退出水稻种植生产的农户占 0.8%。由此可见,2015 年,农户水稻生产计划不变的占主流,扩大者次之,缩小生产规模的农户再次,只有极少的农户计划退出水稻生产。

11.4 小 结

2014 年,是国家继续实行水稻生产支持十分重要的一年,稻农投入产出与对政策的感知认识是评价生产形势和政策实施的重要工具。基于全国 12 个省(区)农户样本调查描述性分析,明确了一些重要情况,尤其在以下三个方面更具应用价值。

一是农户年龄偏大,水稻种植仍然比较分散。水稻生产者(户主)以男性占绝大多数,平均年龄 51.0 岁,从事水稻生产时间平均 25.1 年,小学及以下文化程度接近 1/3,将稻作作为职业的占 84.0%。平均劳动力 3.03 人/户,平均 2.01 人/户为种稻劳动力。农户家庭收入中农业收入占 43.2%。平均经营耕地面积 38.0 亩/户,耕地田块数量平均10.7 块/户,平均种植农作物面积 40.5 亩/户,平均经营水稻面积 35.8 亩/户。

二是调查农户水稻机械化作业表明,在水稻生产中已有一定的农机化应用基础。有 36.9%的农户家庭自己拥有稻作机械,有 14.7%的农户使用畜力进行稻作田间作业,有 85.3%的农户已经不使用畜力进行稻田作业操作。农户稻田耕田整田的比例为 89.2%,使用机插秧作业的农户比例为 39.0%,有 95.2%的农户实行机械化稻谷收获作业,有 11.9%的农户在稻谷收获后采用机械化烘干作业。

三是农户对水稻生产政策评价,满意度较高。2014 年农户调查表明,对国家水稻政策满意的农户占 96.8%,对政府补贴金额满意的农户占 85.3%,对政府补贴方式满意的农户占 90.9%。展望 2015 年,有 9%的农户在 2015 年计划扩大水稻生产,82.9%的农户保持生产规模不变,而计划缩小的农户占 7.4%,计划退出水稻种植生产的农户占 0.8%。

第12章　2014年中国水稻产业技术应用跟踪调查

2014年，是我国水稻产业发展不平凡的一年。过去的这一年，我国粮食生产自2004年扭转下降颓势开始以来取得连续增产的好成绩。在粮食生产"十一连增"的长期持续增产的形势下，水稻生产在2013年产量下降中止"连增"效应后，水稻产业发展中一些新情况和新形势需要特别加以重视。根据水稻产业经济岗位2014年研究任务与要求，全年开展了大量基层和专题调查活动，这些活动都在国家现代农业产业技术体系平台（CARS）以工作日志方式在第一时间上传，水稻产业体系专家们都得以在第一时间看到。同时，作为水稻产业经济岗位的工作日志是以水稻产业经济研究报告（Rice Economic Research，简称RER）形式在内部交流网站以电子版形式公开，一些调研报告所反映出来的现实或潜在问题，正是水稻产业变革过程中的重要现象，可能需要在技术层面或在政策层面加以突破。因此，作者选择其中一些值得深入关注的调研报告在整理和再编写之后汇于本章。

12.1　江门和肇庆水稻产业化发展调查

2014年5月6—8日，水稻产业经济研究室团队到广东省开展水稻产业化发展情况的调查。6日，水稻产业经济岗位专家杨万江教授为广东省农科院介绍了"中国水稻产业经济：市场与合作"研究成果，广东省农业产业技术体系产业经济岗位专家万忠研究员及其团队成员农业经济与农村发展研究所有关人员介绍了广东水稻产业经济状况，与国家水稻产业技术体系岗位专家王丰研究员、朱小源研究员和马旭教授进行了交流。7日上午，一行6人到江门综合试验站考察，听取了刘朝东站长的介绍，考察了水稻产业体系4位岗位专家在试验站的田间试验情况。听取了江门市种业公司谭广仪总经理关于江门市2014年早稻生产情况的介绍，江门市万丰园米业有限公司麦健华总经理关于大米加工和销售情况的介绍，以及新会区三江镇农办主任陈活起对当前乡镇基层水稻产业化发展情况的介绍。随后到三江镇新村考察了江门市三江镇利农农机专业合作社，并与合作社社长李建醒就水稻产业化发展问题进行了深入交流。7日下午，考察团到肇庆综合试验站考察交流，听取了试验站站长张稳成研究员关于"肇庆市水稻产业经济发展"情况的介绍，并与市农科所黄健清所长和黎俊清副所长以及其他几位团队成员就其承担的水稻产业经济任务的情况进行了交流。随后在试验站站长陪同下考察了肇庆市穗丰源粮油食品有限公司，并听取了公司法人邓志明总经理关于目前稻谷收购、大米加工和贸易的情况介绍。邓志明总经理还对推进肇庆市水稻产业化发展提出了合理化建议。

经过这次为期两天的体系内外广泛交流，以及比较深入的实地考察，水稻产业经济研究团队得出以下几点体会：(1)通过体系内成员交流，明确了体系任务跟踪研究和开展技术评价的必要性，并坚定了全面、深入开展这方面研究的信心。(2)与地方体系交流后，找到了国家体系与地方体系团队合作开展水稻产业经济研究的结合点。(3)广东省农机化发展缓慢的原因，首先是缺乏新型农业经营主体推动规模化经营的动力，广东省目前仍以水稻生产小户散户为主，新型经营主体以大户为主，大户经营的土地规模一般为50亩到250亩，稻农缺乏机械化插秧动力。其次是常规稻与杂交稻在水稻产业链中具有不同作用形式，地方优质常规稻农户可以留种，农户追求目标首先在于价格而非产量(一些优质常规稻产量亦不低)，因此，缺乏种植高产杂交稻的积极性。(4)通过与合作社交流和实地考察，我们发现，广东省水稻(农机)合作社起步较迟(落后我国其他地区约4年时间)、发展缓慢，很少有水稻产后机械化烘干设备，绝大多数农户仍然使用传统自然干燥方法，影响到水稻产业化发展。(5)通过对两家稻米加工企业考察，我们认为，稻米企业与水稻生产基地之间缺乏合理的利益共同体机制，尤其是地方国储粮企业转制后还需要转变产业化经营模式(转制还要转型)，与农户关联并建立标准化生产基地，水稻产业化经营是大米加工企业(农业龙头企业)非常重要的一环。

12.2　宁波水稻生产形势调查

2014年5月9—11日，水稻产业经济研究室组织水稻产业经济研究生团队成员6人，在宁波市发改委何竹明主任科员陪同下，到宁波市开展2014年水稻生产情况和技术经济调查。在走访调查过程中，听取了宁波市发改委相关负责人介绍镇海区工农业生产发展和水稻生产情况，走访了镇海区农林总站、农机局相关负责人，了解镇海区农机农技推广、现代农业产业化发展和农业社会化服务体系建设情况。然后开展水稻生产农户问卷调查，重点调查样本农户基本特征、水稻生产投入产出及销售情况、水稻生产技术应用及需求情况、农户对粮食生产政策的评价等。

(1)镇海现代农业发展基本情况。现代农业园区建设全面推进。根据宁波市“十二五”现代农业产业发展规划，镇海区2013年已完成市级精品园项目2个，正在实施精品园项目1个、示范区项目1个。通过建设现代农业园区，极大提升了项目实施范围内的农田水利设施水平，提高了劳动生产率，为农民增产增收奠定了基础。产业化项目建设水平稳步提升。按照镇海区2013年农业产业化项目建设计划，全年共开展产业化项目37个，完成总投资7628万元。通过项目的实施，镇海区基本形成了“一带三区五基地”的格局，保障了区内粮食生产、农业产业现代化建设、生态休闲农业建设发展的需要。新型经营主体培育力度加大。在扶持引导农业龙头企业、农民专业合作社、家庭农场规范管理的同时，通过建立“农业龙头企业＋农民专业合作社＋家庭农场＋专业大户”的合作机制，2013年新增合作社11家，其中区级规范性合作社2家、市级示范性合作社2家，合作社总数达到了67家，促进了农业增效、农民增收。农业社会化服务能力不断加强。2013年，镇海区共申报市级农科教项目3项、区科技项目7项，全年共举办绿色证书培训班21期，共培训1064人次；开展实用技术培训班36期，共培训1838人次，农民干部和规模种养殖户92%接受农业科技培训。农民务农技能得到进一步提高，为农村生产发展、现代农业建设提供了重要保障。

(2)镇海水稻产业经济发展情况。水稻生产基本情况。通过加大投入强度和工作力度，强化基础设施建设，推动粮食生产稳定发展。2013年，实现早稻种植面积1.21万亩，种植品种为“甬籼15”；晚稻种植面积3万亩，种植品种为“宁81”、“甬优12”、“甬优15”；杂粮1.7万亩。据镇海区统计局数据，2014年粮食播种面积达到5.95万亩，总产2.54万吨。土地流转与水稻保险情况。2013年镇海区安排专项资金1017万元，按3500元/亩的政策落实土地流转社保补贴，现已完成流转面积1610亩，保障了粮食生产的稳定。此外，镇海区还开展了水稻保险工作，通过报纸、村服务中心显示屏、镇农业保险工作联络室等多种渠道宣传，取得了良好的效果，参保面积早稻8000亩、晚稻12000亩，大户参保率达到100%。水稻生产全程机械化情况。九龙湖镇是镇海区首个水稻生产全程机械化示范点，建有3个工厂化育秧中心，可集中育秧面积达146亩，其中温室连栋大棚12亩，每季可提供约9000亩机插秧苗，规模化育秧面积和机插率占水稻生产面积80%以上。建有粮食烘干中心2家，日烘干能力达166吨。建成3个农机合作社，为农民开展全程机械化作业服务，实现项目区域内水稻生产机械化率90%以上。水稻生产社会化服务情况。一方面，加大国家良种补贴、农资补贴、农机购置补贴、提高粮食收购价等一系列惠农政策的宣传力度，鼓励农民尽可能多种粮食；另一方面，不断推广高效粮食品种，着力强化科技支撑，加强实用技术培训和指导服务；此外，开展统防统治工作，把推进农作物病虫害专业化统防统治作为植保工作的重点，完善服务标准。

(3)农户抽样调查。本次调研在镇海区抽取了2个镇、3个村共计12个水稻种植户，样本点包括澥浦镇觉度村、庙戴村、九龙湖镇长宏村，分工进入农户家庭开展农户问卷调查。镇海区总体上以新型农业主体为主经营水稻产业，因此，样本多以种植大户为主。在调查的12个农户中，每户实际经营面积差异巨大。经营面积最大的1600亩，最小的6亩，一般在500亩左右。据对2013年水稻生产情况的回顾式调查，除1户未种植早稻外，其他11户都种植双季稻。据对农机种植和收获两个环节调查，机插机收面积达到90%。调查表明，农户对稳定或扩大水稻生产普遍持积极态度。

(4)存在的主要问题。一是资源约束。镇海区水稻产业经济发展最大的问题在于面临土地、灌溉用水等资源性约束。土地约束一方面由于土地资源限制，另一方面还由于发展更具比较优势蔬菜花卉水果等种植业，以及畜禽养殖等对水稻生产土地资源的挤出。灌溉用水主要表现为工业用水的挤占及水源污染，已严重影响到水稻产业经济的健康持续发展。二是专业人才缺失。生产方面，水稻生产已实现全程机械化，但缺乏既懂农业生产又懂农机应用的专业人才，主要表现为缺少农机手和农机管理人员。服务方面，农机农技的推广需要大量专业人才，但缺少专业化队伍，新技术、新品种应用效果受到极大限制。

12.3 黑龙江垦区体系任务跟踪调查

2014年5月16—19日，水稻产业经济研究室团队随体系重点任务执行专家赴黑龙江开展体系任务(编号:04A)实施情况跟踪与钵苗秧盘机插秧关键环节的现场考察，落实生产试验对照和技术经济评价的实施情况和数据收集任务。这次跟踪调查,是与中国水稻研究所"水稻钵形毯状秧苗机插技术现场观摩会"并行展开的。"水稻钵形毯状秧苗机插技术现场观摩会"在黑龙江省农垦总局建三江管理局米都大厦召开,出席会议的有中国农业科学院、中国水稻研究所、黑龙江省农垦总局的有关专家和农场经营者,会后大家就该项技术情况进行了充分交流,为下一步进行水稻钵形毯状秧苗机插技术经济评价奠定了良好基础。

调查人员首先参观了位于七星农场的北大荒精准农业农机中心。该中心占地面积9.4万平方米,由卫星导航定位系统、地理信息系统、农业遥感系统为技术核心的"3S"系统,以及信息采集、智能化农机装备、农业专家决策、农机管理和指挥调度五大系统组成。随后,调查人员来到寒地水稻高科技信息化园区考察。这个园区以中国农业大学、沈阳农业大学为技术依托单位,主要进行信息农业、数字农业、精准农业、遥感农业研究。最后,调查人员来到浓江农场,这里正在进行水稻机插作业。只见两台插秧机正在进行田间作业,插秧机后方的传送带上放置的正是水稻钵形毯状秧苗,插秧机只用了2分钟时间就完成了差不多100米距离的插秧作业,秧插得非常整齐,深浅一致,几乎没有漏秧情况发生。

5月18日上午,水稻钵形毯状秧苗机插技术座谈会在建三江管理局米都大厦召开。该技术是中国水稻研究所针对传统毯状秧苗机插存在问题研发的具有自主知识产权,适于我国水稻品种和季节特点的新型水稻机插技术。来自中国农业科学院、中国水稻研究所、黑龙江省农垦总局以及建三江管理局下属各农场的有关专家和领导就该技术应用及相关问题进行了充分探讨。座谈会上,垦区领导希望进一步创新合作模式,提出了许多生产中的实际问题,期待专家加大技术研发力度,加快推动水稻生产全程机械化和加快研发适口性好的新品种。中国农科院李金祥副院长表示,中国农科院正在组织实施粮食增产模式研究,水稻增产模式研究是农科院优先启动的领域。中国农科院将集中优势力量加强技术和育种攻关,全力为垦区乃至全国解决水稻生产中的实际问题。中国水稻研究所专家表示将带领团队进一步完善技术方案,提高育秧机械化水平,提高插秧效率,加快该技术在全国推广的步伐。

5月18日下午,在建三江管理局农业局原局长姜孝义,黑龙江省农垦总局农技推广总站站长、水稻产业技术体系黑龙江垦区综合试验站站长霍立君研究员陪同下,我们和中国水稻研究所考察团成员一行再次来到浓江农场,就水稻钵形毯状秧苗机插技术的细节问题进行了进一步的现场考察。大家还就如何进行水稻钵形毯状秧苗机插技术经济评价进行了深入讨论,就下一步的工作开展进行了安排。这次考察为深入开展体系重点任务跟踪和撰写技术经济评价报告奠定了坚实基础。

12.4 绵阳水稻产业经济固定调查点稻农经济考察

绵阳综合试验站是水稻产业经济研究室最早建立水稻产业经济固定调查点(稻农水稻产业经济研究基地)的综合试验站之一,双方共同开展水稻产业经济联合调研与经济学实验研究。2014年6月28日至7月1日,水稻产业经济研究室团队到绵阳市开展2014年固定调查点建设和水稻产业经济多个专项考察。

(1)绵阳市水稻生产形势。6月28日,与绵阳综合试验站团队成员就水稻产业化发展问题进行了深入交流。王志站长报告了 2014 年绵阳市水稻生产情况，由于部分地区因外出打工人员有增无减和小规模老年农户增加而使撂荒水田面积有所增加，但因新型规模化经营主体开始发展而使水稻规模经营大户的水稻经营面积略有增加，今年气候条件比较正常，高产优质品种扩大推广，估计产量会与 2013 年持平。

(2)水稻产业经济固定调查点再考察。29 日，田间考察了 2014 年 4 月中旬安排的绵阳综合试验站游仙区魏城镇文昌宫村水稻产业经济固定调查点的田间试验和农户决策实验情况。经现场检查，10 公斤"宜香 3728"高产优质品种已全部播种和栽插，根据苗情判断，80%长势为优，20%长势良好。与对照品种相比，长势略好一些。并与固定调查点负责人尚浩贵和田间技术员杨万庭讨论了进一步安排经济学实验细项，尤其是在节约施药施肥影响因素、机插秧决策行为和稻谷销售方向决策与适度规模经营环境机制等经济学实验项目方面作了讨论和交流，为切实开展水稻经济学实验奠定了基础。

(3)水稻产业化发展交流。在绵阳综合试验站组织安排下，30 日下午在绵阳农科院所在地松垭镇举行水稻产业化发展交流暨水稻产业经济绵阳固定调查点全体成员工作交流会。在水稻产业化发展的学术交流中，水稻产业经济岗位专家杨万江教授应邀作了"粮食安全与水稻产业化发展"学术报告，从国家粮食安全视角分析了中国粮食安全国家战略中水稻产业健康发展的重要性，介绍了日本水稻家庭农场和水稻国家服务体系(JA)对国家水稻产业的支持与经营管理情况，重点介绍了自 2013 年以来水稻产业经济研究室重点关注的中国水稻产业化发展情况。参加会议的有绵阳市农业局、农技推广中心、种子公司(站)和农科院领导。接着，与绵阳综合试验站 5 个示范县(市、区)30 余人，就如何开展水稻产业经济固定调查点和经济学实验进行了广泛交流。这次交流，进一步推进了水稻产业经济研究室与地区综合试验站的有效合作。

(4)安县水稻生产经营情况定点考察。7 月 1 日，在绵阳农科院副院长肖龙和王志站长、绵阳试验站核心成员刘定友和黄所长等人陪同下，驱车前往安县秀水镇的龙腾农机专业合作社进行第 2 年连续考察。考察中，听取了安县农业局副局长和县农技站钟站长关于水稻生产形势和种子体系建设的情况介绍，合作社社长张勇介绍了一年来合作社发展情况和需要解决的主要问题，根据合作社水稻面积由去年的 650 亩扩大到今年的 2000 亩所引发的水稻前茬烘干的巨大压力(期间找了 3 个粮站才解决问题)，以及去年因销售湿谷被粮食部门压价(平均 2.30 元/公斤)的情况，提出了购置谷物烘干机所需要资金及补贴问题。接着考察了一年内新购置的农机和稻鸭共生田间生态系统建设。

(5)根据水稻产业经济研究室跟踪水稻机械化研究任务要求，在王志站长和安县农技推广站和农业局领导带领下，到安县永河镇梓潼村考察杂交稻杂种基地的母本机插秧情况。该村有杂交稻制种面积 1000 多亩，是安县 4 个重要制种村(基地)之一，也是绵阳农科院培育的杂交稻种机械化母本插秧的试验基地，2014 年首次安排母本机插秧试验 60 亩。根据母本机插秧田 1.5 个月以来田间长势和母本插秧机的工作情况(由去年 2 行父本 10 行母本插秧机于今年改为 2 行父本 12 行母本插秧机)，市农业局、市种子公司和市农科院专家现场评定，今年的试验是成功的，但插秧机应作必要的技术改进(插秧机生产厂家为宁波市协力机械厂)。

12.5　金华水稻产业经济固定调查点考察

2014 年 6 月 26 日，水稻产业经济研究室团队赴金华固定调查点(水稻产业经济实验基地)就水稻产业化发展和水稻专业合作社示范社建设等内容进行基层调查。

(1)水稻生产形势看好。通过与两家水稻专业合作社决策者交流和田间考察，对水稻专业合作社发展前景仍然看好，水稻长势好于去年。今年早稻生产面积略有下降，生产中的物资投入品数量有所减少，价格与去年持平，但人工费用增加了 5%，田间作业用工比去年趋紧。如果生长中后期气候条件良好，今年早稻产量可以与去年相当。

(2)水稻产业化发展步伐加快。在考察金华市新城区洋埠镇戴家村的陈微农机专业合作社时发现，合作社购买的 8 台插秧机发挥了良好作用，新建的机房整齐有序。合作社社长陈微的父亲吐露心声，合作社原属婺城区，政策连续性好，现在行政区划变动后一些政策缺乏连续性，有些担心，但仍然充满信心。他还表示二女儿大学毕业后让她通过土地流转将另外村子土地再流转 600 亩办一个家庭农场。现任合作社社长 27 岁的大学生陈微告诉我们，合作社流转面积稳定性好，当地 2600 亩经营面积已经签订 10 年期合作并在年未全部支付第 2 年租金，生产面积有保障。合作社有良好的全产业链设备，除全套田间作业机械以外，还有 6 台烘干机，计划今年再增加 2 台烘干机；一套现代化的大型碾米设备已经投产并正常生产；已两次赴吉林考察建立 2 万亩优质粳米生产基地并基本谈妥合作建设事宜；今年还将在合作社信息系统建设方面加大投入，建成合作社信息管理系统，并增加智能化管理因素。他们有决心把陈微农机专业合作社办成在当地有一定影响的粮食综合经营体。

(3)跟踪体系重点任务实施顺利进行。26 日下午，团队成员对安排在金华市琅新粮食专业合作社的两项体系重点任务进行了现场考察，并与申志义社长和农技人员座谈交流。落实两项重点任务的具体实施的农技员告诉我们，栽培与土肥功能研究室安排的 2 品种 5 对照的钵形毯状机插秧试验顺利进行。由农机化功能研究室安排的不同行距(20 厘米和 30 厘米)对照和浙江小精农机制造公司(上虞市)生产的小精牌手扶步行式 10 行水稻插秧机对比试验项目，合作社农技员评价效果不错，田间试验有一定的经济效益。

(4)与合作社社长就继续开展水稻产业经济固定调查点建设和水稻产业经济学实验有关事项进行讨论并再签合作共建协议。合作社社长表示，将进一步加强项目跟踪试验记录和水稻产业经济学实验项目管理。

12.6　肇庆和江门水稻产业化发展再调查

广东省双季稻生产自然条件优越，近年种植面积稳定在 900 万亩以上，产量 520 万吨左右，平均亩产 384 公斤左右。2014 年，虽然受早稻生长期间降雨量过多的影响，但据我们对肇庆和江门两地调查，今年早稻面积略有增加，优质高产品种面积明显增加，加上作业机械化率提高 5%以上，以及收获后稻谷干燥开始由自然干燥转向机械干燥，今年广东省水稻生产形势好于去年。在广东水稻产业化过程中有以下一些值得重视的特点。

(1)水稻生产稳定发展。广东省2012年水稻种植面积1949.4千公顷，稻谷产量1126.6万吨，单产每公顷5779公斤。长期时间序列变化表明，近年水稻生产水平有所提高，水稻作业机械化程度有所提高。近两年多次调查的结果表明，广东省虽然是经济发达省份，但对水稻产业现代化发展战略和政策策略并不十分明确，尤其是政策支持力度不大。广东自然气候条件适合双季稻种植，但水稻连作两季种植面积下降情况比较突出。广东省早稻种植面积由2001年占水稻面积的49.5%下降到2012年的48.0%，改种单季稻的现象有增无减。广东省水稻作业机械化普及率水平普遍较低，不仅不及江浙地区，亦低于江西、安徽、福建等地。估计水稻机插秧率低于15%，机收率低于60%。在水稻产业化发展过程中，仍然主要依靠自然干燥的方法。统计资料显示，2012年广东全省谷物烘干机只有300台，而江苏有4200台、安徽有3200台、浙江有3100台、云南有1500台、江西有900台。

(2)肇庆水稻产业化考察。7月23日上午，水稻产业经济研究室团队与肇庆市农科所黄健清所长、综合试验站张稳成站长及其团队成员进行肇庆市2014年水稻产业经济形势座谈，水稻产业经济功能研究室为综合试验站举行"国家水稻产业经济固定调查点暨产业经济实验基地"授旗仪式。作为水稻产业经济重点任务承担单位，黄所长和张站长都表示将全力配合完成好区域性水稻产业经济调研任务。会后，观看了2013年该站购买的三久牌12吨稻谷烘干机运转情况。这台烘干机是作为科研项目配套购买的，主要用于低温循环(50摄氏度以下)柴油能源烘干，尚未为附近农户开展商业化服务。

7月23日下午，我们在水稻产业技术体系肇庆综合试验站站长张稳成和团队成员陪同下，到肇庆市高要市宏大农业机械专业合作社进行现场考察和座谈。宏大农业机械专业合作社成立于2008年，合作社在怀集县、罗定市和阳春市3地成立了分社，辐射范围达到整个肇庆市。据合作社社长陈庆强介绍，该合作社农机专业服务主要集中在两个领域:一是开展水稻作业机械加工制造，生产"宏大"牌农机产品，年产值达1200万元。二是开展移动式工厂化育秧商业化服务，为加入合作社的农机大户和附近乡镇水稻种植户提供育秧插秧商业化服务。合作社有8台广东产的东洋手扶式插秧机，在对丘陵坡地改造建厂的同时挖了3口鱼塘，建造了3000平方米水泥地，研发工厂化水稻育苗田间和移动式炼苗大棚。合作社承接水稻农户育秧和机插商业化服务。农户将稻种送来后，在低温时期进入水稻育秧室培育小苗，在5天后进入水泥地漫水条件下炼苗，在20天后雇用插秧机手到签约农户田间插秧，至此完成水稻栽插服务。这样的机插秧作业面积达到3000亩以上。

在张站长陪同下，我们考察了肇庆市穗丰源大米企业。这是我们继今年5月初考察后的第二次考察。据邓理事长介绍，原定向产前延伸建设5万亩水稻产业化生产基地的项目尚未实施，但希望继续与肇庆市农业科研部门加强联系，计划通过组建水稻专业合作社的方式推进当地水稻生产合作社发展。

(3)江门市水稻产业化发展考察。7月24日上午，水稻产业经济研究室团队一行在江门综合试验站刘朝东站长及其团队成员陪同下，考察了江门农科所科研种子使用的烘干机房。为更好地实施科研项目，该站于2013年科研项目中配套购买2台烘干机，建设了种子用稻谷烘干机房。据刘朝东站长介绍，2台"如雷"牌烘干机每小时烘干能力为2.5吨，价格约18万元。烘干机是浙江台州路桥区浙江如雷实业有限公司的产品，能满足科研烘干的需要。

随后，调查团队一行到新会区三江镇与镇农办主任陈先生座谈该镇水稻产业化发展情况,考察了位于该镇九子沙村的江门市新会区九子沙新粮加工厂。这是一家年加工能力1万吨左右的小型民营碾米厂。据霍胜有理事长介绍,稻谷主要来自附近稻农,以中低档精白米为主,市场销售良好。在镇农办主任陪同下,我们考察了江门市新会区三江镇利农农业机械化专业合作社。据社长介绍,合作社有2台乘坐式进口插秧机和1台收割机,为本村1200亩水稻生产服务;自己经营200亩稻田,有1台柴油能源稻谷烘干机(韩国生产),稻谷卖给当地碾米厂。社长对合作社经营感到满意。

12.7 抚州水稻产业化产后发展调查纪实

江西省双季稻生产自然条件优越,近年种植面积稳定增长,尤其是双季稻面积快速增长。2013年,江西省水稻种植面积1397千公顷,早稻产量828万吨,平均每公顷产量5924公斤。江西早稻面积增长29%,早稻产量增长55%,单产提高20%,面积增长列全国第2位(湖北增长29.4%),产量增长列第1位(湖南38.5%,湖北37.2%)。面积和产量占全国的比重分别为24.1%和24.3%,成为仅次于湖南的第二大早稻生产省份。统计数据表明,江西早稻生产对于全国早稻生产具有举足轻重的作用。2014年,虽然受早稻生长期间降雨量过多的影响,但根据我们对抚州市调查,今年早稻面积略有增加,优质高产品种面积明显增加,加上作业机械化率提高,以及收获后稻谷干燥由自然干燥转向机械干燥,今年江西早稻生产形势仍好于去年。抚州水稻产业化过程中有以下一些值得重视的特点。

(1)抚州市水稻产业化发展情况考察。江西省有11个地级市,是一个多山地区。抚州市地处江西省东南部,大部分为丘陵山区,是江西省重要的商品粮基地,全市大部分地区的气候条件都可以种植双季稻。7月25日下午,国家水稻产业技术体系抚州综合试验站吴强站长邀请抚州市农业局领导介绍抚州市水稻产业化有关情况。抚州是我国重要的杂交稻稻制种基地,其中宜黄县制种量达10万～15万斤,全市水稻种植面积550万亩。抚州市农业局产业指导科张科长介绍,全市有大米加工龙头企业40家,销售额达22亿元,加工企业年加工量一般在10万吨左右。市农业局经管科曾科长介绍,全市土地流转比较困难,主要是因为农民惜地情结严重,因此水稻专业合作社不多,水稻产业化尤其是产后发展尚未起步,但经营面积在50～200亩的种粮大户较多,土地流转也以2～3年为主,5年以上很少。市粮油站傅站长分析,全市机插秧不足30%,机收率约70%,通过补贴购买烘干机约25台,多为12吨的单机或2联机和4联机。烘干成本约每公斤0.15～0.24元,虽然有需求,但机械烘干成本较高也是影响机械化发展的重要因素。抚州市临川区利群农机服务合作社周庆伟经营600亩双季稻、临川区惠民水稻专业合作社车国龙经营800亩双季稻,两人介绍他们都有烘干需求,但很难争取到国家烘干补贴,因此没有购买烘干机。

(2)抚州市崇仁县水稻产业化发展情况考察。在崇仁县农业局吴局长和农技推广站邓达标站长陪同下,我们到位于崇仁县郭圩乡程家村丘陵地区农业现代化园区的丰粮农机专业合作社现场考察。该合作社成立于2011年9月,由返乡创业者饶庆瑞理事长联络101个农民社员创立,工商注册资金1000万元,从事烘干、收储、加工和销售等产后一体化经营。我们考察了工厂现场的两栋主体工厂,一栋是县谷物烘干中心,机器投资300万元;一栋是米厂和仓库,机器投资900万元,估计包括建筑投资在内,全部投资约2000万元。2011年安装 6 台 5HXG-120 烘干机和 2 台烘干专用锅炉，烘干房面积 2600 平方米，日烘干能力 140～220 吨，2013 年烘干稻谷 8000 吨。6 台烘干机为江苏天禹农机公司生产，燃烧以米厂的稻谷壳为主原料。计划 2014 年新增烘干机 10 台套，为附近稻农提供稻谷烘干服务。2013 年建成碾米工厂一座，加工车间 2900 平方米，安装了比较先进的碾米线一条和凉米仓，包括日产 120 吨的碾米线和 4 个 40 吨的凉米仓。经 QS 认证并生产"绿珍丰粮"牌大米，截至 2014 年 6 月大米销售情况良好。

考察崇仁县相山镇水稻专业合作社。7 月 26 日上午，一行 8 人到相山镇座谈。主管农业的吴镇长和农技站徐智杰主任介绍了相山镇水稻产业化发展情况。相山镇 80%属于山地，80%的农民外出打工，为水稻专业合作社发展提供了基础。近年该镇开始发展烘干机，2014 年全镇有 4 台烘干机，得到约 40%的国家补贴。我们还考察了位于山科村尧上自然村的农丰水稻种植专业合作社。该社李根生社长带我们参观了农田和烘干机房。合作社有 5 位理事，社员由 6 户扩大到 110 户，水稻服务面积 3360 亩，其中自营 700 亩，经营合同一般在 5 年以上，有的签到 2027 年。2012 年建有一个小型烘干机房，使用的是四川惠农机械有限公司生产的"天府"牌小型烘干机，每小时烘干稻谷 1 吨，以电和柴油作动力。相山镇国庆水稻种植协会徐国庆会长介绍说，他的合作社从事农机服务，自己经营 520 亩水稻，协会服务面积 2800 亩。由于没有烘干机，自然晒干不仅主要依靠天气，而且损失混杂严重，未经烘干机烘干的稻谷价格折扣率约 7.5%～8.5%，烘干机对丘陵山区规模种植农户十分重要。

(3)抚州市南城县水稻产业化实地考察。7 月 26 日下午，与南城县农业局农业技术服务中心傅主任、产业信息科徐科长、经管科范科长座谈，了解到南城县是一个"七山半水分半田，一分道路与庄园"的丘陵山地农业地区，全县参与农业产业化经营活动的农户占农业总户数的 60%，农业产业化从业人员占农村劳动力的 58%。全县有市级以上农业龙头企业 43 家，其中国家级 2 家、省级 5 家、市级 36 家。截至 2013 年底，全县有农民专业合作社 222 家，共有社员 15380 个，其中国家级示范合作社 2 家、省级 6 家、市级 5 家，水稻专业合作社约 50 家。全县耕地面积 31.98 万亩，流转面积 11 万亩，土地流转率 30%。30～100 亩的种粮户 1266 户，面积 5.6 万亩；100 亩以上的水稻种植大户 213 户，面积 4.2 万亩。据反映，水稻合作社只有省级以上示范性合作社有 10 万元补贴，国家级 15 万元补贴，江西地方上给予的补贴很少，水稻机插率只有 30%，机收率约 70%，全县烘干机只有 10 台，水稻产业化水平不高。

在县农业局领导陪同下，我们驱车到县城 30 公里外的株良镇株良村，与骆峰植保专业合作社社长周玉旺座谈，了解到该合作社于 2010 年由周玉旺、周玉亮两兄弟为主创立，生产由社长负责，合作社经营管理由弟弟周玉亮负责。周玉亮详细介绍了合作社运作情况，并向我们请教了有关烘干机的使用问题。该合作社服务半径为 3 个行政村，自营 2340 亩耕地，其中在骆家塘村种植稀有地方特色红米稻 349 亩。合作社不仅为 150 个社员服务，还为附近 2 个乡镇服务，服务面积达 8000 亩以上。这些服务包括集中育秧、机插秧、治虫、施肥、机收和稻谷销售等。所生产的"生态"红米，全部通过合同方式销售给南城县国家级大米加工厂，价格高出 30%。合作社还在缺水山区种有 500 亩旱稻，其他都是双季稻。烘干是主要问题，因此合作社在县财政补贴情况下购买了日本产三本牌 5 台烘干机(5 台 * 10 吨 * 12.6 万元)，其中 2013 年购买 1 台，补贴 8 万元，2014 年新购 4 台，每台补贴 4.5 万元。已经开建 3000 平方米稻谷烘干中心，加上购买生产用各类机械设备，资金缺口在 300 万元以上。

(4)江西麻姑实业有限公司考察。26日下午,在南城县农技服务中心傅主任陪同下,我们与抚州综合试验站吴强立站长等一道参观考察了这家国家级大型大米精深加工企业。在熊炳生总经理陪同下,全程考察大米产后加工流程。据熊总经理介绍,该公司是1996年由一家国有地方粮食加工企业转制而成的民营大米深加工企业。企业厂区面积6.2万平方米,厂房面积3.6万平方米,有日本和韩国产的自动化烘干米粉生产线3条、大米加工线2条和高麦芽糖浆生产线1条,固定资产投资5000万元。企业有职工260人,以有千年历史的优质麻姑米为主原料,年储备稻米1万吨、年精米加工5万吨、年产精制米粉1万吨和年产高麦芽糖浆2万吨。企业除生产高档的麻姑米外,2014年新增加2条米粉生产线,1条为干米粉全自动生产线,1条为拥有知识产权的湿米粉生产线。在交流中我们得知,企业已于2004年开始在南城县徐家等10个乡镇建立绿色食品生产种植基地,涉及2万个农户和5万亩稻田,与基地农户签订长期的稻谷种植收购合同,并与南城县农业技术推广站达成协议,由县农技站对农户从良种到收割进行全程监督管理和技术指导。熊总经理计划由公司直接建立并负责管理水稻生产基地1万亩,主要涉及两个环节:一是根据深加工需要引进功能性水稻,保障品种纯正和产糖率;二是建设一座年稻谷烘干能力在1万吨以上的烘干中心,需要购买高质量烘干机10台以上。由于企业经济效益好,将于2015年全面实施"以水稻品种为基础,主抓稻谷高品质烘干环节"的水稻产业现代化战略。

12.8 绍兴水稻钵毯技术应用调查纪实

水稻产业技术体系"十二五"重点任务4(编号:CARS—01—04A)旨在为推进水稻产业全程机械化,稳定发展水稻生产,增加稻农经济收入,逐步提升水稻产业现代化水平。2014年首次明确跟踪2014年水稻产业技术体系重点任务"水稻生产全程机械化装备及配套技术研发",收集"水稻钵形毯状秧盘技术"(钵毯技术)的生产应用情况及相关数据。根据任务要求,及时跟踪并全面收集、动态更新技术经济分析第一手数据。继黑龙江跟踪考察后,2014年7月28日,在体系内技术研发方的精心安排下,水稻产业经济研究室团队到南方稻区该项技术应用较好的浙江省绍兴市诸暨市了解技术示范与应用的发展情况,进行座谈和现场考察。诸暨市农技推广服务中心副主任寿建尧研究员接待了我们。据随同跟踪调查的水稻产业技术体系水稻栽培专家朱德峰团队成员陈惠哲研究员介绍,水稻机插秧在浙江起步较早,而机插秧过程中的育苗秧盘标准和育秧技术对机械化插秧推广影响很大。为此,朱德峰团队对此进行重点攻关,瞄准水稻秧盘标准改革和相应配套技术进行开发研究,经济发达的浙江诸暨承担了这项改革技术的试验和示范。据诸暨农技推广服务中心介绍,诸暨市从2008年开始试验示范以来,随着技术研发方不断改进技术,目前已发展到第3代技术(毯状盘、低钵高毯、均衡钵毯),并已在诸暨较大范围推广应用,估计2014年达到5万亩左右,在水稻机械化插秧中应用率约为25%。随后我们考察了以下3个地方。

(1)诸暨市山下湖镇新桔城粮食专业合作社。山下湖镇新桔城粮食专业合作社位于西泌湖万亩粮食功能区,在西泌湖畈有水稻田11880亩。桔城村的义燕自然村,是浙江省制定全省粮食功能区发展战略以来,2010年首次召开全省粮食功能区现场会的地点。新桔城村的义燕区块有 1270 亩双季水稻基地。该合作社同时还服务附近农田 1500 亩。

诸暨水稻机械化插秧始于 20 世纪末。科学育秧适应机插是一个技术问题，不过这种技术更多的是农艺适合农机、农机配套适合农艺的互动过程。经过水稻栽培岗位专家技术研发与改良，以及在诸暨的 10 年示范，稻农认为这项技术已经能够很好地满足机插秧需要。据一些新型水稻经营主体反映，钵毯秧盘技术应用率已达到 70%。刚好，我们在新桔城粮食专业合作社找到了三代秧盘，分别是最早使用的毯状秧盘，改良后的钵形秧盘，正在示范应用的钵形毯状秧盘。据合作社负责人反映，使用钵毯秧盘栽插的单季稻根系生长强于非钵毯秧盘，前期长势也更好。根据以往经验，产量也会略高一些（估计为 2%～5%）。我们在田间拔出稻株查看根系，果然见不到伤根现象，根系十分健壮。大家仔细观察了机插 6 天后的“甬优 12”单株和“中早 18”单株早稻品种。

返回后，考察了育秧中心。这家水稻智能化育秧中心，将经 5 天培育后的秧苗移至炼苗室，一般经过 15 天后再移栽到大田。在机插秧已经普及的当地，一般都实行大田机插。新桔城粮食专业合作社实现了真正意义上的水稻产业化经营。合作社建有烘干中心和比较现代的稻米仓库。烘干中心有 2 台（16 吨/台）分体式烘干机，1 台是合肥金锡牌烘干机，1 台是浙江台州一鸣牌烘干机，基本能满足合作社稻谷烘干的需要。合作社购买了一套每小时生产 0.6 吨的小型大米碾米线，并有自己的商品大米品牌。据社长讲，烘干保障了稻谷品质，加工保障了合作社大米品质和社员的口粮供给。

（2）诸暨市江藻镇汪王村诸神家庭农场。据农场主王伯华介绍，该农场成立于 2013 年 10 月，前身是汪王农作物专业合作社，主要从事农机专业服务。自己经营本村流转的耕地 253 亩种水稻，与农户签订了到 2025 年的长期合同。全部种双季稻，雇请 1 个长工进行农机具作业和农机管理。农场有 4 台插秧机、5 台高压喷雾机、2 台收获机、3 台耕整机及其配套机具 50 余台套，植保等田间作业机械化对外服务 600 亩。王场长介绍，合作社经济效益良好。农场生产稻谷全部订单卖给国家粮库，每斤高于最低价 0.3 元。农场有仓库和晒场 4000 平方米。为了保证稻谷质量，购买了 2 台三久牌烘干机，1 台 16.5 吨，1 台 6 吨。早稻生产种子公司定购的高产常规稻“中早 18”，连作晚稻作为商品粮卖给国家。王场长已有 10 年机插秧经历，使用钵毯秧盘已经 5 年。据他评价，这种秧盘使用率已由 2013 年的 50%上升到现在的 70%，长处是成苗好，可增产 50 公斤/亩。在起秧方面，虽然有所改进，但仍显困难，还可以作进一步的改进研发。

（3）诸暨市苍湖农机专业合作社。苍湖农机专业合作社位于诸暨市陶朱街道联合村苍湖自然村，是一个拥有农业休闲观光农业园、农业科技服务等多种经营和服务公司形态的农业合作社，资金实力雄厚。据理事长朱华灿介绍，合作社成立于 2008 年，农机齐全，以工厂化育秧和机插秧服务为主，经营 1600 亩水稻，服务面积 1 万亩，2013 年成为全国农机专业示范合作社。他们认为，钵毯技术很好地解决了机插秧问题，已在该社得到全面推广。苍湖农机合作社为了提高稻米品质，已经稳定使用高质量烘干机组，2013 年淘汰了先期购买的 4 台质量不高的稻谷烘干机，购买了一组 3 台三久牌稻谷烘干机（也烘前茬作物大麦和小麦，也称稻麦烘干机），每台烘干能力为 18 吨，计划再购买一组 3 台配套的稻谷烘干机，着力于为附近农户提供机械化服务。苍湖农机合作社实行产业化经营，2012 年建立了“联合村粮食加工中心”，日加工能力 60 吨，合作社稻谷 50%用于加工商品大米直接销售，还为附近合作社和农户提供来料加工服务。

12.9 汉中水稻机械化钵毯技术调查纪实

为了进一步跟踪体系重点任务水稻机插秧实践应用情况，在全国范围内广泛开展“水稻钵形毯状秧盘技术”(钵毯技术)生产应用情况并收集技术经济数据，2014 年 8 月 18—21 日，水稻产业经济研究室团队到陕西省唯一的水稻产业综合试验站汉中站开展水稻机械化钵毯技术调查。

(1)汉中水稻机械化发展情况。水稻产业经济团队听取了汉中综合试验站冯志峰站长关于汉中试验站辐射区水稻机械化发展情况及钵毯技术应用情况的介绍。陕西是我国西北地区最重要的水稻生产省份，而秦岭以南暨陕南地区的汉中地区水稻面积占陕西省 60% 以上，产量约占全省的 65%，且近年有明显的增长态势。据冯站长介绍，综合试验站根据水稻生产发展现实需求，以农机化为关键技术，在试验站成立水稻技术示范推广部门，早在 2009 年就引进水稻钵毯秧盘和集中育秧技术。随着钵毯技术的成熟和完善，在土地流转加速发展的条件下，试验站所属地区水稻钵毯技术推广率达到 80%，水稻机插秧率达到 50% 以上，为扩大水稻生产和减轻传统水稻生产强度发挥了积极作用。

随着水稻机插秧在各地兴起，水稻机插秧技术需要规范和总结分析。为此，汉中综合试验站于 2011 年整理形成《汉中市机械化插秧关键技术研究示范与推广资料汇编》(2009—2011)，并于 2013 年进行了修订，为汉中市农业行政和技术推广部门提供了示范样本。为了将水稻机插秧技术规范化和标准化，汉中站于 2013 年 5 月在全国率先制定《水稻机插秧栽培技术规范(试行)》，将钵毯秧盘作为水稻育秧规定标准化秧盘，规定了根据大田需要的钵毯硬盘规格为 25～30 个、每个长、宽、高为 60、30、3 厘米，秧苗分立苗 5 天达 2 厘米的 2 叶苗)和炼苗 25 天达 15～25 厘米的 4～5 叶苗，机插标准为每亩 30 厘米 * 15 厘米 * 1.5 万穴 * 4～6 亩，为水稻产能提供了技术保障。

(2)城固县长丰农机专业合作社。据汉中市城固县长丰农机专业合作社社长李长德介绍，该社以博望镇周家堰村为中心开展 320 亩四统一的机插秧示范。该合作社成立于 2012 年 6 月，通过 3 年水稻全程机械化操作为附近稻农提供“保姆式”服务，深受本地农户欢迎。该社是城固县第一家机械化育插秧示范的合作组织，拥有 4 台大中型自动化育插秧机，全部采用钵毯秧盘统一育秧。合作社资料显示，在水稻产量与大田种植相当的情况下(每亩 621.4 公斤)，机插秧节约成本和减轻劳动的效果十分显著。一是节省秧田 90%；二是通过每台插秧机每小时插 2 亩可代替 3.5 个劳动力，每亩节约成本 250 元；三是前茬油菜籽机收每小时 3 亩节约用工 4～5 个，使每亩增效 350 元。另外，通过统一使用优质高产品种和稻谷购销可使每公斤增加收入 0.3 元。农机合作社在全年油—麦—稻全程机械化作业方面还有很大空间。

(3)水稻规模化农机技术集成示范区技术成本分析。陕西金沙滩农业综合开发有限公司在汉中市西部的勉县新街子镇立集村实行土地整体流转 364 亩种植水稻，从 2013 年开始实行全程机械化作业。公司聘请汉台区财政局退休的魏局长任总经理，由汉中综合试验站负责水稻全程机械化技术方案和技术指导。我们在冯站长和魏总经理带领下进行现场考察，示范田全部采用钵毯技术，水稻生长形势良好。据公司汇报，这片机械化示范田平均每亩投入成本(费用)1208元。2014年水稻生产投入项目和支出情况:土地流转费95元,种子86元,农膜和竹材18元,人工工资177元,机插秧62元,化肥102元,农药38元,水费50元,其他杂费和公共费用150元。预计费用:田间操作100元,机收120元,晾晒30元,其他180元。

12.10 银川水稻机械化钵毯技术应用调查纪实

2014年8月21—25日,水稻产业经济研究室团队到宁夏回族自治区唯一的水稻产业综合试验站银川开展水稻机械化钵毯技术和水稻全程机械化发展情况调查。

(1)宁夏水稻机械化发展情况。我们听取了银川综合试验站所在单位宁夏农科院作物所刘炜所长对宁夏水稻生产发展情况的介绍。宁夏在过去是一个荒漠严重的地区,沙漠入侵和水资源短缺严重影响水稻水产。宁夏水稻生产从2008年开始稳定增长到120万亩以上,得益于银川水稻综合试验站全体团队成员的努力。因为宁夏地区降水少,水稻主要分布在黄河灌溉区域内,黄河由其中部西向横流并从中部地区北向纵贯北流进入内蒙古,而南部和东南部多为山地旱作区,水稻用水受黄河用水供给限量影响,水稻面积已达极限。近年来,农机代替人力迅速发展,水稻全程农机化率已达到60%以上。水稻技术发挥了重要作用,水稻产量提高到70万吨以上,而且随着生态化种植条件改善,稻米品质优良。

根据殷延勃站长介绍,宁夏水稻生产主要分布在沿黄河流域自流灌溉地区,在工业化、城市化和农业比较效益条件下,提水种植水稻越来越受到限制,但农业机械化起步早,水稻机械化种植有优势,而钵毯技术应用也是全国较早的地区之一。据掌握的典型材料,全区水稻机械化育秧栽培技术约60%为钵毯技术,如果没有政府更强有力的财政补贴支持,在未来一个时期内,钵毯技术很难达到更高水平。

(2)水态水稻产业化经营。在殷站长陪同下,我们到银川青铜峡市现场考察了农机服务企业性质的大规模生态水稻产业化基地和经营企业——宁夏正鑫源现代农业发展集团。集团创立于1998年,目前是宁夏农业产业化重点龙头企业。这家民营企业总资产1.62亿元,下设正鑫源农机销售公司、汇丰源有机水稻种植专业合作社、叶盛有机米业有限公司、生态科技有限公司和现代农业培训中心,在宁夏设有6个农机销售公司。据公司总经理包嘉伟介绍,公司于2009年在“贡米之乡”核心区青铜峡市叶升镇集中流转土地1.17万亩,建立了宁夏规模最大的有机水稻生产基地,为优质水稻生产示范和自治区机械化示范园区。公司于2010年还在吴忠市红寺堡区月亮湾承租国有荒地1.6万亩,改造建立优质肉牛羊生产基地。

公司在建设黄河金岸现代农业万亩水稻高标准示范区基础上,以汇丰源有机水稻专业合作社为基础,开展工厂化育秧和水稻全程农机化作业服务。水稻育秧秧盘50%为钵毯软质盘(约1元/只),可以用2~3年,成本较低。据农机员评价,秧盘使用效果较好。公司包总经理带领我们参观了万亩水稻基地全自动工厂化育秧车间,考察了水稻种养一体化智能农业观察室。在田间,我们看到该公司以稻田为载体,稻鸭、稻蟹、稻鱼共养的水体生态种养一体化经营面积0.3万亩的生态水稻长势喜人。据包总经理介绍,生态水稻全部用于公司加工,生态鸭、蟹、鱼一般比非生态品种价格高出50%以上,销售供不应求。公司在自治区内建立农机供应和销售网络,还拥有规模庞大、种类齐全的农机作业公司,不仅承担公司内的万亩水稻作业服务,还为公司外的水稻专业合作社和农户提供订单式作业服务。公司为了减轻集中晾晒稻谷的压力,于2010年购买了2台金锡奇瑞烘干机(12吨/台,没有财政补贴)。2012年,在财政部农业综合开发项目支持下,公司连同农机仓库空地铺设水泥晒场,使封闭式稻谷晾晒场地达到1.2万平方米。根据常年气候记录,稻谷收获季节一般不会有大的降水,于是公司便不再使用烘干系统。离水稻生产基地约5公里处,有公司的碾米厂。包总经理带我们参观了2011年建成、2012年扩建的碾米厂。在原烘干机后是稻谷仓库,仓库后面是年设计能力5万吨的高水平现代化碾米流水线(总装机520千瓦)。公司有自己的品牌,如叶盛有机米、叶盛贡米、叶盛蟹田香米等。其中的叶盛贡米,具有"粒圆,色洁,油润,味香"四大特点,深受消费者喜爱,据说超过了日本的"越光"大米,产品供不应求,远销全国各大城市。公司注重做强基地、做精贡米、做大产业,走产加销可持续发展之路,是我国水稻产业化做得最好的企业之一。

(3)水稻机械化作业服务。在灵武市农技服务中心李主任陪同下,我们到灵武市同德机械化服务专业合作社考察。因为社长有事外出,李主任直接带领我们进入合作社机械仓库察看。这家合作社为当地提供水稻和旱作从种到收的全部作业服务,据估计所购置的农机具达1500万元,水稻服务面积达到2000亩。李主任介绍,这类农机服务合作社收益非常可观。虽然许多农机具没有政府补贴,但农机部门和农技部门还是以各种各样的项目方式给予了间接支持。

12.11 宁波杂交稻制种插秧机研发应用跟踪考察

水稻产业技术体系"十二五"重点任务的第11项任务要求,跟踪"双季稻种植机械化关键技术研究与示范"(CARS—01—11B)。按照国家水稻产业技术体系任务书(2014年,CARS—01—35)任务规定,在过去连续跟踪双季稻机插秧技术应用基础上,我们与水稻机械化功能研究室商定,决定进行杂交稻制种插秧机技术研发及其示范应用跟踪,并深入开展对这项新技术的技术经济评价研究。为此,2014年9月26日,水稻产业经济团队在水稻机械化功能研究主任李革教授陪同下,跟踪考察了杂交稻制种插秧机研发和供应商单位——宁波协力机电制造有限公司(以下称协力公司)。

(1)宁波协力机电制造有限公司简介。协力公司成立于1994年,公司位于宁波市国家高新区内,是一家专业生产现代农业机械的企业,全国农机工业协会、旋耕机分会成员企业,浙江省农机协会理事单位。目前主要产品有如下种类:微耕机、田园管理机、插秧机、开沟机、割草机和畜禽粪便无害处理设备等。公司现有员工200余名,各类高职称专业技术人员40余名,已形成年产3万台(套)小型作业机械和1万台插秧机的生产能力,具有年产值近亿元规模,被评为出口明星、骨干企业。先进的高精度加工设备和高素质操作人员使产品具有高效节能、安全可靠、低噪音、外形美观且符合环保要求等特点。在追求高质量产品的同时,建立了一套完善的售后服务体系,深受国内外客商的赞赏和推介。公司生产的产品畅销国内10多个省区,并出口意大利、美国、东南亚及欧洲等国家和地区。公司以高度机械化的检测手段及ISO9001、GS、TUV、EMC等国际质量体系保证了产品的质量。公司产品多次获得国家科技部农业成果转化项目资金、科技创新奖、浙江省科技进步奖、宁波市市长特别奖、浙江省农业博览优质奖、浙江省农业博览会金奖等荣誉。公司与浙江理工大学、中国水稻研究所、农业部南京农机研究所和袁隆平农业高科技股份有限公司等单位共建科技开发联合体，并与意大利著名农机制造商 BENASSI 公司建立了长期合作关系。目前有 9 个产品进入了《2012—2014 年国家支持推广的农业机械产品目录》，购置上述产品可以享受国家的购机补贴，购机补贴可达到 30%～60%。其中水稻插秧机分别有 6 行和 8 行乘坐式 2 个型号进入国家购机补贴目标，补贴标准为购机费的 60%，享受最高补贴标准。

(2)杂交稻制种插秧机研发应用。杂交稻制种是杂交稻种子生产的来源。杂交稻制种过程中的插秧环节是杂交稻种子成本的主项之一(约占 30%，是最主要的成本项)。杂交稻制种关键技术是“双本”(即父本与母本)花期一致(相遇)，杂交稻种子生产的目的在于提高种子产量和杂交稻制种商的经济效益。以前，由于杂交稻种子生产过程，尤其是双本栽插过程，都是人工插秧。人工插秧时间紧，栽插强度大(尤其是母本，父本仅为母本栽插量的 1/6～1/7)，特别是杂交稻母本插秧既要从繁重的人工劳动中解放出来，又要在保证种子产量和质量前提下制种成功。杂交稻制种秧苗栽插规格，因不同地区、不同品种和不同种子商的要求有很大差异，全国没有统一的标准和范式，与水稻大田生产有本质性差异。另外，因为杂交稻种子产量只有常规稻种子的 1/3～1/2，要保障杂交稻生产就需要稳定的种子产量。虽然大田水稻机插秧技术相对稳定，但要使杂交稻机插秧与传统手工插秧相比，制种产量没有明显下降，在杂交稻制种机插秧技术应用上存在风险。实际上，杂交稻制种插秧机已经不是需求问题，而是能否有相应的插秧生产厂家供应，在机插秧后能否使所生产的杂交稻种子的产量和质量有保障。从这一角度看，如能通过试验，达到这一目的，应该是水稻机械化插秧在杂交稻制种领域的技术创新，应属于一个生产领域的独立技术。从实际应用来看，杂交稻制种插秧机的研发，以及各地试点应用和目前推广速度是一个证明。杂交稻制种过程中插秧机和栽插技术融合，还需要进行更广泛的跟踪调研。

(3)杂交稻制种插秧机生产与供应。目前，国内杂交稻制种插秧机生产厂家很少，尚未引起广泛重视。只有少数厂家在大田插秧机生产基础上注意到杂交稻制种过程机械化问题，其中宁波协力公司就是在水稻产业技术体系岗位专家支持下研发水稻制种插秧机的主要厂家之一。协力公司周惠达销售总监介绍了几种主推机型。协办公司研发的插秧机机型是独轮乘坐式，插秧行距为 9 寸(宽行，约 300mm)和 6～7 寸(窄行，约 200mm)两种标准，由用户订购。在行数方面，主要有 10 行、8 行、6 行和 4 行。目前主要供应 6 行机和 8 行机。几个主要机型的关键参数如下：

机型 1:10 行窄行距插秧机。协力公司生产的 10 行插秧机型号为 XL2Z-10，机身重 315 公斤，动力为风冷汽油机，发动机功率 4.0kW，行距 175mm，作业速度 1.26～2.09km/h，作业生产率 0.13～0.20hm^2/h。地区总代理价格 15800 元/台，市场价格 17000 元/台。

机型 2:8 行中行距插秧机。XL2Z-8 机动乘坐式水稻插秧机，机身重 295 公斤，行距 238mm，作业速度 1.26～2.09km/h，作业生产率 0.13～0.20hm^2/h。地区总代理价格 13800 元/台，市场销售价格 16500 元/台。

机型 3:6 行宽行距插秧机。XL2Z-6 机动乘坐式水稻插秧机，机身重 265 公斤，行距 300mm，株距 4 种方式可调，作业速度 1.26～2.09km/h，作业生产率 0.13～0.20hm^2/h。

地区总代理价格 12800 元/台,市场销售价格 15600 元/台。

机型 4:4 行窄行距插秧机。2Z-4 乘坐式水稻插秧机,行距 238mm,株距通过齿轮可以很方便地调整到用户需求,机身重 185 公斤,动力为风冷汽油机,发动机功率 4.0kW,作业速度 1.06～2.09km/h,作业生产率 0.06～0.12hm^2/h。地区总代理价格 10800 元/台,市场销售价格 13600 元/台。

机型 5:14 行窄行距插秧机。XL2Z-14 乘坐式水稻插秧机,机身重 285 公斤,试用价格 20000 元/台。在 10 行插秧机基础上,根据用户需要新研发的 XL2Z-14 乘坐式水稻插秧机代理销售价 19800 元/台,市场销售价格 21600 元/台。于 2014 年首次推向市场。工作参数:行距 175mm,作业速度 1.26～2.09km/h,作业生产率 0.13～0.20hm^2/h(每天工作 10 小时,可插 20～40 亩),动力形式风冷汽油机,发动机功率 4.0kW,独轮驱动。

(4)水稻制种插秧机应用调查。据协力公司理事长周先生介绍,杂交稻制种机插秧十分复杂,制种科研单位和种子公司都十分谨慎。公司在 2001 年进入农机行业,2008 年进入水稻插秧机行业,2010 年进入杂交水稻制种行业。从 2010 年在福建省建宁县试验开始,仅 4 年时间,便在全国销售约 500 台水稻制种插秧机。协力公司在 2010 年试验取得初步成功后,从 2011 年开始在福建建宁、江苏盐城、广东省、湖南隆平高科、海南和四川绵阳等地迅速推广。据协力公司销售总监估计,中国杂交稻制种面积由 5 年前的 150 万亩下降到目前的约 120 万亩,机插秧可以扩大到 100 万亩。如果按照每台插秧机 100 亩,就需要 10000 台制种插秧机,目前只有 1/10 的制种面积实现机插秧。因此在杂交稻制种机插率只有 10%的情况下,需求大,市场前景广阔。

从各地调查实际情况看,制种机插秧有一定的经济优势。根据水稻产业经济固定调查点绵阳综合试验站 2012 年和 2013 年采用协力公司 10 行插秧机插秧试验数据估计,按 100 亩制种面积计算,仅母本实行机插秧,即每 100 亩水稻制种面积。在对照的母本人工制种方面,主要 3 项支出:一是秧母田面积 15 亩;二是秧田管理 120 个工(按每工 75 元计算,下同);三是人工栽插母本秧 400 个工,3 项合计人工费用 39000 元。实行母本机插秧技术,包括 4 项支出:一是母本秧田 1.2 亩,仅为对照的 8%;二是秧田管理用工 10 个,仅为对照的 8.3%;三是插秧用工 24 个工,仅为对照的 6.0%;四是油料费用 1000 元,4 项机械直接费用合计 3550 元。据此,根据绵阳综合试验站按照 100 亩杂交稻制种面积计算,人工费用按照 39000 元,机插秧成本按照 3550 元,节约成本 35450 元,人工和机插成本之比为 11∶1。如果加以改进,改用 14 行杂交稻母本机插秧技术,杂种插秧效率和经济效益可能会更好。

12.12 射阳杂交稻制种机插秧技术应用调查

2014 年 11 月 9—11 日,水稻产业经济研究室团队继续实行体系重点任务跟踪和技术经济评价,跟踪“双季稻种植机械化关键技术研究与示范”(CARS—01—11B),按照国家水稻产业技术体系任务书(2014 年,CARS—01—35)任务规定,针对机插秧技术应用情况,赴江苏省盐城市射阳县,跟踪考察了射阳县良种繁育场(以下简称良繁场),作基层应用实地调查。

(1)射阳县良种繁育场基本情况。射阳县良种繁育场,位于江苏省盐城市射阳县合德镇陈洋办事处西首，距沿海高速射阳出口仅2.5公里，地理位置优越，水陆交通便利。良繁场始建于1956年，是射阳县从事农作物种子产、加、销一条龙繁供体系的全民国有企业，现隶属于射阳县农业委员会。良繁场总面积近9000亩，实有耕地3400亩，林地500多亩。下设4个农业分场、1个轧花厂、1个种子公司、32个乡镇直销点，注册资金504.8万元，年销售额1200万元。

(2)杂交稻制种基本情况。从调研的情况来看，良繁场在种子生产繁育方面有着较多的优势条件。主要表现在：一是良繁场直接隶属于县农业行政主管部门——射阳县农委，无论是在项目申报还是品种引进上都比其他种子生产部门具有优势。二是具备种子生产资质。目前良繁场具备种子经营资格，拥有从事稻、麦、棉种子生产繁育的专业技术人员6人，中级技术人员5人、初级技术人员4人。三是种子生产自然条件好。良繁场现有耕地3400亩，地理位置优势，土质良好，土壤肥沃，排灌设施齐全，土地成方连片，适宜水旱轮作。四是种子生产规范。良繁场在种子生产繁育过程中实行标准化管理，严格执行种子生产技术和种子检验、检疫规程，做到统一布局、统一供种、统一技术要求、统一质量标准，常年向社会提供优质稻、麦原良种400万斤以上。

良繁场自1956年成立起至2002年的经营来源是财政拨款。2003年实行“事改企”，良繁场成为自负盈亏、自收自支的单位。目前良繁场共分为一队、二队、分场和团洼4个生产单位，由队长及会计共6人负责，场部管理人员17人(其中科研人员5人)，农场现有职工193人。2014年良繁场有负责制种生产的职工193人，每人负责10亩制种田的经营管理，共1930亩。此外，还有17户制种大户，承包制种面积共870亩。良繁场与安徽丰乐种业(集团)股份有限公司(以下称丰乐种业)签订协议，由丰乐种业提供制种技术，供应制种父本、母本品种，良繁场进行制种生产，收获入库的所有种子全部由丰乐种业收购。目前良繁场无自主研发制种技术，主要外接科研项目，制种技术由丰乐种业提供。1987年至2000年制种生产主要采用三系法。2001起至今制种生产主要采用两系法。2012年开始机械化制种生产，至今已有3年。射阳县良种繁育场现有种植面积3400亩，都是高产粮田。繁育制种实际面积2800亩，其中一队600亩，二队1000亩，分场980亩，团洼220亩。其余600亩繁育常规粳稻。实行机械化制种的面积，2012年60亩，2013年280亩，2014年787亩，逐年递增。

(3)杂交稻制种成本收益情况。主要包括以下几个方面：一是土地承包费。良繁场现有的土地是在2003年“事改企”时划给良繁场的，由良繁场职工经营管理的1930亩制种田不需要交土地承包费。制种大户与良繁场签订土地承包合同，承包期为3年，每年承包土地费用为1000元/亩。二是田块耕整。制种田一年整1次，耕2次，耕整成本为每亩150元，与普通大田生产无差异。三是育秧。育秧面积共80亩，其中用于机械化制种的面积为20亩。1亩秧苗(母本)可插50亩制种田。育秧成本(父母本)每亩40元。四是插秧。制种生产流程是先插父本，后插母本，父本由人工进行栽插，母本栽插使用制种插秧机。父本品种是“恢丰4号”，从丰乐种业的购买价格为4元/公斤；母本品种是“广占63S”，从丰乐种业的购买价格为45元/公斤。过去实行人工插秧，在采用机械化插秧之前，插秧由人工进行栽插。每人每天能插0.5亩，雇工每人每天130元，一亩制种田需要2个工。近年改用机器插秧，良繁场机械化制种使用的制种插秧机是宁波协力公司生产的“XL2Z-10”(10行窄行距插秧机)，行距不需要调整。父母本之间的行距为41.25厘米，母本之间的行距为17.5厘米,株距为1.7厘米。一台机器一天能插12～15亩,一台机器只需要2人操作(1人驾驶,1人换秧盘),所有制种田在3～4天内插完。采用机械化制种以后效果特别好,发棵好,无植伤,分蘖多。每年的花期相遇良好,使用花期调节剂,主要调节父本。目前良繁场共有制种插秧机17台。2012年购买1台XL2Z-10,2013年购买3台XL2Z-10,2014年购买13台XL2Z-10,购买来源是宁波协力机电制造有限公司。五是收割。先收父本,后收母本。父本采用人工收割,母本采用机械收割。其中父本由农户自行处理,主要用于制作饲料、糕点等,父本收入每亩150元。六是销售。每亩产量450斤,总产量126万斤,总销售收入945万元,总纯收入336万元。销售方式由丰乐种业统一收购,2013年收购价为7.5元/斤。七是农药化肥。制种田一年施肥4次,每年施肥成本每亩160元,与普通大田生产相同。制种田一年使用农药10次,每年农药成本每亩180元,与普通大田生产相同。八是水电费和柴油费。制种田每年每亩水电费38元,每年每亩柴油费5元,共计43元。九是保险与补贴。包括杂交稻制种生产过程中,良繁场购买了杂交稻制种保险,每年每亩24元;目前享受国家农田综合补贴每亩120元;2012年开始,购买插秧机每台补贴2000元,此外,由县农机中心每台补贴3900元,合计5900元。

(4)杂交稻机械化制种成本收益分析。根据实地调研所获取的数据估计,按100亩制种面积计算,仅母本实行机插秧,即每100亩水稻制种面积。在成本方面:土地承包费100000元,耕整费15000元,秧母田面积2亩的育秧成本80元,人工栽插母本秧14个工的人工成本1820元,农药成本18000元,化肥成本16000元,水电费3800元,柴油费500元,保险费2400,合计成本157600元。在收入方面:父本收入15000元,种子销售337500元,合计收入352500元。射阳县良种繁育场以100亩杂交稻制种面积计算,实行机械化制种的成本总计157600元,收入总计352500元,利润为194900元,即1949元/亩。

经过杂交稻机插秧与人工栽插成本对照分析,根据实地调研所获取的数据估计,按100亩制种面积计算,仅母本实行机插秧,即每100亩水稻制种面积。在对照方面,一是母本人工制种包括秧母田面积15亩,育秧成本600元,人工栽插母本秧200工(按每工130元计算,下同),3项费用总计26600元。二是制种插秧机栽插母本,秧母田面积2亩,仅为对照的13.3%;育秧成本80元,仅为对照的13.3%;人工栽插母本秧14工,仅为对照的7.0%;柴油费500元,4项费用总计2400元。结果表明,根据射阳县良种繁育场按照100亩杂交稻制种面积计算,人工栽插秧苗费用26600元,机插秧2400元,节约成本24200元,人工与机插成本之比为11∶1。通过与良繁场徐场长、邹科长座谈,以及上述成本收益分析可以看出,机械化制种在良繁场的应用较为成功,机械化制种的优势在于时间短、效率高、省工节本、产量可观。

(5)良繁场杂交稻机械化制种目前存在的问题。虽然机械化制种的应用较为成功,但是良繁场目前也存在较为突出的两大问题。一是制种风险增大。良繁场从事制种生产的这几年,主要采用两系法制种,选用的“光温敏不育系水稻”受日照、温度影响较大,天气的多变给良繁场带来较大风险。例如:2013年由于持续高温,高温杀雄,影响制种产量,亩产仅120斤。2014年母本幼穗分化期遇到了连续低温、多雨、寡照等不良天气,从而导致育性转变,虽然产量较高,但是母本种子纯度不过关,达不到国家规定的纯度指标,只能作为报废种子处理,很大程度上挫伤了广大职工生产制种的积极性。二是制种效益不高。良繁场与丰乐种业签订协议,制种技术、父母本来源、种子收购方都是丰乐种业,渠道单一,导致父母本购买成本较高而种子收购价格较低，制种收入难以提高。此外，良繁场原为国有农场，虽然在2003年“事改企”成为自负盈亏的企业，但本质上仍属于集体共有，员工数量庞大，存在人员冗余、工作效率较低的问题，员工工资成本成为良繁场较重的负担。

12.13　隆平种业公司杂交稻制种机插秧技术应用考察

2014年11月27—30日，水稻产业经济研究室团队赴湖南省长沙市岳麓区，考察了湖南隆平种业有限公司(以下简称隆平种业)。

(1)湖南隆平种业介绍。湖南隆平种业有限公司于2003年7月由袁隆平农业高科技股份有限公司及国内种业界精英共同出资设立，是集主要农作物种子育、繁、推于一体的大型种业公司。2007年5月正式更名为湖南隆平种业有限公司，注册资金1亿元。公司作为隆平高科旗下最大的核心产业全资子公司，是我国最大的杂交水稻专业化种子公司，致力于以杂交水稻为核心的农作物新品种选育创新和产业化开发，占有全国杂交水稻种子15%的市场份额(隆平高科系统占有全国杂交水稻种子30%的市场)。公司建立了完善的新品种选育推广示范体系、种子生产管理体系、种子质量监控体系、市场营销网络体系、种子加工储运体系及售后服务体系。迄今为止，公司拥有全国最大的杂交水稻制种基地。目前拥有自主知识产权的产品达120个，获奖成果20余项，先后两次荣获长沙市科技进步一等奖，两次荣获湖南省科技进步二等奖，两次荣获湖南省科技进步三等奖。其中“水稻不育系培矮64S的选育及应用研究”荣获国家科学技术进步一等奖，另有2项成果获国家科技进步二等奖。2013年，公司总农艺师参与的“两系法杂交水稻技术研究与应用”获国家科学技术进步特等奖。

公司是中国种业行业AAA级信用企业、中国种业信用明星企业成员单位、湖南省农业产业化龙头企业和湖南省高新技术企业，参与制定《两系杂交水稻种子生产体系技术规范》、《籼型杂交水稻三系原种生产技术操作技术规程》(国家标准)，主持制定《湖南省两系杂交种子生产体系技术规范》。2007年被国家发改委评为“高技术产业化示范单位”，2008年被国家发改委授予“国家高新技术产业化十年成就奖”，2011—2013年连续获得“利税过亿企业”，“隆平”商标连续5次被评为“湖南省著名商标”，新设隆平“龙形图标”也3次获省著名商标，“隆平”牌杂交水稻系列成为国内外知名品牌，公司连续多年被评为消费者信得过单位、重合同守信用先进单位。

公司名誉董事长袁隆平院士因对杂交水稻事业所作的卓越贡献，先后荣获“杂交水稻之父”、“中国工程院院士”、“美国科学院院士”、“2007影响世界华人终身成就奖”等几十项国内外荣誉。公司以袁隆平院士提出的“发展杂交水稻，造福世界人民”为宗旨，在袁隆平院士的直接指导下，致力于杂交水稻超高产研究和产业化开发，成功研究和开发了第一、二、三、四期超级稻，先后实现了亩产700、800、900和1000公斤的超级稻产量目标，目前正在开展第五期超级稻研究。此外，公司在杂交水稻国际市场开拓方面也取得了系列骄人的业绩，已先后与越南、印度、菲律宾、巴基斯坦、缅甸等国家的有关公司建立了合作关系，并计划在菲律宾、巴基斯坦等国筹建子公司。

(2)杂交稻制种基本情况。隆平种业自2003年成立以来就一直致力于杂交稻的制种生产经营,主要采用“订单农业”的模式:与农户签订订单协议,公司向农户提供亲本种子和技术服务,由农户自主进行制种生产,最后公司向农户收购其收获的种子。隆平种业主要生产的产品如下:广两优 1128、隆两优 534、晶两优华占、深两优 1 号、叁两优 1813、5 个两优 2000 系列,以及其他 10 多个早稻、中稻和晚稻品种。隆平种业近年来购置杂交稻制种插秧机有增长之势,2011 年向宁波协力机电制造有限公司购买 2 台 10 行窄行距插秧机,同年开展使用杂交稻制种插秧机插秧实验,到 2013 年共购买 24 台 10 行窄行距插秧机,但 2014 年未购置制种插秧机。

(3)杂交稻制种成本收益情况。本次调研访问了湖南隆平种业有限公司总农艺师刘爱民,以及与隆平种业签订订单的农户王义忠。现将调查的杂交稻制种成本收益情况整理如下:一是人工制种生产成本收益情况。农户拥有 6 亩制种田,田块数量 5 块,全部属于自家所有,制种田没有标准化规模化。从 2003 年开始制种,主要采用两系法,没有采用机械化制种。二是育秧。育秧面积 0.9 亩,一亩秧苗田的秧苗可以种 6.7 亩制种田,育秧成本为 20 元/亩(其中父本 3 元/斤,母本 16 元/斤)。三是田块耕整。种植单季稻,一年一季耕 1 次,整 2 次,耕整成本 180 元/亩,与普通大田生产没有区别。四是插秧。先插父本,后插母本。父本、母本均由人工进行栽插。每人每天能插 0.4 亩,雇工每人每天 120 元,一亩制种田需要 2.5 个工。五是田间管理。一年一季施肥 3 次,每年施肥费用为 180 元/亩,与大田生产没有差异。一年一季使用 5 次农药,每年农药费用为 200 元/亩,与大田生产没有差异。每年水费为 30 元/亩。六是收割。先收母本,后收父本。母本、父本均由人工进行收割。七是销售。2014 年制种产量为 360 斤/亩,总产量为 2160 斤。采取订单收购的方式,所有种子全部由隆平种业收购,收购价格为 9 元/斤。八是保险与补贴。购买了杂交稻制种保险,每年每亩 24 元。目前享受国家农田综合补贴每亩 120 元。

(4)机械化制种插秧生产成本收益情况。一是土地承包费每年每亩 1500 元。二是育秧一亩秧苗(母本)可插 67 亩制种田,育秧成本(父母本)每亩 50 元。三是田块耕整。制种田一年一季整 1 次,耕 2 次,耕整成本 150 元/亩,与普通大田生产没有差异。四是插秧。亲本的栽插顺序因品种不同而不同。但是绝大多数品种的栽插顺序是先插父本,后插母本,父本由人工进行栽插,母本使用制种插秧机栽插。父本从隆平种业的购买价格为 6 元/斤;母本从隆平种业的购买价格为 34 元/斤。隆平种业使用的制种插秧机是宁波协力公司生产的 XL2Z-10,行距不需要调整。2 行父本(中间有 10 行母本)之间的距离为 2 米,母本之间的行距为 17.5 厘米,株距为 1.7 厘米。一台机器一天能插 15 亩,只需要 2 人操作(1 人驾驶,1 人换秧盘),所有制种田在 3～4 天内插完,雇工每人每天 150 元。汽油费每年每亩 10 元。五是田间管理。一年一季施肥 3 次,每年施肥费用为 180 元/亩,与大田生产没有差异。一年一季使用 5 次农药,每年农药费用为 200 元/亩,与大田生产没有差异。每年水费为 30 元/亩。六是收割。先收父本,后收母本。父本采用人工收割,母本采用机械收割。七是销售。2014 年制种产量为 360 斤/亩。采取订单收购的方式,所有种子全部由隆平种业收购,收购价格为 9 元/斤。八是保险与补贴。购买了杂交稻制种保险,每年每亩 24 元。目前享受国家农田综合补贴每亩 120 元。

(5)杂交稻机械化制种成本收益分析。根据实地调研所获取的数据估计,按 100 亩制种面积计算,仅母本实行机插秧,即每 100 亩水稻制种面积。一是机插秧制种成本。包括土地承包费 150000 元,耕整费 15000 元,秧母田面积 1.5 亩,育秧成本 75 元,操作插秧机 13.33

工与人工成本 2000 元，化肥成本 18000 元，农药成本 20000 元，水费 3000 元，汽油费 1000 元，保险费 2400 元，成本总计 211475 元。二是收入。种子销售总收入为 324000 元。三是成本收益。根据湖南隆平种业有限公司按照 100 亩杂交稻制种面积计算，实行机械化制种的成本总计 211475 元，收入总计 324000 元，计算得利润为 112525 元，即 1125.25 元/亩。

(6)杂交稻机插秧与人工栽插成本对照分析。根据实地调研所获取的数据估计，按 100 亩制种面积计算，仅母本实行机插秧，即每 100 亩水稻制种面积。作为对照的母本人工制种成本包括秧母田面积 15 亩，育秧成本 2000 元，人工栽插母本秧 250 工(按每工 150 元计算，下同)，3 项费用总计 39500 元。考察制种插秧机栽插母本，包括秧母田面积 1.5 亩；仅为对照的 10%；育秧成本 75 元，仅为对照的 3.75%；操作插秧机人工 13.33 工，仅为对照的 5.33%；汽油费 1000 元，4 项费用总计 3075 元。根据湖南隆平种业按照 100 亩杂交稻制种面积计算，人工制种插秧费用 39500 元，机插秧费用 3075 元，节约成本 36425 元，人工与机插成本之比约为 13∶1。

(7)杂交稻机械化制种的效果与问题。通过与湖南隆平种业总农艺师刘爱民、农户王义忠的座谈，以及上述成本收益分析可以看出，制种插秧机技术在隆平种业的实验较为成功。使用杂交稻制种插秧机进行母本栽插对于杂交稻的产量和质量并没有显著的提升，与人工插秧差异不大，但是其最主要的优势在于节省了大量劳动力，极大地降低了劳动力成本。刘爱民认为，机械制种是制种业发展的必然趋势，一方面，农村劳动力的转移迫切需要以机械投入代替劳动力投入；另一方面，制种机械的发展，也推动了机械化制种的进程。虽然机械化制种的实验较为成功，但是隆平种业并未将机械化制种插秧技术大面积推广应用。原因如下：一是国产插秧机质量不稳定。杂交稻制种插秧机的质量对于杂交稻机械化制种插秧的效果有着相当大的影响，目前公司所购置的制种插秧机质量不稳定，在应用时经常出现各种问题，影响整个制种生产的流程，最终影响制种产量。相比于人工制种插秧，使用制种插秧机插秧的不稳定性更大，承担的风险更多，因此阻碍了这一技术的推广应用。二是育秧环节的影响。相比人工制种插秧，使用制种插秧机插秧对于秧苗的密度、生长情况等都有着更为严格的要求和标准，也就表明育秧环节对机械化制种插秧的影响很大。就目前的生产技术和生产情况而言，还无法保证育秧环节所育的秧苗的密度、生长情况等能够完全符合制种插秧机插秧的要求，所以也制约了此项技术的进一步推广应用。

12.14　小　结

2014 年，水稻产业经济团队按照任务书要求围绕体系重点任务跟踪调查，并对水稻生产中的突出问题多次开展基层调查研究工作。通过上述入选的 13 次基层调研分析，作者得出以下四方面结论。

(1)调查有益，基层为基。通过水稻产业经济调查工作，与体系岗位专家和全国各地综合试验站技术专家经常接触和共同调查，在基层这个层面就当前突出的水稻生产技术问题和政策问题，与基层领导和基层农技人员进行了比较深入的交流和现场调研、询问和政策解释，对于深入认识当下水稻生产技术需求和政策实施中的问题，共同探索解决之道不无裨益。

(2)跟踪调查,合作为要。我国水稻产业技术发展正面临非传统技术创新时期,水稻生产过程中的产业融合有着无限的技术需求,如何将稻农需要与国家需求相结合的技术经济评价问题已经提到了重要议事日程。不同领域和不同层次的专家经常交流与合作研究,能起到“1+1>2”的作用,通过体系重点任务跟踪和技术经济评价基层调查,更能彰显和提升不同专业开展相同研究的能力和水平。

(3)产业发展,技术先行。按照科学术语,水稻产业是一个以水稻为对象的横向交叉融合、纵向环节充分发展的互为关联的实体型产业,涉及产业技术与产业组织、产业分工与产业政策等多个方面。水稻产业技术尤为重要,产业技术是整个产业发展的基础与关键。通过大量基层调查发现,水稻产业融合技术不管是研发还是生产应用,农户对先进适用技术都有十分旺盛的需求。

(4)稻农生产,效益是本。我国大力发展水稻生产,既是国家战略的需要,也是农户基于自身利益保障的基础,更是水稻产业技术体系提供技术支撑的土壤。发展水稻产业化生产与经营,国家有任务,农户有需求,技术有保障,关键是农户生产要有效益。农户不仅要通过水稻种植获得效益,也要通过产业化经营提高效益;农户要通过生产获得口粮保障效益,也要通过产业化组织与经营获得经济效益。因此,不管是技术还是政策,更需要向合作社、种粮大户、家庭农场等这类逐渐发展壮大的新型经营主体倾斜,让他们获得效益,尤其是让他们获得经济效益。

参考文献

[1] 杨万江.稻米产业经济发展研究(2011)[M].北京:科学出版社,2011.

[2] 杨万江.稻米产业经济发展研究(2013)[M].北京:科学出版社,2013.

[3] 杨万江.国内外大米价格变化与粮食安全[J].浙江经济,2008(13):18—19.

[4] 杨万江.中国农业转型中的粮食安全问题——基于区域变化和品种调整的粮食产量增量贡献率分析[J].农业经济问题,2009(4):9—15.

[5] 杨万江.水稻发展对粮食安全贡献的经济学分析[J].中国稻米,2009(3):1—4.

[6] 杨万江.探究粮食安全与农业现代化[J].中国科技财富,2011(1上):31—32.

[7] 杨万江,陈文佳.中国水稻生产空间布局变迁及影响因素分析[J].经济地理,2011(12):2086—2093.

[8] 杨万江,赵二朋.农户水稻净收益影响因素分析——基于湖南、浙江农户的调查数据[J].经济论坛,2010(10):145—147.

[9] 杨万江,孙奕航.粮食补贴政策对稻农种植积极性影响的实证分析——基于浙江、安徽、江西稻农调查数据分析[J].中国农学通报,2013(20):122—126.

[10] 杨万江,王绎.我国双季稻区复种变化及影响因素分析——基于10个水稻主产省的实证研究[J].农村经济,2013(11):50—55.

[11] 杨万江.粮食安全形势与思考[J].广东农业科学(农业经济版),2013(23):1—11.

[12] 杨万江.中国粮食安全战略转变:国内条件与国际情景[J].湖州师范学院学报,2014(1):1—9.

[13] 杨万江.以家庭农场为基础构建现代农业经营体系研究[J].湖州师范学院学报,2014(7):1—11.

[14] 赵二朋.稻农参与粮食合作社效益与行为分析——以浙江、江西、山东省为例[D].杭州:浙江大学,2011.

[15] 刘忠家.浙江农户水稻收入影响因素实证分析————基于杭州、金华考察数据[D].杭州:浙江大学,2012.

[16] 孙奕航.我国农户对粮食补贴政策的反应与评价研究——以浙江、安徽、江西水稻种植农户为例[D].杭州:浙江大学,2013.

[17] 王绎.中国稻谷供给反应模型研究[D].杭州:浙江大学,2014.

[19] 联合国粮农组织专业网站.http://www.amis-outlook.org/amis-about/en/

[20] 联合国粮农组织专业网站.http://www.fao.org/economic/est/publications/rice-

publications/rice-market-monitor-rmm/en/
[21] 联合国粮农组织专业网站. http://www. fao. org/economic/est/publications/rice-publications/the-fao-rice-price-update/en/
[22]泰国稻米协会网站. http://livericeindex. com/
[23] 农业部产业政策与法规司. 2014 年国家深化农村改革、支持粮食生产、促进农民增收政策措施[EB/OL]. (2014-04-25). http://www. moa. gov. cn/zwllm/zcfg/qnhnzc/201404/t20140425_3884555. htm.

索　　引

图书在版编目（CIP）数据

稻米产业经济发展研究. 2015 / 杨万江著. —杭州：浙江大学出版社，2015.12
ISBN 978-7-308-14962-4

Ⅰ.①稻… Ⅱ.①杨… Ⅲ.①水稻—产业经济—研究报告—中国—2015 Ⅳ.①F326.11

中国版本图书馆 CIP 数据核字（2015）第 177341 号

稻米产业经济发展研究（2015）

杨万江　著

责任编辑　田　华
责任校对　杨利军　秦　瑕
封面设计　刘依群
出版发行　浙江大学出版社
（杭州市天目山路 148 号　邮政编码 310007）
（网址：http://www.zjupress.com）
排　　版　杭州中大图文设计有限公司
印　　刷　浙江印刷集团有限公司
开　　本　787mm×1092mm　1/16
印　　张　19.5
字　　数　480 千
版 印 次　2015 年 12 月第 1 版　2015 年 12 月第 1 次印刷
书　　号　ISBN 978-7-308-14962-4
定　　价　70.00 元

版权所有　翻印必究　　印装差错　负责调换
浙江大学出版社发行部联系方式：0571－88925591；http://zjdxcbs.tmall.com